KB084142

독자의 1초를 아껴주는 정성!

세상이 아무리 바쁘게 돌아가더라도
책까지 아무렇게나 빨리 만들 수는 없습니다.
인스턴트 식품 같은 책보다는
오래 익힌 술이나 장맛이 밴 책을 만들고 싶습니다.

길벗이지톡은 독자 여러분이
우리를 믿는다고 할 때 가장 행복합니다.
나를 아껴주는 어학 도서,
길벗이지톡의 책을 만나보십시오.

독자의 1초를 아껴주는

정성을 만나보십시오.

미리 책을 읽고 따라해본 2만 베타테스터 여러분과
무따기 체험단, 길벗스쿨 엄마 2% 기획단,
시나공 평가단, 토익 배틀, 대학생 기자단까지!
믿을 수 있는 책을 함께 만들어주신 독자 여러분께 감사드립니다.

(주)도서출판 길벗 www.gilbut.co.kr
길벗이지톡 www.gilbut.co.kr
길벗스쿨 www.gilbutschool.co.kr

mp3 파일 다운로드

길벗 홈페이지(www.gilbut.co.kr)로 오시면 mp3 파일 및 관련 자료를 다양하게 이용할 수 있습니다.

1단계   도서명 ▼ [   ] 검색 에 찾고자 하는 책 이름을 입력하세요.

2단계   검색한 도서로 이동하여 〈자료실〉 탭을 클릭하세요.

3단계   mp3 파일 및 다양한 자료를 받으세요.

마야 훈 지음

233
해커스패턴
스페인어 회화

패턴 하나에 단어만 바꾸면 패턴까지 수십 가지 말이 된다!

스페인어 회화 핵심패턴 233
233 Essential Patterns for Spanish Conversation

초판 발행 · 2014년 2월 20일
초판 10쇄 발행 · 2023년 2월 14일

지은이 · 마야 허
발행인 · 이종원
발행처 · (주)도서출판 길벗
브랜드 · 길벗이지톡
출판사 등록일 · 1990년 12월 24일
주소 · 서울시 마포구 월드컵로 10길 56(서교동)
대표 전화 · 02)332-0931 | **팩스** · 02)323-0586
홈페이지 · www.gilbut.co.kr | **이메일** · eztok@gilbut.co.kr

기획 및 책임 편집 · 오윤희(tahiti01@gilbut.co.kr), 김대훈 | **표지디자인** · 박상희 | **본문디자인** · 이도경 | **제작** · 이준호, 손일순, 이진혁
마케팅 · 이수미, 장봉석, 최소영 | **영업관리** · 김명자, 심선숙 | **독자지원** · 윤정아, 최희창
편집진행 및 교정 · 이규선 | **전산편집** · 이도경 | **오디오 녹음** · 와이알미디어
인쇄 · 예림인쇄 | **제본** · 예림바인딩

길벗이지톡은 길벗출판사의 성인어학서 출판 브랜드입니다.

ISBN 978-89-6047-825-1 03770
(길벗 도서번호 300696)

정가 15,800원

독자의 1초까지 아껴주는 정성 길벗출판사
(주)도서출판 길벗 IT교육서, IT단행본, 경제경영서, 어학&실용서, 인문교양서, 자녀교육서 www.gilbut.co.kr
길벗스쿨 국어학습, 수학학습, 어린이교양, 주니어 어학학습, 학습단행본 www.gilbutschool.co.kr

페이스북 · www.facebook.com/gilbuteztok
네이버 포스트 · http://post.naver.com/gilbuteztok
유튜브 · https://www.youtube.com/gilbuteztok

스페인어, 말하기로 시작하세요!

새로운 언어를 배우는 일은 항상 설레는 도전입니다. 그래서 많은 사람들은 새해 결심으로 '언어 배우기'를 빠뜨리지 않죠. 하지만 설렘도 잠시 '언어 배우기'는 작심삼일로 끝나는 경우가 대부분입니다. 문법을 공부하다가 포기하고, 외워야 할 많은 단어 앞에서 좌절하곤 하죠. 하지만 언어를 처음 배울 때 말하기 연습만큼 중요한 것은 없습니다. 왜냐하면 말하기 연습으로 시작하면 힘들지 않게 실력이 늘어가는 것을 느낄 수 있기 때문이죠. 지치지 않고 계속 배워나갈 수도 있고요. 무엇보다 언어를 배우는 건 결국 소통이 목적이기 때문입니다.

스페인어, 말하기가 먼저입니다!

스페인어는 동사변화가 복잡합니다. 그래서 불안한 마음에 문법 공부만 하게 되는 경우가 많죠. 하지만 우리는 중·고등학교에서 영어 문법과 단어를 열심히 공부했지만 막상 현지인을 만나면 말문이 막히는 경험을 했습니다. 이렇게 영어에서 실패한 경험을 스페인어 학습에서도 반복할 수는 없겠죠? 스페인어는 처음부터 말하기를 중심으로 학습해야 합니다. 문법과 단어는 말하기 속에서 자연스럽게 익혀갈 수 있습니다.

말하기, 패턴으로 시작하세요!

모든 언어에는 자주 쓰는 패턴이 있습니다. '~에 가 봤어?', '우리 언제 ~할래?'처럼 하나의 패턴에 단어만 갈아 끼우면 수십 가지 말을 할 수 있죠. 스페인어도 현지 사람들이 자주 사용하는 패턴들이 있습니다. 이 책에서는 동사를 중심으로 현지인들이 자주 쓰는 패턴을 자연스럽게 익힐 수 있도록 구성했습니다. 패턴에 적합한 단어를 찾아 넣으면서 단어를 익히고, 패턴 속에 녹아있는 문법과 동사변화를 익히는 건 문법만 따로 공부하는 것만큼 고된 일은 아닐 것입니다. 또한 해당 패턴을 사용하는 실제 대화문을 실어, 일상생활 속에서 정말 많이 사용되는 생생한 표현까지 익힐 수 있습니다.

처음부터 남성은 남성형으로, 여성은 여성형으로 말해야 합니다!

스페인어는 남성형과 여성형의 형태가 다릅니다. '나는 한국 사람이야.'라는 말도 말하는 사람이 여성이라면 'Yo soy coreana.'로, 남성이라면 'Yo soy coreano.'라고 말해야 합니다. 우리말에는 없는 규칙이기 때문에, 처음부터 이 구분을 명확히 가지고 연습을 해야 합니다. 그래서 이 책의 모든 예문은 남성형, 여성형으로 표기해 두었습니다. 작은 차이처럼 보이지만 실제로 스페인어를 공부하다 보면 큰 장점으로 다가올 것입니다.

이 책을 공부하며 이 패턴은 이런 상황에 써볼까? 이 상황에서는 이런 대답을 해볼까? 머릿속에 그리면서 말해 보세요. 실제 현지인들과 만나서도 자연스럽게 문장들이 튀어나오게 될 것입니다. 현지인들과 능숙하게 대화하는 여러분을 만나길 바랍니다. 그럼, 시작해볼까요? 모두들 ¡Ánimo!

마야허

Gracias a... Dios, R, mi familia, Real Academy y mis estudiantes.

영어와 달라도 너~무 다른 스페인어!

언젠가 꼭 한번 배워보고 싶던 스페인어! 하지만 발음부터 문법까지 영어와는 완전히 다른 언어였습니다. 다시 영어를 처음 시작한다는 마음으로, 스페인어를 공부하기 가장 좋은 책을 찾기 시작했습니다. 회화 위주의 책일 것, 패턴으로 시작할 것, 무엇보다 예문이 실용적일 것! 이 세 가지를 충족시킨 게 바로 이 책입니다. 영어도 이 방식으로 성공했듯, 이 책으로 시작한다면 반드시 스페인어를 잘하게 될 거라 믿습니다.

임지혜 | 영어 동시통역사

다시 시작하는 사람에게도, 처음 시작하는 사람에게도 최강!

스페인어에서 손 뗀 지 7년, 기본도 잊어버리고 말 한마디 못해 스페인어를 전공했다고 말하기가 부끄러울 정도였습니다. 다시 시작하려고 마음을 먹고 서점을 찾았지만 예전이나 지금이나 스페인어 책은 다양하지 않더군요. 그러던 중 이 책을 만나게 되었죠. 패턴으로 배우고, 예문은 또 얼마나 실용적인지. 어떻게 다시 시작해야 할지 막막하던 제게 이 책은 희망이 되었습니다. 처음 스페인어를 시작하거나, 다시 시작하는 모든 이들에게 희망이 되는 책이 될 것입니다.

김사랑 | 회사원

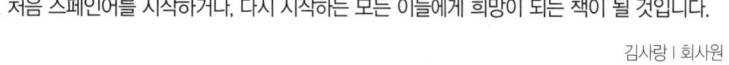

회화를 하고 싶다면, 이 책이다!

중남미 문화의 매력에 빠져 과테말라에 한 달간 머무른 적이 있습니다. 그 당시 스페인어는 몇 마디밖에 몰라 많이 아쉬웠는데, 이 책을 보니 빨리 익혀서 다시 그곳으로 여행을 가고 싶네요. 내가 하고 싶은 말들이 다~ 들어 있더라고요. 매일 여행가는 상상을 하며 내가 하고 싶은 말들을 찾아 연습해 보곤 합니다. 회화 위주로 스페인어를 공부할 사람들에게 정말 유용한 책이라고 생각합니다.

최유림 | 대학생

나는 여자라고요! 스페인어도 여성형으로!

스페인어를 이렇게 쉽게 풀 수 있나요? 다른 책은 동사변화와 성·수에 따른 단어변화부터 시작해 잔뜩 움츠러들거든요. 그런데 이 책은 회화로 시작하니 겁먹지 않고 쉽게 접근할 수 있네요. 그중에서도 최고는 다른 책들은 대부분 남성형으로만 표기되어 있어서 따로 사전을 찾으며 공부해야 하는데, 이 책은 예문이 남성형과 여성형으로 모두 표기되어 있어 참 고맙더라고요. 감히 최고라고 추천합니다!

김윤전 | 대학생

문법 때문에 스페인어를 포기하고 싶을 즈음 만난 책!

알브라함 궁전을 보고 싶어 떠난 스페인. Generalife를 왜 '헤네랄리페'로 읽는지가 궁금해 한국에 돌아와 바로 스페인어 공부를 시작했습니다. 하지만 어려운 문법과 동사변화 때문에 항상 제자리걸음이었죠. 그렇게 스페인어를 포기하고 싶어질 때쯤 이 책을 만났습니다. 문법, 단어, 동사변화를 따로 공부하지 않아도 말이 나오더군요. 다시 스페인어 공부의 즐거움을 알게 해 준 책! 고맙습니다.

박현경 | 중학교 교사

이 책의 효과적인 학습법

1단계 오디오를 먼저 들어 보세요.

언어 학습에서 말하기와 듣기만큼 중요한 것은 없습니다. 언어 학습의 시작과 끝은 항상 소리여야 합니다. 오디오를 먼저 듣고 소리에 익숙해져 보세요. 그러고 나서 책을 보면 신기하게 스페인어가 빠르게 이해될 겁니다. 오디오는 길벗이지톡 홈페이지(www.eztok.co.kr)에서 무료로 다운받을 수 있습니다.

> ### mp3 파일의 구성
>
> **❶ 기본 학습용**
>
> 본문의 전체 내용을 녹음했습니다. Paso 1은 우리말 1번, 스페인어 2번씩 녹음하고, Paso 2는 스페인어로 1번 녹음했습니다. Paso 1의 모든 문장은 스페인 남녀가 한 번씩 번갈아가며 읽어 명사나 형용사의 남성·여성형을 모두 공부할 수 있도록 구성했습니다. 자신의 성별에 맞춰 말하기 연습을 해 보세요.
>
> **❷ 별책 부록용**
>
> 별책 부록용 mp3에는 Paso 1의 문장들만 모아두었습니다. 소책자와 함께 공부하세요.
>
> **❸ 동사 변화용**
>
> 스페인어에서 가장 어려워하는 부분이 동사변화입니다. 이 책의 맨 뒤에 핵심 동사 52개의 변화표를 담았습니다. 현재형, 불완료 과거형, 단순 과거형, 미래형, 긍정명령형, 부정명령형을 각 인칭에 따라 모아뒀으니, 오디오를 들으며 소리로 익혀 두세요.

2단계 본 책으로 학습합니다.

자세한 설명과 Tip, 단어까지 꼼꼼히 읽고 이해해 보세요. 스페인어는 악센트까지 익혀야 하므로 철자 하나하나까지 꼼꼼히 공부하세요.

3단계 휴대용 소책자로 충분히 반복하세요.

소책자에는 Paso 1만 실었습니다. 따로 떼어 들고 다니며 짬짬이 학습하세요. 오디오도 함께 듣는 것 잊지 마세요.

이 책의 구성

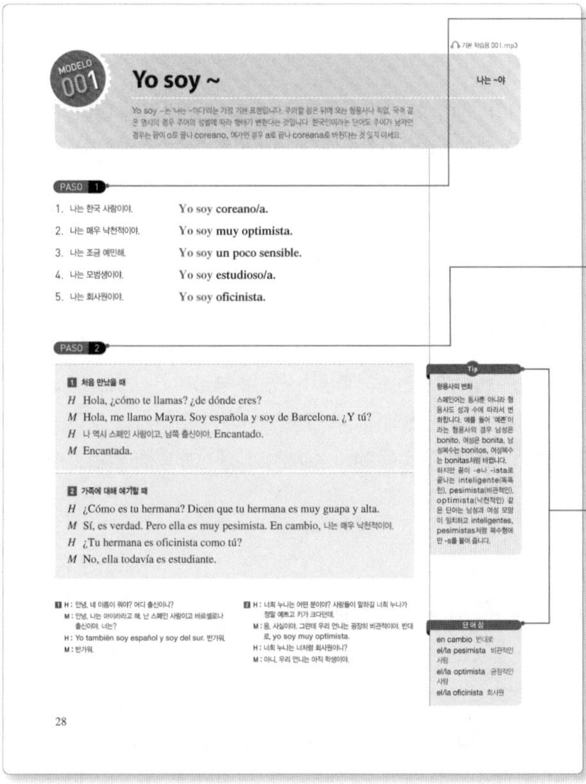

📖 PASO 1 │ 핵심패턴 익히기

패턴이 적용된 대표 문장을 익힙니다. 실제로 쓰는 표현을 담았기 때문에 조금만 변형하면 나만의 표현 만들기가 가능합니다.

MODELO 001

Yo soy ~

나는 ~야

Yo soy ~는 '나는 ~이다'라는 가장 기본 표현입니다. 주어를 생략 하고 있는 동사만 나오는 경우가 많은데요. 국적 같은 명사의 경우 주어의 성별에 따라 형태가 변한답니다. 한국인이라는 단어도 주어가 남자인 경우는 끝이 o로 끝나 coreano, 여자인 경우 a로 끝나 coreana로 바뀐다는 것 잊지 마세요.

기본 학습용 001.mp3

PASO 1

1. 나는 한국 사람이야.　　Yo soy coreano/a.
2. 나는 매우 낙천적이야.　　Yo soy muy optimista.
3. 나는 조금 예민해.　　Yo soy un poco sensible.
4. 나는 모범생이야.　　Yo soy estudioso/a.
5. 나는 회사원이야.　　Yo soy oficinista.

PASO 2

1 처음 만났을 때

H Hola, ¿cómo te llamas? ¿de dónde eres?
M Hola, me llamo Mayra. Soy española y soy de Barcelona. ¿Y tú?
H 나 역시 스페인 사람이고, 남쪽 출신이야. Encantado.
M Encantada.

2 가족에 대해 얘기할 때

H ¿Cómo es tu hermana? Dicen que tu hermana es muy guapa y alta.
M Sí, es verdad. Pero ella es muy pesimista. En cambio, nunca es muy 낙천적이야.
H ¿Tu hermana es oficinista como tú?
M No, ella todavía es estudiante.

H : 안녕, 네 이름이 뭐야? 어디 출신이니?
M : 안녕, 나는 마이라라고 해. 난 스페인 사람이고 바르셀로나 출신이야. 너는?
H : Yo también soy español y soy del sur. 반가워.
M : 반가워.

H : 너희 누나는 어떤 분이야? 사람들이 말하길 너희 누나가 정말 예쁘고 키가 크다면서.
M : 응, 사실이야. 그런데 우리 언니는 굉장히 비관적이야. 반대로, yo soy muy optimista.
H : 너희 누나는 너처럼 회사원이니?
M : 아니, 우리 언니는 아직 학생이야.

Tip

형용사의 변화
스페인어는 동사뿐 아니라 형용사도 성과·수에 따라서 변화합니다. 예를 들어 '예쁜'이라는 형용사의 경우 남성은 bonito, 여성은 bonita, 남성복수는 bonitos, 여성복수는 bonitas처럼 바뀝니다. 하지만 끝이 -e나 -ista로 끝나는 형용사는 intelligente(똑똑한), pesimista(비관적인), optimista(낙천적인) 같은 단어는 남자와 여자 모양이 똑같지만 intelligentes, pesimistas처럼 복수형에만 -s를 붙여 줍니다.

단어장

en cambio 반대로
el/la pesimista 비관적인 사람
el/la optimista 긍정적인 사람
el/la oficinista 회사원

28

📖 PASO 2 │ 예문으로 각 패턴의 쓰임새 익히기

각 패턴이 적용되는 실제 대화문을 실었습니다. 예문 속에서 패턴의 실제 쓰임을 확인하고, 대화문 속에 나오는 생생한 표현을 익혀 보세요.

📖 Tip & 단어장

Tip에는 본문에서 잘 이해가 안 되는 부분이나 중요한 표현 등을, '단어장'에는 새로 나오는 표현을 실었습니다. 문법적 설명부터 유용한 표현 정리, 문화적 설명까지 챙기세요.

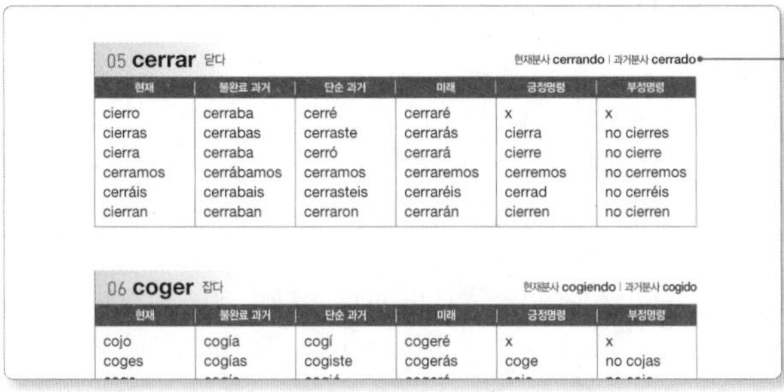

---

05 cerrar 닫다

현재분사 cerrando │ 과거분사 cerrado

현재	불완료 과거	단순 과거	미래	긍정명령	부정명령
cierro	cerraba	cerré	cerraré	x	x
cierras	cerrabas	cerraste	cerrarás	cierra	no cierres
cierra	cerraba	cerró	cerrará	cierre	no cierre
cerramos	cerrábamos	cerramos	cerraremos	cerremos	no cerremos
cerráis	cerrabais	cerrasteis	cerraréis	cerrad	no cerréis
cierran	cerraban	cerraron	cerrarán	cierren	no cierren

06 coger 잡다

현재분사 cogiendo │ 과거분사 cogido

현재	불완료 과거	단순 과거	미래	긍정명령	부정명령
cojo	cogía	cogí	cogeré	x	x
coges	cogías	cogiste	cogerás	coge	no cojas

📖 핵심동사 변화표 52

스페인어의 동사는 인칭과 시제에 따라서 변화합니다. 규칙인 경우가 많지만 불규칙인 경우에는 모두 외워야 하죠. 자주 쓰이는 핵심동사 52개의 변화표를 실었습니다. 오디오를 들으며 익혀 두세요!

별책부록
Paso 1만 실었습니다. 따로 떼어 들고 다니면서 학습하세요.
오디오도 꼭 함께 들으세요.

mp3 파일
스페인어를 가장 빠르게 말할 수 있는 방법은 소리로 익히는 것입니다. 듣고, 보고, 따라하기!
길벗이지톡 홈페이지(www.eztok.co.kr)에서 무료로 다운받으세요.

PARTE 3 | 독특한 구조의 동사 패턴

PARTE 4 | 의문사 패턴

패턴 하나에 단어만 바꿔끼면 수십 가지 말이 된다!

스페인어 회화

핵심패턴

233

마야 허 지음

스페인어와 우리말을 나누어 구성했습니다. 한글 해석만 보면서 스페인어로 말하는 훈련을 해 보세요.

UNIDAD 01. Ser ~이다

MODELO 001 ▶ 반복 훈련용 001.mp3

나는 ~야	Yo soy ~

1. 나는 한국 사람이야.   Yo soy coreano/a.
2. 나는 매우 낙천적이야.   Yo soy muy optimista.
3. 나는 조금 예민해.   Yo soy un poco sensible.
4. 나는 모범생이야.   Yo soy estudioso/a.
5. 나는 회사원이야.   Yo soy oficinista.

MODELO 002 ▶ 반복 훈련용 002.mp3

~ 출신이야, ~의 거야	ser de ~

1. 그녀는 영국 출신이야.   Ella es de Inglaterra.
2. 이 핸드폰은 한국 회사 거야.   Este móvil es de una compañía coreana.
3. 그 그림은 우리 할머니 거야.   Ese cuadro es de mi abuela.
4. 이 신발은 가죽 제품이야.   Estos zapatos son de cuero.
5. 이 정장은 우리 아버지 거야.   Este traje es de mi padre.

MODELO 003 ▶ 반복 훈련용 003.mp3

나는 …보다 더 ~해	Yo soy más ~ que ...

1. 나는 너보다 더 날씬해.   Yo soy más delgado/a que tú.
2. 나는 내 직장 동료들보다 똑똑해.   Yo soy más inteligente que mis compañeros de trabajo.
3. 나는 내 여동생보다 부자야.   Yo soy más rico/a que mi hermana.
4. 나는 내 여자친구/남자친구보다 질투심이 강해.   Yo soy más celoso/a que mi novio/a.
5. 나는 내 아내/남편보다 나이가 많아.   Yo soy mayor que mi mujer/marido.

MODELO 004 ▶ 반복 훈련용 004.mp3

~할 능력이 있어, ~할 수 있어	ser capaz de ~

1. 나는 이 산에 오를 수 있어.   Yo soy capaz de subir esta montaña.

2. 나는 이 일을 맡을 능력이 있어.　Yo soy capaz de encargarme de este trabajo.

3. 그녀는 이 상황을 조정할 능력이 있어.　Ella es capaz de manejar esta situación.

4. 그는 이 문제를 해결할 능력이 없어.　Él no es capaz de solucionar este problema.

5. 그들은 수심 40m까지 잠수할 수 있어.　Ellos son capaces de bucear hasta cuarenta metros de profundidad.

MODELO 005 ▶ 반복 훈련용 005.mp3

| 나는 ~ 알레르기가 있어, 나는 ~를 정말 싫어해 | **Soy alérgico/a a ~** |

1. 나는 꽃가루 알레르기가 있어.　Soy alérgico/a al polen.

2. 나는 먼지 알레르기가 있어.　Soy alérgico/a al polvo.

3. 나는 땅콩 알레르기가 있어.　Soy alérgico/a a los cacahuetes.

4. 나는 고양이 알레르기가 있어.　Soy alérgico/a a los gatos.

5. 나는 바보 같은 짓과 소문을 정말 싫어해.　Soy alérgico/a a las estupideces y los rumores.

MODELO 006 ▶ 반복 훈련용 006.mp3

| ~하는 것은 쉬워 | **Es fácil ~** |

1. 요리하는 것은 쉬워.　Es fácil cocinar.

2. 담배를 끊는 것은 쉬워.　Es fácil dejar de fumar.

3. 두려움을 극복하는 것은 쉬워.　Es fácil superar el miedo.

4. 용서를 비는 것은 쉬워.　Es fácil pedir perdón.

5. 기타를 연주하는 것은 아주 쉬워.　Es muy fácil tocar la guitarra.

MODELO 007 ▶ 반복 훈련용 007.mp3

| ~하는 것은 어려워 | **Es difícil ~** |

1. 잊는 것은 어려워.　Es difícil olvidar.

2. "미안해"라고 말하는 것은 어려워.　Es difícil decir "lo siento".

3. 독일어를 배우는 것은 어려워.　Es difícil aprender alemán.

4. 살을 빼는 것은 어려워.　Es difícil perder peso.

5. 장학금을 받는 것은 어려워.　Es difícil conseguir la beca.

~하는 것이 더 나아	**Es mejor ~**

1. 혼자 사는 것이 더 나아   Es mejor vivir solo/a.
2. 그것을 잊는 편이 더 나아.   Es mejor olvidarlo.
3. 그것을 말하지 않는 편이 더 나아.   Es mejor no decirlo.
4. 받는 것보다 주는 것이 더 나아.   Es mejor dar que recibir.
5. 집에 있는 것이 더 나아.   Es mejor estar en casa.

~에 유용해	**es útil para ~**

1. 이 책은 아이들에게 유용해.   Este libro es útil para los niños.
2. 이 가전제품은 주부들에게 정말 유용해.   Este electrodoméstico es muy útil para las amas de casa.
3. 이 사전은 공부하기에 정말 유용해.   Este diccionario es muy útil para estudiar.
4. 이 프로그램은 메시지를 보내기에 정말 유용해.   Este programa es muy útil para enviar mensajes.
5. 이 연고는 아무 상처에나 정말 유용해.   Esta pomada es muy útil para cualquier herida.

UNIDAD 02. Estar ~에 있다

나는 ~에 있어	**Yo estoy (en) ~**

1. 나는 극장에 있어.   Yo estoy en el cine.
2. 나는 커피숍에 있어.   Yo estoy en la cafetería.
3. 나는 집 근처에 있어   Yo estoy cerca de mi casa.
4. 나는 사무실에서 멀리 있어.   Yo estoy lejos de la oficina.
5. 나는 입구 옆에 있어.   Yo estoy al lado de la entrada.

나는 ~ (상태)야	**Yo estoy ~**

1. 나 아주 피곤해.   Yo estoy muy cansado/a.
2. 나 아파.   Yo estoy enfermo/a.
3. 나 약간 감기에 걸렸어.   Yo estoy un poco resfriado/a.
4. 나 매우 슬퍼.   Yo estoy muy triste.
5. 나 기뻐.   Yo estoy feliz.

나는 ~할 준비가 됐어	**Yo estoy listo/a para ~**

1. 나는 외출할 준비가 됐어.   Yo estoy listo/a para salir.
2. 나는 혼자 살 준비가 됐어.   Yo estoy listo/a para vivir solo/a.
3. 나는 남미를 여행할 준비가 됐어.   Yo estoy listo/a para viajar por Sudamérica.
4. 나는 축구할 준비가 됐어.   Yo estoy listo/a para jugar al fútbol.
5. 나는 먹을 준비가 됐어.   Yo estoy listo/a para comer.

나는 ~이 걱정이야	**Yo estoy preocupado/a por ~**

1. 나는 네가 걱정이야.   Yo estoy preocupado/a por ti.
2. 나는 직장이 걱정이야.   Yo estoy preocupado/a por el trabajo.
3. 나는 내 미래가 걱정이야.   Yo estoy preocupado/a por mi futuro.
4. 나는 어머니 건강이 걱정이야.   Yo estoy preocupado/a por la salud de mi madre.
5. 나는 경제위기가 걱정이야.   Yo estoy preocupado/a por la crisis económica.

나는 ~에 관심 있어	**Estoy interesado/a en ~**

1. 나는 내가 사는 곳의 리모델링에 관심 있어.   Estoy interesado/a en la reforma de mi vivienda.

2. 나는 언어에 관심 있어.　Estoy interesado/a en los idiomas.

3. 나는 책 읽는 것에 관심 있어.　Estoy interesado/a en leer libros.

4. 나는 고양이를 입양하는 것에 관심 있어.　Estoy interesado/a en adoptar un gato.

5. 나는 모델이 되는 것에 관심 있어.　Estoy interesado/a en ser modelo.

MODELO 015 ▶ 반복 훈련용 015.mp3

나는 ~ 때문에/에게 화가 나	**Estoy enfadado/a por/con ~**

1. 나는 우리나라 상황 때문에 화가 나.　Estoy enfadado/a por la situación de mi país.

2. 나는 나쁜 뉴스 때문에 화가 나.　Estoy enfadado/a por la mala noticia.

3. 나는 순회공연이 취소되어 화가 나.　Estoy enfadado/a por la cancelación de la gira.

4. 나는 내 상사에게 화가 나.　Estoy enfadado/a con mi jefe.

5. 나는 내 친구들에게 화가 나.　Estoy enfadado/a con mis amigos.

MODELO 016 ▶ 반복 훈련용 016.mp3

나는 막 ~ 하려던 참이야	**Estoy a punto de ~**

1. 나는 막 아침식사를 하려던 참이야.　Estoy a punto de desayunar.

2. 나는 막 집에서 나가려던 참이야.　Estoy a punto de salir de casa.

3. 나는 막 입장권을 사려던 참이야.　Estoy a punto de comprar la entrada.

4. 나는 막 은행에 가려던 참이야.　Estoy a punto de ir al banco.

5. 나는 막 집에 돌아가려던 참이야.　Estoy a punto de volver a casa.

MODELO 017 ▶ 반복 훈련용 017.mp3

나는 ~에 질렸어	**Estoy harto/a de ~**

1. 나는 많은 일에 질렸어.　Estoy harto/a de mucho trabajo.

2. 나는 야근에 질렸어.　Estoy harto/a del trabajo extra.

3. 나는 너의 게으름에 질렸어.　Estoy harto/a de tu pereza.

4. 나는 너의 사치에 질렸어.　Estoy harto/a de tu capricho.

5. 나는 너와 싸우는 것에 질렸어.　Estoy harto/a de discutir contigo.

나는 ~에 반대해	**Estoy en contra de ~**
1. 나는 너의 의견에 반대해.	Estoy en contra de tu opinión.
2. 나는 상사의 제안에 반대해.	Estoy en contra de la propuesta del jefe.
3. 나는 회사 파업에 반대해.	Estoy en contra de la huelga de la compañía.
4. 나는 휴가 계획에 반대해.	Estoy en contra del plan de vacaciones.
5. 나는 투우에 반대해.	Estoy en contra de las corridas de toros.

나는 ~에 찬성해	**Estoy a favor de ~**
1. 나는 새롭게 제정된 법에 찬성해.	Estoy a favor de la nueva ley.
2. 나는 월급을 인상하는 것에 찬성해.	Estoy a favor de subir los salarios.
3. 나는 커피 가격을 내리는 것에 찬성해.	Estoy a favor de bajar el precio del café.
4. 나는 대학 등록금을 내리는 것에 찬성해.	Estoy a favor de bajar la matrícula universitaria.
5. 나는 네가 하는 일에 찬성해.	Estoy a favor de lo que tú haces.

나는 ~을 확신해	**Estoy convencido/a de (que) ~**
1. 나는 너의 성공을 확신해.	Estoy convencido/a de tu éxito.
2. 나는 내가 옳은 것을 말하고 있다고 확신해.	Estoy convencido/a de que digo lo correcto.
3. 나는 그가 제시간에 올 거라고 확신해.	Estoy convencido/a de que él viene a tiempo.
4. 나는 너의 계획이 성공할 거라고 확신해.	Estoy convencido/a de que tu plan va a tener éxito.
5. 나는 우리가 다른 팀들을 이길 수 있다고 확신해.	Estoy convencido/a de que podemos ganar a los otros equipos.

~ 근처에 있어, ~에서 가까워   **estar cerca de ~**

1. 나는 사무실 근처에 있어.   Yo estoy cerca de la oficina.
2. 나는 시청 근처에 있어.   Yo estoy cerca del ayuntamiento.
3. 공항은 우리집 근처에 있어.   El aeropuerto está cerca de mi casa.
4. 커피숍은 시장 근처에 있어.   La cafetería está cerca del mercado.
5. 호텔은 광장 근처에 있어.   El hotel está cerca de la plaza.

~ 시간, 거리에 있다   **está a ~**

1. 우리집은 대학교에서 5분 거리야.   Mi casa está a cinco minutos de la universidad.
2. 우리집은 너희 집에서 버스로 1시간 거리야.   Mi casa está a una hora de tu casa en autobús.
3. 내 사무실은 여기서 걸어서 10분 거리야.   Mi oficina está a diez minutos de aquí a pie.
4. 바다는 여기서 차로 2시간 거리야.   El mar está a dos horas de aquí en coche.
5. 대학교는 시내에서 지하철로 30분 거리야.   La universidad está a media hora del centro en metro.

~로 가득차 있다   **está lleno/a ~**

1. 버스가 만원이야.   El autobús está lleno.
2. 극장은 사람들로 꽉 차있어.   El cine está lleno de gente.
3. 메일함이 꽉 차있네.   El buzón de correo está lleno.
4. 축구장이 축구팬들로 가득해.   El campo de fútbol está lleno de los hinchas del fútbol.
5. 이 옷은 얼룩이 가득해.   Esta ropa está llena de manchas.

UNIDAD 03. 현재진행형

MODELO 024 ▶ 반복 훈련용 024.mp3

나는 ~하는 중이야	**Yo estoy -ando**

1. 나는 공부하는 중이야.　　　　　Yo estoy estudiando.
2. 나는 공원을 산책하는 중이야.　　Yo estoy paseando por el parque.
3. 나는 음악 듣는 중이야.　　　　　Yo estoy escuchando música.
4. 나는 10시간 이상 일하는 중이야.　Yo estoy trabajando más de diez horas.
5. 나는 커피숍에서 커피 마시는 중이야.　Yo estoy tomando café en la cafetería.

MODELO 025 ▶ 반복 훈련용 025.mp3

나는 ~하는 중이야	**Yo estoy -iendo**

1. 나는 대학식당에서 밥 먹는 중이야.　Yo estoy comiendo en el comedor de la universidad.
2. 나는 집에서 나가는 중이야.　　　Yo estoy saliendo de casa.
3. 나는 가게 문을 여는 중이야.　　　Yo estoy abriendo la puerta de la tienda.
4. 나는 진실을 얘기하는 중이야.　　　Yo estoy diciendo la verdad.
5. 나는 방에서 잠을 자는 중이야.　　Yo estoy durmiendo en la habitación.

MODELO 026 ▶ 반복 훈련용 026.mp3

나는 ~하느라 바빠	**Estoy ocupado/a -ando/-iendo**

1. 나는 요즘 정말 바빠.　　　　　Estoy muy ocupado/a estos días.
2. 나는 시험 준비하느라 바빠.　　Estoy ocupado/a preparando el examen.
3. 나는 프레젠테이션 준비하느라 바빠.　Estoy ocupado/a preparando la presentación.
4. 나는 남미 여행 준비하느라 바빠.　Estoy ocupado/a preparando un viaje a Sudamérica.
5. 나는 새로운 프로젝트를 하느라 바빠.　Estoy ocupado/a trabajando en un nuevo proyecto.

나는 ~한 지 (시간이) ···됐어, 나는 ···째 ~하고 있어	**Llevo -ando/-iendo**

1. 나는 여기 산 지 한 달째야.   Llevo viviendo aquí un mes.
2. 나는 스페인어를 6개월째 공부하고 있어.   Llevo estudiando español seis meses.
3. 나는 이 동네에서 7년째 살고 있어.   Llevo viviendo en este barrio siete años.
4. 나는 이 회사에서 8년째 일하고 있어.   Llevo trabajando ocho años en esta compañía.
5. 나는 그녀와 5년째 사귀고 있어.   Llevo saliendo con ella cinco años.

UNIDAD 04. Tener ~을 가지다

나는 ~해	**Yo tengo ~**

1. 나는 추워.   Yo tengo frío.
2. 나는 무서워.   Yo tengo miedo.
3. 나는 정말 배고파.   Yo tengo mucha hambre.
4. 나는 정말 목말라.   Yo tengo mucha sed.
5. 나는 정말 더워.   Yo tengo mucho calor.

나는 ~하지 않아, 나는 ~이 없어	**No tengo ~**

1. 나는 돈이 없어.   No tengo dinero.
2. 나는 졸리지 않아.   No tengo sueño.
3. 나는 열이 안 나.   No tengo fiebre.
4. 나는 시간이 없어.   No tengo tiempo.
5. 나는 너와 얘기할 시간이 없어.   No tengo tiempo para hablar contigo.

~해야 해	**tener que ~**
1. 나는 운동을 해야 해.	Tengo que hacer ejercicio.
2. 나는 살을 빼야 해.	Tengo que adelgazar.
3. 나는 이 일을 끝내야 해.	Tengo que terminar este trabajo.
4. 그는 이메일을 보내야 해.	Él tiene que enviar un correo electrónico.
5. 그들은 이 책을 읽어야 해.	Ellos tienen que leer este libro.

나는 ~하고 싶어	**Tengo ganas de ~**
1. 나는 여행가고 싶어.	Tengo ganas de viajar.
2. 나는 울고 싶어.	Tengo ganas de llorar.
3. 나는 너를 보고 싶어.	Tengo ganas de verte.
4. 나는 빨리 퇴근하고 싶어.	Tengo ganas de salir pronto de la oficina.
5. 나는 축구 경기가 정말 보고 싶어.	Tengo muchas ganas de ver el partido de fútbol.

나는 ~이 무서워	**Yo tengo miedo a ~**
1. 나는 개가 무서워.	Yo tengo miedo a los perros.
2. 나는 어두운 것이 무서워.	Yo tengo miedo a la oscuridad.
3. 나는 너를 잃게 될까봐 무서워.	Yo tengo miedo a perderte.
4. 나는 직장을 잃게 될까봐 무서워.	Yo tengo miedo a perder el trabajo.
5. 나는 그것을 새롭게 시도하는 것이 두려워.	Yo tengo miedo a intentarlo de nuevo.

~할 계획이 있어	**tener planes de ~**
1. 나는 카리브에 갈 계획이 있어.	Yo tengo planes de ir al Caribe.
2. 나는 시골에서 살 계획이 있어.	Yo tengo planes de vivir en el campo.
3. 그는 대학에 갈 계획이 없어.	Él no tiene planes de ir a la universidad.

11

4. 그녀는 결혼할 계획이 없어.

Ella no tiene planes de casarse.

5. 우리 부모님은 전 세계를 여행할
계획을 갖고 계셔.

Mis padres tienen planes de viajar por todo
el mundo.

MODELO 034　반복 훈련용 034.mp3

너는 ~해야 해	**Tienes que ~**

1. 너는 일찍 잠을 자야 해.

Tienes que acostarte temprano.

2. 너는 집에 빨리 돌아와야 해.

Tienes que volver pronto a casa.

3. 너는 인생을 바꿔야 해.

Tienes que cambiar de vida.

4. 너는 내일까지 과제를 끝내야 해.

Tienes que terminar el trabajo para mañana.

5. 너는 지금 방을 청소해야 해.

Tienes que limpiar la habitación ahora.

MODELO 035　반복 훈련용 035.mp3

~과 전혀 상관없어	**no tiene nada que ver ~**

1. 이것은 너랑 전혀 상관없어.

Esto no tiene nada que ver contigo.

2. 이것은 그 상황과 전혀 상관없어.

Esto no tiene nada que ver con esa
situación.

3. 이것은 돈과는 전혀 상관없어.

Esto no tiene nada que ver con el dinero.

4. 재능은 성별과 전혀 상관없어.

El talento no tiene nada que ver con el sexo.

5. 이 사건은 정치와 전혀 상관없어.

Este asunto no tiene nada que ver con la
política.

MODELO 036　반복 훈련용 036.mp3

~ 의미가 있다, ~ 감각이 있다	**tener sentido ~**

1. 그는 유머 감각이 있다.

Él tiene sentido de humor.

2. 그들은 방향 감각이 없다.

Ellos no tienen sentido de la orientación.

3. 그녀는 상식이 없다.

Ella no tiene sentido común.

4. 너 없이는 내 인생은 의미가 없어.

Mi vida no tiene sentido sin ti.

5. 사랑이 없는 인생은 어떤 의미가 있니?

¿La vida sin amor tiene algún sentido?

~(에서) (행사 등이) 열린다	**tiene lugar (en) ~**

1. 영화제가 내 고향에서 열린다.
El festival de cine tiene lugar en mi pueblo natal.

2. 선거는 5월에 실시된다.
La elección tiene lugar en mayo.

3. 재판은 내일 열린다.
El juicio tiene lugar mañana.

4. 박람회 개막식은 내일 모레 열린다.
La inauguración de la feria tiene lugar pasado mañana.

5. 시상식은 시장의 참석 하에 열린다.
El acto de entrega de los premios tiene lugar en presencia del alcalde.

~에 애착을 갖고 있어, ~에 집착해	**tener obsesión por ~**

1. 이 시인은 평화에 애착을 갖고 있어.
Este poeta tiene obsesión por la paz.

2. 어머니는 자식들에게 애착을 갖고 있어.
La madre tiene obsesión por sus hijos.

3. 그녀는 청소에 집착해.
Ella tiene obsesión por la limpieza.

4. 그녀는 완벽함에 집착해.
Ella tiene obsesión por la perfección.

5. 이 남자애는 먹을 것에 집착해.
Este niño tiene obsesión por la comida.

~에 환상을 갖고 있어, ~ 이상을 갖고 있어	**tener ilusión por ~**

1. 그들은 해변에 사는 것에 큰 환상을 갖고 있어.
Ellos tienen mucha ilusión por vivir en la playa.

2. 그녀는 혼자 사는 것에 큰 환상을 갖고 있어.
Ella tiene mucha ilusión por vivir sola.

3. 이 소년은 여자애들에 큰 환상을 갖고 있어.
Este chico tiene mucha ilusión por las chicas.

4. 이 선수는 레알 마드리드 유니폼을 입는 이상을 갖고 있어.
Este jugador tiene ilusión por vestirse con la camiseta del Real Madrid.

5. 나는 인생에 이상이 없어.
No tengo ilusión por la vida.

~할 권리가 있어	**tener derecho a ~**

1. 모든 사람들은 자유를 누릴 권리가 있어.   Toda persona tiene derecho a la libertad.
2. 아이들은 놀 권리가 있어.   Los niños tienen derecho al juego.
3. 나는 휴가를 신청할 권리가 있어.   Yo tengo derecho a pedir las vacaciones.
4. 그녀는 연금을 받을 권리가 있어.   Ella tiene derecho a percibir la pensión.
5. 그는 수업에 참석할 권리가 있어.   Él tiene derecho a asistir a la clase.

UNIDAD 05. Querer ~를 원하다

나는 ~하고 싶어	**Yo quiero ~**

1. 나는 휴식을 취하고 싶어.   Yo quiero descansar.
2. 나는 여행하고 싶어.   Yo quiero viajar.
3. 나는 좋은 차를 사고 싶어.   Yo quiero comprar un buen coche.
4. 나는 직장을 그만두고 싶어.   Yo quiero dejar el trabajo.
5. 나는 너와 결혼하고 싶어.   Yo quiero casarme contigo.

~하고 싶니?	**¿Quieres ~?**

1. 이 모자 한번 써보고 싶니?   ¿Quieres probarte este sombrero?
2. 이 재킷 한번 입어 보고 싶니?   ¿Quieres probarte esta chaqueta?
3. 나와 춤추고 싶니?   ¿Quieres bailar conmigo?
4. 우리 가족 보고 싶니?   ¿Quieres ver a mi familia?
5. 대성당에 가보고 싶니?   ¿Quieres visitar la catedral?

그는/그들은 ~하고 싶어 해	Él/Ellos quiere/quieren ~

1. 그녀는 여행 가이드가 되고 싶어 해. Ella quiere ser guía de viaje.

2. 그는 독학으로 영어를 공부하고 싶어 해. Él quiere estudiar inglés por su cuenta.

3. 그들은 새 차를 사고 싶어 해. Ellos quieren comprar un coche nuevo.

4. 그들은 해변 옆에 별장 한 채를 빌리고 싶어 해. Ellos quieren alquilar un chalé al lado de la playa.

5. 그녀들은 뉴욕에서 비행기를 환승하고 싶어 해. Ellas quieren hacer escala en Nueva York.

내가 원하는 것은 ~하는 거야	Lo que quiero es ~

1. 내가 원하는 것은 주말에 쉬는 거야. Lo que quiero es descansar los fines de semana.

2. 내가 원하는 것은 너와 통화하는 거야. Lo que quiero es hablar contigo por teléfono.

3. 내가 원하는 것은 집에 일찍 들어가는 거야. Lo que quiero es volver a casa temprano.

4. 내가 원하는 것은 장학금을 받는 거야. Lo que quiero es recibir la beca.

5. 내가 원하는 것은 좋은 성적을 받는 거야. Lo que quiero es sacar buenas notas.

UNIDAD 06. Ir 가다

나는 ~에 가	Voy a ~

1. 나는 생일 파티에 가. Voy a la fiesta de cumpleaños.

2. 나는 음료수와 먹을 것을 사러 슈퍼에 가. Voy al supermercado para comprar algunas bebidas y comidas.

3. 나는 장보러 시장에 가. Voy al mercado para hacer la compra.

4. 나는 운동하러 헬스장에 가. Voy al gimnasio para hacer ejercicio.

5. 나는 스페인어를 배우러 학원에 가. Voy a la academia para aprender español.

너 지금 ~에 가는 거야?	**¿Ahora vas a ~?**

1. 너 지금 대사관에 가는 거야?   ¿Ahora vas a la embajada?
2. 너 지금 버스 정류장에 가는 거야?   ¿Ahora vas a la parada de autobús?
3. 너 지금 축구장에 가는 거야?   ¿Ahora vas al campo de fútbol?
4. 너 지금 공항에 가는 거야?   ¿Ahora vas al aeropuerto?
5. 너 지금 기차역에 가는 거야?   ¿Ahora vas a la estación de tren?

나는 ~할 예정이야	**Voy a + 동사원형**

1. 나는 이번 여름 대학교에서 스페인어 코스를 들을 예정이야.   Voy a hacer un curso de español este verano en la universidad.
2. 나는 다음 달에 외국에 갈 예정이야.   Voy a ir al extranjero el próximo mes.
3. 나는 오늘 오후에 대사관에서 비자를 신청할 예정이야.   Voy a solicitar el visado en la embajada esta tarde.
4. 나는 이번 학기에 장학금을 신청할 예정이야.   Voy a pedir la beca este semestre.
5. 나는 내일 보고서를 제출할 예정이야.   Voy a entregar el informe mañana.

너는 ~할 거야?	**¿Tú vas a + 동사원형?**

1. 너는 다이어트를 할 거야?   ¿Tú vas a hacer dieta?
2. 너는 스키타는 것을 배울 거야?   ¿Tú vas a aprender a esquiar?
3. 너는 시험을 칠 거야?   ¿Tú vas a hacer el examen?
4. 너는 산에 갈 거야?   ¿Tú vas a ir a la montaña?
5. 너는 테니스를 칠 거야?   ¿Tú vas a jugar al tenis?

그는/그들은 ~할 예정이야	**Él/Ellos va/van a + 동사원형**

1. 그는 세탁소에 갈 예정이야.   Él va a ir a la tintorería.
2. 그녀는 미용실에 갈 예정이야.   Ella va a ir a la peluquería.

3. 그들은 정육점에서 고기를 살 예정이야. Ellos van a comprar carne en la carnicería.

4. 나의 상사는 회의를 미룰 예정이야. Mi jefe va a aplazar la reunión.

5. 학생들 몇 명은 수업에 들어가지 않을 예정이야. Unos estudiantes no van a asistir a la clase.

UNIDAD 07. Hay ~이 있다

MODELO 050 ▶ 반복 훈련용 050.mp3

~이 있어	**Hay ~**
1. 지하철에 사람이 정말 많아.	Hay mucha gente en el metro.
2. 극장에 사람이 조금밖에 없어.	Hay poca gente en el cine.
3. 시내에 외국인 관광객들이 많아.	Hay muchos turistas extranjeros en el centro.
4. 주말에 길이 많이 막혀.	Hay mucho atasco durante el fin de semana.
5. 도서관에 학생들이 많아.	Hay muchos estudiantes en la biblioteca.

MODELO 051 ▶ 반복 훈련용 051.mp3

~이 없어?	**¿No hay ~?**
1. 교실에는 아무도 없니?	¿No hay nadie en el aula?
2. 먹을 것이 아무것도 없어?	¿No hay nada de comer?
3. 마실 것이 아무것도 없어?	¿No hay nada de beber?
4. 방에 아무것도 없어?	¿No hay nada en la habitación?
5. 빈방 없어요?	¿No hay ninguna habitación libre?

MODELO 052 ▶ 반복 훈련용 052.mp3

~해야 해	**Hay que ~**
1. 이 과제를 가능한 빨리 끝내야 해.	Hay que terminar este trabajo lo antes posible.
2. 집에 빨리 들어가야 해.	Hay que volver pronto a casa.
3. 천천히 운전해야 해.	Hay que conducir despacio.
4. 가사일을 분담해야 해.	Hay que compartir la tarea doméstica.
5. 법을 지켜야 해.	Hay que respetar las leyes.

~을 가져야 해	**Hay que tener ~**

1. 용기를 내야 해.   Hay que tener valor.
2. 인내심을 가져야 해.   Hay que tener paciencia.
3. 조심해야 해.   Hay que tener cuidado.
4. 사랑하기 위해서는 넓은 마음을 가져야 해.   Hay que tener un gran corazón para amar.
5. 은퇴에 대비하기 위해서는 저축한 것을 가지고 있어야 해.   Hay que tener ahorrado para afrontar la jubilación.

UNIDAD 08. Deber ~해야만 한다, 틀림없이 ~이다

너는 ~해야만 해	**Tú debes + 동사원형**

1. 너는 식사 전에 손을 씻어야만 해.   Tú debes lavarte las manos antes de comer.
2. 너는 일찍 잠을 자야만 해.   Tú debes acostarte temprano.
3. 너는 첫 데이트에 시간 맞춰 도착해야만 해.   Tú debes llegar a tiempo a la primera cita.
4. 너는 주말에는 쉬어야만 해.   Tú debes descansar el fin de semana.
5. 너는 이 옷 손빨래해야만 해.   Tú debes lavar a mano esta ropa.

~하는 것이 분명해	**deber de + 동사원형**

1. 그는 집에서 지금 나가는 게 분명해.   Él debe de salir de casa ahora.
2. 그는 사무실에서 퇴근하는 것이 분명해.   Él debe de salir de la oficina.
3. 그녀는 남자친구와 헤어지는 것이 분명해.   Ella debe de romper con su novio.
4. 내 친구는 직장을 그만두는 것이 분명해.   Mi amigo debe de dejar el trabajo.
5. 그들은 거짓말을 하는 것이 분명해.   Ellos deben de mentir.

UNIDAD 09. **Poder** ~할 수 있다

MODELO 056 ▶ 반복 훈련용 056.mp3

나는 ~할 수 있어	**Yo puedo ~**
1. 나는 축구를 할 수 있어.	Yo puedo jugar al fútbol.
2. 나는 기타를 칠 수 있어.	Yo puedo tocar la guitarra.
3. 나는 운전할 수 있어.	Yo puedo conducir.
4. 나는 이탈리아 요리를 만들 수 있어.	Yo puedo cocinar la comida italiana.
5. 나는 수영을 잘할 수 있어.	Yo puedo nadar bien.

MODELO 057 ▶ 반복 훈련용 057.mp3

~ 해도 돼?	**¿Puedo ~?**
1. 이 잡지 읽어도 돼?	¿Puedo leer esta revista?
2. 이 컴퓨터 사용해도 돼?	¿Puedo usar este ordenador?
3. 네 핸드폰 사용해도 돼?	¿Puedo usar tu móvil?
4. 먼저 퇴근해도 될까요?	¿Puedo salir más temprano?
5. 이번 주말에 널 볼 수 있을까?	¿Puedo verte este fin de semana?

MODELO 058 ▶ 반복 훈련용 058.mp3

~해 줄래?	**¿Puedes ~?**
1. 창문 좀 열어 줄래?	¿Puedes abrir la ventana?
2. 문 좀 닫아 줄래?	¿Puedes cerrar la puerta?
3. 숟가락 좀 갖다줄래?	¿Puedes traer la cuchara?
4. 물 좀 갖다줄래?	¿Puedes traer un vaso de agua?
5. 냅킨 좀 건네줄래?	¿Puedes pasarme la servilleta?

MODELO 059 ▶ 반복 훈련용 059.mp3

~해 주시겠어요?	**¿Podría ~?**
1. 창문 좀 열어 주시겠어요?	¿Podría abrir la ventana?
2. 볼륨 좀 낮춰 주시겠어요?	¿Podría bajar el volumen?

3. 이 여행 가방 좀 옮겨 주시겠어요?　　¿Podría llevar esta maleta?

4. 저 좀 도와주시겠어요?　　¿Podría ayudarme?

5. 냅킨 좀 건네주시겠어요?　　¿Podría pasarme la servilleta?

UNIDAD 10. Pensar/Creer ~를 생각하다

MODELO 060　▶ 반복 훈련용 060.mp3

나는 ~에 대해 생각해	Yo pienso en (lo que) ~

1. 나는 늘 너를 생각해.　　Yo siempre pienso en ti.

2. 나는 나의 장래를 생각해.　　Yo pienso en mi futuro.

3. 나는 나의 가족을 생각해.　　Yo pienso en mi familia.

4. 나는 내가 할 일을 생각해.　　Yo pienso en lo que voy a hacer.

5. 나는 네가 나에게 한 말에 대해 생각하고 있어.　　Yo pienso en lo que tú me dices.

MODELO 061　▶ 반복 훈련용 061.mp3

~라고 생각하지 마!	¡No pienses ~!

1. 생각하지 말고, 느껴봐!　　¡No pienses, siente!

2. 실패에 대해서 생각하지 말고, 행동해!　　¡No pienses en el fracaso, actúa!

3. 나에 대해서 나쁘게 생각하지 마!　　¡No pienses mal de mí!

4. 내가 너를 사랑한다고 생각하지 마!　　¡No pienses que te amo!

5. 인생이 어렵다고 생각하지 마!　　¡No pienses que la vida es difícil!

MODELO 062　▶ 반복 훈련용 062.mp3

나는 ~라고 믿어	Yo creo ~

1. 나는 너를 믿어.　　Yo creo en ti.

2. 나는 사랑을 믿어.　　Yo creo en el amor.

3. 나는 정의를 믿어.　　Yo creo en la justicia.

4. 나는 모든 것이 잘 풀릴 거라고 믿어.　　Yo creo que todo saldrá bien.

5. 나는 상황이 좋아질 거라고 믿어.　　Yo creo que la situación mejorará.

나는 ~라고 생각해	**Pienso que ~**

1. 나는 네가 틀렸다고 생각해.   Pienso que tú estás equivocado/a.

2. 나는 그가 나쁘다고 생각해.   Pienso que él es malo.

3. 나는 문제가 없다고 생각해.   Pienso que no hay ningún problema.

4. 나는 회의가 취소될 거라고 생각해.   Pienso que la reunión se va a cancelar.

5. 나는 그가 시험에 합격할 거라고 생각해.   Pienso que él va a aprobar el examen.

너는 ~할 거라고 생각해?	**¿Tú piensas que va a ~?**

1. 너는 날씨가 좋아질 거라고 생각해?   ¿Tú piensas que el tiempo va a mejorar?

2. 너는 내일 날씨가 안 좋을 거라고 생각해?   ¿Tú piensas que mañana va a hacer mal tiempo?

3. 너는 내일 바람이 많이 불 거라고 생각해?   ¿Tú piensas que mañana va a hacer mucho viento?

4. 너는 비가 올 거라고 생각해?   ¿Tú piensas que va a llover?

5. 너는 눈이 올 거라고 생각해?   ¿Tú piensas que va a nevar?

너는 내가 ~라고 생각해?	**¿Tú piensas que yo soy ~?**

1. 너는 내가 바보라고 생각해?   ¿Tú piensas que yo soy tonto/a?

2. 너는 내가 이기적이라고 생각해?   ¿Tú piensas que yo soy egoísta?

3. 너는 내가 구두쇠라고 생각해?   ¿Tú piensas que yo soy tacaño/a?

4. 너는 내가 바람둥이라고 생각해?   ¿Tú piensas que yo soy mujeriego?

5. 너는 내가 성실하지 않다고 생각해?   ¿Tú piensas que yo soy vago/a?

UNIDAD 11. Saber ~를 알다

MODELO 066 ▶ 반복 훈련용 066.mp3

나는 ~할 줄 알아	**Yo sé ~**

1. 나는 스키를 탈 줄 알아. Yo sé esquiar.
2. 나는 드럼을 칠 줄 알아. Yo sé tocar la batería.
3. 나는 프랑스어를 말할 줄 알아. Yo sé hablar francés.
4. 나는 이 프로그램을 사용할 줄 알아. Yo sé usar este programa.
5. 나는 멕시코 음식을 할 줄 알아. Yo sé cocinar la comida mexicana.

MODELO 067 ▶ 반복 훈련용 067.mp3

너 ~할 줄 알아?	**¿Tú sabes ~?**

1. 너 자전거 탈 줄 알아? ¿Tú sabes montar en bicicleta?
2. 너 핸드폰 고칠 줄 알아? ¿Tú sabes reparar el móvil?
3. 너 악기 좀 다룰 줄 알아? ¿Tú sabes tocar algún instrumento musical?
4. 너 컴퓨터 사용할 줄 알아? ¿Tú sabes usar el ordenador?
5. 너 수영할 줄 알아? ¿Tú sabes nadar?

MODELO 068 ▶ 반복 훈련용 068.mp3

나는 ~라는 것을 알아	**Yo sé que ~**

1. 나는 네가 휴가 중이라는 거 알아. Yo sé que tú estás de vacaciones.
2. 나는 네가 그를 싫어하는 거 알아. Yo sé que no te gusta él.
3. 나는 그가 병원에 있는 것을 알아. Yo sé que él está en el hospital.
4. 나는 네가 거짓말했다는 걸 이미 알아. Yo sé que ya tú mientes.
5. 나는 그가 결혼한 것을 이미 알아. Yo sé que ya él está casado.

MODELO 069 ▶ 반복 훈련용 069.mp3

~는 …라는 것을 알고 있어?	**¿~ sabe que …?**

1. 그는 내가 한국 사람인 것을 알고 있어? ¿Él sabe que yo soy coreano/a?

2. 그녀는 쿠바가 위험한 나라인 것을 알고 있어?　¿Ella sabe que Cuba es un país peligroso?

3. 너희 아버지는 한국이 안전한 나라인 것 알고 계셔?　¿Tu padre sabe que Corea es un país seguro?

4. 너희 교수님은 네가 매일 복습하고 있는 것 알고 계셔?　¿Tu profesor sabe que tú repasas todos los días?

5. 걔는 오늘 수업이 없는 것 알고 있어?　¿Él sabe que hoy no hay clase?

MODELO 070 ▶ 반복 훈련용 070.mp3

~ 맛이 난다	sabe (a) ~

1. 이 커피는 아주 맛있네.　Este café sabe muy bien.

2. 이 와인은 맛이 안 좋아.　Este vino sabe mal.

3. 이 케이크는 치즈 맛이 나.　Este pastel sabe a queso.

4. 이 고기는 탄 맛이 나.　Esta carne sabe a quemado.

5. 우리의 사랑은 초콜릿 맛이야.　Nuestro amor sabe a chocolate.

MODELO 071 ▶ 반복 훈련용 071.mp3

너 ~인지 아닌지 알고 있어?	¿Tú sabes si ~?

1. 너는 내일 날씨가 맑을지 흐릴지 알아?　¿Tú sabes si mañana hace sol?

2. 너는 내일 모레 그녀가 올지 안 올지 알아?　¿Tú sabes si ella viene pasado mañana?

3. 너는 회의가 취소될지 안 될지 알고 있어?　¿Tú sabes si la reunión se cancela?

4. 너는 그녀가 임신했는지 안 했는지 알고 있어?　¿Tú sabes si ella está embarazada?

5. 너는 그가 그의 전공을 좋아하는지 안 좋아하는지 알고 있어?　¿Tú sabes si a él le gusta su carrera?

UNIDAD 12. Hacer ~를 하다

MODELO 072 ▶ 반복 훈련용 072.mp3

나는 ~를 한다	Yo hago ~

1. 나는 운동을 한다.　Yo hago ejercicio.

2. 나는 숙제를 한다.　Yo hago la tarea.

3. 나는 이불을 갠다.　　　　　　　Yo hago la cama.

4. 나는 짐을 싼다.　　　　　　　　Yo hago la maleta.

5. 나는 아침식사를 만든다.　　　　Yo hago el desayuno.

| 내가 지금 하고 싶은 것은 ~야 | Lo que quiero hacer ahora es ~ |

1. 내가 지금 하고 싶은 것은 자는 거야.　　　Lo que quiero hacer ahora es dormir.

2. 내가 지금 하고 싶은 것은 여행하는 거야.　　Lo que quiero hacer ahora es viajar.

3. 내가 지금 하고 싶은 것은 집에 돌아가는 거야.　Lo que quiero hacer ahora es volver a casa.

4. 내가 지금 하고 싶은 것은 회사를 그만두는 거야.　Lo que quiero hacer ahora es dejar el trabajo.

5. 내가 지금 하고 싶은 것은 너와 대화하는 거야.　Lo que quiero hacer ahora es hablar contigo.

| 날씨가 ~해 | Hace + 날씨 |

1. 날씨가 좋네.　　　　　　Hace buen tiempo.

2. 날씨가 좋지 않네.　　　　Hace mal tiempo.

3. 날씨가 아주 추워.　　　　Hace mucho frío.

4. 날씨가 조금 더워.　　　　Hace poco calor.

5. 날씨가 선선해.　　　　　Hace fresco.

| 나는 …한 지 ~(의 시간이) 됐어 | Hace ~ que yo … |

1. 나는 너를 못 본 지 정말 오래됐어.　　Hace mucho tiempo que yo no te veo.

2. 나는 너를 30분째 기다리고 있어.　　Hace media hora que yo te espero.

3. 나는 이 회사에서 5년째 일하고 있어.　Hace cinco años que yo trabajo en esta compañía.

4. 나는 외국에서 3년째 살고 있어.　　　Hace tres años que yo vivo en el extranjero.

5. 나는 이 동네에서 10년째 살고 있어.   Hace diez años que yo vivo en este barrio.

UNIDAD 13. Necesitar ~가 필요하다

나는 ~이 필요해	Yo necesito ~

1. 나는 돈이 필요해.   Yo necesito dinero.
2. 나는 새 직장이 필요해.   Yo necesito un nuevo trabajo.
3. 나는 쉴 필요가 있어.   Yo necesito descansar.
4. 나는 스페인어를 완벽하게 할 필요가 있어.   Yo necesito perfeccionar el español.
5. 나는 생각할 시간이 필요해.   Yo necesito tiempo para pensar.

나는 ~이 필요 없어	Yo no necesito ~

1. 나는 아무것도 필요 없어.   Yo no necesito nada.
2. 나는 아무도 필요 없어.   Yo no necesito a nadie.
3. 나는 사무실에 일찍 갈 필요가 없어.   Yo no necesito ir a la oficina temprano.
4. 나는 돈을 모을 필요가 없어.   Yo no necesito ahorrar dinero.
5. 나는 현금인출기에서 돈을 뽑을 필요가 없어.   Yo no necesito sacar dinero del cajero automático.

네가 필요한 것은 ~야	Lo que necesitas es ~

1. 네가 필요한 것은 사랑이야.   Lo que necesitas es amor.
2. 네가 필요한 것은 다른 사람들의 도움이야.   Lo que necesitas es ayuda de los demás.
3. 네가 필요한 것은 행복을 느끼는 거야.   Lo que necesitas es sentir felicidad.
4. 네가 필요한 것은 모든 것을 잊는 거야.   Lo que necesitas es olvidarte todo.
5. 네가 필요한 것은 많은 경험을 쌓는 거야.   Lo que necesitas es tener muchas experiencias.

UNIDAD 14. Sentir ~라고 느끼다, ~인 것 같다

MODELO 079 ▶ 반복 훈련용 079.mp3

나는 ~인 것 같아	Yo siento ~
1. 나는 아픈 것 같아.	Yo siento dolor.
2. 나는 슬픈 것 같아.	Yo siento tristeza.
3. 나는 외로운 것 같아.	Yo siento soledad.
4. 나는 한기가 든 것 같아.	Yo siento escalofríos.
5. 나는 기쁜 것 같아.	Yo siento alegría.

MODELO 080 ▶ 반복 훈련용 080.mp3

…할 때 나는 ~라고 느껴	Me siento ~ cuando ...
1. 나는 너와 함께 있을 때 안정감을 느껴.	Me siento seguro/a cuando estoy contigo.
2. 친구들이 나에 대해 험담하면 기분이 나빠.	Me siento mal cuando mis amigos hablan mal de mí.
3. 나는 시험 볼 때 떨려.	Me siento nervioso/a cuando hago un examen.
4. 나는 어떤 실수를 저지르면 좌절감을 느껴.	Me siento frustrado/a cuando cometo algún error.
5. 나는 내 소중한 사람들을 생각할 때 운이 좋다고 느껴.	Me siento afortunado/a cuando pienso en mis seres queridos.

MODELO 081 ▶ 반복 훈련용 081.mp3

…이지만 나는 ~해	Me siento ~ aunque ...
1. 돈이 없지만 행복해.	Me siento feliz aunque no tengo dinero.
2. 10시간을 자도 피곤해.	Me siento cansado/a aunque duermo diez horas.
3. 사람들에게 둘러싸여 있지만 외로워.	Me siento solo/a aunque estoy rodeado/a de gente.
4. 네가 내 옆에 있지만 외로워.	Me siento solo/a aunque tú estás a mi lado.
5. 계속 침대에 누워 있지만 상태는 많이 좋아진 것 같아.	Me siento mucho mejor aunque sigo en la cama.

UNIDAD 15. Quedar ~와 만나다, ~에 머물다
~에게 어울리다, …에게 ~가 남다

MODELO 082 ▶ 반복 훈련용 055.mp3

| 나는 ~와 만나 | **Yo quedo ~** |

1. 나는 직장 동료들과 만나. | Yo quedo con mis compañeros de trabajo.
2. 나는 친구들과 7시에 만나. | Yo quedo con mis amigos a las siete.
3. 나는 그와 지하철 입구에서 만나. | Yo quedo con él en la boca de metro.
4. 나는 커피숍에서 만나. | Yo quedo en la cafetería.
5. 나는 수업 후에 만나. | Yo quedo después de la clase.

MODELO 083 ▶ 반복 훈련용 083.mp3

| 나는 ~에 있어, 나는 ~에 머물러 | **Me quedo en ~** |

1. 나는 주말에 집에 있어. | Me quedo en casa durante el fin de semana.
2. 나는 비 올 때 집에 있어. | Me quedo en casa cuando llueve.
3. 나는 일이 많을 때 사무실에 있어. | Me quedo en la oficina cuando tengo mucho trabajo.
4. 나는 출장갈 때 호텔에 묵어. | Me quedo en el hotel cuando estoy de viaje de negocios.
5. 나는 밤새 공부하며 도서관에 있어. | Me quedo toda la noche estudiando en la biblioteca.

MODELO 084 ▶ 반복 훈련용 084.mp3

| 너에게 ~이 잘 어울려/안 어울려 | **Te queda(n) bien/mal ~** |

1. 너에게 이 티셔츠 잘 어울려. | Te queda bien esta camiseta.
2. 너에게 이 색깔 잘 어울려. | Te queda bien este color.
3. 너에게 이 머리스타일 안 어울려. | Te queda mal este peinado.
4. 너에게 안경이 잘 어울려. | Te quedan bien las gafas.
5. 너에게 이 바지 안 어울려. | Te quedan mal estos pantalones.

UNIDAD 16. Tocar 연주하다, ~할 차례이다

나는 ~를 연주할 수 있어	Yo puedo tocar ~

1. 나는 피아노를 칠 수 있어.　　　　Yo puedo tocar el piano.

2. 나는 드럼을 칠 수 있어.　　　　　Yo puedo tocar la batería.

3. 나는 바이올린을 잘 켤 수 있어.　　Yo puedo tocar bien el violín.

4. 나는 플루트를 조금 불 수 있어.　　Yo puedo tocar un poco la flauta.

5. 나는 아무 악기도 연주하지 못 해.　Yo no puedo tocar ningún instrumento musical.

네가 ~할 차례야	Te toca ~

1. 네가 커피 살 차례야.　　　　　　Te toca invitar café.

2. 네가 저녁 살 차례야.　　　　　　Te toca invitar la cena.

3. 네가 운전할 차례야.　　　　　　Te toca conducir.

4. 네가 설거지할 차례야.　　　　　Te toca lavar los platos.

5. 네가 아침을 준비할 차례야.　　　Te toca preparar el desayuno.

UNIDAD 17. Gustar 좋아하다

나는 ~를 좋아해	Me gusta(n) + 명사

1. 나는 스포츠를 좋아해.　　　　　　Me gusta el deporte.

2. 나는 그의 성격을 좋아해.　　　　　Me gusta su carácter.

3. 나는 이탈리아 음식을 정말 좋아해.　Me gusta mucho la comida italiana.

4. 나는 축구 잡지를 좋아해.　　　　　Me gustan las revistas de fútbol.

5. 나는 너의 변화된 점이 아주 좋아.　Me gustan mucho tus cambios.

나는 ~하는 것을 좋아해	Me gusta + 동사원형
1. 나는 쇼핑하는 것을 좋아해.	Me gusta ir de compras.
2. 나는 산책하는 것을 좋아해.	Me gusta pasear por el parque.
3. 나는 친구들과 수다 떠는 것을 좋아해.	Me gusta charlar con mis amigos.
4. 나는 낮잠 자는 것을 좋아해.	Me gusta echar una siesta.
5. 나는 등산하는 것을 좋아해.	Me gusta subir la montaña.

내가 좋아하는 것은 ~이야	Lo que me gusta es ~
1. 내가 좋아하는 것은 새로운 것을 경험하는 거야.	Lo que me gusta es experimentar lo nuevo.
2. 내가 좋아하는 것은 새로운 것을 배우는 거야.	Lo que me gusta es aprender lo nuevo.
3. 내가 좋아하는 것은 아무것도 하지 않는 거야.	Lo que me gusta es no hacer nada.
4. 내가 좋아하는 것은 축구하는 거야.	Lo que me gusta es jugar al fútbol.
5. 내가 좋아하는 것은 내가 원하는 것을 하는 거야.	Lo que me gusta es hacer lo que quiero.

나는 ~를 싫어해, 나는 ~하는 것 싫어해	No me gusta ~
1. 나는 고기 싫어해.	No me gusta la carne.
2. 나는 회식 싫어해.	No me gusta la cena con los compañeros de trabajo.
3. 나는 술 마시는 것 싫어해.	No me gusta beber.
4. 나는 TV를 보면서 시간을 때우는 것 싫어해.	No me gusta matar el tiempo viendo la tele.
5. 나는 친구들과 다투는 것 싫어해.	No me gusta discutir con mis amigos.

너는 ~하는 것을 좋아해?	¿Te gusta ~?
1. 너는 정장 입는 것을 좋아해?	¿Te gusta ponerte el traje?

2. 너는 미니스커트 입는 것을 좋아해?   ¿Te gusta ponerte la minifalda?

3. 너는 노래하고 춤추는 것을 좋아해?   ¿Te gusta cantar y bailar?

4. 너는 식사 후에 산책하는 것을 좋아해?   ¿Te gusta dar un paseo después de comer?

5. 너는 네가 한 번도 경험해 보지 못한 것을 시도하는 것 좋아해?   ¿Te gusta intentar lo que nunca has experimentado?

MODELO 092 ▶ 반복 훈련용 092.mp3

~는 …를 좋아해	~ le gusta ...

1. 우리 아버지는 신문 읽는 것을 좋아하셔.   A mi padre le gusta leer el periódico.

2. 내 아내/남편은 클래식 음반 모으는 것을 좋아해.   A mi esposo/a le gusta coleccionar discos clásicos.

3. 나의 제일 친한 친구는 외국 친구들과 채팅하는 것을 좋아해.   A mi mejor amigo/a le gusta chatear con los amigos extranjeros.

4. 우리 할아버지는 등산하는 것을 좋아하지 않으셔.   A mi abuelo no le gusta subir la montaña.

5. 우리 할머니는 고기 드시는 것을 좋아하지 않으셔.   A mi abuela no le gusta comer carne.

UNIDAD 18. Encantar ~를 매우 좋아하다

MODELO 093 ▶ 반복 훈련용 093.mp3

나는 ~하는 것을 정말 좋아해	Me encanta ~

1. 나는 커피숍에서 지나가는 사람들을 관찰하는 것을 정말 좋아해.   Me encanta observar a la gente que pasa en la cafetería.

2. 나는 야외테라스에서 커피 마시는 것을 정말 좋아해.   Me encanta tomar café en la terraza.

3. 나는 해변에서 선탠하는 것을 정말 좋아해.   Me encanta tomar el sol en la playa.

4. 나는 바다에 가는 것을 정말 좋아해.   Me encanta ir al mar.

5. 나는 밤에 치킨 시켜 먹는 것을 정말 좋아해.   Me encanta pedir pollo frito por la noche.

~하면 좋을 텐데	**Me encantaría ~**
1. 시간을 멈출 수 있으면 좋을 텐데.	Me encantaría poder parar el tiempo.
2. 새로운 인생을 시작할 수 있으면 좋을 텐데.	Me encantaría poder empezar una vida nueva.
3. 네가 누구를 좋아하는지 알 수 있다면 좋을 텐데.	Me encantaría saber quién te gusta.
4. 내가 너희 가족과 만날 수 있다면 좋을 텐데.	Me encantaría conocer a tu familia.
5. 세미나에 참석할 수 있다면 좋을 텐데.	Me encantaría participar en el seminario.

UNIDAD 19. **Doler** 아프다

나는 ~가 아파	**Me duele(n) ~**
1. 나는 머리가 아파.	Me duele la cabeza.
2. 나는 배가 아파.	Me duele la barriga.
3. 나는 허리가 아파.	Me duele la espalda.
4. 나는 다리가 많이 아파.	Me duelen mucho las piernas.
5. 나는 눈이 많이 아파.	Me duelen mucho los ojos.

그 사람은/그 사람들은 ~가 아파	**le/les duele(n) ~**
1. 우리 부모님은 어깨가 아프셔.	A mis padres les duelen los hombros.
2. 내 친구는 발이 많이 아파.	A mi amigo le duelen mucho los pies.
3. 우리 선생님은 위가 아프셔.	A mi profesor le duele el estómago.
4. 내 아들은 목이 많이 아파.	A mi hijo le duele mucho la garganta.
5. 우리 엄마는 오른쪽 팔이 아프셔.	A mi madre le duele el brazo derecho.

UNIDAD 20. **Parecer** ~인 것 같다, ~를 닮았다

MODELO 097 ▷ 반복 훈련용 097.mp3

~인 것 같다	Me parece que ~

1. 그는 회의에 오지 않을 것 같아. — Me parece que él no viene a la reunión.

2. 그는 나에게 거짓말하는 것 같아. — Me parece que él me dice una mentira.

3. 그는 나에게 돈을 갚지 않을 것 같아. — Me parece que él no me devuelve el dinero.

4. 그들은 집을 팔지 않을 것 같아. — Me parece que ellos no venden la casa.

5. 그들은 돈을 많이 벌 것 같아. — Me parece que ellos ganan mucho dinero.

MODELO 098 ▷ 반복 훈련용 098.mp3

~하는 것은 좋은 것 같아	Me parece bien ~

1. 복습하는 것은 좋은 것 같아. — Me parece bien repasar.

2. 독서를 많이 하는 것은 좋은 것 같아. — Me parece bien leer mucho.

3. 매일 조깅하는 것은 좋은 것 같아. — Me parece bien correr todos los días.

4. 의견을 내는 것은 좋은 것 같아. — Me parece bien dar la opinión.

5. 외국에서 언어를 공부하는 것은 좋은 것 같아. — Me parece bien estudiar idiomas en el extranjero.

MODELO 099 ▷ 반복 훈련용 099.mp3

~하는 것은 안 좋은 것 같아	No me parece bien ~

1. 늦잠 자는 것은 안 좋은 것 같아. — No me parece bien levantarse tarde.

2. 물을 조금 마시는 것은 안 좋은 것 같아. — No me parece bien tomar poca agua.

3. 식사를 거르는 것은 안 좋은 것 같아. — No me parece bien saltarse la comida.

4. 술을 많이 마시는 것은 안 좋은 것 같아. — No me parece bien beber mucho.

5. 매일 외식하는 것은 안 좋은 것 같아. — No me parece bien comer fuera todos los días.

~은 최악이야	**Me parece horrible ~**

1. 이 수업은 최악이야. Me parece horrible esta clase.

2. 이 와인은 최악이야. Me parece horrible este vino.

3. 이 호텔은 최악이야. Me parece horrible este hotel.

4. 자신의 짝을 속이는 것은 최악이야. Me parece horrible engañar a su pareja.

5. 엘리베이터가 없는 아파트에 사는 것은 최악이야. Me parece horrible vivir en un apartamento sin ascensor.

너 ~해 보여	**Pareces ~**

1. 너 바보처럼 보여. Pareces tonto/a.

2. 너 피곤해 보여. Pareces cansado/a.

3. 너 걱정 있는 것처럼 보여. Pareces preocupado/a.

4. 너 정말 바빠 보여. Pareces muy ocupado/a.

5. 너 정말 진실한 사람으로 보여. Pareces muy sincero/a.

너는 ~를 닮았어	**Te pareces a ~**

1. 너는 나를 많이 닮았어. Te pareces mucho a mí.

2. 너는 네 아버지를 닮았어. Te pareces a tu padre.

3. 너는 네 할머니를 닮았어. Te pareces a tu abuela.

4. 너는 네 삼촌을 닮았어. Te pareces a tu tío.

5. 너는 한국 배우를 닮았어. Te pareces a un actor coreano.

우리는 ~이 닮았어	**Nos parecemos en ~**

1. 우리는 모든 점에서 닮았어. Nos parecemos en todo.

2. 우리는 외모가 정말 닮았어. Nos parecemos mucho en el físico.

3. 우리는 사고방식이 정말 닮았어. Nos parecemos mucho en el modo de pensar.

4. 우리는 성격이 정말 닮았어. Nos parecemos mucho en el carácter.

5. 우리는 전혀 닮지 않았어. No nos parecemos en nada.

UNIDAD 21. Apetecer ~을 하고 싶다, ~가 당기다

MODELO 104 ▶ 반복 훈련용 104.mp3

~이 당기네, ~을 하고 싶네	Me apetece(n) ~
1. 까르보나라 스파게티가 당기네.	Me apetecen unos espaguetis a la carbonara.
2. 커피가 당기네.	Me apetece un café.
3. 일이 하고 싶네.	Me apetece trabajar.
4. 저녁으로 멕시코 음식을 먹고 싶네.	Me apetece cenar comida mexicana.
5. 액션 영화 보는 것이 당기네.	Me apetece ver una película de acción.

MODELO 105 ▶ 반복 훈련용 105.mp3

나는 ~이 내키지 않아	No me apetece ~
1. 나는 외출하는 것이 내키지 않아.	No me apetece salir.
2. 나는 이 호텔에서 묵는 것이 내키지 않아.	No me apetece alojarme en este hotel.
3. 나는 패키지 여행하는 것이 내키지 않아.	No me apetece hacer un viaje organizado.
4. 나는 너와 함께 동행하는 것이 내키지 않아.	No me apetece acompañarte.
5. 나는 이 집을 빌리는 것이 내키지 않아.	No me apetece alquilar este piso.

MODELO 106 ▶ 반복 훈련용 106.mp3

나는 ~이 전혀 내키지 않았어	No me apetecía nada ~
1. 나는 여행하는 것이 전혀 내키지 않았어.	No me apetecía nada viajar.
2. 나는 다른 사람과 집을 함께 쓰는 것이 전혀 내키지 않았어.	No me apetecía nada compartir el piso.

3. 나는 누군가와 통화하는 것이 전혀 내키지 않았어. | No me apetecía nada hablar con alguien por teléfono.

4. 나는 결혼식에 가는 것이 전혀 내키지 않았어. | No me apetecía nada ir a la boda.

5. 나는 저녁 먹는 것이 전혀 내키지 않았어. | No me apetecía nada cenar.

MODELO 107 ▶ 반복 훈련용 107.mp3

너는 ~하고 싶어?	**¿Te apetece ~?**

1. 너는 산책하러 공원에 가고 싶어? | ¿Te apetece pasear por el parque?

2. 너는 후식 먹고 싶어? | ¿Te apetece tomar postre?

3. 너는 아이스크림 먹고 싶어? | ¿Te apetece tomar helado?

4. 너는 고기 먹고 싶어? | ¿Te apetece carne?

5. 너는 뜨거운 수프 먹고 싶어? | ¿Te apetece la sopa caliente?

UNIDAD 22. Interesar ~에 관심이 있다

MODELO 108 ▶ 반복 훈련용 108.mp3

나는 ~에 관심이 많아	**Me interesa(n) mucho ~**

1. 나는 이 프로젝트에 관심이 많아. | Me interesa mucho este proyecto.

2. 나는 라틴 문화에 관심이 많아. | Me interesa mucho la cultura latina.

3. 나는 심리학에 관심이 많아. | Me interesa mucho la psicología.

4. 나는 여러 어학 코스에 관심이 많아. | Me interesan mucho los cursos de idiomas.

5. 나는 네가 내게 얘기해 주는 모든 것에 관심이 많아. | Me interesa mucho todo lo que me cuentas.

MODELO 109 ▶ 반복 훈련용 109.mp3

그 사람은/그 사람들은 ~에 전혀 관심이 없어	**no le/les interesa nada ~**

1. 내 남동생은 공부하는 것에 전혀 관심이 없어. | A mi hermano menor no le interesa nada estudiar.

2. 내 여동생은 자신을 꾸미는 것에 전혀 관심이 없어. | A mi hermana menor no le interesa nada arreglarse.

3. 그는 그 사업에 투자하는 것에 전혀 관심이 없어.

A él no le interesa nada invertir en ese negocio.

4. 그 여자들은 보석을 사는 것에 전혀 관심이 없어.

A ellas no les interesa nada comprar las joyas.

5. 내 친구들은 축구 경기를 보는 것에 전혀 관심이 없어.

A mis amigos no les interesa nada ver el partido de fútbol.

MODELO 110 ▶ 반복 훈련용 110.mp3

| 너는 ~에 관심이 있는 것 같아 | **Yo creo que te interesa ~** |

1. 너는 내가 하는 일에 관심이 있는 것 같아.

Yo creo que te interesa el trabajo que hago.

2. 너는 그가 얘기하는 것에 관심이 있는 것 같아.

Yo creo que te interesa lo que él dice.

3. 너는 이번 여행에 대해 관심이 있는 것 같아.

Yo creo que te interesa este viaje.

4. 너는 주식 투자에 관심이 있는 것 같아.

Yo creo que te interesa la inversión en la bolsa.

5. 너는 건강에 관심이 있는 것 같아.

Yo creo que te interesa la salud.

UNIDAD 23. ¿Qué ~? 무엇, 무슨

MODELO 111 ▶ 반복 훈련용 111.mp3

| 너 뭐 하니?, 너는 무슨 ~를 하니? | **¿Qué + 동사/명사?** |

1. 너 지금 뭐 하니?

¿Qué haces ahora?

2. 너 무슨 영화를 보니?

¿Qué película ves?

3. 너 무슨 커피 마셔?

¿Qué café tomas?

4. 너 무슨 잡지 읽니?

¿Qué revista lees?

5. 너 무슨 과목 좋아하니?

¿Qué asignatura te gusta?

MODELO 112 ▶ 반복 훈련용 112.mp3

| 무엇을 ~하고 싶니?, 무슨 ~을 하고 싶니? | **¿Qué quieres ~?** |

1. 무엇을 주문하고 싶니?

¿Qué quieres pedir?

2. 무슨 차를 사고 싶니?   ¿Qué coche quieres comprar?

3. 무슨 아이스크림 먹고 싶니?   ¿Qué helado quieres tomar?

4. 무슨 운동을 하고 싶니?   ¿Qué deporte quieres hacer?

5. 무슨 수업을 듣고 싶니?   ¿Qué clase quieres tomar?

MODELO 113 ▶ 반복 훈련용 113.mp3

| 어떤 종류의 ~을 하니? | ¿Qué tipo de ~? |

1. 어떤 종류의 일을 찾고 있니?   ¿Qué tipo de trabajo buscas?

2. 어떤 종류의 음악을 듣니?   ¿Qué tipo de música escuchas?

3. 어떤 타입의 피부를 가지고 있니?   ¿Qué tipo de piel tienes?

4. 어떤 종류의 여행들이 있나요?   ¿Qué tipo de viajes hay?

5. 어떤 종류의 운동을 좋아하니?   ¿Qué tipo de deporte te gusta?

MODELO 114 ▶ 반복 훈련용 114.mp3

| ~하는 게 어때? | ¿Qué te parece ~? |

1. 내일 모레는 어때?   ¿Qué te parece pasado mañana?

2. 산으로 캠핑가는 게 어때?   ¿Qué te parece ir de *camping* a la montaña?

3. 수영장 가는 게 어때?   ¿Qué te parece ir a la piscina?

4. 야외에서 커피 마시는 게 어때?   ¿Qué te parece tomar café al aire libre?

5. 집에서 쉬는 게 어때?   ¿Qué te parece descansar en casa?

MODELO 115 ▶ 반복 훈련용 115.mp3

| ~는 무슨 뜻이야? | ¿Qué significa ~? |

1. 이것은 스페인어로 무슨 뜻이야?   ¿Qué significa esto en español?

2. 이 단어는 무슨 뜻이야?   ¿Qué significa esta palabra?

3. 이 이름은 무슨 뜻이야?   ¿Qué significa este nombre?

4. 이 문장은 무슨 뜻이야?   ¿Qué significa esta frase?

5. 그가 얘기하는 것은 무슨 뜻이야?   ¿Qué significa lo que él dice?

~을 하려면 무엇을 염두에 두어야 하나요?   ¿Qué hay que tener en cuenta ~?

1. 집을 얻으려면 무엇을 염두에 두어야 하나요?
   ¿Qué hay que tener en cuenta para alquilar un piso?

2. 태블릿 PC를 사려면 무엇을 염두에 두어야 하나요?
   ¿Qué hay que tener en cuenta para comprar una tablet?

3. 스마트 폰을 고르기 전에 무엇을 염두에 두어야 하나요?
   ¿Qué hay que tener en cuenta antes de elegir un teléfono inteligente?

4. 사업을 시작하기 전에 무엇을 염두에 두어야 하나요?
   ¿Qué hay que tener en cuenta antes de empezar un negocio?

5. 계약서에 사인을 하기 전에 무엇을 염두에 두어야 하나요?
   ¿Qué hay que tener en cuenta antes de firmar un contrato?

~은 무엇으로 만들어진 거야?   ¿De qué está hecho ~?

1. 이 반지는 무엇으로 만들어진 거야?
   ¿De qué está hecho este anillo?

2. 이 목걸이는 무엇으로 만들어진 거야?
   ¿De qué está hecho este collar?

3. 이 책상은 무엇으로 만들어진 거야?
   ¿De qué está hecha esta mesa?

4. 이 귀걸이는 무엇으로 만들어진 거야?
   ¿De qué están hechos estos pendientes?

5. 이 화장품들은 무엇으로 만들어진 거야?
   ¿De qué están hechos estos cosméticos?

~은 무슨 색이야?   ¿De qué color es/son ~?

1. 네 핸드폰은 무슨 색이야?
   ¿De qué color es tu móvil?

2. 여행 가방은 무슨 색이야?
   ¿De qué color es la maleta?

3. 배낭은 무슨 색이야?
   ¿De qué color es la mochila?

4. 네 선글라스는 무슨 색이야?
   ¿De qué color son tus gafas de sol?

5. 바지는 무슨 색이야?
   ¿De qué color son los pantalones?

얼마나 자주 ~하니?	**¿Con qué frecuencia ~?**

1. 얼마나 자주 건강 검진을 하니?   ¿Con qué frecuencia haces la revisión médica?

2. 얼마나 자주 약을 먹니?   ¿Con qué frecuencia tomas medicina?

3. 얼마나 자주 병원에 가니?   ¿Con qué frecuencia vas al hospital?

4. 얼마나 자주 요가를 하니?   ¿Con qué frecuencia haces yoga?

5. 얼마나 자주 자전거를 타니?   ¿Con qué frecuencia montas en bicicleta?

몇 시에 ~야?	**¿A qué hora ~?**

1. 회의는 몇 시야?   ¿A qué hora es la reunión?

2. 송별회는 몇 시야?   ¿A qué hora es la fiesta de despedida?

3. 몇 시에 집에 돌아와?   ¿A qué hora vuelves a casa?

4. 우리 몇 시에 볼까?   ¿A qué hora nos vemos?

5. 우리 몇 시에 퇴근할까?   ¿A qué hora salimos de la oficina?

몇 살에 ~하니?	**¿A qué edad ~?**

1. 몇 살에 결혼하고 싶어?   ¿A qué edad quieres casarte?

2. 너희 아버지는 몇 살에 정년퇴임 하시니?   ¿A qué edad se jubila tu padre?

3. 아이들은 몇 살에 글을 읽을 수 있어?   ¿A qué edad pueden leer los niños?

4. 아기들은 몇 살에 말을 하지?   ¿A qué edad hablan los bebés?

5. 그 사람은 몇 살에 죽었지?   ¿A qué edad se murió él?

UNIDAD 24. ¿Quién(es) ~? 누구

~은 누구니?	¿Quién es ~?
1. 저 사람 누구니?	¿Quién es aquella persona?
2. 이 남자 배우 누구니?	¿Quién es este actor?
3. 이 축구 선수 누구니?	¿Quién es este jugador de fútbol?
4. 이 여자 배우 누구니?	¿Quién es esta actriz?
5. 이 가수 누구니?	¿Quién es este cantante?

너의 ~은 누구니?, 너의 ~은 누구였는데?	¿Quién es/fue tu ~?
1. 너의 제일 친한 친구는 누구니?	¿Quién es tu mejor amigo/a?
2. 네가 본받고 싶은 사람은 누구니?	¿Quién es tu persona ejemplar?
3. 네가 좋아하는 가수는 누구니?	¿Quién es tu cantante favorito/a?
4. 너의 첫사랑은 누구였는데?	¿Quién fue tu primer amor?
5. 너의 상사는 누구였는데?	¿Quién fue tu jefe?

누가 ~하길 원해?, ~할 사람?	¿Quién quiere ~?
1. 나랑 같이 장 보러 갈 사람?	¿Quién quiere hacer la compra conmigo?
2. 이 수프 먹어 볼 사람?	¿Quién quiere probar esta sopa?
3. 첫 번째로 발표할 사람?	¿Quién quiere presentar primero?
4. 마지막 케이크 한 조각 먹을 사람?	¿Quién quiere tomar la última pieza de pastel?
5. 이 회의에 참석할 사람?	¿Quién quiere participar en esta reunión?

누가 ~해 줄 수 있어?, ~해 줄 수 있는 사람?	¿Quién puede ~?

1. 누가 스페인어를 가르쳐 줄 수 있어?   ¿Quién puede enseñar español?
2. 누가 시내를 안내해 줄 수 있어?   ¿Quién puede enseñarme el centro?
3. 누가 이 상황을 설명해 줄 수 있어?   ¿Quién puede explicar esta situación?
4. 누가 방을 청소해 줄 수 있어?   ¿Quién puede limpiar la habitación?
5. 누가 식당을 예약해 줄 수 있어?   ¿Quién puede reservar el restaurante?

누가 ~할 거니?	¿Quién va a ~?

1. 누가 첫 번째 줄에 앉을 거니?   ¿Quién va a sentarse en la primera fila?
2. 누가 계산을 할 거니?   ¿Quién va a pagar la cuenta?
3. 누가 컴퓨터를 고칠 거니?   ¿Quién va a reparar el ordenador?
4. 누가 설거지를 할 거니?   ¿Quién va a lavar los platos?
5. 누가 쓰레기를 버릴 거니?   ¿Quién va a sacar la basura?

누구와 ~하니?	¿Con quién ~?

1. 누구와 도서관에 가니?   ¿Con quién vas a la biblioteca?
2. 누구와 쇼핑가니?   ¿Con quién vas de compras?
3. 누구와 채팅하니?   ¿Con quién chateas?
4. 누구와 통화하니?   ¿Con quién hablas por teléfono?
5. 누구에게 화났니?   ¿Con quién estás enfadado/a?

누구와 ~하고 싶은데?	¿Con quién quieres ~?

1. 누구와 점심을 먹고 싶은데?   ¿Con quién quieres almorzar?
2. 누구와 파티에 가고 싶은데?   ¿Con quién quieres ir a la fiesta?
3. 누구와 살고 싶은데?   ¿Con quién quieres vivir?

4. 누구와 결혼하고 싶은데?　　　　　¿Con quién quieres casarte?

5. 누구와 시간을 보내고 싶은데?　　　¿Con quién quieres pasar el tiempo?

MODELO 129 　 반복 훈련용 129.mp3

| 누구와 ~할 거야? | **¿Con quién vas a ~?** |

1. 누구와 이 프로젝트를 협력할 거야?　　¿Con quién vas a colaborar en este proyecto?

2. 누구와 이 주제에 대해 얘기할 거야?　¿Con quién vas a hablar de este tema?

3. 누구와 이번 주말을 보낼 거야?　　　¿Con quién vas a pasar este fin de semana?

4. 누구와 결혼할 거야?　　　　　　　¿Con quién vas a casarte?

5. 누구와 축구 경기에 갈 거야?　　　　¿Con quién vas a ir al partido de fútbol?

MODELO 130 　 반복 훈련용 130.mp3

| ~은 누구 거야? | **¿De quién es/son ~?** |

1. 이 검정 지갑은 누구 거야?　　　　¿De quién es esta cartera negra?

2. 이 배낭은 누구 거야?　　　　　　¿De quién es esta mochila?

3. 이 금목걸이는 누구 거야?　　　　¿De quién es este collar de oro?

4. 이 선글라스는 누구 거야?　　　　¿De quién son estas gafas de sol?

5. 이 청바지는 누구 거야?　　　　　¿De quién son estos pantalones vaqueros?

MODELO 131 　 반복 훈련용 131.mp3

| 누구에게 ~하니? | **¿A quién ~?** |

1. 누구에게 선물을 주니?　　　　　¿A quién das el regalo?

2. 누구에게 편지를 보내니?　　　　¿A quién envías la carta?

3. 누구에게 이메일을 보내니?　　　¿A quién envías el correo electrónico?

4. 누구에게 상담을 하니?　　　　　¿A quién consultas?

5. 누구에게 전화를 하니?　　　　　¿A quién llamas por teléfono?

UNIDAD 25. ¿Cuál(es) ~? 어떤 것

MODELO 132 반복 훈련용 132.mp3

~은 어떤 거니?	¿Cuál(es) es/son ~?

1. 네 차는 어떤 거니?   ¿Cuál es tu coche?
2. 네 컴퓨터는 어떤 거니?   ¿Cuál es tu ordenador?
3. 네 계획은 어떤 거니?   ¿Cuál es tu plan?
4. 네 운동화는 어떤 거니?   ¿Cuáles son tus zapatillas deportivas?
5. 네 여행 가방들은 어떤 거니?   ¿Cuáles son tus maletas?

MODELO 133 반복 훈련용 133.mp3

어떤 것을 ~하고 싶어?	¿Cuál quieres ~?

1. 지금 어떤 것을 하고 싶어?   ¿Cuál quieres hacer ahora?
2. 이 프로그램 중에서 어떤 것을 보고 싶어?   ¿Cuál quieres ver entre estos programas?
3. 이 과목들 중에서 어떤 것을 공부하고 싶어?   ¿Cuál quieres estudiar entre estas asignaturas?
4. 이 식물들 중에서 어떤 것을 사고 싶어?   ¿Cuál quieres comprar entre estas plantas?
5. 이 오토바이들 중에서 어떤 것을 갖고 싶어?   ¿Cuál quieres tener entre estas motos?

MODELO 134 반복 훈련용 134.mp3

~ 중 어떤 게 더 좋아?	¿Cuál te gusta más ~?

1. 영화와 연극 중 어떤 게 더 좋아?   ¿Cuál te gusta más, la película o la obra de teatro?
2. 와인과 맥주 중 어떤 게 더 좋아?   ¿Cuál te gusta más, el vino o la cerveza?
3. 토요일과 일요일 중 어떤 게 더 좋아?   ¿Cuál te gusta más, el sábado o el domingo?
4. 일본어와 중국어 중 어떤 게 더 좋아?   ¿Cuál te gusta más, el japonés o el chino?
5. 소설과 자기계발서 중 어떤 게 더 좋아?   ¿Cuál te gusta más, la novela o el libro de autoayuda?

UNIDAD 26. ¿Dónde ~? 어디

MODELO 135 반복 훈련용 135.mp3

~은 어디에 있나요?	**¿Dónde está ~?**
1. 박물관(미술관)은 어디에 있나요?	¿Dónde está el museo?
2. 역은 어디에 있나요?	¿Dónde está la estación?
3. 시장은 어디에 있나요?	¿Dónde está el mercado?
4. 도서관은 어디에 있나요?	¿Dónde está la biblioteca?
5. 시청은 어디에 있나요?	¿Dónde está el ayuntamiento?

MODELO 136 반복 훈련용 136.mp3

어디에서 ~하니?	**¿Dónde ~?**
1. 어디에서 일해?	¿Dónde trabajas?
2. 스페인어 어디에서 배워?	¿Dónde aprendes español?
3. 드럼 치는 것 어디에서 배워?	¿Dónde aprendes a tocar la batería?
4. 보통 어디에서 점심 먹어?	¿Dónde almuerzas normalmente?
5. 어디에서 머리를 자르니?	¿Dónde te cortas el pelo?

MODELO 137 반복 훈련용 137.mp3

어디에서 ~할 수 있나요?	**¿Dónde puedo ~?**
1. 어디에서 책을 빌릴 수 있나요?	¿Dónde puedo prestar el libro?
2. 어디에서 음악을 다운받을 수 있나요?	¿Dónde puedo descargar música?
3. 어디에서 핸드폰용 게임을 다운받을 수 있나요?	¿Dónde puedo descargar juegos para móvil?
4. 어디에서 비행기 표를 예약할 수 있나요?	¿Dónde puedo reservar el billete de avión?
5. 어디에서 대출을 받을 수 있나요?	¿Dónde puedo conseguir un préstamo?

~은 어디 거야?	**¿De dónde ~?**

1. 이 가구는 어디 거야?   ¿De dónde es este mueble?

2. 이 와인은 어디 거야?   ¿De dónde es este vino?

3. 이 컴퓨터는 어디 거야?   ¿De dónde es este ordenador?

4. 이 부츠는 어디 거야?   ¿De dónde son estas botas?

5. 이 선글라스는 어디 거야?   ¿De dónde son estas gafas de sol?

~하기 가장 좋은 곳은 어디야?	**¿Dónde es el mejor lugar para ~?**

1. 살기 가장 좋은 곳은 어디야?   ¿Dónde es el mejor lugar para vivir?

2. 스페인어를 공부하기 가장 좋은 곳은 어디야?   ¿Dónde es el mejor lugar para estudiar español?

3. 바르셀로나에서 숙박하기에 가장 좋은 곳은 어디야?   ¿Dónde es el mejor lugar para alojarse en Barcelona?

4. 피서하기 가장 좋은 곳은 어디야?   ¿Dónde es el mejor lugar para veranear?

5. 컴퓨터를 사기에 가장 좋은 곳은 어디야?   ¿Dónde es el mejor lugar para comprar un ordenador?

UNIDAD 27. ¿Cuándo ~? 언제

~는 언제야?	**¿Cuándo es ~?**

1. 너의 생일은 언제야?   ¿Cuándo es tu cumpleaños?

2. 결혼기념일은 언제야?   ¿Cuándo es el aniversario de boda?

3. 리그 결승전은 언제야?   ¿Cuándo es la final de la Liga?

4. 중간고사는 언제야?   ¿Cuándo es el examen parcial?

5. 운전면허 시험은 언제야?   ¿Cuándo es el examen de conducir?

언제 ~하니?	¿Cuándo + 동사?

1. 언제 나에게 편지 쓸 거니? — ¿Cuándo me envías la carta?
2. 언제 저녁을 살 거니? — ¿Cuándo me invitas la cena?
3. 언제 너의 조부모님 댁을 방문할 거니? — ¿Cuándo visitas a tus abuelos?
4. 언제 여권을 만들 거니? — ¿Cuándo haces el pasaporte?
5. 언제 비자를 신청할 거니? — ¿Cuándo solicitas el visado?

~는 언제 시작해?	¿Cuándo empieza(n) ~?

1. 스페인에서는 봄이 언제 시작돼? — ¿Cuándo empieza la primavera en España?
2. 정확하게 여름이 언제 시작돼? — ¿Cuándo empieza el verano exactamente?
3. 새 학기는 언제 시작하는 거야? — ¿Cuándo empieza el nuevo semestre?
4. 새 드라마들은 언제 시작해? — ¿Cuándo empiezan las nuevas series?
5. 세일은 언제 시작해? — ¿Cuándo empiezan las rebajas?

언제 ~할 거야?	¿Cuándo vas a ~?

1. 한국에 언제 올 거야? — ¿Cuándo vas a venir a Corea?
2. 내 상황을 언제 이해해 줄거야? — ¿Cuándo vas a comprender mi situación?
3. 집에 언제 도착할 예정이야? — ¿Cuándo vas a llegar a casa?
4. 이 경제위기가 도대체 언제 끝날까? — ¿Cuándo va a terminar esta crisis económica?
5. 새 모델은 언제 나올까? — ¿Cuándo va a salir el nuevo modelo?

언제 ~하고 싶어?	¿Cuándo quieres ~?

1. 언제 새 직장을 구하고 싶어? — ¿Cuándo quieres buscar un nuevo trabajo?

2. 언제 집에 돌아가고 싶어? ¿Cuándo quieres volver a casa?

3. 언제 휴가를 얻고 싶어? ¿Cuándo quieres tomar vacaciones?

4. 언제 저축한 것을 찾고 싶어? ¿Cuándo quieres sacar el ahorrado?

5. 언제 내가 보고 싶어? ¿Cuándo quieres verme?

MODELO 145 ▷ 반복 훈련용 145.mp3

| 언제 ~할 수 있어? | ¿Cuándo puedes ~? |

1. 언제 책을 갖다 줄 수 있어? ¿Cuándo puedes traer el libro?

2. 언제 집에 데려다 줄 수 있어? ¿Cuándo puedes llevarme a casa?

3. 언제 개를 산책시킬 수 있어? ¿Cuándo puedes sacar a pasear al perro?

4. 우리는 언제 함께 여행할 수 있어? ¿Cuándo podemos viajar juntos?

5. 우리는 언제 집을 이사할 수 있어? ¿Cuándo podemos cambiar de casa?

MODELO 146 ▷ 반복 훈련용 146.mp3

| 언제부터 ~하고 있는 거야? | ¿Desde cuándo ~? |

1. 언제부터 혼자 살고 있는 거야? ¿Desde cuándo vives solo/a?

2. 언제부터 그와 말을 안 하고 있는 거야? ¿Desde cuándo no hablas con él?

3. 언제부터 애완동물을 키우고 있는 거야? ¿Desde cuándo tienes mascota?

4. 언제부터 그와 사랑에 빠진 거야? ¿Desde cuándo estás enamorada de él?

5. 언제부터 병원에 있는 거야? ¿Desde cuándo estás en el hospital?

MODELO 147 ▷ 반복 훈련용 147mp3

| 언제까지 ~해야 하나요? | ¿Para cuándo ~? |

1. 제가 언제까지 신청서를 내야 하나요? ¿Para cuándo tengo que echar la solicitud?

2. 제가 언제까지 이력서를 내야 하나요? ¿Para cuándo tengo que echar el currículum vitae?

3. 제가 언제까지 비자를 위한 서류를 제출해야 하나요? ¿Para cuándo tengo que presentar los documentos para el visado?

4. 너는 언제까지 장학금을 신청해야 하니? ¿Para cuándo tienes que solicitar la beca?

5. 너는 언제까지 이 프로젝트를 끝낼 수 있니?　¿Para cuándo puedes terminar este proyecto?

MODELO 148 반복 훈련용 148.mp3

언제 ~하는 게 좋을까?	¿Cuándo será bueno ~?

1. 언제 멕시코를 여행하는 게 좋을까?　¿Cuándo será bueno viajar por México?

2. 언제 낚시하는 게 좋을까?　¿Cuándo será bueno pescar?

3. 언제 개를 병원에 데려가는 게 좋을까?　¿Cuándo será bueno llevar al perro al veterinario?

4. 언제 집을 이사하는 게 좋을까?　¿Cuándo será bueno mudarse de casa?

5. 언제 전공을 바꾸는 게 좋을까?　¿Cuándo será bueno cambiar de carrera?

UNIDAD 28. ¿Por qué ~? 왜

MODELO 149 반복 훈련용 149.mp3

왜 ~하니?	¿Por qué ~?

1. 왜 한숨 쉬니?　¿Por qué suspiras?

2. 왜 더 안 먹어?　¿Por qué no comes más?

3. 왜 그렇게 기분이 안 좋아?　¿Por qué estás de mal humor?

4. 왜 그렇게 실망한 거야?　¿Por qué estás tan decepcionado/a?

5. 왜 그렇게 바쁘니?　¿Por qué estás tan ocupado/a?

MODELO 150 반복 훈련용 150.mp3

~하는 게 어때?, 왜 ~안 하니?	¿Por qué no ~?

1. 좀 쉬는 게 어때?　¿Por qué no descansas?

2. 택시 타는 게 어때?　¿Por qué no coges un taxi?

3. 잠깐 앉는 게 어때?　¿Por qué no te sientas un rato?

4. 수업에 왜 안 들어가는 거야?　¿Por qué no asistes a la clase?

5. 나에게 문자 메시지 왜 안 보내는 거야?　¿Por qué no me envías el mensaje de texto?

우리 ~하는 게 어때?	**¿Por qué no + nosotros의 동사형?**
1. 우리 새 차를 사는 게 어때?	¿Por qué no compramos un nuevo coche?
2. 우리 이 색을 고르는 게 어때?	¿Por qué no elegimos este color?
3. 우리 이 식당을 예약하는 게 어때?	¿Por qué no reservamos este restaurante?
4. 우리 월급 인상을 요청하는 게 어때?	¿Por qué no pedimos una subida de sueldo?
5. 우리 이 계약에 서명하는 게 어때?	¿Por qué no firmamos este contrato?

왜 내가 ~해야 해?	**¿Por qué tengo que ~?**
1. 왜 내가 계산을 해야 해?	¿Por qué tengo que pagar la cuenta?
2. 왜 내가 참아야 해?	¿Por qué tengo que soportar?
3. 왜 내가 집을 청소해야 해?	¿Por qué tengo que limpiar la casa?
4. 왜 내가 전화를 해야 해?	¿Por qué tengo que llamar por teléfono?
5. 왜 내가 사무실에 남아 있어야 해?	¿Por qué tengo que quedarme en la oficina?

UNIDAD 29. ¿Cómo ~? 어떻게

~는 어때?	**¿Cómo es/son ~?**
1. 네 방은 어때?	¿Cómo es tu habitación?
2. 새 집은 어때?	¿Cómo es la nueva casa?
3. 새 일은 어때?	¿Cómo es el nuevo trabajo?
4. 시댁 식구들은 어때?	¿Cómo es la familia de tu marido?
5. 네 직원들은 어때?	¿Cómo son tus empleados?

~는 어땠어?	¿Cómo fue/fueron ~?
1. 마지막 회의는 어땠어?	¿Cómo fue la última reunión?
2. 직장 면접은 어땠어?	¿Cómo fue la entrevista de trabajo?
3. 호텔 경치는 어땠어?	¿Cómo fue el paisaje del hotel?
4. 첫 번째 데이트는 어땠어?	¿Cómo fue la primera cita?
5. 시험들은 어땠어?	¿Cómo fueron los exámenes?

어떻게 ~해?	¿Cómo + 동사원형?
1. 네 고향까지 차로 어떻게 가야 해?	¿Cómo ir a tu pueblo natal en coche?
2. 유행에 맞게 어떻게 옷을 입어야 해?	¿Cómo vestirse a la moda?
3. 어떻게 하면 화장을 잘 해?	¿Cómo maquillarse bien?
4. 어떻게 홈페이지를 만들어?	¿Cómo crear una página web?
5. 어떻게 은행 계좌를 개설해?	¿Cómo abrir una cuenta?

어떻게 ~할 수 있니?	¿Cómo puedes ~?
1. 어떻게 그런 식으로 말할 수 있어?	¿Cómo puedes hablar así?
2. 어떻게 그런 질문을 할 수 있어?	¿Cómo puedes hacer esa pregunta?
3. 어떻게 수업을 빠질 수 있어?	¿Cómo puedes faltar a la clase?
4. 어떻게 혼자 콘서트에 갈 수 있어?	¿Cómo puedes ir al concierto solo/a?
5. 어떻게 그렇게 늦을 수 있어?	¿Cómo puedes llegar tan tarde?

UNIDAD 30. ¿Cuánto ~? 얼마

~는 얼마예요?	**¿Cuánto cuesta ~?**

1. 오렌지 1킬로에 얼마예요?   ¿Cuánto cuesta un kilo de naranjas?
2. 마사지 한 번 받는 데 얼마예요?   ¿Cuánto cuesta una sesión de masaje?
3. 여권을 갱신하는 데 얼마예요?   ¿Cuánto cuesta renovar el pasaporte?
4. 집 한 채를 짓는 데 얼마 들어요?   ¿Cuánto cuesta construir una casa?
5. 집을 리모델링하는 데 얼마 들어요?   ¿Cuánto cuesta reformar una casa?

너는 ~를 얼마나 가지고 있어?	**¿Cuántos/as ~ tienes?**

1. 너는 형제가 몇 명이야?   ¿Cuántos hermanos tienes?
2. 너는 고양이를 몇 마리 키우고 있어?   ¿Cuántos gatos tienes?
3. 너는 외국인 친구가 몇 명이나 있어?   ¿Cuántos amigos extranjeros tienes?
4. 너는 수업이 몇 개야?   ¿Cuántas clases tienes?
5. 너는 영화표를 몇 장이나 가지고 있어?   ¿Cuántas entradas del cine tienes?

몇 시간 ~하니?	**¿Cuántas horas ~?**

1. 하루에 몇 시간 일하니?   ¿Cuántas horas trabajas al día?
2. 하루에 몇 시간 운동하니?   ¿Cuántas horas haces ejercicio al día?
3. 하루에 몇 시간 TV를 보니?   ¿Cuántas horas ves la televisión al día?
4. 하루에 몇 시간 자니?   ¿Cuántas horas duermes al día?
5. 몇 시간 산책해?   ¿Cuántas horas paseas por el parque?

몇 번 ~하니?	**¿Cuántas veces ~?**

1. 일 년에 몇 번 여행해?   ¿Cuántas veces viajas al año?

2. 하루에 몇 번 커피 마셔?　　　¿Cuántas veces tomas café al día?

3. 일주일에 몇 번 헬스장에 가?　　¿Cuántas veces vas al gimnasio a la semana?

4. 일주일에 몇 번 집에서 요리하니?　¿Cuántas veces cocinas en casa a la semana?

5. 한 달에 몇 번 쉬니?　　　　　¿Cuántas veces descansas al mes?

~한 지 얼마나 됐어?	**¿Cuánto tiempo llevas ~?**

1. 여기서 있은 지 얼마나 됐어?　　¿Cuánto tiempo llevas aquí?

2. 솔로로 지낸 지 얼마나 됐어?　　¿Cuánto tiempo llevas como soltero/a?

3. 직장을 잃은 지 얼마나 됐어?　　¿Cuánto tiempo llevas sin trabajo?

4. 직장을 찾은 지 얼마나 됐어?　　¿Cuánto tiempo llevas buscando trabajo?

5. 담배를 피운 지 얼마나 됐어?　　¿Cuánto tiempo llevas fumando?

~하는 데 얼마나 걸려?	**¿Cuánto tiempo se tarda en ~?**

1. 한 언어를 완벽하게 말하는 데 얼마나 걸려?　¿Cuánto tiempo se tarda en hablar un idioma perfectamente?

2. 스페인어를 배우는 데 얼마나 걸려?　¿Cuánto tiempo se tarda en aprender español?

3. 운전면허증을 따는 데 얼마나 걸려?　¿Cuánto tiempo se tarda en sacar el carné de conducir?

4. 알함브라 궁전을 모두 보는 데 얼마나 걸려?　¿Cuánto tiempo se tarda en ver toda la Alhambra?

5. 바르셀로나에서 발렌시아까지 가는 데 얼마나 걸려?　¿Cuánto tiempo se tarda en ir de Barcelona a Valencia?

UNIDAD 31. 재귀동사

MODELO 163 ▶ 반복 훈련용 163.mp3

나는 ~를 해	Me + 규칙 재귀동사

1. 나는 일찍 일어나.   Me levanto temprano.
2. 나는 10분만에 샤워해.   Me ducho en diez minutos.
3. 나는 미지근한 물로 세수해.   Me lavo la cara con agua tibia.
4. 나는 드라이기로 머리를 말려.   Me seco el pelo con un secador de pelo.
5. 나는 외출하려고 준비해.   Me preparo para salir.

MODELO 164 ▶ 반복 훈련용 164.mp3

너는 ~를 해	Te + 불규칙 재귀동사

1. 너는 파티에서 엄청 즐거워 해.   Te diviertes mucho en la fiesta.
2. 너는 아주 늦게 잠자리에 들어.   Te acuestas muy tarde.
3. 너는 화장을 정말 잘해.   Te maquillas muy bien.
4. 너는 눈 화장을 너무 진하게 해.   Te pintas demasiado los ojos.
5. 너는 정장을 입어.   Te pones el traje.

MODELO 165 ▶ 반복 훈련용 165.mp3

나는 ~하지 않아	No me + 재귀동사

1. 나는 한번 자면 절대 깨지 않아.   No me despierto nunca cuando duermo.
2. 나는 아무와도 사랑에 빠지지 않았어.   No me enamoro de nadie.
3. 나는 자주 머리를 자르지 않아.   No me corto el pelo frecuentemente.
4. 나는 매니큐어를 바르지 않아.   No me pinto las uñas.
5. 나는 비누로 손을 닦지 않아.   No me lavo las manos con jabón.

MODELO 166 ▶ 반복 훈련용 166.mp3

나는 ~하고 싶어	Yo quiero + 재귀동사

1. 나는 뜨거운 물로 목욕하고 싶어.   Yo quiero bañarme con agua caliente.
2. 나는 잠깐 눕고 싶어.   Yo quiero tumbarme un rato.

3. 나는 너와 결혼하고 싶어.　　　Yo quiero casarme contigo.

4. 나는 이 외투를 벗고 싶어.　　　Yo quiero quitarme este abrigo.

5. 나는 구두를 벗고 싶어.　　　Yo quiero quitarme los zapatos.

MODELO 167 ▶ 반복 훈련용 167.mp3

나는 ~할 거야	**Yo voy a + 재귀동사**

1. 나는 아이들을 재울 거야.　　　Yo voy a acostar a los niños.

2. 나는 지금 당장 잠자리에 들 거야.　　　Yo voy a acostarme ahora mismo.

3. 나는 우리 할머니를 침대에서
일으켜 드릴 거야.　　　Yo voy a levantar de la cama a mi abuela.

4. 나는 소파에서 일어날 거야.　　　Yo voy a levantarme del sofá.

5. 나는 면도할 거야.　　　Yo voy a afeitarme.

MODELO 168 ▶ 반복 훈련용 097.mp3

왜 ~ 안 하니?	**¿Por qué no + 재귀동사?**

1. 왜 안 자니?　　　¿Por qué no te acuestas?

2. 왜 밥 먹기 전에 손 안 씻니?　　　¿Por qué no te lavas las manos antes de comer?

3. 왜 로션 안 발라?　　　¿Por qué no te pones la crema?

4. 왜 상처 난 곳에 연고 안 발라?　　　¿Por qué no te pones la pomada en la herida?

5. 왜 산에 갈 때 등산화 안 신어?　　　¿Por qué no te pones las botas cuando vas a la montaña?

MODELO 169 ▶ 반복 훈련용 097.mp3

~를 안 해	**no + 재귀동사**

1. 그는 집에서 머리를 빗지 않아.　　　Él no se peina en casa.

2. 그녀는 집에 있을 때 화장을 하지 않아.　　　Ella no se maquilla cuando está en casa.

3. 그들은 드라이기로 머리를 말리지
않아.　　　Ellos no se secan el pelo con el secador de pelo.

4. 미국 사람들은 실내에서 신발을 벗지
않아.　　　Los americanos no se quitan los zapatos en el interior.

5. 한국 사람들은 파티에서 드레스를
입지 않아.　　　Los coreanos no se ponen el vestido en la fiesta.

UNIDAD 32. 현재완료형

나는 ~했어	**Yo he + -ado형 과거분사**

1. 나는 1시간 동안 공원을 산책했어.　　Yo he paseado una hora por el parque.
2. 나는 3개월간 중남미를 여행했어.　　Yo he viajado tres meses por Latinoamérica.
3. 나는 따뜻한 차를 마셨어.　　Yo he tomado un té caliente.
4. 나는 오늘 9시간 일했어.　　Yo he trabajado nueve horas hoy.
5. 나는 너를 위해 요리를 했어.　　Yo he cocinado para ti.

나는 ~했어	**Yo he + -ido형 과거분사**

1. 나는 너무 많이 먹었어.　　Yo he comido demasiado.
2. 나는 사무실에 가려고 택시를 탔어.　　Yo he cogido un taxi para ir a la oficina.
3. 나는 제시간에 도착하려고 달렸어.　　Yo he corrido para llegar a tiempo.
4. 나는 버스를 놓쳤어.　　Yo he perdido el autobús.
5. 나는 이번 달에 책을 세 권 읽었어.　　Yo he leído tres libros este mes.

나는 ~하기로 결심했어	**Yo he decidido + 동사원형**

1. 나는 전공을 바꾸기로 결심했어.　　Yo he decidido cambiar de carrera.
2. 나는 이사하기로 결심했어.　　Yo he decidido cambiar de casa.
3. 나는 회사를 그만두기로 결심했어.　　Yo he decidido dejar el trabajo.
4. 나는 외국에서 일하기로 결심했어.　　Yo he decidido trabajar en el extranjero.
5. 나는 그녀와 결혼하기로 결심했어.　　Yo he decidido casarme con ella.

너 이미/벌써 ~했어?	**¿Ya has + 과거분사?**

1. 너 이미 메일 보냈지?　　¿Ya has enviado el correo electrónico?

2. 너 벌써 집에 들어갔어?   ¿Ya has vuelto a casa?

3. 너 이미 책상 위에 서류들 놔뒀지?   ¿Ya has puesto los documentos sobre la mesa?

4. 너 벌써 리포트 작성했어?   ¿Ya has hecho el trabajo?

5. 너 이미 네 친구에게 편지 썼지?   ¿Ya has escrito la carta a tu amigo?

MODELO 174 ▶ 반복 훈련용 174.mp3

아직 ~ 안 했어	**Todavía no he + 과거분사**

1. 아직 책 반납 안 했어.   Todavía no he devuelto los libros.

2. 아직 컴퓨터 안 고쳤어.   Todavía no he reparado el ordenador.

3. 아직 아침 안 먹었어.   Todavía no he desayunado.

4. 아직 비행기표 예약 안 했어.   Todavía no he reservado el billete de avión.

5. 아직 병원에 안 갔어.   Todavía no he ido al hospital.

MODELO 175 ▶ 반복 훈련용 175.mp3

~해본 적 있어?	**¿Alguna vez has + 과거분사?**

1. 쿠바 음식 먹어본 적 있어?   ¿Alguna vez has probado la comida cubana?

2. 요가해본 적 있어?   ¿Alguna vez has hecho yoga?

3. 장학금 받아본 적 있어?   ¿Alguna vez has recibido la beca?

4. 중국에 가본 적 있어?   ¿Alguna vez has estado en China?

5. 인생에서 어떤 실패를 맛본 적 있어?   ¿Alguna vez has tenido algún fracaso en la vida?

MODELO 176 ▶ 반복 훈련용 176.mp3

나는 한 번도 ~해본 적이 없어	**Nunca he + 과거분사**

1. 나는 한 번도 그와 싸워본 적이 없어.   Nunca he discutido con él.

2. 나는 한 번도 연예인을 실제로 본 적이 없어.   Nunca he visto a ningún famoso en persona.

3. 나는 한 번도 살사를 춰본 적이 없어.   Nunca he bailado salsa.

4. 나는 한 번도 미니스커트를 입어본 적이 없어.   Nunca me he puesto una minifalda.

5. 나는 한 번도 사랑에 빠져본 적이 없어.   Nunca me he enamorado.

UNIDAD 33. 명령형

MODELO 177 ▶ 반복 훈련용 177.mp3

~해라!	¡명령법 규칙동사!
1. 음식 좀 더 시켜!	¡Pide más comida!
2. 이 문장 크게 읽어봐!	¡Lee esta frase en voz alta!
3. 방 좀 치워!	¡Limpia la habitación!
4. 진정해!	¡Cálmate!
5. 조용히 해!	¡Cállate!

MODELO 178 ▶ 반복 훈련용 178mp3

~해라!	¡명령법 불규칙동사!
1. 인내심을 가져!	¡Ten paciencia!
2. 우리집에 와!	¡Ven a mi casa!
3. 집에 가!	¡Vete a casa!
4. 집에서 나가!	¡Sal de casa!
5. 로션을 발라!	¡Ponte la crema!

MODELO 179 ▶ 반복 훈련용 179.mp3

내가 ~하도록 내버려 둬!	¡Déjame ~!
1. 나 좀 가만히 내버려 둬!	¡Déjame en paz!
2. 나 좀 울게 내버려 둬!	¡Déjame llorar!
3. 나 좀 혼자 있게 내버려 둬!	¡Déjame estar solo/a!
4. 나 좀 들어 갈 수 있게 해 줘!	¡Déjame entrar!
5. 나 좀 일하게 내버려 둬!	¡Déjame trabajar!

MODELO 180 ▶ 반복 훈련용 180.mp3

~해!	¡Haz ~!
1. 숙제 해!	¡Haz la tarea!

2. 저녁식사 준비해! ¡Haz la cena!

3. 운동해! ¡Haz ejercicio!

4. 네가 원하는 것을 해! ¡Haz lo que quieras!

5. 네가 좋아하는 것을 해! ¡Haz lo que te guste!

MODELO 181 반복 훈련용 181.mp3

왜 ~한지 나에게 말해봐! ¡Dime por qué ~!

1. 왜 그렇게 화났는지 나에게 말해봐! ¡Dime por qué estás enojado/a conmigo!

2. 왜 사실을 얘기 안 하는 건지 나에게 말해봐! ¡Dime por qué no me dices la verdad!

3. 왜 나를 보러 오지 않는 건지 말해봐! ¡Dime por qué no vienes a verme!

4. 왜 그렇게 슬픈지 나에게 말해봐! ¡Dime por qué estás triste!

5. 왜 그렇게 기분이 안 좋은지 나에게 말해봐! ¡Dime por qué estás de mal humor!

MODELO 182 반복 훈련용 182.mp3

~인지 말해줘! ¡Dime + 의문사!

1. 네가 누구인지 말해줘! ¡Dime quién eres!

2. 어떤 것을 고를지 말해줘! ¡Dime cuál quieres elegir!

3. 네 전화번호 알려줘! ¡Dime cuál es tu número de teléfono!

4. 네가 어디 사는지 알려줘! ¡Dime dónde vives!

5. 누구와 파티에 가고 싶은지 말해줘! ¡Dime con quién quieres ir a la fiesta!

MODELO 183 반복 훈련용 183.mp3

~인지 알려줘! ¡Enséñame + 의문사!

1. 너를 어떻게 잊어야 할지 알려줘! ¡Enséñame cómo te olvido!

2. 너 없이 어떻게 살아야 할지 알려줘! ¡Enséñame cómo puedo vivir sin ti!

3. 너의 가족이 어떤지 알려줘! ¡Enséñame cómo es tu familia!

4. 네가 어디에 사는지 알려줘! ¡Enséñame dónde vives!

5. 네 생일에 무슨 선물을 받고 싶은지 알려줘! ¡Enséñame qué regalo quieres recibir en tu cumpleaños!

~하지 마!	¡No + 동사의 부정명령형!

1. 가지 마!   ¡No te vayas!
2. 화내지 마!   ¡No te enojes!
3. 후회하지 마!   ¡No te arrepientas!
4. 긴장하지 마!   ¡No te pongas nervioso/a!
5. 내일로 미루지 마! ¡No dejes para mañana!

너무 ~하지 마!	¡No + 동사의 부정명령형 + demasiado!

1. 너무 먹지 마!   ¡No comas demasiado!
2. 소금 너무 많이 넣지 마! ¡No eches demasiada sal!
3. 너무 많이 마시지 마! ¡No bebas demasiado!
4. 너무 많이 자지 마!   ¡No duermas demasiado!
5. 너무 많이 게임하지 마! ¡No hagas demasiado videojuegos!

~를 두려워하지 마!, ~를 무서워하지 마!	¡No tengas miedo ~!

1. 어두운 것을 두려워하지 마! ¡No tengas miedo a la oscuridad!
2. 개를 무서워하지 마! ¡No tengas miedo a los perros!
3. 벌레를 무서워하지 마! ¡No tengas miedo a los insectos!
4. 새로운 것을 시도하는 걸 두려워하지 마! ¡No tengas miedo a intentar lo nuevo!
5. 다시 시작하는 것을 두려워하지 마! ¡No tengas miedo a comenzar de nuevo!

~하려고 하지 마!	¡No intentes ~!

1. 나를 설득하려고 하지 마! ¡No intentes convencerme!
2. 나를 바꾸려고 하지 마! ¡No intentes cambiarme!
3. 나를 이해하려고 하지 마! ¡No intentes comprenderme!

4. 과거로 돌아가려고 하지 마!   ¡No intentes volver atrás!

5. 상황을 피하려고 하지 마!   ¡No intentes evitar la situación!

~ 걱정하지 마!	¡No te preocupes ~!

1. 너무 걱정하지 마!   ¡No te preocupes tanto!

2. 나에 대해서 걱정하지 마!   ¡No te preocupes por mí!

3. 미래에 대해서 걱정하지 마!   ¡No te preocupes por el futuro!

4. 직장에 대해서 걱정하지 마!   ¡No te preocupes por el trabajo!

5. 가족에 대해서 걱정하지 마!   ¡No te preocupes por la familia!

UNIDAD 34. 과거형

나는 ~했어	Yo + -ar 동사 과거형

1. 나는 어제 아침에 엄마와 얘기했어.   Yo hablé con mi madre ayer por la mañana.

2. 나는 어젯밤 2시간 춤을 췄어.   Yo bailé dos horas anoche.

3. 나는 그저께 그 CD를 10번 들었어.   Yo escuché ese CD diez veces anteayer.

4. 나는 손빨래했어.   Yo lavé la ropa a mano.

5. 나는 쉬지 않고 12시간을 일했어.   Yo trabajé 12 horas sin descansar.

나는 ~했어	Yo + -er 동사 과거형

1. 나는 이틀 전에 영화 한 편을 봤어.   Yo vi una película hace dos días.

2. 나는 도서관에서 책을 읽었어.   Yo leí un libro en la biblioteca.

3. 나는 오렌지 주스를 마셨어.   Yo bebí zumo de naranja.

4. 나는 어젯밤 집에 늦게 들어갔어.   Yo volví a casa muy tarde anoche.

5. 나는 불을 켰어.   Yo encendí la luz.

나는 ~했어	Yo + -ir 동사 과거형

1. 나는 더워서 창문을 열었어. Yo abrí la ventana por el calor.

2. 나는 미국에서 2년 살았어. Yo viví dos años en los Estados Unidos.

3. 나는 8시간을 잤어. Yo dormí ocho horas ayer.

4. 나는 친구에게 편지를 두 통 썼어. Yo escribí dos cartas a mi amigo.

5. 나는 아이들에게 케이크 한 개를 나눠 주었어. Yo repartí un pastel a los niños.

나는 ~했어	Yo + 불규칙동사 과거형

1. 나는 여행을 위해서 짐을 쌌어. Yo hice la maleta para el viaje.

2. 나는 모든 진실을 얘기했어. Yo dije toda la verdad.

3. 나는 친구에게 선물을 줬어. Yo di un regalo a mi amigo.

4. 나는 여기에 스페인어 강좌를 들으려고 왔어. Yo vine aquí a hacer un curso de español.

5. 나는 어제 정장을 입었어. Yo me puse el traje ayer.

나는 ~에 갔어	Yo fui a + 장소

1. 나는 친구들과 만나려고 시내에 나갔어. Yo fui al centro para quedar con mis amigos.

2. 나는 전시회를 보려고 미술관에 갔어. Yo fui al museo para ver una exposición.

3. 나는 조깅하려고 공원에 갔어. Yo fui al parque para correr.

4. 나는 책을 빌리려고 도서관에 갔어. Yo fui a la biblioteca para pedir prestado un libro.

5. 나는 핸드폰을 수리하려고 서비스 센터에 갔어. Yo fui al centro de servicio para reparar el móvil.

나에게 ~를 주었어, 나는 ~했어	**Me dio/dieron ~**
1. 집에 혼자 있을 때 무서웠어.	Me dio miedo cuando yo estaba solo/a en casa.
2. 길에서 넘어졌을 때 부끄러웠어.	Me dio vergüenza cuando me caí en la calle.
3. 그가 나에게 일어났던 일을 얘기했을 때 웃음이 나왔어.	Me dio risa cuando él me contó lo sucedido.
4. 너에게 전화할 마음이 들었어.	Me dieron ganas de llamarte por teléfono.
5. 부모님이 나에게 돈을 주셨어.	Mis padres me dieron dinero.

내가 ~였을 때, 주로 …를 했어	**Cuando yo era/tenía ~, solía ...**
1. 내가 어렸을 때, 나는 주로 친구들과 축구를 했어.	Cuando yo era pequeño/a, solía jugar al fútbol con mis amigos.
2. 내가 어렸을 때, 나는 주로 부모님을 도와드렸어.	Cuando yo era pequeño/a, solía ayudar a mis padres.
3. 내가 젊었을 때, 나는 주로 친구들과 만났어.	Cuando yo era joven, solía quedar con mis amigos.
4. 내가 12살 때, 나는 주로 TV를 봤어.	Cuando yo tenía doce años, solía ver la televisión.
5. 내가 18살 때, 나는 주로 공부를 했어.	Cuando yo tenía dieciocho años, solía estudiar.

내가 ~하고 있을 때, …했어	**Cuando yo + 불완료 과거, 단순과거**
1. 내가 사무실에 갈 때, 친구와 우연히 길에서 만났어.	Cuando yo iba a la oficina, me encontré con mi amigo en la calle.
2. 내가 요리를 하고 있을 때, 가족들이 집에 도착했어.	Cuando yo cocinaba, mi familia llegó a casa.
3. 내가 자고 있을 때, 전화벨이 울렸어.	Cuando yo dormía, sonó el teléfono.
4. 내가 샤워를 하고 있을 때, 뜨거운 물이 끊겼어.	Cuando yo me duchaba, se cortó el agua caliente.

5. 내가 지하철 안에 있는데, 누군가가 나를 밀었어.

Cuando yo estaba en el metro, alguien me empujó.

MODELO 197 ▶ 반복 훈련용 197.mp3

나는 ~하려고 했었어	Yo iba a + 동사원형

1. 나는 1년 전 멕시코를 여행하려고 했었어. Yo iba a viajar por México hace un año.
2. 나는 직장을 관두려고 했었어. Yo iba a dejar el trabajo.
3. 나는 담배를 끊으려고 했었어. Yo iba a dejar de fumar.
4. 나는 집을 이사하려고 했었어. Yo iba a cambiar de casa.
5. 나는 그녀와 헤어지려고 했었어. Yo iba a separarme con ella.

UNIDAD 35. 쉬운 일상 표현

MODELO 198 ▶ 반복 훈련용 198.mp3

~를 축하해!	¡Feliz ~!

1. 생일 축하해! ¡Feliz cumpleaños!
2. 크리스마스 축하해! ¡Feliz Navidad!
3. 새해 축하해! ¡Feliz Año Nuevo!
4. 결혼기념일 축하해! ¡Feliz aniversario de bodas!
5. 아기 탄생을 축하해! ¡Feliz nacimiento!

MODELO 199 ▶ 반복 훈련용 199.mp3

~보내, 잘 ~해	¡Que tengas ~!

1. 좋은 하루 보내! ¡Que tengas un buen día!
2. 좋은 주말 보내! ¡Que tengas un buen fin de semana!
3. 좋은 일주일 보내! ¡Que tengas una buena semana!
4. 좋은 여행되길! ¡Que tengas un buen viaje!
5. 시험에서 행운이 가득하길! ¡Que tengas suerte en el examen!

반복 훈련용 200.mp3

정말 ~야!	¡Qué ~!
1. 정말 부러워!	¡Qué envidia!
2. 정말 우연이야!	¡Qué casualidad!
3. 정말 운이 없어!	¡Qué mala suerte!
4. 정말 부끄러워!	¡Qué vergüenza!
5. 정말 맛있어!	¡Qué rico!

반복 훈련용 201.mp3

~가 정말 많아!	¡Cuánto ~!
1. 사람이 정말 많아!	¡Cuánta gente!
2. 길에 개가 정말 많아!	¡Cuántos perros en la calle!
3. 시내에 외국 사람들이 정말 많아!	¡Cuántos extranjeros en el centro!
4. 옷장에 옷이 정말 많아!	¡Cuánta ropa en el armario!
5. 냉장고에 맥주가 정말 많아!	¡Cuántas cervezas en la nevera!

반복 훈련용 202.mp3

~해 줘서 고마워	Gracias por ~
1. 모든 것에 고마워.	Gracias por todo.
2. 와줘서 고마워.	Gracias por venir.
3. 초대해 줘서 고마워.	Gracias por invitar.
4. 도와줘서 고마워.	Gracias por ayudar.
5. 당신의 관심에 고마워요.	Gracias por su atención.

반복 훈련용 203.mp3

고맙지만 ~이에요	Muchas gracias pero ~
1. 고맙지만 이미 늦었어요.	Muchas gracias pero ya es tarde.
2. 고맙지만 저는 가야 해요.	Muchas gracias pero yo tengo que ir.
3. 고맙지만 제가 직접 할게요.	Muchas gracias pero yo mismo/a lo haré.

4. 고맙지만 저는 술을 마실 수 없어요.　Muchas gracias pero yo no puedo beber.

5. 고맙지만 저는 아직 일이 남았어요.　Muchas gracias pero aún me queda el trabajo.

MODELO 204　▶ 반복 훈련용 204.mp3

~해서 정말 미안해	Lo siento por ~

1. 많이 기다리게 해서 정말 미안해.　Lo siento por hacerle esperar tanto.

2. 끼어들어서 정말 죄송해요.　Lo siento por interrumpir.

3. 불편을 끼쳐서 정말 죄송해요.　Lo siento por la molestia.

4. 지각해서 정말 죄송해요.　Lo siento por haber llegado tarde.

5. 시간 안에 제출하지 못해 정말 죄송해요.　Lo siento por no haber entregado a tiempo.

MODELO 205　▶ 반복 훈련용 205.mp3

~하자!	¡Vamos a ~!

1. 집에 가자!　¡Vamos a casa!

2. 해변에 가자!　¡Vamos a la playa!

3. 본론으로 들어가자!　¡Vamos al grano!

4. 세상을 바꾸자!　¡Vamos a cambiar el mundo!

5. 외식하자!　¡Vamos a comer fuera!

MODELO 206　▶ 반복 훈련용 206.mp3

(만약) ~하면	Si ~

1. 시간 있으면, 나 좀 도와줄래?　Si tienes tiempo, ¿me ayudas?

2. 무슨 문제가 있으면, 나에게 얘기해 줄래?　Si tienes algún problema, ¿puedes decirme?

3. 가능하면, 나에게 그 사람 소개해 줄래?　Si puedes, ¿me presentas a esa persona?

4. 궁금한 것이 있으면, 나에게 물어봐.　Si tienes alguna duda, pregúntame.

5. 내가 필요하면, 언제든지 나에게 전화해.　Si me necesitas, llámame en cualquier momento.

MODELO 207 ▶ 반복 훈련용 207.mp3

너만 좋다면 ~, 네가 원한다면 ~   **si quieres ~**

1. 너만 좋다면, 퇴근하고 우리 만나자.   Quedamos después del trabajo, si quieres.

2. 너만 좋다면, 내가 병원에 같이 가줄게.   Te acompaño al hospital, si quieres.

3. 네가 원한다면, 내가 그를 공항에서 데려올게.   Recojo a él en el aeropuerto, si quieres.

4. 네가 원한다면, 식당 예약할게.   Reservo el restaurante, si quieres.

5. 네가 원한다면, 너에게 정보를 줄게.   Si quieres, te doy la información.

MODELO 208 ▶ 반복 훈련용 208.mp3

(만약) ~하지 않으면   **Si no ~**

1. 원하지 않으면, 올 필요 없어.   Si no quieres, no hace falta venir.

2. 티켓을 예매하지 않으면, 매진될 거야.   Si no reservas el billete, se agotará.

3. 내일 비가 멈추지 않으면, 경기는 취소될 거야.   Si mañana no para de llover, se cancelará el partido.

4. 날씨가 좋지 않으면, 우리는 캠핑할 수 없어.   Si no hace buen tiempo, no podemos hacer *camping*.

5. 내가 시험에 합격하지 않으면, 우리 부모님은 실망할 거야.   Si no apruebo el examen, mis padres se decepcionarán.

MODELO 209 ▶ 반복 훈련용 209.mp3

~가 필요하시면   **Si necesita ~**

1. 음식이 더 필요하시면, 저에게 말씀해 주세요.   Si necesita más comida, dígame.

2. 시간이 더 필요하시면, 저에게 알려 주세요.   Si necesita más tiempo, avíseme.

3. 담요 한 장이 더 필요하시면, 저를 찾아 주세요.   Si necesita una manta más, búsqueme.

4. 종이 한 장이 더 필요하시면, 손을 들어 주세요.   Si necesita una hoja más, levante la mano.

5. 무엇이든 필요한 것이 있으시면, 저를 찾아 주세요.   Si necesita algo, búsqueme.

| 괜찮으면 ~, 괜찮으시다면 ~ | **Si no te/le importa ~** |

1. 너만 괜찮다면, 창문을 닫고 싶어.

   Si no te importa, quiero cerrar la ventana.

2. 너만 괜찮다면, 가능한 빨리 집에 돌아가고 싶어.

   Si no te importa, quiero volver a casa lo antes posible.

3. 괜찮으시다면, 다음 달에 휴가 좀 내고 싶어요.

   Si no le importa, quiero pedir vacaciones el próximo mes.

4. 괜찮으시다면, 몇 가지 묻고 싶어요.

   Si no le importa, quiero preguntar unas cosas.

5. 괜찮으시다면, 이 프로젝트를 제가 맡고 싶어요.

   Si no le importa, quiero encargarme de este proyecto.

UNIDAD 36. 현지인들이 쓰는 생생 표현

| ~ 때문에 그렇게 됐어 | **Lo que pasa es que ~** |

1. 나는 늦게 도착했어. 차가 많이 막혀서 그렇게 됐어.

   Yo llego tarde. Lo que pasa es que hay atasco.

2. 나 뛰어서 왔어. 시간이 충분히 없어서 그렇게 할 수밖에 없었어.

   Yo vine corriendo. Lo que pasa es que yo no tenía suficiente tiempo.

3. 그는 사업에서 실패했어. 돈이 조금밖에 없어서 그렇게 됐어.

   Él tuvo fracaso en el negocio. Lo que pasa es que tenía poco dinero.

4. 그는 여자애들에게 인기가 없어. 굉장히 소심하기 때문에 그렇게 됐어.

   Él no tiene éxito con las chicas. Lo que pasa es que es muy tímido.

5. 그는 실업자야. 사무실에서 졸다가 그렇게 됐어.

   Él está parado. Lo que pasa es que se queda dormido en la oficina.

사실 말이야 ~	**La verdad es que ~**

1. 사실 말이야 너를 좋아해. — La verdad es que te quiero.

2. 사실 말이야 그는 충고를 듣는 것을 좋아하지 않아. — La verdad es que a él no le gusta recibir consejos.

3. 사실 말이야 나는 제안을 거절하고 싶어. — La verdad es que yo quiero rechazar la propuesta.

4. 사실 말이야 나는 별것도 아닌 것에 걱정을 하는 타입이야. — La verdad es que yo me preocupo por cualquier cosa.

5. 사실 말이야 그는 자기 나라로 돌아가는 것을 포기했어. — La verdad es que él renunció a volver a su país.

너에게 얘기하고 싶은 것은 ~이야	**Lo que quiero decirte es ~**

1. 너에게 얘기하고 싶은 것은 이것이야. — Lo que quiero decirte es esto.

2. 너에게 얘기하고 싶은 것은 모두 진실이야. — Lo que quiero decirte es toda la verdad.

3. 너에게 얘기하고 싶은 것은 운동을 하는 것은 중요하다는 거야. — Lo que quiero decirte es hacer ejercicio es importante.

4. 너에게 얘기하고 싶은 것은 쉬는 것도 역시 필요하다는 거야. — Lo que quiero decirte es descansar también es necesario.

5. 너에게 얘기하고 싶은 것은 네가 정말 그립다는 거야. — Lo que quiero decirte es que te echo mucho de menos.

분명한 것은 ~라는 거야	**Lo cierto es que ~**

1. 분명한 것은 네가 잘못을 저질렀다는 거야. — Lo cierto es que tú has cometido un error.

2. 분명한 것은 그들의 말에 일리가 있다는 거야. — Lo cierto es que ellos tienen razón.

3. 분명한 것은 나는 아무런 잘못이 없다는 거야. — Lo cierto es que yo no tengo ninguna culpa.

4. 분명한 것은 정부가 휘발유 가격을 올릴 거라는 거야. — Lo cierto es que el gobierno subirá el precio de la gasolina.

5. 분명한 것은 정부가 세금을 올릴 거라는 거야.　Lo cierto es que el gobierno subirá los impuestos.

특히 ~	**sobre todo ~**

1. 나는 스포츠를 좋아해, 특히 수영을.　Me gustan los deportes, sobre todo la natación.

2. 나는 고기 좋아해, 특히 닭고기를.　Me gusta la carne, sobre todo el pollo.

3. 우리 아버지는 술 마시는 걸 정말 좋아하셔, 특히 맥주를.　A mi padre le encanta beber, sobre todo a cerveza.

4. 나는 영화를 많이 봐, 특히 액션 영화를.　Yo veo muchas películas, sobre todo la película de acción.

5. 그는 요리를 정말 잘해, 특히 이탈리아 요리를.　Él cocina muy bien, sobre todo la comida italiana.

거의 ~하지 않아	**Casi nunca ~**

1. 나는 거의 울지 않아.　Casi nunca lloro.

2. 나는 거의 화장하지 않아.　Casi nunca me maquillo.

3. 나는 주말에 거의 집에 있지 않아.　Casi nunca estoy en casa durante el fin de semana.

4. 나는 해산물을 거의 먹지 않아.　Casi nunca como marisco.

5. 이 지역은 거의 비가 오지 않아.　Casi nunca llueve en esta región.

가끔씩 ~	**A veces ~**

1. 가끔씩 나는 너를 생각해.　A veces yo pienso en ti.

2. 가끔씩 네가 그리워.　A veces yo te echo de menos.

3. 가끔씩 외로워.　A veces yo me siento solo/a.

4. 가끔씩 그는 모든 것을 포기하려고 해.　A veces él quiere abandonar todo.

5. 가끔씩 걔들은 공부에 집중을 못 해.　A veces ellos no pueden concentrarse en los estudios.

어쩌면 ~ — **A lo mejor ~**

1. 어쩌면 이 문제를 해결하는 것은 아주 어려울 수 있어.

   A lo mejor es muy difícil resolver este problema.

2. 어쩌면 그의 말이 일리가 있을 수 있어.

   A lo mejor él tiene razón.

3. 어쩌면 그녀는 시험에서 떨어질 수 있어.

   A lo mejor ella suspende el examen.

4. 어쩌면 상사는 내가 얘기하는 것이 이해가 안 될 수 있어.

   A lo mejor el jefe no entiende lo que le digo.

5. 어쩌면 그 커플은 헤어질 수도 있어.

   A lo mejor esa pareja se separa.

반면에 ~ — **En cambio ~**

1. 내 형은 키가 커. 반면에 나는 키가 작아.

   Mi hermano es alto. En cambio, yo soy bajo.

2. 국어 시험은 쉬워. 반면에 수학 시험은 어려워.

   El examen de lengua es fácil. En cambio, el examen de matemáticas es difícil.

3. 북쪽 음식은 짜. 반면에 남쪽 음식은 싱거워.

   La comida del norte es salada. En cambio, la comida del sur es sosa.

4. 도시는 더워. 반면에 산은 추워.

   En la ciudad hace calor. En cambio, en la montaña hace frío.

5. 그의 아버지는 관대하셔. 반면에 그의 어머니는 엄격하셔.

   Su padre es generoso. En cambio, su madre es estricta.

게다가 ~ — **además ~**

1. 이 일은 보수도 좋고, 게다가 근무시간도 자유로운 편이야.

   Este trabajo está bien pagado, además tiene el horario flexible.

2. 이 노트북은 싸고, 게다가 작동도 잘 돼.

   Este ordenador portátil es barato, además funciona muy bien.

3. 이 커피숍은 위치도 굉장히 좋고, 게다가 깨끗해.

   Esta cafetería está bien comunicada, además es tranquila.

4. 이 헬스장은 프로그램들도 많고, 게다가 코치도 정말 친절해.

   Este gimnasio tiene muchos programas, además el monitor es muy simpático.

5. 한국의 대중교통은 편리하고, 게다가 차비도 싸.

El transporte público de Corea es cómodo, además el pasaje es barato.

정말이야? 말도 안 돼.　　　　　**¿En serio?, no me digas.**

1. 네가 외국에 간다고? 정말이야? 말도 안 돼.

¿Te vas al extranjero? ¿En serio?, no me digas.

2. 네가 아나와 사귄다고? 정말이야? 말도 안 돼.

¿Sales con Ana? ¿En serio?, no me digas.

3. 네가 너의 상사를 설득했다고? 정말이야? 말도 안 돼.

¿Tú convenciste a tu jefe? ¿En serio?, no me digas.

4. 그가 계속해서 일하기로 결심했다고? 정말이야? 말도 안 돼.

¿Él decidió continuar el trabajo? ¿En serio?, no me digas.

5. 그녀가 너에게 고민을 상담했다고? 정말이야? 말도 안 돼.

¿Ella consultó sobre un problema contigo? ¿En serio?, no me digas.

의심할 여지없이 ~, 망설임 없이 ~　　　**sin duda ~**

1. 나는 의심할 여지없이 그를 신뢰하고 있어.

Yo confío en él sin duda.

2. 나는 그가 최선을 다할 것이라고 믿어 의심치 않아.

Yo confío sin duda en que ella lo hará lo mejor posible.

3. 그는 회복이 빠를 것이라는 것을 믿어 의심치 않아.

Él cree sin duda que la recuperación será rápida.

4. 나는 망설임 없이 제안을 수락할 거야.

Yo aceptaré la propuesta sin duda.

5. 그녀는 망설임 없이 일을 그만둘 거야.

Ella dejará el trabajo sin duda.

조금씩 ~, 점점 ~　　　　　　**Poco a poco ~**

1. 조금씩 이 생활에 적응하고 있어.

Poco a poco me adapté a esta vida.

2. 조금씩 시간이 흘러가고 있어.

Poco a poco va pasando el tiempo.

3. 조금씩 우리는 성장할 거야.

Poco a poco nosotros creceremos.

4. 조금씩 우리는 서로를 더 잘 알게 될 거야.

Poco a poco nos iremos conociendo mejor.

5. 조금씩 스페인어 수준이 올라가고 있어.　　Poco a poco el nivel de español irá mejorando.

영원히 ~	para siempre ~

1. 나는 영원히 비밀을 지킬 거야.　　Yo guardaré el secreto para siempre.

2. 나는 영원히 너를 따를 거야.　　Yo te seguiré para siempre.

3. 나는 영원히 네 옆에 있고 싶어.　　Yo quiero estar a tu lado para siempre.

4. 그들은 영원히 라이벌로 지낼 거야.　　Ellos serán rivales para siempre.

5. 이 문제는 영원히 풀리지 않을 거야.　　Este problema no se resolverá para siempre.

하마터면 ~	Por poco ~

1. 하마터면 나 넘어질 뻔했어.　　Por poco yo me caigo.

2. 하마터면 나 버스를 놓칠 뻔했어.　　Por poco yo pierdo el autobús.

3. 하마터면 나 뜨거운 물에 손가락을 데일 뻔했어.　　Por poco yo me quemo el dedo con agua caliente.

4. 하마터면 나 문 열어놓고 외출할 뻔했어.　　Por poco yo salgo de casa con la puerta abierta.

5. 하마터면 나 교통사고를 당할 뻔했어.　　Por poco yo tengo un accidente de tráfico.

보아하니 ~	Por lo visto ~

1. 보아하니 아니라고 말할 가능성이 있어.　　Por lo visto es posible decir no.

2. 보아하니 그녀는 그것을 하고 싶어 하지 않아.　　Por lo visto ella no quiere hacerlo.

3. 보아하니 우리는 운이 없는 것 같아.　　Por lo visto no tenemos suerte.

4. 보아하니 이 커피숍은 와이파이가 안 되는 것 같아.　　Por lo visto esta cafetería no tiene *wifi*.

5. 보아하니 상황이 금방 좋아질 것 같지 않아.　　Por lo visto la situación no mejorará pronto.

어찌 됐든 간에 ~	**Desde luego, ~**

1. 어찌 됐든 간에, 내 잘못이었어.
Desde luego, fue la culpa mía.

2. 어찌 됐든 간에, 굉장한 경험이었어.
Desde luego, fue una experiencia estupenda.

3. 어찌 됐든 간에, 환상적인 여행이었어.
Desde luego, fue un viaje marvilloso.

4. 어찌 됐든 간에, 그녀의 건강이 많이 나아졌어.
Desde luego, ella se mejoró mucho.

5. 어찌 됐든 간에, 그는 사업을 하기로 결심했어.
Desde luego, él decidió montar un negocio.

즉시 ~, 금방 ~	**en seguida ~**

1. 나는 즉시 시작하고 싶어요.
En seguida yo quiero empezar.

2. 그는 금방 서류들을 가지고 올 거야.
En seguida él trae los documentos.

3. 그녀는 금방 잠이 들었어.
En seguida ella se quedó dormida.

4. 집에 금방 들어와!
¡Vuelve a casa en seguida!

5. 숙제를 즉시 끝내라!
¡Termina la tarea en seguida!

~하자마자	**Nada más ~**

1. 집에 도착하자마자, 비가 오기 시작했어.
Nada más llegar a casa, empezó a llover.

2. 한국에 도착하자마자, 그들은 나에게 전화했어.
Nada más llegar a Corea, ellos me llamaron por teléfono.

3. 나가자마자, 그녀는 계단에서 넘어졌어.
Nada más salir, ella se cayó en la escalera.

4. 시험이 끝나자마자, 그는 교실에서 나갔어.
Nada más terminar el examen, él salió del aula.

5. 메달을 따자마자, 그 선수는 울음을 터뜨렸어.
Nada más ganar la medalla, el jugador se echó a llorar.

~ 할 때마다	Cada vez que ~
1. 너를 볼 때마다, 내 심장은 빠르게 뛰어.	Cada vez que te veo, mi corazón late deprisa.
2. 나는 외국에 갈 때마다, 유스호스텔에서 숙박해.	Cada vez que voy al extranjero, me alojo en el albergue juvenil.
3. 나는 프레젠테이션을 할 때마다, 얼굴이 빨개져.	Cada vez que hago una presentación, me pongo rojo/a.
4. 그는 나를 볼 때마다, 나에게 인사를 해.	Cada vez que él me ve, me saluda.
5. 그녀가 집을 청소할 때마다, 아무도 그녀를 돕지 않아.	Cada vez que ella limpia la casa, nadie le ayuda.

나도 모르게 ~, 의도치 않게 ~	~ sin querer
1. 나도 모르게 회의에 가는 것을 잊어 버렸어.	Se me olvidó ir a la reunión sin querer.
2. 나도 모르게 진실을 얘기했어.	Yo dije la verdad sin querer.
3. 나도 모르게 네 책을 가지고 와 버렸어.	Me llevé tu libro sin querer.
4. 그녀는 엉겁결에 거짓말을 해 버렸어.	Ella mintió sin querer.
5. 죄송합니다, 고의가 아니었습니다.	Lo siento, fue sin querer.

모두 (합쳐서) ~, 총 ~	en total ~
1. 모두 합쳐서 얼마예요?	¿Cuánto cuesta en total?
2. 총 몇 명의 사람들이 있습니까?	¿Cuántas personas hay en total?
3. 파티에 총 몇 명의 손님들이 왔습니까?	¿Cuántos invitados vinieron a la fiesta en total?
4. 손실은 총 100만원 가까이 됩니다.	La pérdida llega a un millón de wones en total.
5. 이 나라의 인구는 총 5천만 명이다.	La población de este país es cincuenta millones en total.

마지막으로 ~	**Por último ~**

1. 마지막으로, 너의 목소리를 듣고 싶어.　　Por último, quiero oír tu voz.

2. 마지막으로, 하나만 충고하고 싶어.　　Por último, quiero dar un consejo.

3. 마지막으로, 모두에게 감사의 마음을　　Por último, quiero agradecer a todos.
   전하고 싶어요.

4. 마지막으로, 너에게 하나만 얘기할게.　　Por último, te digo una cosa.

5. 마지막으로, 말씀하실 것 있으세요?　　¿Por último, usted quiere decir algo?

비즈니스 일본어회화&이메일 핵심패턴 233

부록
- 휴대용 소책자
- mp3 파일
무료 다운로드

인현진 지음 | 312쪽 | 16,800원

일본 비즈니스의 모든 상황은 233개 패턴으로 이뤄진다!

전화 통화, 출장, 프레젠테이션, 이메일 등 비즈니스 현장에서 겪게 되는 모든 상황을 모아,
꼭 필요한 233개 패턴으로 압축했다. 비즈니스 회화뿐만 아니라 이메일까지 한 권으로 OK!

| 난이도 | 첫걸음 \| 초급 \| **중급** \| 고급 | 시간 | 80일 |
| 대상 | 일본을 대상으로 비즈니스를 해야 하는 직장인, 고급 표현을 익히고 싶은 일본어 초중급자 | 목표 | 내가 쓰고 싶은 비즈니스 표현 자유자재로 만들기 |

PARTE 6 | 회화에 맛을 더해주는 핵심패턴

PARTE 7 | 핵심동사 변화표 52

이 책으로 스페인어를 처음 공부하거나,
다시 시작하는 분들을 위해 스페인어의 기본을 담았습니다.
가볍게 읽고 가면, 공부하기가 훨씬 쉬워질 겁니다.

PARTE 0

스페인어
준비운동

A [아]	árbol [아르볼] 나무
B [베]	bolso [볼소] 가방
C [쎄]	ca [까]: cara [까라] 얼굴 ce [쎄]: centro [쎈뜨로] 중앙 ci [씨]: cielo [씨엘로] 하늘 co [꼬]: color [꼴로르] 색 cu [꾸]: cuerpo [꾸에르뽀] 신체
CH [체]	chico [치꼬] 소년
D [데]	dinero [디네로] 돈 ciudad [씨우닷] 도시 Navidad [나비닷] 크리스마스
E [에]	estudiante [에스뚜디안떼] 학생
F [에풰]	flor [플로르] 꽃
G [헤]	ga [가]: gato [가또] 고양이 ge [헤]: gente [헨떼] 사람들 gi [히]: girasol [히라쏠] 해바라기 go [고]: gordo [고르도] 살찐 gu [구]: guapo [구아뽀] 잘생긴
H [아체]	hora [오라] 시간
I [이]	ir [이르] 가다
J [호따]	joven [호벤] 젊은이 reloj [ㄹ렐로흐] 시계
K [까]	kilo [낄로] 킬로미터
L [엘레]	libro [리브로] 책 pelo [뻴로] 머리카락
LL [엘례]	lla [야]: llave [야베] 열쇠 lle [예]: llevar [예바르] 가지고가다 lli [이]: apellido [아뻬이도] (이름의) 성 llo [요]: llorar [요라르] 울다 llu [유]: lluvia [유비아] 비
M [에메]	mano [마노] 손
N [에네]	norte [노르떼] 북쪽
Ñ [에녜]	ña [냐]: niña [니냐] 여자아이 ño [뇨]: niño [니뇨] 남자아이
O [오]	oir [오이르] 듣다

P [뻬]	padre [빠드레] 아버지
Q [꾸]	que [께]: qué [께] 무엇? qui [끼]: quién [끼엔] 누구?
R [에레]	ropa [ㄹ로빠] 옷 perro [뻬ㄹ로] 개 pero [뻬로] 그러나
S [에쎄]	sol [쏠] 태양
T [떼]	teléfono [뗄레뽀노] 전화
U [우]	uno [우노] 하나
V [우베]	vaso [바소] 컵
W [우베도블레]	whisky [위스끼] 위스키
X [에끼쓰]	taxi [딱시] 택시
Y [이그리에가, 예]	y [이] 그리고 yo [요] 나
Z [쎄따]	zapato [싸빠또] 신발 nariz [나리쓰] 코

★ 주의할 발음들 ★

❶ f는 영어의 [f] 발음과 비슷하고, h는 묵음입니다.

❷ r이 제일 처음에 오거나, rr이 단어 중간에 오면 강한 진동음으로 굴려주는 [ㄹ～] 소리로 발음합니다.

❸ gue, gui는 [게], [기]로, que, qui는 [께], [끼]로 발음합니다.

　guerra [게ㄹ라] 전쟁, guión [기온] 대본, querer [께레르] 원하다, quizás [끼싸스] 아마도

❹ ll의 경우 지역별로 발음의 차이가 있습니다. lla는 [야], [쟈], [샤]로 지역에 따라 발음이 다릅니다.

❺ x는 보통 [ks]로 발음하며, 특수한 경우에는 [h]로 발음되기도 합니다.

　examen [엑사멘] 시험, extraño [엑스뜨라뇨] 이상한, México [메히꼬] 멕시코, Texas [떼하스] 텍사스

2 / 명사도 성과 수에 따라 변화한다!

1. 스페인어의 명사는 모두 남성, 여성으로 구분됩니다.

일반적으로 단어의 끝이 -o로 끝나면 남성이고, a로 끝나면 여성입니다.

el libro 책, el calendario 달력, la casa 집, la ropa 옷

2. 명사의 남녀 형태는 같고, 관사를 통해 구분하는 경우도 있습니다.

el/la estudiante 남/여 학생, el/la periodista 남/여 신문기자, el/la joven 남/여 젊은이

3. 남성명사, 여성명사 구분법

❶ 명사의 어미가 -ma로 끝나면 대부분 남성명사입니다.

　el programa 프로그램, el sistema 시스템, el idioma 언어

❷ 명사의 어미가 -ión, -ad, -z, -umbre로 끝나면 대부분 여성명사입니다.

la estación 역, la televisión tv, la ciudad 도시, la universidad 대학교, la costumbre 관습

❸ 어미가 -o로 끝나도 여성명사이거나, -a로 끝나도 남성명사인 경우가 드물게 있습니다.

la mano 손, la foto 사진, la radio 라디오, el mapa 지도, el día 하루

4. 복수형으로 만들 경우 명사의 어미가 모음이면 -s를 붙여주고, 자음이면 -es를 붙여줍니다.

❶ 모음 + s : los libros, las mesas, los estudiantes

❷ 자음 + es : los hoteles, los profesores, las ciudades

※ z로 끝나는 경우에는 z를 c로 바꾸고, -es를 붙여 줍니다.
　la actriz(여배우) → las actrices, la luz(빛) → las luces

3 / 관사도 성과 수에 따라 변화한다!

1. 정관사(영어의 the 개념)

	남성	여성
단수	el libro 책	la mesa 책상
복수	los libros 책들	las mesas 책상들

2. 부정관사(영어의 a/an 개념)

영어의 a/an과 비슷한 개념입니다. 하지만 영어의 a/an은 단수일 경우에만 쓰지만, 스페인어의 부정관사는 단수(un/una)와 복수(unos/unas)일 때 모두 씁니다. 단수로 쓰일 때는 '하나의', 복수로 쓰일 때는 '몇몇의'라는 뜻입니다.

	남성	여성
단수	un libro 한 권의 책	una mesa 한 개의 책상
복수	unos libros 몇 권의 책들	unas mesas 몇 개의 책상들

4 / 형용사도 성과 수에 따라 변화한다!

형용사는 명사를 꾸며줍니다. 이때 형용사는 주로 명사의 뒤에 옵니다. 영어와 달리 형용사도 명사의 성과 수에 따라 변화하는 점이 가장 큰 차이점입니다.

1. -o로 끝나는 형용사

nuevo 새로운

	남성	여성
단수	el coche **nuevo** 새 차	la casa **nueva** 새 집
복수	los coches **nuevos** 새 차들	las casas **nuevas** 새 집들

limpio 깨끗한

	남성	여성
단수	el vaso limpio 깨끗한 컵	la cafetería limpia 깨끗한 커피숍
복수	los vasos limpios 깨끗한 컵들	las cafeterías limpias 깨끗한 커피숍들

2. -o로 끝나지 않는 형용사

단수의 경우 모양이 변하지 않으며, 복수일 경우만 -s를 붙여줍니다.

inteligente 똑똑한

	남성	여성
단수	el chico inteligente 똑똑한 남자애	la empleada inteligente 똑똑한 여직원
복수	los chicos inteligentes 똑똑한 남자애들	las empleadas inteligentes 똑똑한 여직원들

---

5 / 강세 붙이기

스페인어에서는 단어에 강세를 정확하게 붙이는 것이 굉장히 중요합니다. 대부분의 단어에는 악센트 기호가 붙어있지 않습니다. 악센트 기호는 강세가 원래 와야 할 위치에 오지 않을 경우에만 붙습니다. 즉, 일반적인 강세 규칙에 어긋나는 경우에만 악센트를 붙이는 거죠. 따라서 단어에 강세가 있는 경우에는 꼭 악센트 기호도 함께 외워 두세요.

> **| 강세 규칙 |**
>
> ❶ 모음(a, e, i, o, u)이나 -n, -s 로 끝나면, 끝에서 두 번째 음절에 강세가 온다!
> padre 아버지, muchacho 소년, cuaderno 공책, radio 라디오, estudiante 학생, lunes 월요일, examen 시험, joven 젊은이
>
> ❷ 자음(-n, -s 제외)으로 끝나면, 맨 끝 음절에 강세가 온다!
> azul 파랑, bistec 비프스테이크, color 색깔, ciudad 도시, feliz 행복한, señor ~씨, pared 벽, profesor 교수
>
> ❸ 불규칙인 경우에는 악센트 기호를 붙인다!
> adiós 안녕, café 커피, jamón 햄, estación 역, jardín 정원, canción 노래, día 하루, país 나라

스페인어의 8개 의문사 중 3개 의문사는 뒤에 나오는 단어의 성과 수에 따라서 형태가 변화합니다. '어떤 것'을 뜻하는 의문사 Cuál/Cuáles, '누구'를 뜻하는 Quién/Quiénes는 수에 따라서만 변하고, '얼마나, 몇 개나'는 성과 수에 따라 4가지 형태 Cuánto/Cuánta/Cuántos/Cuántas로 변합니다. 나머지 5개 의문사는 변화하지 않습니다.

1. Qué : 무엇?

¿**Qué** es esto? 이게 뭐야?

¿**Qué** estudias? 너는 무엇을 공부하니?

2. Cuál/Cuáles: 어떤 것?(영어의 which처럼 선택의 개념으로 쓰임, 수 변화)

¿**Cuáles** son tus aficiones? 네 취미는 어떤 것이니?

¿**Cuál** es tu bolso? 어떤 것이 네 가방이니?

3. Quién/Quiénes: 누구?(수 변화)

¿**Quiénes** son aquellas chicas? 저 여자애들은 누구니?

¿**Quién** es aquel señor? 저 신사 분은 누구니?

4. Cuánto/Cuánta/Cuántos/Cuántas: 얼마나, 몇 개나?(성/수 변화)

¿**Cuántos** estudiantes hay en el aula? 몇 명의 학생들이 교실에 있지?

¿**Cuántas** revistas necesitas? 몇 개의 잡지가 필요하니?

¿**Cuánto** cuesta? 얼마예요?

5. Dónde: 어디에?

¿**Dónde** aprendes español? 스페인어를 어디서 배우니?

¿**Dónde** trabaja usted? 당신은 어디서 일하세요?

6. Cuándo: 언제?

¿**Cuándo** es tu cumpleaños? 네 생일은 언제니?

¿**Cuándo** tomas el desayuno? 언제 아침식사를 하니?

7. Cómo: 어떻게?

¿**Cómo** vienes a la oficina? 사무실에 어떻게 오니?

¿**Cómo** te llamas tú? 너는 어떻게 불리니?(네 이름은 뭐니?)

8. Por qué: 왜?

스페인어 '왜'는 '이유'를 나타내는 전치사 por와 의문사 qué(무엇)를 합쳐 por qué로 씁니다. 대답할 때는 porque를 붙여 '왜냐하면'이라고 대답할 수 있습니다. 발음은 같지만, 띄어쓰기뿐 아니라 강세에도 차이가 있으니 주의해야 합니다.

¿Por qué estás aquí ahora? 너 왜 지금 여기 있는 거야?

Porque yo tengo mucho trabajo. 왜냐하면 나 일이 많아서.

7 / 동사도 성과 수에 따라 변화한다!

스페인어의 모든 동사의 어미는 -ar, -er, -ir 중 하나이며, 각 인칭과 시제에 따라 모양이 변화되는 것이 특징입니다. 규칙적으로 변화되는 형태도 있지만, 불규칙 동사들도 있기에 동사변화형을 꼭 확인해 두세요. 이 책 맨 뒤에 핵심동사 변화표를 넣어뒀으니 오디오를 함께 들으며, 공부해 보세요.

규칙동사의 어미 변화

현재			단순 과거		불완료 과거		미래
-ar	-er	-ir	-ar	-er/-ir	-ar	-er, -ir	-ar, -er, -ir
o	o	o	é	í	aba	ía	é
as	es	es	aste	iste	abas	ías	ás
a	e	e	ó	ió	aba	ía	á
amos	emos	imos	amos	imos	ábamos	íamos	emos
áis	éis	ís	asteis	isteis	abais	íais	éis
an	en	en	aron	ieron	aban	ían	án

PARTE 1

기본 중의
기본 패턴

UNIDAD 01. Ser

~이다

스페인어를 배울 때 가장 먼저 배우는 ser 동사입니다. 가벼운 마음으로 스페인어를 시작했지만 ser 동사의 변화형을 보고 깜짝 놀랐던 기억은 누구나 있을 겁니다. ser 동사는 가장 기본 동사이면서도, 완전 불규칙동사지요. 영어에서도 I am, you are, she is 등 인칭에 따라 be 동사가 변화되는 것과 같은 이치입니다.
중학교 때 달달 외웠던 것처럼, yo soy, tú eres, él es, nosotros somos, vosotros sois, ellos son을 소리 내어 반복해 외우도록 하세요. 가장 기본입니다!

스페인어는 동사가 주어에 따라 바뀌기 때문에 주어는 생략하고 동사로 시작해 말하는 경우도 많습니다. 따라서 동사만 보고도 주어를 알아챌 수 있을 정도가 되어야 합니다. 먼저 ser 동사 변화형을 외워두고, ser 뒤에 우리가 기본으로 알고 있는 단어 몇 개만 붙이면 생활 속 유용한 표현들이 쏟아져 나옵니다. 그럼, 시작해 볼까요?

★ ser(~이다) 동사 변화 ★

나	yo	soy
너	tú	eres
그, 그녀, 당신	él, ella, usted	es
우리들	nosotros, as	somos
너희들	vosotros, as	sois
그들, 그녀들, 당신들	ellos, ellas, ustedes	son

MODELO 001

Yo soy ~

나는 ~야

Yo soy ~는 '나는 ~이다'라는 가장 기본 표현입니다. 주의할 점은 뒤에 오는 형용사나 직업, 국적 같은 명사의 경우 주어의 성별에 따라 형태가 변한다는 것입니다. 한국인이라는 단어도 주어가 남자인 경우는 끝이 o로 끝나 coreano, 여자인 경우 a로 끝나 coreana로 바뀐다는 것 잊지 마세요.

PASO 1

1. 나는 한국 사람이야.　　　**Yo soy coreano/a.**

2. 나는 매우 낙천적이야.　　　**Yo soy muy optimista.**

3. 나는 조금 예민해.　　　　　**Yo soy un poco sensible.**

4. 나는 모범생이야.　　　　　**Yo soy estudioso/a.**

5. 나는 회사원이야.　　　　　**Yo soy oficinista.**

PASO 2

1 처음 만났을 때

H　Hola, ¿cómo te llamas? ¿de dónde eres?

M　Hola, me llamo Mayra. Soy española y soy de Barcelona. ¿Y tú?

H　나 역시 스페인 사람이고, 남쪽 출신이야. Encantado.

M　Encantada.

2 가족에 대해 얘기할 때

H　¿Cómo es tu hermana? Dicen que tu hermana es muy guapa y alta.

M　Sí, es verdad. Pero ella es muy pesimista. En cambio, 나는 매우 낙천적이야.

H　¿Tu hermana es oficinista como tú?

M　No, ella todavía es estudiante.

---

1 H : 안녕, 네 이름이 뭐야? 어디 출신이니?
　　M : 안녕, 나는 마이라라고 해. 난 스페인 사람이고 바르셀로나 출신이야. 너는?
　　H : Yo también soy español y soy del sur. 반가워.
　　M : 반가워.

2 H : 너희 누나는 어떤 분이야? 사람들이 말하길 너희 누나가 정말 예쁘고 키가 크다던데.
　　M : 응, 사실이야. 그런데 우리 언니는 굉장히 비관적이야. 반대로, yo soy muy optimista.
　　H : 너희 누나는 너처럼 회사원이니?
　　M : 아니, 우리 언니는 아직 학생이야.

Tip

형용사의 변화

스페인어는 동사뿐 아니라 형용사도 성과 수에 따라서 변화합니다. 예를 들어 '예쁜'이라는 형용사의 경우 남성은 bonito, 여성은 bonita, 남성복수는 bonitos, 여성복수는 bonitas처럼 바뀝니다. 하지만 끝이 -e나 -ista로 끝나는 inteligente(똑똑한), pesimista(비관적인), optimista(낙천적인) 같은 단어는 남성과 여성 모양이 일치하고 inteligentes, pesimistas처럼 복수형에만 -s를 붙여 줍니다.

단어장

en cambio 반대로
el/la pesimista 비관적인 사람
el/la optimista 긍정적인 사람
el/la oficinista 회사원

ser de ~

~ 출신이야, ~의 거야

de라는 전치사는 여러 가지 뜻을 갖고 있습니다. **¿De dónde eres?**(너 어디 출신이야?)라고 물을 때는 '~로부터'라는 뜻이 되고, **¿De quién es?**(누구 거야?)에서는 '~의 것', 그리고 마지막으로 **El anillo es de oro.**(반지는 금으로 만들어졌다.)에서는 '~로 만들어진'이라는 뜻이 됩니다.

PASO 1

1. 그녀는 영국 출신이야. **Ella es de Inglaterra.**

2. 이 핸드폰은 한국 회사 거야. **Este móvil es de una compañía coreana.**

3. 그 그림은 우리 할머니 거야. **Ese cuadro es de mi abuela.**

4. 이 신발은 가죽 제품이야. **Estos zapatos son de cuero.**

5. 이 정장은 우리 아버지 거야. **Este traje es de mi padre.**

PASO 2

1 옷가게에서 재킷을 살 때

H Buenas tardes. ¿En qué puedo ayudarle?

M Yo busco una chaqueta marrón.

H Aquí la tenemos. Esta chaqueta es de algodón. Es de muy buena calidad.

M 이 재킷 한국산이네요. ¡Yo soy coreana!

---

2 와인에 대해서 얘기할 때

H ¿De qué país es este vino?

M 적포도주는 스페인산이야.

H ¿Y este vino blanco?

M Es de Francia. Este es el vino favorito de mi padre.

---

1 H : 안녕하세요. 무엇을 도와드릴까요?
　M : 갈색 재킷을 찾고 있어요.
　H : 여기 있습니다. 이 재킷은 면이에요. 질도 정말 좋아요.
　M : Esta chaqueta es de Corea. 저 한국 사람이에요!

2 H : 이 와인 어느 나라 거야?
　M : El vino tinto es de España.
　H : 이 화이트 와인은?
　M : 프랑스산이야. 이건 우리 아빠가 가장 아끼는 와인이야.

Tip

지시형용사 익히기

'이, 그, 저'라는 지시형용사를 배워 봅시다.

이 este, esta, estos, estas
이 책 este libro
이 집 esta casa
이 책들 estos libros
이 집들 estas casas

그 ese, esa, esos, esas
그 가방 ese bolso
그 커피숍 esa cafetería
그 가방들 esos bolsos
그 커피숍들 esas cafeterías

저 aquel, aquella,
　aquellos, aquellas
저 호텔 aquel hotel
저 빵집 aquella panadería
저 호텔들
aquellos hoteles
저 빵집들
aquellas panaderías

여기서 알아둘 점은 '이것, 그것, 저것'처럼 대명사로 쓸 때도 모양이 같다는 것입니다.

단어장

el cuero 가죽
el traje 정장
la calidad 질, 품질
cf. buena calidad, alta calidad 양질
el vino tinto 적포도주
el vino blanco 백포도주

MODELO 003

Yo soy más ~ que ...

나는 …보다 더 ~해

⟨Yo soy más + 형용사 + que ...⟩ 패턴에서 más는 '훨씬 더'라는 표현입니다. 보통 más 뒤에 형용사가 나와 '더 예쁜, 더 똑똑한'처럼 다양한 비교급 표현을 만들 수 있습니다.

PASO 1

1. 나는 너보다 더 날씬해.

Yo soy más delgado/a que tú.

2. 나는 내 직장 동료들보다 똑똑해.

Yo soy más inteligente que mis compañeros de trabajo.

3. 나는 내 여동생보다 부자야.

Yo soy más rico/a que mi hermana.

4. 나는 내 여자친구/남자친구보다 질투심이 강해.

Yo soy más celoso/a que mi novio/a.

5. 나는 내 아내/남편보다 나이가 많아.

Yo soy mayor que mi mujer/marido.

PASO 2

1 새 직장에 대해서 얘기할 때

H ¿Cómo es tu nuevo trabajo?

M No estoy contenta con mi nuevo trabajo.

H ¿Qué te pasa?

M Yo soy mejor en el trabajo que mis compañeros de trabajo. 하지만 그 사람들보다 내 월급이 더 낮아.

2 형에 대해서 설명할 때

H Mi hermano es tres años mayor que yo.

M 그런데 너는 형보다 키가 더 크네.

H Sí, es que él casi no duerme para estudiar.

M Entonces él es más trabajador que tú.

1 H : 네 새 직장은 어때?
　　M : 나는 새 직장에 만족하지 않아.
　　H : 무슨 일인데?
　　M : 난 내 직장 동료들보다 일적인 부분에서 더 나아. Pero mi sueldo es más bajo que el de ellos.

2 H : 우리 형은 나보다 3살이 더 많아.
　　M : Pero tú eres más alto que tu hermano.
　　H : 응, 형은 공부한다고 거의 잠을 안 자니까.
　　M : 그럼 네 형은 너보다 더 노력파인 거네.

단어장

rico/a 부자의; 부자
↔ pobre 가난한
celoso/a 질투하는
el sueldo 월급
entonces 그러면
trabajador/trabajadora
열심히 노력하는; 모범생

MODELO 004

ser capaz de ~

~할 능력이 있어, ~할 수 있어

capaz는 어떤 일을 할 수 있는 능력이나, 자격이 될 때 쓰는 표현입니다. 만약 대상이 복수형이라면 capaces로 변화됩니다. ser 동사는 인칭에 맞게 변화시켜 주세요.

PASO 1

1. 나는 이 산에 오를 수 있어.

   Yo soy capaz de **subir esta montaña.**

2. 나는 이 일을 맡을 능력이 있어.

   Yo soy capaz de **encargarme de este trabajo.**

3. 그녀는 이 상황을 조정할 능력이 있어.

   Ella es capaz de **manejar esta situación.**

4. 그는 이 문제를 해결할 능력이 없어.

   Él no es capaz de **solucionar este problema.**

5. 그들은 수심 40m까지 잠수할 수 있어.

   Ellos son capaces de **bucear hasta cuarenta metros de profundidad.**

PASO 2

1 친구와 주말에 뭐할지 얘기할 때

H ¿Qué haces este fin de semana?

M No tengo plan. ¿Por qué?

H Si tienes tiempo, vamos a la montaña.

M Yo creo que no. 난 이 추위에 산에 오를 여력이 안 돼.

2 직장에서 일을 추진할 때

H Tenemos que terminar este proyecto para este agosto.

M ¿Tú dices que no tenemos suficiente tiempo?

H Pues. no. 근데 우리는 시간 안에 끝낼 능력이 안 돼.

M Tienes razón. Para este proyecto necesitamos unos empleados capaces.

---

1 H : 이번 주말에 뭐 해?
   M : 계획 없는데. 왜?
   H : 시간 있으면, 우리 산에 가자.
   M : 안 될 것 같아. No soy capaz de subir la montaña con este frío.

2 H : 우리는 이 프로젝트를 이번 8월까지 끝내야 해.
   M : 네 말은 우리한테 충분한 시간이 없다는 거지?
   H : 음. 그렇지. Pero no somos capaces de terminar a tiempo.
   M : 네 말에 일리가 있어. 이 프로젝트를 위해서 능력 있는 직원 몇 명이 필요해.

31

Soy alérgico/a a ~

나는 ~ 알레르기가 있어, 나는 ~를 정말 싫어해

어떤 것에 알레르기가 있을 때 쓰는 표현이 바로 alérgico/a a ~입니다. 실제로 알레르기가 있는 경우를 넘어 알레르기를 일으킬 정도로 정말 싫어하는 것에도 쓸 수 있습니다. 그리고 a 뒤에 관사 el 이 오면 al이 된다는 것도 기억해 두세요.

PASO 1

1. 나는 꽃가루 알레르기가 있어.
   Soy alérgico/a al polen.

2. 나는 먼지 알레르기가 있어.
   Soy alérgico/a al polvo.

3. 나는 땅콩 알레르기가 있어.
   Soy alérgico/a a los cacahuetes.

4. 나는 고양이 알레르기가 있어.
   Soy alérgico/a a los gatos.

5. 나는 바보 같은 짓과 소문을 정말 싫어해.
   Soy alérgico/a a las estupideces y los rumores.

PASO 2

1 꽃가루 알레르기에 대해서

H Estos días tengo mocos.
M ¿Estás resfriado?
H No, 나 꽃가루 알레르기인 것 같아.
M ¿En serio? Voy a tirar las flores del jarrón.

2 애완동물을 키울 수 없는 이유에 대해서

H ¿Por qué no tienes mascota? Te gustan los animales.
M 나 개 알레르기가 있거든.
H ¡Qué pena!
M No puedo tocar a los perros.

Tip

목적어 앞에 a를 넣는 경우
목적어가 사물이 아닌 사람이나 동물이 되는 경우 목적어 앞에 반드시 전치사 a를 넣어야 합니다.
Yo invito a mi amigo.
나는 내 친구를 초대한다.
Él ama a su gato. 그는 그의 고양이를 사랑한다.

사물이 목적어가 되는 경우에는 a를 넣지 않습니다.
Yo visito el museo. 나는 박물관을 방문한다.

1 H : 요즘 콧물이 나와.
M : 너 감기 걸렸어?
H : 아니, Creo que soy alérgico al polen.
M : 정말이야? 꽃병에 있는 꽃들 빼버릴게.

2 H : 너 왜 애완동물 안 키워? 너 동물 좋아하잖아.
M : Es que soy alérgica a los perros.
H : 안타깝다!
M : 개를 만질 수가 없어.

단어장

la estupidez 멍청한 짓
cf. la tontería 바보 짓,
   la locura 미친 짓
el rumor 소문
tirar 던지다, 버리다
el jarrón 꽃병
tener mocos 콧물을 흘리다
tocar 만지다, (악기를) 연주하다

MODELO
006

Es fácil ~

~하는 것은 쉬워

'쉬운'이라는 fácil 형용사를 이용해 '~하는 것은 쉬워'라는 표현을 만들 수 있습니다. Es와 fácil 사이에 muy(아주)라는 부사를 넣으면 '~하는 것은 아주 쉬워'라는 표현이 되죠. 그리고 Es fácil 뒤에는 동사원형을 넣어야 한다는 점, 잊지 마세요. 간단하면서도 자주 쓰는 표현이니 여러 번 반복해 보세요.

PASO 1

1. 요리하는 것은 쉬워.　　　　**Es fácil cocinar.**

2. 담배를 끊는 것은 쉬워.　　　**Es fácil dejar de fumar.**

3. 두려움을 극복하는 것은 쉬워.　**Es fácil superar el miedo.**

4. 용서를 비는 것은 쉬워.　　　**Es fácil pedir perdón.**

5. 기타를 연주하는 것은 아주 쉬워.　**Es muy fácil tocar la guitarra.**

PASO 2

1 인스턴트 음식을 먹을 수밖에 없는 이유

H　Solo comes las comidas rápidas.

M　Tengo pereza. Además no sé cocinar.

H　요리하는 것은 아주 쉬워.

M　¿Entonces me enseñas?

2 R 발음에 대해서

H　No puedo pronunciar 'r'.

M　발음하는 것은 아주 쉬워.

H　Todo el mundo puede excepto yo.

M　Antes yo tampoco podía. Es cuestión de práctica.

---

1 H : 너는 인스턴트 음식만 먹고 있네.
　M : 귀찮아서. 게다가 나 요리할 줄 모르거든.
　H : Es muy fácil cocinar.
　M : 그러면 가르쳐 줄래?

2 H : 나 r 발음이 안 돼.
　M : Es muy fácil pronunciar.
　H : 모두가 다 할 수 있지. 나만 빼고.
　M : 나도 전에는 못 했어. 연습에 달려 있어.

Tip

간접목적격대명사

'나에게, 너에게, 그(그녀)에게' 같은 간접목적격대명사를 살펴 볼까요?

me	나에게
te	너에게
le	그(그녀)에게, 당신에게
nos	우리들에게
os	너희들에게
les	그들(그녀들)에게, 당신에게

Yo te regalo un libro. 나는 너에게 책 한 권을 선물한다.

'그에게, 그녀에게, 당신에게'처럼 3인칭의 경우는 지시하는 대상이 누구인지 정확히 알 수 없기에, le나 les를 써주고, 문장 뒤에 다시 한 번 〈a + 대상〉을 넣어 명시해 줍니다.

Yo le regalo un libro a María. 나는 마리아에게 책 한 권을 선물한다.

단어장

dejar de ~하는 것을 그만두다
la pereza 귀찮음
pronunciar 발음하다
excepto ~을 제외하고
la práctica 연습, 실습

33

MODELO 007

Es difícil ~

~하는 것은 어려워

앞에서 배운 Es fácil ~(~하는 것은 쉬워)과 반대말이네요. 어떤 것을 하기가 어렵거나, 힘들 때 쓸 수 있는 표현입니다. difícil 뒤에는 동사원형을 넣어 주세요.

PASO 1

1. 잊는 것은 어려워.

Es difícil olvidar.

2. "미안해"라고 말하는 것은 어려워.

Es difícil decir "lo siento".

3. 독일어를 배우는 것은 어려워.

Es difícil aprender alemán.

4. 살을 빼는 것은 어려워.

Es difícil perder peso.

5. 장학금을 받는 것은 어려워.

Es difícil conseguir la beca.

PASO 2

1 살 빼는 어려움에 대해서

H Esta noche, ¿vas a correr?

M Sí, claro. Como siempre.

H ¿Has perdido peso?

M No, 날씬해지는 것은 정말 어려워.

2 스페인어 시험 준비를 할 때

H ¿Qué estudias?

M Yo estudio la gramática del español.

H No hace falta estudiar tanto. La gramática es fácil.

M No creo. 좋은 성적 받기 정말 어려워.

---

1 H : 오늘밤 너 달릴 거지?
M : 응, 물론. 언제나처럼.
H : 살 좀 뺐어?
M : 아니, es muy difícil adelgazar.

2 H : 너 뭐 공부해?
M : 스페인어 문법 공부하고 있어.
H : 그렇게 열심히 공부할 필요 없어. 문법은 쉽잖아.
M : 그렇지 않아. Es muy difícil sacar buenas notas.

단어장

perder peso 살을 빼다
= bajar de peso
↔ subir de peso 살찌다
conseguir (노력해서) 달성하다, ~를 따다
la beca 장학금
adelgazar 날씬해지다
la gramática 문법
hace falta 필요하다

MODELO 008

Es mejor ~

~하는 것이 더 나아

mejor는 '더 좋은, ~더 나은'이라는 뜻의 형용사인데, es mejor 뒤에는 다양한 동사를 원형 그대로 씁니다. 친구와 만나 '여기서 밥 먹는 게 좋겠어.'라고 말하고 싶을 때는 Es mejor comer aquí.라고 써 보세요.

PASO 1

1. 혼자 사는 것이 더 나아　　　　　**Es mejor vivir solo/a.**

2. 그것을 잊는 편이 더 나아.　　　　**Es mejor olvidarlo.**

3. 그것을 말하지 않는 편이 더 나아.　**Es mejor no decirlo.**

4. 받는 것보다 주는 것이 더 나아.　　**Es mejor dar que recibir.**

5. 집에 있는 것이 더 나아.　　　　　**Es mejor estar en casa.**

PASO 2

1 등산 가는 대신 집에 있고 싶을 때

H Según la noticia, mañana hace muy buen tiempo.

M Y ¿qué? ¿hay algo que hacer?

H Vamos a la montaña.

M No es buena idea. 집에 있는 게 더 나아.

2 혼자 여행하는 것의 장점을 얘기할 때

H ¿Cuál es mejor? ¿viajar solo o viajar en grupo?

M 혼자 여행하는 게 더 나아.

H ¿Por qué?

M Hay libertad.

Tip

날씨 표현하기

날씨를 표현하고 싶을 때는 간단하게 hacer(하다, 만들다) 동사를 이용해 보세요.

Hace buen tiempo.
날씨가 좋네.

Hace mal tiempo.
날씨가 나쁘네.

Hace viento.
바람이 불어.

Hace frío.
날씨가 추워.

Hace calor.
날씨가 더워.

1 H : 뉴스에 따르면, 내일 날씨 굉장히 좋대.
M : 그래서 뭐? 뭔가 하고 싶은 것 있어?
H : 우리 산에 가자.
M : 좋은 생각이 아니야. Es mejor estar en casa.

2 H : 어떤 게 더 나아? 혼자 여행하는 것 또는 단체로 여행하는 것?
M : Es mejor viajar sola.
H : 왜?
M : 자유가 있잖아.

단어장

según ~에 따르면, ~에 의하면
la noticia 소식, 뉴스
hacer buen tiempo 날씨가 좋다
en grupo 단체로, 그룹으로
solo/a 혼자
la libertad 자유

MODELO 009

es útil para ~

~에 유용해

útil은 '유용한'이라는 뜻입니다. 이 뒤에 '~를 위해서'라고 해석할 수 있는 para를 넣으면 '~를 하기에 유용해'라는 표현이 완성되지요. 그럼 útil의 반대말은 무엇일까요? in-이 앞에 붙어 inútil(유용하지 않은, 쓸모없는)이 되지요. ¡Eres inútil!(넌 쓸모없어!) 이 표현을 들으면 심한 좌절감이 들겠죠?

PASO 1

1. 이 책은 아이들에게 유용해.

Este libro es útil para los niños.

2. 이 가전제품은 주부들에게 정말 유용해.

Este electrodoméstico es muy útil para las amas de casa.

3. 이 사전은 공부하기에 정말 유용해.

Este diccionario es muy útil para estudiar.

4. 이 프로그램은 메시지를 보내기에 정말 유용해.

Este programa es muy útil para enviar mensajes.

5. 이 연고는 아무 상처에나 정말 유용해.

Esta pomada es muy útil para cualquier herida.

PASO 2

1 관광안내소에서 지도 받기

H ¿Hay un plano de la ciudad?

M Sí, aquí tiene. 이 관광 지도는 흥미로운 장소들을 찾기에 굉장히 유용합니다.

H Muchas gracias.

M ¿Necesita algo más?

2 여행 가방을 넣을 사물함을 찾을 때

H Primero, buscamos la consigna de maletas.

M ¿Consigna? Es muy buena idea.

H 사물함은 여행 가방을 보관하기에 굉장히 유용하지.

M Creo que estará dentro de la estación.

---

1 H : 시내 지도 있나요?
M : 네, 여기 있습니다. Este plano turístico es muy útil para encontrar los lugares de interés.
H : 정말 감사합니다.
M : 더 필요하신 것 있나요?

2 H : 먼저, 우리 가방 보관 사물함을 찾아보자.
M : 사물함? 정말 좋은 생각이다.
H : La consigna es muy útil para guardar las maletas.
M : 역 안에 있을 것 같은데.

Tip

관광안내소에 들러 보자!

여행 시에 가장 생생한 정보를 얻을 수 있는 곳이 각 도시의 관광지마다 설치된 Centro de Turismo(관광안내소) 랍니다. 새로운 지역을 여행할 때마다, 가장 먼저 관광안내소에 들러, plano de la ciudad(시내 지도)나 guía de Viajes(여행책자)를 받고 여행을 시작해 보세요. 더불어 무료 예술 공연 정보도 꼭 체크해 보면 좋답니다.

단어장

las amas de casa 주부들
el electrodoméstico 가전제품
el mensaje 메시지
la consigna 사물함
la maleta 여행 가방
dentro de ~안에

UNIDAD 02. Estar

~에 있다

estar 동사는 ser 동사와 함께 가장 많이 쓰이는 동사입니다. 영어의 be 동사를 스페인어에서는 ser 동사와 estar 동사로 구분해서 씁니다. ser 동사가 '본질적인 사실이나 특성'을 표현한다면, estar 동사는 '~에 있다'처럼 위치를 표현하거나 '~ (상태에) 있다'처럼 일시적인 상태를 의미합니다.

¿Cómo es él?   그는 어떤 사람이야? (본질적인 특성)

¿Cómo está él? 그는 지금 어때? (상태)

★ estar(~에 있다) 변화 ★

나	yo	estoy
너	tú	estás
그, 그녀, 당신	él, ella, usted	está
우리들	nosotros, as	estamos
너희들	vosotros, as	estáis
그들, 그녀들, 당신들	ellos, ellas, ustedes	están

MODELO 010

Yo estoy (en) ~

나는 ~에 있어

하루에도 몇 번씩 듣는 말이 있죠? '너 지금 어디야?(¿Dónde estás ahora?)', 그럴 때는 '난 커피숍이야.'처럼 대답하겠죠? estar 동사를 써서 Yo estoy en la cafetería.라고 하면 됩니다. 그럼 스페인어의 두 번째 동사 estar 동사를 익혀 볼까요?

PASO 1

1. 나는 극장에 있어.　　　　　　**Yo estoy en el cine.**

2. 나는 커피숍에 있어.　　　　　**Yo estoy en la cafetería.**

3. 나는 집 근처에 있어.　　　　　**Yo estoy cerca de mi casa.**

4. 나는 사무실에서 멀리 있어.　　**Yo estoy lejos de la oficina.**

5. 나는 입구 옆에 있어.　　　　　**Yo estoy al lado de la entrada.**

PASO 2

1 친구와 통화할 때

H　Oye, ¿dónde estás ahora?

M　¿Por qué me preguntas eso? 나 커피숍에 있어.

H　¿Qué haces ahí?

M　Yo estudio español.

2 약속장소에서 만날 때

H　¿Dónde estás? Ya estoy en el cine.

M　Perdón. 나 지하철 입구에 있어. ¡Espérame!

H　Sí, sí. Yo estoy al lado de la entrada.

M　Ahora llego.

---

1 H : 아, 지금 어디야?
M : 왜 물어보는데? Yo estoy en la cafetería.
H : 거기서 뭐 해?
M : 스페인어 공부해.

2 H : 너 어디야? 나 이미 극장에 있어.
M : 미안해. Yo estoy en la boca del metro. 기다려 줘!
H : 알았어, 알았어. 나는 입구 옆에 있어.
M : 지금 도착해.

Tip

가까운 & 멀리 있는

cerca는 '가까운', lejos는 '멀리 있는'이라는 부사입니다. 부사는 성·수에 따라 변화되지 않기에 항상 cerca, lejos의 모양을 유지합니다. 뒤에 de가 붙어 '~로 부터 멀다/가깝다'라는 문장을 만들 수 있습니다. 주의할 것은 de 뒤에 남성 관사 el이 올 때는 del로 바뀐다는 것입니다. 여성 관사 la의 경우는 de la 라는 모양으로 변화가 없고요.

La oficina está cerca del aeropuerto. 사무실은 공항 근처에 있다.

La oficina está cerca de la embajada. 사무실은 대사관 근처에 있다.

단어장

estar cerca de ~로부터 가까이 있다

↔ estar lejos de ~로부터 멀리 있다

cf. estar al lado de ~의 옆에 있다

la entrada 입구, 입장권

preguntar 묻다, 질문하다

ahí 거기

ya 이미

la boca del metro 지하철 입구

llegar 도착하다

MODELO 011

Yo estoy ~

나는 ~ (상태)야

'오늘 피곤해', '감기 걸렸어', '아파'처럼 늘 변하는 상태나 감정, 기분을 표현할 때는 estar 동사를 사용한다고 했지요? 이때는 〈Yo estoy + 형용사〉의 형태로 표현하면 됩니다. 단, 주의할 점은 스페인어에서는 동사뿐 아니라 형용사도 성과 수에 따라 형태가 변하기 때문에 Yo estoy 뒤에 나오는 형용사도 변화해야 한다는 것입니다.

PASO 1

1. 나 아주 피곤해.　　　　　　　　**Yo estoy muy cansado/a.**

2. 나 아파.　　　　　　　　　　　**Yo estoy enfermo/a.**

3. 나 약간 감기에 걸렸어.　　　　　**Yo estoy un poco resfriado/a.**

4. 나 매우 슬퍼.　　　　　　　　　**Yo estoy muy triste.**

5. 나 기뻐.　　　　　　　　　　　**Yo estoy feliz.**

PASO 2

1 친구에게 일이 많다고 푸념할 때

H　Estos días, yo estoy muy cansado.

M　¿Por qué? ¿tú tienes mucho trabajo en la oficina?

H　Sí, 최근에 아주 바빠. ¿y tú?

M　Yo también estoy ocupada.

2 감기 걸려서 아플 때

H　¿Qué tal tu resfriado?

M　Estoy mucho mejor. 그래도 아직 아파.

H　Toma esta medicina.

M　Gracias, tú eres un buen amigo.

---

1 H : 요즘, 아주 피곤해.

M : 왜? 너 사무실에 일 많아?

H : 응, últimamente estoy muy ocupado. 너는?

M : 나도 역시 바쁘지.

2 H : 감기 좀 어때?

M : 나 많이 좋아졌어. Pero todavía estoy enferma.

H : 이 약 좀 먹어봐.

M : 고마워, 넌 좋은 친구야.

단 어 장

estos días 요즘
últimamente 최근에
el resfriado 감기
estar mejor 상태가 좋다
tomar medicina 약을 먹다

MODELO 012

Yo estoy listo/a para ~

나는 ~할 준비가 됐어

'나는 ~할 준비를 끝마쳤어, 준비가 됐어'라는 스페인어 패턴에서 '준비된'이라는 형용사는 성에 따라 변화합니다. 자신이 남자라면 listo로, 여자라면 lista로 구분하여 표현해야 하는 거죠. '~를 위한'이 라는 뜻의 para 뒤에는 보통 명사나 동사원형을 씁니다.

PASO 1

1. 나는 외출할 준비가 됐어.　　　**Yo estoy listo/a para salir.**

2. 나는 혼자 살 준비가 됐어.　　　**Yo estoy listo/a para vivir solo/a.**

3. 나는 남미를 여행할 준비가 됐어.　**Yo estoy listo/a para viajar por Sudamérica.**

4. 나는 축구할 준비가 됐어.　　　**Yo estoy listo/a para jugar al fútbol.**

5. 나는 먹을 준비가 됐어.　　　　**Yo estoy listo/a para comer.**

PASO 2

1 외출 전 늦장 부리는 친구를 재촉할 때

H ¿Tú estás lista para salir?

M Todavía no. ¡Espera cinco minutos!

H Vamos a llegar tarde al cine.

M Tranquilo. 지금 나갈 준비됐어.

2 축구하러 나갈 때

H Estoy muy aburrido en casa.

M Entonces, vamos a jugar al fútbol.

H Es una buena idea. 나 축구할 준비 다 됐어.

M ¿No llevas chándal?

1 H : 나갈 준비 마쳤어?
　 M : 아직 아니야. 5분만 기다려!
　 H : 우리 극장에 늦게 도착하겠어.
　 M : 진정해. Ahora estoy lista para salir.

2 H : 집에 있는 거 너무 지겨워.
　 M : 그러면, 우리 축구하러 가자.
　 H : 좋은 생각이야. Estoy listo para jugar al fútbol.
　 M : 운동복 안 입어?

단어장

jugar al fútbol 축구하다
todavía 아직
aburrido/a 지루한
llevar ~을 입다, 가지고 가다
el chándal 운동복

MODELO 013

Yo estoy preocupado/a por ~

나는 ~이 걱정이야

estoy 동사 뒤에 나온 형용사 preocupado(걱정하는)가 성에 따라 변화하는 것은 이제 눈치 채셨죠? 남성은 preocupado로, 여성은 preocupada로 바뀝니다. 앞에 pre를 빼 ocupado/a가 되면 '바쁜'으로 Yo estoy ocupado/a.(나는 바빠.)가 됩니다.

PASO 1

1. 나는 네가 걱정이야.　　　**Yo estoy preocupado/a por ti.**

2. 나는 직장이 걱정이야.　　**Yo estoy preocupado/a por el trabajo.**

3. 나는 내 미래가 걱정이야.　**Yo estoy preocupado/a por mi futuro.**

4. 나는 어머니 건강이 걱정이야.　**Yo estoy preocupado/a por la salud de mi madre.**

5. 나는 경제위기가 걱정이야.　**Yo estoy preocupado/a por la crisis económica.**

PASO 2

1 아버지의 건강이 걱정일 때

H 　최근에 우리 아버지 건강이 정말 걱정이야.

M 　¿Por qué?

H 　Mi padre ahora está en el hospital. Tiene mucho dolor de estómago.

M 　¡Vaya!

2 수업에 빠지는 친구가 걱정일 때

H 　¿Tú no vas a clase?

M 　Hoy no. La clase es muy aburrida.

H 　나는 네가 걱정이다.

M 　Solo hoy. Mañana voy a clase.

---

1 H : Últimamente yo estoy muy preocupado por la salud de mi padre.
　M : 왜?
　H : 우리 아버지는 지금 병원에 계셔. 위가 많이 아프시대.
　M : 저런!

2 H : 너 오늘 수업 안 가?
　M : 오늘은 안 가. 수업이 정말 지루하거든.
　H : Yo estoy preocupado por ti.
　M : 오늘만이야. 내일은 수업에 갈 거야.

단어장

el futuro 미래
la salud 건강, 건배
la crisis económica 경제위기
el dolor 아픔
el estómago 위

MODELO 014 — Estoy interesado/a en ~

나는 ~에 관심 있어

이 표현은 처음 만난 사람들끼리 서로의 관심사를 물어 보고 공통 화제를 찾을 때 많이 쓰는 표현이죠? 만약 축구에 관심이 있다면 ¡Estoy interesado/a en fútbol!(나는 축구에 관심 있어!)이라고 말하면 됩니다.

PASO 1

1. 나는 내가 사는 곳의 리모델링에 관심 있어.
Estoy interesado/a en la reforma de mi vivienda.

2. 나는 언어에 관심 있어.
Estoy interesado/a en los idiomas.

3. 나는 책 읽는 것에 관심 있어.
Estoy interesado/a en leer libros.

4. 나는 고양이를 입양하는 것에 관심 있어.
Estoy interesado/a en adoptar un gato.

5. 나는 모델이 되는 것에 관심 있어.
Estoy interesado/a en ser modelo.

PASO 2

1 친구가 모델이 되는 것에 관심이 있을 때

H ¿Cuánto mides?
M Mido un metro setenta y cinco.
H ¡Qué alta eres!
M Sí, 나는 모델이 되는 것에 관심이 있어.

2 언어에 관심이 많은 친구와 대화하기

H ¿Cuántos idiomas hablas?
M Hablo cuatro idiomas.
H ¿En serio?
M 나는 언어에 관심이 굉장히 많거든.

1 H : 너 키가 몇이야?
M : 나는 1미터 75센티야.
H : 너 정말 키가 크구나!
M : 응, estoy interesada en ser modelo.

2 H : 몇 개 국어를 할 수 있니?
M : 4개 국어를 말할 수 있어.
H : 정말?
M : Estoy muy interesada en los idiomas.

Tip
동사 변화형 퀴즈
스페인어에서는 동사가 인칭에 따라 변화하기 때문에 주어를 생략하고 동사만 써도 주어를 알 수 있다고 했죠? 그럼 한번 순발력 테스트를 해 볼까요? 각 estar 동사 앞에 생략된 주어를 적어 보세요!

_____ estás
_____ está
_____ estoy
_____ están
_____ estáis
_____ estamos

정답 Tú, Él(Ella, Usted), Yo, Ellos(Ellas, Ustedes), Vosotros, Nosotros

단어장
la reforma 리모델링
el idioma 언어
adoptar ~을 입양하다
el/la modelo 모델
medir(tú mides) 키를 재다

42

MODELO 015

Estoy enfadado/a por/con ~

나는 ~ 때문에/에게 화가 나

화가 났을 때 쓰는 표현이에요. 이때 주의할 점은 어떤 '사건 때문에' 화가 났다면 '~때문에'라는 por를 쓰지만 '사람에게' 화가 났다면 '~와 함께'라는 뜻의 con을 쓴다는 점입니다.

PASO 1

1. 나는 우리나라 상황 때문에 화가 나.　**Estoy enfadado/a por la situación de mi país.**

2. 나는 나쁜 뉴스 때문에 화가 나.　**Estoy enfadado/a por la mala noticia.**

3. 나는 순회공연이 취소되어 화가 나.　**Estoy enfadado/a por la cancelación de la gira.**

4. 나는 내 상사에게 화가 나.　**Estoy enfadado/a con mi jefe.**

5. 나는 내 친구들에게 화가 나.　**Estoy enfadado/a con mis amigos.**

PASO 2

1 좋아하는 그룹의 공연이 취소되었을 때

H　¿Sabes que tu grupo favorito no viene a Corea?

M　Ya lo sé. 순회공연이 취소돼서 정말 화가 나.

H　De repente, ¿por qué se cancela?

M　No lo sé.

2 친구들이 험담하는 것을 알았을 때

H　¿Por qué lloras?

M　Me siento muy mal. Mis amigos hablan mal de mí.

H　¿En serio? ¡Qué fuerte!

M　나는 내 친구들에게 정말 화가 나.

---

1 H : 네가 좋아하는 그룹이 한국에 오지 않는다는 것 알고 있니?
M : 이미 알고 있어. Estoy muy enfadada por la cancelación de la gira.
H : 갑자기 왜 취소된 거니?
M : 몰라.

2 H : 왜 울어?
M : 나 정말 기분 나빠. 내 친구들이 나에 대해 험담을 해.
H : 정말이야? 너무 심하다!
M : Estoy muy enfadada con mis amigos.

단어장

la situación 상황
el país 나라
la noticia 뉴스
la cancelación 취소
la gira 순회
llorar 울다
fuerte 강한, 심한

MODELO 016

Estoy a punto de ~

나는 막 ~ 하려던 참이야

estar 동사의 활용이 정말 많죠? '지금 막 ~를 하려고 했어'라는 표현을 찾고 있었다면 딱 이 패턴입니다. 주의할 점은 '포인트, ~하는 점'이라는 의미의 punto는 변화할 일은 절대 없다는 것입니다.

PASO 1

1. 나는 막 아침식사를 하려던 참이야.　　**Estoy a punto de desayunar.**

2. 나는 막 집에서 나가려던 참이야.　　**Estoy a punto de salir de casa.**

3. 나는 막 입장권을 사려던 참이야.　　**Estoy a punto de comprar la entrada.**

4. 나는 막 은행에 가려던 참이야.　　**Estoy a punto de ir al banco.**

5. 나는 막 집에 돌아가려던 참이야.　　**Estoy a punto de volver a casa.**

PASO 2

1 집에서 막 나가려고 할 때

H ¿Tú estás en casa?

M Sí, 막 나가려던 참이야.

H ¿A dónde vas?

M Voy a la biblioteca.

2 전화로 친구에게 콘서트 가자고 할 때

H Oiga, ¿esta noche estás libre?

M ¿Por qué me preguntas eso?

H Yo tengo dos entradas de un concierto de Shakira.

M ¿En serio? 나 막 입장권을 사려던 참이야.

1 H : 너 집에 있었어?
　M : 응, estoy a punto de salir.
　H : 어디 가니?
　M : 도서관에 가.

2 H : 여보세요. 오늘밤 시간 있니?
　M : 왜 물어 보는데?
　H : 나 샤키라 콘서트 입장권이 2장 있어서.
　M : 정말이야? Estoy a punto de comprar la entrada.

단어장

desayunar 아침식사를 하다
salir de ~로부터 나가다
la entrada 입장권
el banco 은행
volver a ~에 돌아가다
el tiempo 시간, 때
la biblioteca 도서관
tener(yo tengo) ~을 가지다

MODELO 017

Estoy harto/a de ~

나는 ~에 질렸어

어떤 일에 신물이 나거나 질렸을 때 자주 쓰는 표현입니다. 중남미 연속극 *Telenovela*에 자주 나오는 여자 주인공의 유명한 대사가 바로 이 표현을 이용한 Estoy harta de tí.(난 네게 질렸어.)이죠. 추가로 de 뒤에 el 관사가 나오면 del로 합쳐집니다.

PASO 1

1. 나는 많은 일에 질렸어.   **Estoy harto/a de mucho trabajo.**

2. 나는 야근에 질렸어.   **Estoy harto/a del trabajo extra.**

3. 나는 너의 게으름에 질렸어.   **Estoy harto/a de tu pereza.**

4. 나는 너의 사치에 질렸어.   **Estoy harto/a de tu capricho.**

5. 나는 너와 싸우는 것에 질렸어.   **Estoy harto/a de discutir contigo.**

PASO 2

1 서로 불평하며 싸울 때

H Todo el día no haces nada en casa.

M Yo estoy cansada.

H ¿Cómo? Estoy harto de tu pereza.

M 나는 네 불평에 질렸어.

---

2 야근에 질렸을 때

H Esta semana yo trabajo hasta las doce.

M Yo también.

H 난 야근에 질렸어.

M Pero no hay otra opción.

---

1 H : 너는 하루 종일 집에서 아무것도 안 해.
M : 나 피곤해.
H : 뭐라고? 나는 네 게으름에 질렸어.
M : Yo estoy harta de tu queja.

2 H : 나 이번 주에 12시까지 일하고 있어.
M : 나도 그래.
H : Yo estoy harto del trabajo extra.
M : 그래도 다른 방법이 없잖아.

단어장

el trabajo extra 야근
el capricho 사치, 변덕
discutir 말다툼하다, 토론하다
la queja 불평
cf. quejar 불평하다
cf. el/la quejica 불평 잘 하는 사람
casi 거의

Estoy en contra de ~

나는 ~에 반대해

회의나 토론 중에 어떤 의견에 반대하거나 상대방의 의견에 동의하지 않을 때 주로 쓰는 표현입니다.
¡Estoy en contra!(나는 반대야!)처럼 de 이하를 빼고도 많이 쓰이죠. de 뒤에 남성형 관사 el이
오면 두 단어를 합쳐 del로 바꿔 써야 한다는 점 바로 앞에서 배웠죠. 기억해 두세요.

PASO 1

1. 나는 너의 의견에 반대해.　　**Estoy en contra de tu opinión.**

2. 나는 상사의 제안에 반대해.　　**Estoy en contra de la propuesta del jefe.**

3. 나는 회사 파업에 반대해.　　**Estoy en contra de la huelga de la compañía.**

4. 나는 휴가 계획에 반대해.　　**Estoy en contra del plan de vacaciones.**

5. 나는 투우에 반대해.　　**Estoy en contra de las corridas de toros.**

PASO 2

1 파업에 반대할 때

H　Mañana empieza la huelga.

M　나는 파업에 반대해.

H　Pero el Sindicato ya está decidido.

M　Yo lo sé. Pero yo voy a trabajar como siempre.

2 부모님의 의견에 반대하는 친구에게

H　No quiero estudiar inglés en Inglaterra.

M　¿Por qué no? Tus padres pagan todo.

H　No voy a ir.

M　너는 항상 부모님이 말씀하시는 것에 반대하더라.

1 H : 내일 파업이 시작돼.
　　M : Yo estoy en contra de la huelga.
　　H : 그래도 노조에서 이미 결정했잖아.
　　M : 알아. 그래도 나는 언제나처럼 일할 거야.

2 H : 나는 영국에서 영어 공부하는 것을 원하지 않아.
　　M : 왜 싫은데? 너희 부모님이 돈을 다 대주시잖아.
　　H : 난 안 갈 거야.
　　M : Tú siempre estás en contra de lo que
　　　　dicen tus padres.

단어장

la opinión 의견
la propuesta 제안
cf. proponer 제안하다
la huelga 파업
el plan 계획
las corridas de toros
투우
el sindicato 노조
pagar 지불하다
lo que ~하는 것

MODELO 019

Estoy a favor de ~

나는 ~에 찬성해

'난 찬성!', '난 좋아!'라고 말하고 싶다면 Estoy a favor.를 기억해 두세요. '~에 대해' 찬성한다고 구체적인 내용을 언급하고 싶다면 〈전치사 de + 명사/동사원형〉을 뒤에 붙여 주면 됩니다. 참고로, favor는 '부탁'이라는 뜻으로 Te pido un favor.(너에게 부탁할 게 있어.)라는 표현으로도 자주 쓰이니 함께 알아 두세요.

PASO 1

1. 나는 새롭게 제정된 법에 찬성해.   **Estoy a favor de la nueva ley.**

2. 나는 월급을 인상하는 것에 찬성해.   **Estoy a favor de subir los salarios.**

3. 나는 커피 가격을 내리는 것에 찬성해.   **Estoy a favor de bajar el precio del café.**

4. 나는 대학 등록금을 내리는 것에 찬성해.   **Estoy a favor de bajar la matrícula universitaria.**

5. 나는 네가 하는 일에 찬성해.   **Estoy a favor de lo que tú haces.**

PASO 2

1 매년 인상되는 대학 등록금에 대해서

H Cada año suben la matrícula universitaria.

M Sí, suben mucho.

H Pero, según la noticia, hay posibilidad de bajar la matrícula.

M 나는 대학 등록금을 내리는 것에 찬성해.

2 회의 중 근무시간 조정에 대한 의견을 낼 때

H Si quieren, cambiamos de horario en el trabajo.

M 저는 완전 찬성이에요.

H ¿Hay otra opinión?

M Tengo una pregunta.

---

1 H : 매년 대학 등록금이 올라.
    M : 응, 많이 오르네.
    H : 그런데, 뉴스에 따르면 등록금이 줄어들 가능성도 있대.
    M : Yo estoy a favor de bajar la matrícula universitaria.

2 H : 여러분이 원하신다면, 근무시간을 바꿉시다.
    M : Estoy totalmente a favor.
    H : 다른 의견 있으십니까?
    M : 질문이 하나 있습니다.

단어장

la ley 법, 법률
la matrícula universitaria 대학 등록금
cada año 매년
subir 올리다
la posibilidad 가능성
bajar 내리다
cambiar 바꾸다
la pregunta 질문

47

MODELO 020

Estoy convencido/a de (que) ~

나는 ~을 확신해

convencido/a는 '~에 확신하는, 납득된'이라는 뜻을 갖고 있습니다. 뒤에 명사가 나오면 de만 쓰고, 뒤에 문장이 나오면 que까지 덧붙여 de que라고 써야 하죠. 강하게 확신하거나, 어떤 사실에 대해 확실하다고 자신할 때 쓸 수 있는 표현입니다.

PASO 1

1. 나는 너의 성공을 확신해.

   Estoy convencido/a de tu éxito.

2. 나는 내가 옳은 것을 말하고 있다고 확신해.

   Estoy convencido/a de que digo lo correcto.

3. 나는 그가 제시간에 올 거라고 확신해.

   Estoy convencido/a de que él viene a tiempo.

4. 나는 너의 계획이 성공할 거라고 확신해.

   Estoy convencido/a de que tu plan va a tener éxito.

5. 나는 우리가 다른 팀들을 이길 수 있다고 확신해.

   Estoy convencido/a de que podemos ganar a los otros equipos.

PASO 2

1 새 사업이 성공할 거라고 확신할 때

H ¿Qué tal tu nuevo negocio?

M Más o menos. Pero no me preocupo.

H Al principio, así es. Poco a poco.

M Sí, 나는 내 계획이 성공할 거라고 확신해.

---

2 밖에서 계속 친구를 기다리며

H ¿Todavía esperas a tu amigo?

M Sí, 개는 꼭 올 거야.

H ¡Toma! Un café caliente.

M Gracias.

---

1 H : 새로운 사업은 어때?
   M : 그럭저럭. 하지만 걱정은 안 돼.
   H : 초기에는 원래 그런 거야. 조금씩 조금씩.
   M : 응, estoy convencida de que mi plan va a tener éxito.

2 H : 아직까지 네 친구 기다리고 있어?
   M : 응, estoy convencida de que él viene.
   H : 받아! 뜨거운 커피야.
   M : 고마워.

단어장

el éxito 성공
↔ el fracaso 실패
venir(él viene) 오다
ganar 이기다, (돈을) 벌다
el negocio 사업
esperar 기다리다
caliente 뜨거운

estar cerca de ~

~ 근처에 있어, ~에서 가까워

위치에 대해 말하는 경우는 ser 동사가 아닌 estar 동사와 함께 씁니다. 가까이 있을 때는 부사 cerca(가까이)를 붙이고, 멀리 있을 때는 부사 lejos(멀리)를 붙여 표현합니다. 여기서 주의할 점은 cerca, lejos는 형용사가 아니고 부사이기 때문에 주어에 따라 형태가 변하지 않는다는 거죠.

PASO 1

1. 나는 사무실 근처에 있어.　　　**Yo estoy cerca de la oficina.**

2. 나는 시청 근처에 있어.　　　　**Yo estoy cerca del ayuntamiento.**

3. 공항은 우리집 근처에 있어.　　**El aeropuerto está cerca de mi casa.**

4. 커피숍은 시장 근처에 있어.　　**La cafetería está cerca del mercado.**

5. 호텔은 광장 근처에 있어.　　　**El hotel está cerca de la plaza.**

PASO 2

1 서로 사무실의 위치를 물을 때

H ¿Dónde está tu oficina?

M 우리 사무실은 시청에서 가까워.

H Mi oficina también está muy cerca.

M Entonces, ¿mañana almorzamos juntos?

2 호텔 위치를 물을 때

H Disculpe, ¿dónde está el Hotel Segovia?

M 여기서 가까워요.

H ¿Está cerca del Museo Nacional?

M Sí, exacto.

1 H : 네 사무실은 어디에 있어?
　　M : Mi oficina está cerca del ayuntamiento.
　　H : 우리 사무실도 엄청 가까운데.
　　M : 그럼, 내일 우리 함께 점심 먹을까?

2 H : 실례합니다, 세고비아 호텔이 어디에 있나요?
　　M : Está cerca de aquí.
　　H : 국립 미술관에서 가깝나요?
　　M : 맞아요. 정확해요.

단어장

el ayuntamiento 시청
el aeropuerto 공항
el mercado 시장
la plaza 광장
almorzar 점심을 먹다
juntos/as 함께
el museo 박물관, 미술관

49

MODELO
022

está a ~

~시간, 거리에 있다

estar 동사 뒤에 시간과 거리를 나타내는 전치사 a가 붙었네요. 참 간단한 표현이지만 특정 장소가 시간상으로 얼마나 되는 거리에 떨어져 있는지를 말할 때 자주 쓰는 표현입니다. 보통 está a 뒤에 ~ minutos(몇 분), ~ horas(몇 시간), ~ kilometros(몇 킬로미터) 등을 넣어 말하면 됩니다.

PASO 1

1. 우리집은 대학교에서 5분 거리야.

Mi casa está a cinco minutos de la universidad.

2. 우리집은 너희 집에서 버스로 1시간 거리야.

Mi casa está a una hora de tu casa en autobús.

3. 내 사무실은 여기서 걸어서 10분 거리야.

Mi oficina está a diez minutos de aquí a pie.

4. 바다는 여기서 차로 2시간 거리야.

El mar está a dos horas de aquí en coche.

5. 대학교는 시내에서 지하철로 30분 거리야.

La universidad está a media hora del centro en metro.

PASO 2

1 바다가 어디 있는지 물을 때

H ¿El mar está cerca de aquí?

M No, 바다는 차로 3시간 거리야.

H ¿Y la montaña?

M La montaña está a veinte minutos a pie.

2 친구 대학교를 방문하고 싶을 때

H Yo quiero visitar tu universidad.

M 여기서 지하철로 1시간 거리야.

H Está un poco lejos.

M Otro día vamos.

1 H : 바다가 여기서 가까워?
　　M : 아니, el mar está a tres horas en coche.
　　H : 산은?
　　M : 산은 걸어서 20분 거리야.

2 H : 나는 너희 대학교에 가보고 싶어.
　　M : Está a una hora de aquí en metro.
　　H : 조금 머네.
　　M : 다음에 가자.

단어장

a pie 걸어서
el centro 중심가, 시내
el mar 바다
la montaña 산
el minuto 분
otro/a 다른
ir(nosotros vamos) 가다

MODELO 023

está lleno/a ~

~로 가득차 있다

lleno는 '가득찬'이라는 형용사입니다. 따라서 주어가 남자일 때는 lleno로, 여자일 때는 llena로 변화하겠죠? 지하철에 사람이 많을 때, 메일이 꽉 찼을 때 등 상황에 따라 다양하게 쓸 수 있습니다. 맛있는 음식을 배부르게 먹고 배가 가득찼다는 뜻으로 Estoy lleno/a.라고 말하면 '배불러 죽겠어.'라는 뜻이 됩니다.

PASO 1

1. 버스가 만원이야.

   El autobús está lleno.

2. 극장은 사람들로 꽉 차 있어.

   El cine está lleno de gente.

3. 메일함이 꽉 차 있네.

   El buzón de correo está lleno.

4. 축구장이 축구팬들로 가득해.

   El campo de fútbol está lleno de los hinchas del fútbol.

5. 이 옷은 얼룩이 가득해.

   Esta ropa está llena de manchas.

PASO 2

1 운동복에 얼룩이 많을 때

H ¿Vas a llevar este chándal?

M Sí, claro. Mi chándal favorito.

H 네 운동복에 얼룩이 많은데.

M No me importa.

2 늦은 시간 극장이 만원일 때

H ¡Cuánta gente hay a esta hora!

M 극장이 사람들로 꽉 차 있어.

H ¡Qué raro!

M Seguro que esta película es muy divertida.

1 H : 이 운동복 입을 거야?
　M : 응. 물론이지. 내가 좋아하는 운동복.
　H : Tu chándal está lleno de manchas.
　M : 상관없어.

2 H : 이 시간에 사람이 이렇게 많다니!
　M : El cine está lleno de gente.
　H : 정말 이상하네!
　M : 이 영화가 재미있는 게 확실해.

단어장

la gente 사람들
el buzón 우편함
cf. el buzón de correo
　메일함
el hincha del fútbol
축구팬
la mancha 얼룩
raro/a 이상한
divertido/a 재미있는

51

UNIDAD 03. 현재진행형

영어에서는 〈be + -ing〉가 현재진행형으로 쓰입니다. 스페인어에서도 estar 동사 뒤에 오는 일반동사에 -ando/-iendo를 붙이면 '~하는 중이다'라는 뜻의 현재진행형이 됩니다.

> ❶ -ar 동사: -ar을 빼고 -ando를 붙인다.   pasear(산책하다) ⋯ paseando
> ❷ -er 동사: -er을 빼고 -iendo를 붙인다.   comer(먹다) ⋯ comiendo
> ❸ -ir 동사: -ir을 빼고 -iendo를 붙인다.   abrir(열다) ⋯ abriendo

예를 들어 '너 지금 뭐하고 있어?'라고 묻고 싶다면 ¿Qué estás haciendo ahora? 가 됩니다. '하다'라는 뜻의 hacer 동사에 -iendo를 붙여 haciendo가 된 겁니다. 그리고 이 질문에 대답할 때도 마찬가지로 현재진행형을 쓰겠죠? '커피 마시고 있는 중이야.'는 Yo estoy tomando café.로 tomar(먹다, 마시다) 동사가 tomando로 바뀌었습니다.

또한 현재진행형은 두 가지 일을 동시에 진행할 때도 쓸 수 있습니다. '우리 엄마는 음악을 들으면서 청소하셔.'라고 하고 싶다면, Mi madre limpia la casa escuchando música.처럼 쓰면 됩니다.

주의할 점은 스페인어에서는 영어 만큼 현재진행형을 생활 속에서 폭넓게 쓰지 않는다는 점입니다. 우리말처럼요. 지금 어떤 일을 진행하고 있다는 것을 강조하는 경우에만 써주고, 보통은 현재형으로 대화하는 것이 훨씬 자연스럽다는 것, 기억해 두세요.

MODELO 024

Yo estoy -ando

나는 ~하는 중이야

estar 동사 뒤에 -ar로 끝나는 동사를 -ando형으로 바꾸어 현재진행형을 만들어 볼까요? '사다'는 뜻의 comprar를 '~을 사고 있는 중이다'라고 말하고 싶다면 Estoy comprando la carne. (나는 고기를 사고 있는 중이야.)처럼 만들 수 있겠죠?

PASO 1

1. 나는 공부하는 중이야.　　　　　**Yo estoy estudiando.**

2. 나는 공원을 산책하는 중이야.　　**Yo estoy paseando por el parque.**

3. 나는 음악 듣는 중이야.　　　　　**Yo estoy escuchando música.**

4. 나는 10시간 이상 일하는 중이야.　**Yo estoy trabajando más de diez horas.**

5. 나는 커피숍에서 커피 마시는 중이야.　**Yo estoy tomando café en la cafetería.**

PASO 2

1 친구가 뭐 하는지 전화로 물어볼 때

H　¿Qué haces ahora?

M　나 쿠바 음악 듣는 중이야.

H　¿Dónde?

M　En mi habitación.

2 공원에서 산책할 때

H　¿Dónde estás ahora?

M　En el parque, 산책하고 있어.

H　¿Con quién?

M　Sola.

1 H : 너 지금 뭐 해?
M : Estoy escuchando música cubana.
H : 어디서?
M : 내 방에서.

2 H : 너 지금 어디에 있어?
M : 공원에, yo estoy paseando.
H : 누구랑?
M : 혼자.

단어장

pasear por el parque
공원을 산책하다
más de ～이상
la hora 시간
la habitación 방
solo/a 혼자

54

MODELO
025

Yo estoy -iendo

나는 ~하는 중이야

이번에는 -er, -ir 동사형입니다. comer(먹다)는 comiendo로, abrir(열다)는 abriendo처럼 바꿀 수 있겠죠? 그럼 아래 예문으로 충분히 연습해 보세요.

PASO 1

1. 나는 대학식당에서 밥 먹는 중이야.
Yo estoy comiendo en el comedor de la universidad.

2. 나는 집에서 나가는 중이야.
Yo estoy saliendo de casa.

3. 나는 가게 문을 여는 중이야.
Yo estoy abriendo la puerta de la tienda.

4. 나는 진실을 얘기하는 중이야.
Yo estoy diciendo la verdad.

5. 나는 방에서 잠을 자는 중이야.
Yo estoy durmiendo en la habitación.

PASO 2

1 무엇을 먹고 있는지 물을 때

H ¿Qué estás comiendo?

M Nada, 나 물 마시고 있는데.

H ¿Dónde está el agua?

M Está en la nevera.

---

2 갑작스럽게 스페인으로 떠나는 친구에게

H Pasado mañana me voy a España.

M ¿Es una broma?

H No, 나는 진실을 얘기하고 있어.

M ¿Por qué vas?

---

1 H : 뭐 먹고 있어?
M : 아니, estoy bebiendo agua.
H : 물은 어디에 있어?
M : 냉장고에 있어.

2 H : 내일모레 나 스페인에 가.
M : 농담이지?
H : 아니, yo estoy diciendo la verdad.
M : 왜 가는 거야?

> **Tip**
>
> **-er, -ir 동사의 불규칙 변형**
> 어미뿐 아니라 어간까지 변하는 불규칙동사들입니다. 자주 쓰는 동사들이니 꼭 기억해 두세요.
>
> 오다 venir ⋯→ viniendo
> 말하다 decir ⋯→ diciendo
> 자다 dormir ⋯→ durmiendo
> 죽다 morir ⋯→ muriendo
> 읽다 leer ⋯→ leyendo
> 듣다 oír ⋯→ oyendo
> 가져오다 traer ⋯→ trayendo
> 요구하다, 주문하다 pedir ⋯→ pidiendo

> **단어장**
>
> el comedor 식당, 식사하는 장소
> la puerta 문
> la tienda 가게
> la nevera 냉장고
> la verdad 진실
> ↔ la mentira 거짓
> pasado mañana 내일모레
> la broma 농담

MODELO 026

Estoy ocupado/a -ando/-iendo

나는 ~하느라 바빠

ocupado는 '바쁜'이라는 뜻의 형용사입니다. 따라서 남성은 ocupado, 여성은 ocupada 로 구분해 말하는 것, 잊지 말아야 합니다. 구체적으로 '~를 하느라 바쁘다'라고 말하고 싶다면, ocupado 뒤에 -ando/-iendo 형태의 동사를 붙이면 되죠.

PASO 1

1. 나는 요즘 정말 바빠.

   Estoy **muy** ocupado/a **estos días.**

2. 나는 시험 준비하느라 바빠.

   Estoy ocupado/a preparando **el examen.**

3. 나는 프레젠테이션 준비하느라 바빠.

   Estoy ocupado/a preparando **la presentación.**

4. 나는 남미 여행 준비하느라 바빠.

   Estoy ocupado/a preparando **un viaje a Sudamérica.**

5. 나는 새로운 프로젝트를 하느라 바빠.

   Estoy ocupado/a trabajando **en un nuevo proyecto.**

PASO 2

1 바빠서 친구에게 가이드북을 사다달라고 부탁할 때

H Si puedes, pasa por la librería, por favor.

M ¿Qué necesitas?, ¿por qué no vas tú mismo a la librería?

H 요즘 굉장히 바빠. Perdona, una guía de viaje de México D.F., por favor.

M Ya.

2 스페인어 능력시험 준비로 바쁠 때

H ¿Qué tal estás?

M 시험 준비하느라 정말 바빠.

H ¿Qué examen?

M DELE.

1 H : 만약 가능하면, 서점 좀 들러줘, 부탁해.
   M : 뭐가 필요한데? 왜 너는 서점에 안 가는 거니?
   H : Estoy muy ocupado estos días. 미안해, 멕시코시티 여행 가이드북 부탁해.
   M : 알겠어.

2 H : 어떻게 지내?
   M : Estoy muy ocupada preparando un examen.
   H : 무슨 시험?
   M : 스페인어 능력시험.

Tip

DELE(Diplomas de Español como Lengua Extranjera)는 무엇인가요?

스페인 정부에서 인정하는 외국어로서의 스페인어 능력시험이에요. 총 6단계가 있고, 그 중 가장 많이 응시하는 단계는 A2(초급), B1(초중급), B2(중고급)입니다.

2013년 8월부터 바뀐 B2 (중고급)는 스페인 현지 신문을 빠르게 읽고, 그 내용에 관해 토론할 수 있는 정도의 상당히 높은 수준입니다.

B1(초중급)은 일상생활에서 스페인어를 사용하는 데 문제가 없고, 라디오의 5분 뉴스 등을 70~80% 이상 알아들을 수 있어야 하는 수준입니다.

쉽지 않은 시험이지만 DELE는 한 번 합격하면 유효기한이 없기에 평생 스페인어 실력을 증명할 수 있습니다. 게다가 전 세계에서 통용되는 자격증이기에 아주 매력적이랍니다. 모두 한번 도전해 보세요!

단 어 장

preparar 준비하다
el proyecto 프로젝트
pasar por ~를 지나가다, ~를 (도중에) 들르다
la librería 서점
la guía de viaje 가이드북

MODELO 027

Llevo -ando/-iendo

나는 ~한 지 (시간이) …됐어, 나는 …째 ~하고 있어

llevar는 '~을 가지고 가다'라는 의미지만, 또 하나 '~한 지 시간이 얼마나 됐다'라는 뜻도 있답니다. 현지인들이 빈번하게 〈llevar + 현재진행형 + 기간 표현〉을 써서 '어떤 일을 몇 시간/개월/년째 계속 하고 있어'라고 말하는 것을 들을 수 있습니다.

PASO 1

1. 나는 여기 산 지 한 달째야.

Llevo viviendo **aquí un mes.**

2. 나는 스페인어를 6개월째 공부하고 있어.

Llevo estudiando **español seis meses.**

3. 나는 이 동네에서 7년째 살고 있어.

Llevo viviendo **en este barrio siete años.**

4. 나는 이 회사에서 8년째 일하고 있어.

Llevo trabajando **ocho años en esta compañía.**

5. 나는 그녀와 5년째 사귀고 있어.

Llevo saliendo **con ella cinco años.**

Tip

여기 온 지 얼마나 됐어?

스페인에서 친구를 사귈 때, 상대방이 가장 먼저 물어 보는 것은 이름이겠죠? 그 다음이 아마 '국적'이고요. 세 번째로 많이 듣는 질문이 바로 **Cuánto tiempo llevas (viviendo) aquí?**(여기 온 지 얼마나 됐어?)입니다. 그럼, 자연스럽게 Llevo poco tiempo.(얼마 안 됐어.)라고 대답하면 되겠죠?

PASO 2

1 스페인에 산 지 얼마나 됐는지 물을 때

H ¿Cuánto tiempo llevas aquí?

M 두 달 됐어.

H Llevas poco tiempo. Pero hablas muy bien español.

M Todavía me falta.

---

2 같은 동네에서 오래 살았다는 것을 말할 때

H ¿Cuánto tiempo llevas viviendo aquí?

M 이 동네에서 산 지 8년 됐어.

H Llevas viviendo mucho tiempo.

M Sí, el tiempo pasa volando.

---

1 H : 여기에 온 지 얼마나 됐어?
M : Llevo dos meses.
H : 얼마 안 됐네. 그런데 너 스페인어 정말 잘한다.
M : 아직 부족해.

2 H : 여기서 산 지 얼마나 됐어?
M : Llevo viviendo ocho años en este barrio.
H : 오래 살았네.
M : 응. 시간이 정말 빨리 가네.

단어장

el barrio 동네
la compañía 회사
salir con ~와 사귀다
todavía 아직
volar 날다

PARTE 2

핵심동사
패턴

UNIDAD 04. Tener

~을 가지다

tener 동사는 '~을 가지다'라는 뜻입니다. 하지만 단순히 '~을 가지다'라고만 쓰이지 않고 tener 뒤에 다양한 명사를 넣어 실생활에서 유용하게 활용됩니다. 예를 들어 tener hambre는 '배가 고프다', tener sed는 '목이 마르다', tener sueño는 '졸리다'입니다. 실생활에서 자주 사용되는 만큼 잘 알아 둬야겠죠? 하지만 안타깝게도 tener 동사는 불규칙동사입니다. 1인칭 단수뿐 아니라 그 외의 인칭들도 서로 다르게 변화가 됩니다. 어렵지만 자주 쓰이는 tener 동사의 변화를 꼭 10번 이상 소리 내어 읽어 보세요.

★ tener(~을 가지다) 동사 변화 ★

나	yo	tengo
너	tú	tienes
그, 그녀, 당신	él, ella, usted	tiene
우리들	nosotros, as	tenemos
너희들	vosotros, as	tenéis
그들, 그녀들, 당신들	ellos, ellas, ustedes	tienen

Yo tengo ~

나는 ~해

tener 동사 뒤에 더위(calor), 추위(frío), 졸음(sueño), 무서움(miedo) 등의 명사를 붙이면, '더위를 가졌다', '추위를 가졌다', '졸음을 가졌다', '무서움을 가졌다'가 됩니다. 우리말로 자연스럽게 바꾸면 '더워', '추워', '졸려', '무서워'가 되는 거죠. 정말 자주 쓰는 패턴이므로 잘 외워 두세요.

PASO 1

1. 나는 추워. **Yo tengo frío.**

2. 나는 무서워. **Yo tengo miedo.**

3. 나는 정말 배고파. **Yo tengo mucha hambre.**

4. 나는 정말 목말라. **Yo tengo mucha sed.**

5. 나는 정말 더워. **Yo tengo mucho calor.**

PASO 2

1 배고파서 밥 먹으러 갈 때

H 나 엄청 배고파. Vamos a comer.

M Vale. ¿Qué quieres comer?

H Cualquier cosa.

M Umm... entonces vamos a comer hamburguesa.

2 친구와 어떤 영화를 볼지 고를 때

H Parece que esta película de miedo será muy divertida.

M ¿Tú crees? Pero todo el mundo dice que es muy aburrida.

H ¿En serio? Pues no quiero ver esta película.

M 게다가 난 너무 무섭거든.

---

1 H : Yo tengo mucha hambre. 우리 밥 먹으러 가자.
 M : 좋아. 너 뭐 먹고 싶은데?
 H : 아무거나.
 M : 음… 그러면 햄버거 먹으러 가자.

2 H : 이 공포 영화 굉장히 재밌을 것 같아.
 M : 넌 그렇게 생각하니? 그런데 사람들이 모두 굉장히 지루하다고 얘기하던데.
 H : 정말이야? 그럼 이 영화 안 볼래.
 M : Además tengo mucho miedo.

단어장

la hambre 배고픔
la sed 목마름
el miedo 무서움
divertido/a 재미있는
↔ aburrido/a 지루한
todo el mundo 전 세계, 모든 사람들
cualquier cosa 아무거나

MODELO
029

No tengo ~

나는 ~하지 않아, 나는 ~이 없어

No tengo 뒤에 '돈'이라는 뜻의 dinero를 붙이면 '나는 돈을 가지지 않았어' 즉 '나 돈 없어'가 됩니다. 이 문장 뒤에 '~을 위해서, ~을 위한'이라는 전치사 para까지 붙이면, '~를 하려는데 돈이 없어'라는 표현이 되죠. No tengo dinero para viajar.는 '여행을 가려는데 돈이 없어.'가 되겠죠?

PASO 1

1. 나는 돈이 없어.   No tengo **dinero.**

2. 나는 졸리지 않아.   No tengo **sueño.**

3. 나는 열이 안 나.   No tengo **fiebre.**

4. 나는 시간이 없어.   No tengo **tiempo.**

5. 나는 너와 얘기할 시간이 없어.   No tengo **tiempo para hablar contigo.**

PASO 2

1 직장에서 동료에게 잠깐 시간 있는지 물을 때

H ¿Ahora tú tienes tiempo?

M ¿Qué te pasa?

H Solo cinco minutos.

M Perdona. 지금은 너와 이야기할 시간이 없어. Luego hablamos.

2 늦은 밤 잠이 오지 않아서 친구에게 전화할 때

H Oye. ¿Estás despierta?

M ¿Qué te pasa a estas horas?

H No puedo dormir. 졸립지가 않아.

M Yo creo que no puedes dormir por el estrés.

1 H : 지금 시간 있어?
   M : 무슨 일 있어?
   H : 5분만.
   M : 미안해. Ahora no tengo tiempo para hablar contigo. 나중에 얘기하자.

2 H : 야. 지금 깨어 있어?
   M : 이 시간에 무슨 일이야?
   H : 잠을 잘 수 없어. No tengo sueño.
   M : 내가 보기에 너는 스트레스 때문에 잠을 잘 수 없는 것 같아.

Tip

관사에 따라 뜻이 달라지는 경우

tengo sueño와 tengo un sueño는 큰 차이가 없어 보이지만, 의미에서는 많은 차이가 납니다.
Tengo sueño.는 sueño가 '졸음'이라는 뜻으로 쓰여 '나는 졸려요.'라는 뜻이 되고, Tengo un sueño.는 sueño가 '꿈'이라는 의미로 쓰여, 마틴 루터 킹의 I have a dream. 처럼 '나에게는 꿈이 있습니다.'라는 의미가 됩니다.

단어장

el sueño 졸음, 꿈
la fiebre 열
contigo 너와 함께
cf. conmigo 나와 함께
dormir 자다
el estrés 스트레스

63

tener que ~

~해야 해

tener 뒤에 que를 넣어 주면, 영어의 have to처럼 '~해야만 한다'는 뜻으로 쓰입니다. have to 뒤에 동사원형이 오는 것처럼 tener que 뒤에도 동사원형이 온답니다. 영어와 유사성이 있죠?

PASO 1

1. 나는 운동을 해야 해.　　　**Tengo que hacer ejercicio.**

2. 나는 살을 빼야 해.　　　**Tengo que adelgazar.**

3. 나는 이 일을 끝내야 해.　　　**Tengo que terminar este trabajo.**

4. 그는 이메일을 보내야 해.　　　**Él tiene que enviar un correo electrónico.**

5. 그들은 이 책을 읽어야 해.　　　**Ellos tienen que leer este libro.**

PASO 2

1 다이어트가 필요할 때

H ¿Te pasa algo? Estos días estás de mal humor.

M La verdad es que últimamente he engordado tres kilos.

H ¿En serio? No lo puedo creer...

M 나 살 빼야 해.

2 직장 동료에게 식사를 하자고 할 때

H ¿Todavía tienes mucho trabajo? Vamos a salir a comer.

M ¡Espera! 이 일을 끝내야 해.

H Te espero.

M Ay, tengo una cosa más. Tengo que enviar un correo electrónico.

1 H : 너 무슨 일 있어? 요즘 기분이 안 좋네.
　 M : 사실은 말이야, 최근에 3킬로나 쪘어.
　 H : 정말이야? 믿을 수 없어…
　 M : Tengo que adelgazar.

2 H : 아직 일 많아? 우리 밥 먹으러 나가자.
　 M : 기다려! Tengo que terminar este trabajo.
　 H : 기다릴게.
　 M : 어이쿠, 한 가지 더 있네. 이메일 하나 보내야 해.

Tip

스페인의 테니스 문화

살을 빼기(para adelgazar) 위해 요즘 운동(ejercicio) 을 많이 하는데요. 스페인에 서 축구(fútbol)만큼 인기 있 는 운동이 바로 테니스(tenis) 입니다. 스페인은 Rafael Nadal(라파엘 나달)뿐 아니 라 세계적인 기량을 가진 선수 들이 많아 '세계 테니스 100 인'에 스페인 선수들이 30명 이상 차지하고 있습니다. 스페인은 동네마다 대규모 테 니스장이 잘 갖추어져 있어 어 릴 때부터 테니스를 배우는 것 이 당연하게 인식되어 있습니 다. 우리가 어렸을 적에 태권도 를 한 번씩은 배워본 것처럼요.

단어장

hacer ejercicio 운동을 하다
enviar 보내다
engordar 살이 찌다
creer 믿다
esperar 기다리다

Tengo ganas de ~

나는 ~하고 싶어

ganas는 '~를 하고자 하는 의욕'이라는 뜻입니다. tener ganas는 '의욕을 가지고 있다' 즉 '~를 하고 싶다는 뜻이 되겠죠. 반대로 tener 앞에 no를 붙여 no tener ganas라고 하면 '나는 의욕을 가지고 있지 않다 ⋯→ 나는 하고 싶지 않다 ⋯→ 나는 내키지 않는다가 됩니다.

PASO 1

1. 나는 여행가고 싶어.   Tengo ganas de **viajar.**

2. 나는 울고 싶어.   Tengo ganas de **llorar.**

3. 나는 너를 보고 싶어.   Tengo ganas de **verte.**

4. 나는 빨리 퇴근하고 싶어.   Tengo ganas de **salir pronto de la oficina.**

5. 나는 축구 경기가 정말 보고 싶어.   Tengo **muchas** ganas de **ver el partido de fútbol.**

PASO 2

1 휴가 계획을 얘기할 때

H ¿Cuándo tienes vacaciones?

M Todavía no lo sé. ¿Y tú?

H Yo tampoco lo sé. 나는 정말 남미를 여행하고 싶어.

M Si pienso en el viaje, me siento mucho mejor.

2 친구에게 고민을 상담할 때

H ¿Te preocupa algo?

M Sí, 나 정말 울고 싶어.

H Dime qué te pasa.

M Este semestre voy a suspender.

Tip

항상 복수로 쓰이는 단어들

vacación(휴가)은 항상 복수형 vacaciones로 씁니다.
Yo necesito unas vacaciones. 나는 휴가가 필요해.

추가로 los deberes(숙제)와 las gafas(안경)도 항상 복수로 씁니다.

---

1 H : 너 휴가가 언제야?
  M : 아직 몰라, 너는?
  H : 나 역시 몰라. Tengo muchas ganas de viajar por Sudamérica.
  M : 여행을 생각하면 기분이 정말 좋아져.

2 H : 무슨 걱정 있어?
  M : 응, tengo ganas de llorar.
  H : 무슨 일인지 나한테 얘기해 봐.
  M : 이번 학기에 낙제할 것 같아.

단 어 장

llorar 울다
ver 보다
tampoco ~도 하지 않는다
pensar en ~에 대해 생각하다
dime 나에게 얘기해
el semestre 학기
suspender 낙제하다

Yo tengo miedo a ~

나는 ~이 무서워

앞에서 miedo가 '무서움'이라고 배웠죠. 그리고 tener miedo는 '무서움을 가지고 있다' 즉 '무서워'라는 것까지 배웠습니다. 이번에는 tener miedo 뒤에 전치사 a를 붙여 '~이 무서워'라는 표현을 만들어 보세요. a 뒤에는 명사뿐 아니라 동사원형도 올 수 있다는 점, 꼭 알아 두세요.

PASO 1

1. 나는 개가 무서워.

Yo tengo miedo a **los perros.**

2. 나는 어두운 것이 무서워.

Yo tengo miedo a **la oscuridad.**

3. 나는 너를 잃게 될까봐 무서워.

Yo tengo miedo a **perderte.**

4. 나는 직장을 잃게 될까봐 무서워.

Yo tengo miedo a **perder el trabajo.**

5. 나는 그것을 새롭게 시도하는 것이 두려워.

Yo tengo miedo a **intentarlo de nuevo.**

> **Tip**
>
> **perder 동사의 뜻**
>
> perder 동사는 참 다양하게 쓰입니다. '잃다', '놓치다', '지다'의 뜻을 가진 perder 동사를 예문으로 확인해 보세요.
>
> No quiero perderte. 나는 너를 잃고 싶지 않아.
>
> No quiero perder este autobús. 나는 이 버스를 놓치고 싶지 않아.
>
> No quiero perder este partido. 나는 이 경기를 지고 싶지 않아.

PASO 2

1 방의 전등을 항상 켜놓는 이유

H ¿Por qué la luz de tu habitación está encendida durante la noche?

M No hay otra manera. 왜냐하면 어두운 게 무섭거든.

H No lo sabía.

M Desde pequeña en cuanto llego a casa, pongo la luz de todas las habitaciones.

2 새롭게 시도하는 것이 두려운 친구에게

H Me ha salido otra oferta de trabajo de buenas condiciones.

M ¡Enhorabuena!

H Pero no lo sé. 새롭게 시작하는 것이 두려워.

M ¡Inténtalo! ¿Conoces la frase: "El miedo es una excusa para no intentarlo"?

1 H : 왜 밤새도록 네 방의 불이 계속 켜 있니?
  M : 다른 방법이 없어. Porque tengo miedo a la oscuridad.
  H : 그런지 몰랐어.
  M : 어릴 때부터 집에 도착하자마자, 모든 방의 불을 다 켜둬.

2 H : 나에게 좋은 조건의 다른 직장 제의가 들어왔어.
  M : 축하해!
  H : 그런데 모르겠어. Tengo miedo a empezar de nuevo.
  M : 시도해봐! 이런 말 알고 있어? "두려움은 그것을 하지 않기 위한 하나의 변명일뿐이다."

> **단 어 장**
>
> la oscuridad 어둠
> perder 잃다, 놓치다, 지다
> intentar 시도하다
> encendido/a 켜져 있는
> durante ~동안
> la manera 방법
> en cuanto ~하자마자
> enhorabuena 축하해
> de nuevo 또, 다시
> saber 알다
> la frase 문장
> la excusa 변명

MODELO 033

tener planes de ~

~할 계획이 있어

plan은 '계획'이라는 뜻으로 tener plan은 '계획을 가지고 있다' 즉 '계획이 있다'가 되죠. 이 뒤에 〈de + 동사원형〉을 붙이면 '~를 할 계획이 있다'는 표현이 되고요. 이때는 일반적으로 복수형인 planes를 씁니다. 반대로 계획이 없다면 동사 앞에 no만 붙여 no tener planes라고 말하면 되겠죠?

PASO 1

1. 나는 카리브에 갈 계획이 있어.   **Yo** tengo planes de **ir al Caribe.**

2. 나는 시골에서 살 계획이 있어.   **Yo** tengo planes de **vivir en el campo.**

3. 그는 대학에 갈 계획이 없어.   **Él no** tiene planes de **ir a la universidad.**

4. 그녀는 결혼할 계획이 없어.   **Ella no** tiene planes de **casarse.**

5. 우리 부모님은 전 세계를 여행할 계획을 갖고 계셔.   **Mis padres** tienen planes de **viajar por todo el mundo.**

PASO 2

1 유럽여행을 계획한 친구에게

H 이번 8월에 유럽에 갈 계획이 있어.

M ¿Cuántos paises vas a visitar?

H Cinco paises.

W Oye, una cosa te digo. El mejor plan es no tener planes. Así es un viaje.

2 신문 기사에 대해서 얘기할 때

H Mira este artículo.

M 이 가수는 대학에 갈 계획이 없다고 하네.

H Pero él es muy inteligente.

M La decisión es suya.

1 H : Yo tengo planes de ir a Europa este agosto.
M : 몇 나라 방문할 건데?
H : 다섯 나라.
M : 야, 한 가지만 말할게. 최고의 계획은 계획을 세우지 않는 거야. 바로 그게 여행이야.

2 H : 이 기사 좀 봐봐.
M : Dice que este cantante no tiene planes de ir a la universidad.
H : 그런데 걔는 굉장히 똑똑하잖아.
M : 선택은 본인이 하는 거니까.

단어장

el plan 계획
el campo 시골, 교외
casarse 결혼하다
cf. la boda 결혼식
el artículo 기사
la decisión 결정
cf. decidir 결정하다

67

Tienes que ~

너는 ~해야 해

앞에서 배웠던 tener que는 '~해야 한다'는 의미라고 배웠죠? 이 표현 앞에 '너'라는 tú를 넣고 동사를 변화시켜 Tú tienes que ~ 라고 하면 '너는 ~해야 해'라는 표현이 됩니다. 물론 tú는 빼고 말하는 경우가 더 많습니다. 친구에게 조언할 때나 엄마가 잔소리할 때 등 실생활에서 자주 쓰는 표현입니다.

PASO 1

1. 너는 일찍 잠을 자야 해.　　**Tienes que acostarte temprano.**

2. 너는 집에 빨리 돌아와야 해.　　**Tienes que volver pronto a casa.**

3. 너는 인생을 바꿔야 해.　　**Tienes que cambiar de vida.**

4. 너는 내일까지 과제를 끝내야 해.　　**Tienes que terminar el trabajo para mañana.**

5. 너는 지금 방을 청소해야 해.　　**Tienes que limpiar la habitación ahora.**

PASO 2

1 집을 청소하라고 말할 때

H ¡Qué sucia! Tu casa está muy desordenada. 집 좀 청소해야겠어.

M Estos días estoy muy ocupada. No tengo tiempo.

H ¿Cuándo vas a limpiar la casa?

M Pues, a lo mejor este sábado.

2 신입 환영식에 오라고 할 때

H Ya sabes que esta noche tenemos una cena de bienvenida para los novatos.

M Ah, se me ha olvidado.

H Empieza a las ocho. 너 꼭 와야 돼.

M Vale, yo iré.

---

1 H : 너무 더럽다! 너희 집 정말 정리가 안 되어 있네. Tú tienes que limpiar la casa.
M : 요즘 내가 정말 바빠. 시간이 없어.
H : 언제 집 청소할 거야?
M : 음, 어쩌면 이번 주 토요일.

2 H : 오늘 밤에 신입들을 위한 환영식 있는 거 이미 알고 있지?
M : 아, 깜빡했다.
H : 8시에 시작해. Tienes que venir sin falta.
M : 알았어, 갈게.

Tip

스페인어도 동사마다 자주 쓰이는 전치사가 있습니다. 그래서 동사를 처음 공부할 때 전치사까지 붙여서 함께 외워 두면 아주 유용하답니다.

ir a ~ ~에 가다
volver a ~ ~로 돌아가다
llegar a ~ ~에 도착하다
venir a ~ ~에 오다
cambiar de ~ ~를 바꾸다

단어장

acostarse 눕다, 잠자리에 들다
volver a ~에 돌아가다
cambiar 바꾸다
limpiar 청소하다
a lo mejor 어쩌면, 아마도
bienvenida 환영
↔ despedida 환송
el/la novato/a 신입
sin falta 꼭

MODELO 035

no tiene nada que ver ~

~과 전혀 상관없어

no tener que 뒤에 '~을 보다'라는 동사 ver를 쓰면 '~과 볼 필요가 없다' 즉 '~과 상관이 없다'라는 뜻으로 씁니다. '전혀'라는 뜻의 nada까지 써주면 좀 더 의미가 강해지죠 그리고 no와 nada를 빼고 쓴다면 '~과 상관이 있다'는 뜻으로 바뀌겠죠?

PASO 1

1. 이것은 너랑 전혀 상관없어.　　**Esto** no tiene nada que ver **contigo.**

2. 이것은 그 상황과 전혀 상관없어.　　**Esto** no tiene nada que ver **con esa situación.**

3. 이것은 돈과는 전혀 상관없어.　　**Esto** no tiene nada que ver **con el dinero.**

4. 재능은 성별과 전혀 상관없어.　　**El talento** no tiene nada que ver **con el sexo.**

5. 이 사건은 정치와 전혀 상관없어.　　**Este asunto** no tiene nada que ver **con la política.**

PASO 2

1 혼자 생각할 시간이 필요할 때

H ¿Qué pasó? Tienes mala cara.

M ¡Déjame sola!

H ¿Por qué no me dices nada?

M 이것은 너와 전혀 상관없으니까.

2 약물 중독이라는 소문을 듣고

H ¿Es verdad que tu amigo Juan es adicto a las drogas?

M No, para nada. 후안은 약물과는 전혀 상관없어.

H Perdón.

M No me digas eso nunca más, por favor.

1 H : 무슨 일이야? 얼굴이 안 좋아.
　 M : 나 좀 혼자 놔둬!
　 H : 왜 나한테 아무 말도 안 하니?
　 M : Es que esto no tiene nada que ver contigo.

2 H : 네 친구 후안이 약물 중독이라는 게 사실이야?
　 M : 아니, 전혀. Juan no tiene nada que ver con las drogas.
　 H : 미안해.
　 M : 두 번 다시 나에게 그 얘기하지 마, 부탁이야.

단어장

la situación 상황
la política 정치
la cara 얼굴
dejar 놔두다
para nada 전혀 아니다
adicto/a a ~에 중독된
nunca más 두 번 다시 ~ 않다

MODELO 036

tener sentido ~

~ 의미가 있다, ~ 감각이 있다

sentido는 '감각, 의미'라는 뜻으로, 전치사 de를 붙여 '~에 감각이 있다'는 뜻을 만들 수 있습니다.
sentido de 뒤에 humor(유머), orientación(방향) 등을 붙이면, '유머 감각이 있다', '방향 감각이 있다' 등의 표현을 만들 수 있습니다.

PASO 1

1. 그는 유머 감각이 있다.

   Él tiene sentido **de humor.**

2. 그들은 방향 감각이 없다.

   Ellos no tienen sentido **de la orientación.**

3. 그녀는 상식이 없다.

   Ella no tiene sentido **común.**

4. 너 없이는 내 인생은 의미가 없어.

   Mi vida no tiene sentido **sin ti.**

5. 사랑이 없는 인생은 어떤 의미가 있니?

   ¿La vida sin amor tiene **algún** sentido?

PASO 2

1 새로 온 직장 상사에 대해 얘기할 때

H ¿Ya conoces al nuevo gerente?

M Sí. Parece que es buena persona.

H 게다가 유머 감각도 있더라고.

M Supongo que nos llevamos bien con él.

2 여자친구와 헤어진 친구를 위로해 줄 때

H Yo he roto con mi novia. No puedo creerlo.

M Pues, es cuestión de tiempo. Vas a olvidarla.

H 그녀 없이 내 인생은 의미가 없어.

M ¡No exageres!

1 H : 너 새로 온 지배인 만나봤어?
　 M : 응. 좋은 사람 같더라.
　 H : Además él tiene sentido de humor.
　 M : 우리가 새 지배인과 잘 지낼 것 같다고 확신해.

2 H : 나 여자친구와 헤어졌어. 믿을 수 없어.
　 M : 음, 시간이 약이야. 너는 잊게 될 거야.
　 H : Mi vida no tiene sentido sin ella.
　 M : 오버 좀 하지 마!

단어장

el sentido común 상식
sin ~없이
el/la gerente 지배인, 매니저
además 게다가
suponer 추측하다, 짐작하다
llevarse bien con ~와 잘 지내다
exagerar 오버하다

MODELO 037

tiene lugar (en) ~

~(에서) (행사 등이) 열린다

tener lugar는 '장소를 갖다'에서 의미가 확장되어 '(행사 등이) 열리다'는 뜻으로 쓰입니다. 여기에 장소를 나타내는 en이라는 전치사를 뒤에 붙여 주면 '~에서 (행사 등이) 열리다'가 되겠죠? 추가로 el lugar와 관련해 el lugar céntrico(중심가), el lugar turístico(관광지)도 자주 쓰이니 외워 두세요.

PASO 1

1. 영화제가 내 고향에서 열린다.
   El festival de cine tiene lugar en **mi pueblo natal.**

2. 선거는 5월에 실시된다.
   La elección tiene lugar en **mayo.**

3. 재판은 내일 열린다.
   El juicio tiene lugar **mañana.**

4. 박람회 개막식은 내일모레 열린다.
   La inauguración de la feria tiene lugar **pasado mañana.**

5. 시상식은 시장의 참석 하에 열린다.
   El acto de entrega de los premios tiene lugar en **presencia del alcalde.**

PASO 2

1 영화제에 대해 얘기할 때

H 이번 가을에 우리 고향에서 영화제 열리는 것 알고 있어?

M ¡Qué bien! ¿en qué fecha empieza?

H Empieza el tres de octubre. Si tienes tiempo, vamos juntos.

M ¡Estupendo! Me encantan las películas.

2 책 박람회에 대해 얘기할 때

H Mira, este folleto de la feria del libro.

M ¿Cuándo empieza?

H 박람회 개막식은 내일 열려.

M Yo quiero ir.

---

1 H : ¿Sabes que este otoño el festival de cine tiene lugar en mi pueblo natal?
M : 좋겠다! 며칠에 시작하는데?
H : 10월 3일에 시작해. 시간되면, 우리 함께 가자.
M : 정말 좋아! 나 영화 엄청 좋아하거든.

2 H : 봐봐, 책 박람회 팸플릿이야.
M : 언제 시작하는데?
H : La inauguración de la feria tiene lugar mañana.
M : 나도 가고 싶다.

Tip

스페인의 국제영화제

스페인에도 큰 규모의 국제영화제가 있습니다. 1953년에 시작되어 매년 9월에 열리는 〈산세바스티안 국제영화제〉가 대표적인 예입니다. 산세바스티안은 스페인 북쪽의 바스크 지방에 있는 해안 도시로 아름다운 바다와 그 해안에 정박되어 있는 요트 그리고 비싼 물가로도 유명한 곳이랍니다.

단어장

el festival de cine 영화제
el pueblo natal 고향
el alcalde/la alcaldesa 시장
la inauguración 개막식, 개업
el acto de entrega de los premios 시상식
el folleto 팸플릿, 소책자

MODELO 038

tener obsesión por ~

~에 애착을 갖고 있어, ~에 집착해

tener obsesión는 '집착을 가지고 있다' 즉 '집착하고 있다'는 뜻입니다. 여기에 por라는 전치사를 붙여 '~에 집착한다'가 됩니다. 어떤 대상에 큰 애착을 갖고 있거나 정말 좋아할 때, 혹은 나쁜 의미로 강박관념을 갖고 있을 때도 쓸 수 있습니다. 따라서 이 표현을 얘기할 때는 표정이 중요하겠죠?

PASO 1

1. 이 시인은 평화에 애착을 갖고 있어.
   Este poeta tiene obsesión por la paz.

2. 어머니는 자식들에게 애착을 갖고 있어.
   La madre tiene obsesión por sus hijos.

3. 그녀는 청소에 집착해.
   Ella tiene obsesión por la limpieza.

4. 그녀는 완벽함에 집착해.
   Ella tiene obsesión por la perfección.

5. 이 남자애는 먹을 것에 집착해.
   Este niño tiene obsesión por la comida.

PASO 2

1 음식에 집착하는 아들

H Mi hijo no para de comer.

M ¿Desde cuándo?

H Desde pequeño. 내 아들은 먹을 것에 집착해.

M ¡Consulta al médico!

2 청소에 집착하는 엄마

H Tu casa siempre está muy limpia.

M 우리 엄마가 청소에 집착하시거든.

H ¿Y tú?

M Yo soy normal.

---

1 H : 내 아들은 먹는 것을 멈추지 않아.
M : 언제부터?
H : 어렸을 때부터. Mi hijo tiene obsesión por la comida.
M : 의사와 상담해 봐!

2 H : 너희 집은 항상 정말 깨끗해.
M : Mi madre tiene obsesión por la limpieza.
H : 너는?
M : 나는 정상이야.

Tip

필수 전치사 총정리 ❶

de
출신 Soy de Corea. 나는 한국 출신입니다.
재료 Esta mesa es de madera. 이 테이블은 나무로 만들어졌습니다.
소유 Este coche es de mi padre. 이 차는 아버지 거야.

a
장소(~로) Yo voy a la academia. 나는 학원에 간다.
시간(~에) Ella trabaja a las dos. 그녀는 2시에 일한다.
사람(~을, 에게) Ellos visitan a mi tío. 그들은 내 삼촌을 방문한다.

en
장소(~에) Yo estoy en la oficina. 나는 사무실에 있다.
언어(~로) Ellos hablan con el cliente en inglés. 그들은 고객과 영어로 대화한다.

단어장

el/la poeta 시인
la limpieza 깨끗함, 청소
la perfección 완벽함
cf. el/la perfeccionista 완벽주의자
parar de ~하는 것을 멈추다
desde ~부터
consultar a ~와 상담하다

MODELO 039

tener ilusión por ~

~에 환상을 갖고 있어, ~ 이상을 갖고 있어

ilusión은 '환상', tener ilusión은 '환상을 갖고 있다', tener ilusión por ~는 '~에 환상을 갖고 있다가 됩니다. 이 표현은 어떤 대상이나 아직 경험해 보지 못한 일에 대해서 '환상'이나 '이상'을 아주 크게 갖고 있을 때 쓰면 됩니다. 여러분은 무엇에 환상을 갖고 있나요?

PASO 1

1. 그들은 해변에 사는 것에 큰 환상을 갖고 있어.

   Ellos tienen mucha ilusión por vivir en la playa.

2. 그녀는 혼자 사는 것에 큰 환상을 갖고 있어.

   Ella tiene mucha ilusión por vivir sola.

3. 이 소년은 여자애들에 큰 환상을 갖고 있어.

   Este chico tiene mucha ilusión por las chicas.

4. 이 선수는 레알 마드리드 유니폼을 입는 이상을 갖고 있어.

   Este jugador tiene ilusión por vestirse con la camiseta del Real Madrid.

5. 나는 인생에 이상이 없어.

   No tengo ilusión por la vida.

PASO 2

1 인생에 절망하는 친구를 위로할 때

H 인생에 이상을 갖기 위해서 나는 뭘 해야 할까?

M ¿Qué dices?

H No lo sé. Cada día yo pierdo más ilusión.

M Umm... ¡Vamos de viaje!

2 혼자 살고 싶어 하는 친구와 대화할 때

H Ahora yo busco un apartamento.

M ¿Un apartamento? ¿No es muy caro?

H No me importa el precio.

M 너는 혼자 사는 것에 큰 환상을 갖고 있는 것 같아.

---

1 H : ¿Qué hago para tener ilusión por vivir?
M : 지금 뭐라고 하는 거야?
H : 모르겠어. 매일 점점 더 이상을 잃어가고 있어.
M : 음… 우리 여행 가자!

2 H : 지금 아파트 구하고 있어.
M : 아파트? 비싸지 않아?
H : 가격은 중요하지 않아.
M : Creo que tú tienes mucha ilusión por vivir solo.

Tip

필수 전치사 총정리 ❷

con
~와 함께 Yo estoy con mis amigos. 나는 내 친구들과 함께 있다.
전치사 뒤에는 인칭을 전치격으로 써 주는데요, yo는 mí로 tú는 tí로 바꿔준답니다. 나머지 él, ella 등은 con él, con ella처럼 그대로 유지해 주세요. 여기서 잠깐! con 뒤에 mí가 오는 경우, conmigo(나와 함께) tí가 오는 경우는 contigo(너와 함께)로 바뀐다는 사실, 주의하세요!

para
~를 위해서 Este libro es para tí. 이 책은 너를 위한 거야.
~행 El tren para Madrid 마드리드행 기차

por
~ 때문에 Yo lloro por tí. 나는 너 때문에 울어.
대략적인 시간(~에) Por la mañana 아침에, 오전에

단어장

la playa 해변
la camiseta 티셔츠
ir de viaje 여행을 가다
la vida 인생, 삶
el precio 가격

🎧 기본 학습용 040.mp3

MODELO 040

tener derecho a ~

~할 권리가 있어

'권리'라는 뜻을 가진 derecho가 tener 동사와 함께 쓰이면, '권리를 갖다' 즉 '권리가 있다'라는 표현이 됩니다. 뒤에 전치사 a를 넣고 동사원형이나 명사를 붙여 주면 '~할 권리가 있다'라는 표현이 완성됩니다. 우리말과 똑같은 뜻을 갖고 있어서 더욱 쉽게 쓸 수 있는 표현이죠?

PASO 1

1. 모든 사람들은 자유를 누릴 권리가 있어.
Toda persona tiene derecho a **la libertad.**

2. 아이들은 놀 권리가 있어.
Los niños tienen derecho al **juego.**

3. 나는 휴가를 신청할 권리가 있어.
Yo tengo derecho a **pedir las vacaciones.**

4. 그녀는 연금을 받을 권리가 있어.
Ella tiene derecho a **percibir la pensión.**

5. 그는 수업에 참석할 권리가 있어.
Él tiene derecho a **asistir a la clase.**

PASO 2

1 자녀에 대해 얘기할 때

H ¿Qué tal tu hija?
M Ahora está de vacaciones de verano. Estudia inglés muy duro.
H Mira. 모든 아이들은 놀 권리도 있다고.
M Pero a mi hija le gusta estudiar idiomas.

2 휴가 가는 친구를 부러워하며

H La próxima semana empiezan mis vacaciones.
M ¡Qué envidia! Este año no puedo ir a ningún sitio.
H ¡Qué dices! 너는 휴가를 신청할 권리가 있어.
M Creo que no.

1 H : 네 딸 어떻게 지내?
M : 지금 여름방학 중이야. 영어 공부 아주 열심히 하고 있어.
H : 봐봐. Todos los niños tienen derecho al juego.
M : 그렇지만 내 딸은 언어 공부하는 것 좋아한다고.

2 H : 나 다음 주에 휴가 시작돼.
M : 아, 부러워! 나는 올해 아무데도 못 가.
H : 무슨 말이야! Tú tienes derecho a pedir vacaciones.
M : 없는 것 같아.

단어장

percibir (월급, 연금을) 받다
asistir a ~에 출석하다, ~에 참석하다
estar de vacaciones 휴가 중이다
el idioma 언어
la envidia 부러움, 선망
este año 올해
el sitio 장소

UNIDAD 05. Querer

~를 원하다

Te quiero.는 영어의 I love you.에 해당하는 표현으로 한 번쯤은 들어본 적이 있을 겁니다. 미국 드라마에서도 종종 들을 수 있는 스페인어지요. 이 querer 동사는 '~를 원해, ~를 하고 싶어'라는 뜻으로, querer 동사 뒤에 동사원형이나 명사가 올 수 있습니다. 영어의 want to 다음에는 동사원형만 오는 것과는 차이가 있죠? 친구에게 '커피 마실래?'라고 묻고 싶다면, ¿Quieres un café?라고 간단하게 표현하면 됩니다.

★ querer(~를 원하다) 동사 변화 ★

나	yo	quiero
너	tú	quieres
그, 그녀, 당신	él, ella, usted	quiere
우리들	nosotros, as	queremos
너희들	vosotros, as	queréis
그들, 그녀들, 당신들	ellos, ellas, ustedes	quieren

MODELO
041

Yo quiero ~

나는 ~하고 싶어

생활 속에서 가장 많이 쓰는 베스트 3위에 들어가는 표현입니다. 무엇이든 원하는 것이 있거나 하고
싶은 것이 있다면 주저 말고 Yo quiero ~를 외쳐 봅시다.

PASO 1

1. 나는 휴식을 취하고 싶어.　　**Yo quiero descansar.**

2. 나는 여행하고 싶어.　　**Yo quiero viajar.**

3. 나는 좋은 차를 사고 싶어.　　**Yo quiero comprar un buen coche.**

4. 나는 직장을 그만두고 싶어.　　**Yo quiero dejar el trabajo.**

5. 나는 너와 결혼하고 싶어.　　**Yo quiero casarme contigo.**

PASO 2

1 지친 친구에게 쉬라고 조언하기

H Últimamente yo veo que estás de mal humor. ¿Qué te pasa?

M Pues. no sé qué me pasa.

H Yo creo que tú tienes que descansar.

M Sí. 나도 쉬고 싶어.

2 친구에게 무엇을 하고 싶은지 물을 때

H ¿Qué quieres hacer ahora?

M ¿Ahora? Umm... Quiero viajar por España.

H Pero tú solo tienes tres días de vacaciones.

M Ya lo sé. 직장도 관두고 싶어.

---

1 H : 너 기분이 안 좋아 보여. 무슨 일이야?
　M : 글쎄. 나도 내가 왜 그런지 모르겠어.
　H : 너는 좀 쉬어야 할 것 같아.
　M : 응. Yo también quiero descansar.

2 H : 지금 뭐 하고 싶어?
　M : 지금? 음… 스페인 여행하고 싶어.
　H : 그런데 너는 휴가가 3일밖에 없잖아.
　M : 이미 알고 있어. También quiero dejar el
　　　trabajo.

단어장

descansar 휴식을 취하다.
쉬다
dejar ~을 그만두다
casarse con ~와 결혼하다
últimamente 최근에
estar de mal humor
기분이 안 좋다

¿Quieres ~?

~하고 싶니?

querer 동사는 생활 속에서 정말 유용하게 쓸 수 있는 동사이지만 불규칙동사이기 때문에 한 번은 제대로 외우고 넘어가야 합니다. 한꺼번에 달달 외우기보다는 앞의 패턴에서 yo quiero를, 이번 패턴에서 tú quieres를, 다음 패턴에서 él quiere, ellos quieren을 차근차근 연습해 보세요. 문법을 따로 외우지 않아도 말이 나오는 학습, 바로 패턴학습의 묘미겠죠.

PASO 1

1. 이 모자 한번 써보고 싶니? **¿Quieres probarte este sombrero?**

2. 이 재킷 한번 입어 보고 싶니? **¿Quieres probarte esta chaqueta?**

3. 나와 춤추고 싶니? **¿Quieres bailar conmigo?**

4. 우리 가족 보고 싶니? **¿Quieres ver a mi familia?**

5. 대성당에 가보고 싶니? **¿Quieres visitar la catedral?**

PASO 2

1 대성당에 가보고 싶을 때

H ¿Qué es aquel edificio?

M Es la catedral. 대성당에 가보고 싶어?

H ¿Podemos entrar?

M Por supuesto.

2 기념품 가게에서

H Este sombrero es precioso.

M 이 모자 한번 써볼래? Es un sombrero tradicional.

H Todos los sombreros que están aquí son muy bonitos.

M Te compro uno. ¡Elígelo!

1 H : 저 건물은 뭐야?
M : 대성당이야. ¿Quieres visitar la catedral?
H : 우리 들어갈 수 있어?
M : 물론이지.

2 H : 이 모자 환상적이다.
M : ¿Quieres probarte este sombrero? 전통 모자야.
H : 여기 있는 모자들 전부 다 정말 예쁘네.
M : 내가 한 개 사줄게. 골라봐!

Tip

스페인의 대성당

Catedral은 카톨릭의 대주교가 있는 성당인데요, 이탈리아어의 Duomo(두오모)와 같은 의미입니다.
대성당의 이름은 각 도시의 이름을 따르는 것이 일반적인데요, 현재 스페인의 수석 대교구는 Catedral de Madrid(마드리드 대성당)가 아니라, 마드리드에서 남쪽으로 1시간 떨어진 스페인 옛 수도 똘레도에 있는 Catedral de Toledo(똘레도 대성당)입니다. Toledo는 유네스코 지정 문화유산 도시로서 중세의 모습을 그대로 간직하고 있는 아름다운 도시입니다.

단어장

probarse 입어 보다. 신어 보다. 먹어 보다
el sombrero 모자
cf. la gorra 캡모자
la catedral 대성당
precioso/a 매우 가치 있는, 환상적인
elegir 고르다, 선택하다

MODELO 043

Él/Ellos quiere/quieren ~

그는/그들은 ~하고 싶어 해

이번에는 3인칭 단수형과 복수형을 모두 연습해 봅시다. 거론하려는 대상이 él이나 ella처럼 한 명이면 quiere로, ellos나 ellas처럼 여러 명이면 quieren으로 바뀌어야 합니다. 패턴만 반복해 암기하지 말고, 문장을 통째 반복해 듣고 소리 내어 따라해 보세요.

PASO 1

1. 그녀는 여행 가이드가 되고 싶어 해.   **Ella quiere** ser guía de viaje.

2. 그는 독학으로 영어를 공부하고 싶어 해.   **Él quiere** estudiar inglés por su cuenta.

3. 그들은 새 차를 사고 싶어 해.   **Ellos quieren** comprar un coche nuevo.

4. 그들은 해변 옆에 별장 한 채를 빌리고 싶어 해.   **Ellos quieren** alquilar un chalé al lado de la playa.

5. 그녀들은 뉴욕에서 비행기를 환승하고 싶어 해.   **Ellas quieren** hacer escala en Nueva York.

> **Tip**
>
> 항공 관련 표현
>
> hacer escala는 '비행기를 환승하다'라는 표현입니다. 스페인어로 항공편은 vuelo, 직항편은 vuelo directo, 경유편은 vuelo con escala입니다. 그리고 저가항공은 vuelo de bajo coste라고 합니다.

PASO 2

1 공무원 되는 것이 어렵다고 얘기할 때

H ¿Por qué tu hermana estudia todo el día?

M 우리 언니는 공무원이 되고 싶어 해.

H ¿En serio? Es muy difícil ser funcionarios.

M Tienes razón.

2 여름 계획 세우기

H 우리 고모는 이번 여름을 북부에서 보내길 원하셔.

M ¿En un hotel?

H No, ella quiere alquilar un chalé.

M ¡Qué bien! Si ella lo alquila, vamos allí unos días.

---

1 H : 왜 네 언니는 하루 종일 공부하니?
   M : Porque mi hermana quiere ser funcionaria pública.
   H : 정말? 공무원 되는 거 정말 어려운데.
   M : 네 말이 맞아.

2 H : Mi tía quiere pasar este verano en el norte.
   M : 호텔에서?
   H : 아니, 고모는 별장 한 채를 빌리길 원해.
   M : 잘됐다! 만약에 빌리시면, 우리 며칠 가 있자.

> **단어장**
>
> el/la guía de viaje 여행 가이드
>
> por mi/tu/su cuenta 자신의 힘으로
>
> alquilar 빌리다, 임대하다
>
> hacer escala 환승하다, 갈아타다
>
> el chalé 별장
>
> el funcionario público/la funcionaria pública 공무원
>
> si 만약에

MODELO 044

Lo que quiero es ~

내가 원하는 것은 ~하는 거야

lo que는 '~라는 것'이라는 표현입니다. lo que 뒤에는 quiero 외에도 거의 모든 동사들이 올 수 있습니다. 예를 들어, lo que tengo는 '내가 가지고 있는 것', lo que digo는 '내가 말하는 것'이라는 뜻이 되고, lo que quiero는 '내가 원하는 것'이 됩니다.

PASO 1

1. 내가 원하는 것은 주말에 쉬는 거야. Lo que quiero es **descansar los fines de semana.**

2. 내가 원하는 것은 너와 통화하는 거야. Lo que quiero es **hablar contigo por teléfono.**

3. 내가 원하는 것은 집에 일찍 들어가는 거야. Lo que quiero es **volver a casa temprano.**

4. 내가 원하는 것은 장학금을 받는 거야. Lo que quiero es **recibir la beca.**

5. 내가 원하는 것은 좋은 성적을 받는 거야. Lo que quiero es **sacar buenas notas.**

> **Tip**
>
> **sacar 동사의 뜻**
>
> sacar 동사는 '~을 꺼내다, ~을 끄집어 내다'라는 대표적인 의미를 가지고 있어요. 하지만 그 외에도 더 다양한 뜻을 갖고 있으니 예문으로 확인해 보세요.
>
> Yo saco una carpeta de la mochila. 나는 배낭에서 파일 하나를 꺼낸다.
> Yo saco dinero del cajero automático. 나는 ATM에서 돈을 뽑는다.
> Yo quiero sacar el carné de conducir. 나는 운전면허를 따고 싶어.
> Yo quiero sacar la beca. 나는 장학금을 받고 싶어.

PASO 2

1 장학금을 받고 싶다고 얘기할 때

H Ya estamos en época de exámenes.

M Yo odio esta época.

H ¿Vas a pasar la noche estudiando?

M Claro. 내가 원하는 것은 장학금을 받는 거거든.

2 야근하고 싶지 않을 때

H Estos días yo tengo trabajo extra cada día.

M ¿Por qué?

H Como uno de mis compañeros dejó el trabajo, yo cubro todo.

M Yo también. 내가 원하는 것은 집에 일찍 들어가는 거야.

---

1 H : 우리 이제 시험기간이야.
　 M : 나는 이 기간이 정말 싫어.
　 H : 너 공부하면서 밤샐 거야?
　 M : 물론이지. Lo que quiero es recibir la beca.

2 H : 나 요즘 매일 야근해.
　 M : 왜?
　 H : 동료 한 명이 그만둬서, 내가 그 일을 다 하거든.
　 M : 나도 그래. Lo que quiero es volver a casa temprano.

> **단어장**
>
> hablar por teléfono 통화하다
> temprano 일찍
> cf. tarde 늦게
> la beca 장학금
> buenas notas 좋은 성적
> odiar 싫어하다, 경멸하다

UNIDAD 06. Ir

가다

스페인어를 공부하는 분들이 공통적으로 하는 얘기 중 하나가 "자주 쓰는 동사는 거의 불규칙인 것 같다."입니다. 안타깝게도 어느 정도 맞는 말입니다. 지금까지 배운 tener, querer 등 주요 동사들이 불규칙이어서 복잡하게 느껴지지요? 하지만 비율로 보면 불규칙동사보다는 규칙동사가 훨씬 많습니다. 그리고 불규칙동사 중에도 지금 배울 ir 동사처럼 전체 모양이 바뀌는 동사들은 극히 드물고, 대부분은 yo 형태만 불규칙이거나 동사의 중간 부분만 변화하는 것이 대부분입니다. 그래도 스페인어는 유럽 언어 중에서 가장 쉽게 배울 수 있는 언어라고 알려져 있습니다. 다른 언어들은 더 복잡하다는 뜻이니, 희망을 갖고 ir 동사를 시작해 볼까요?

ir 동사 뒤에 a를 넣어서 〈ir a + 장소〉로 '~에 가다'는 표현을 많이 쓰고, 〈ir a + 동사원형〉으로 '~할 예정이다'라고도 씁니다.

ir 동사는 멕시코 출신의 여가수 Tish Hinojosa가 1989년 미국에서 발표한 이래 한국에서도 TV 드라마나 영화 삽입곡으로 많이 쓰이고 있는 Donde voy.(어디로 가야 하나요.)라는 노래로 조금은 익숙한 표현이네요. 그럼 시작해 볼까요?

★ ir(가다) 동사 변화 ★

나	yo	voy
너	tú	vas
그, 그녀, 당신	él, ella, usted	va
우리들	nosotros, as	vamos
너희들	vosotros, as	vais
그들, 그녀들, 당신들	ellos, ellas, ustedes	van

MODELO 045

Voy a ~

나는 ~에 가

'~에 간다'고 표현할 때는 방향을 뜻하는 전치사 a를 넣어 줍니다. 만약 어느 장소에 특정 목적이 있어서 간다면 '~를 위해서'라는 뜻의 para를 붙여 주면 되죠. 그리고 para 뒤에는 보통 동사원형을 쓰면 됩니다.

PASO 1

1. 나는 생일 파티에 가.

Voy a la fiesta de cumpleaños.

2. 나는 음료수와 먹을 것을 사러 슈퍼에 가.

Voy al supermercado para comprar algunas bebidas y comidas.

3. 나는 장보러 시장에 가.

Voy al mercado para hacer la compra.

4. 나는 운동하러 헬스장에 가.

Voy al gimnasio para hacer ejercicio.

5. 나는 스페인어를 배우러 학원에 가.

Voy a la academia para aprender español.

> **Tip**
>
> ir 동사와 많이 쓰이는 장소 관련 표현
>
> la farmacia 약국
> la carnicería 정육점
> la panadería 빵집
> la frutería 과일가게
> la papelería 문방구
> la pescadería 생선가게
> la tienda 가게
> la parada 정류소
> la agencia de viajes 여행사

PASO 2

1 길에서 만난 친구에게 어디 가는지 물을 때

H ¿A dónde vas ahora?

M 음료수와 먹을 것을 사러 슈퍼에 가.

H ¿Por qué?

M Mañana es mi cumpleaños. Voy a dar una fiesta.

2 살이 쪄서 운동하러 간다고 얘기할 때

H Últimamente he engordado cuatro kilos.

M Has engordado mucho.

H 그래서 운동하러 헬스장에 갈 거야.

M ¿Yo puedo ir contigo?

1 H : 지금 어디 가?
M : Voy al supermercado para comprar algunas bebidas y comidas.
H : 왜?
M : 내일이 내 생일이거든. 파티할 거야.

2 H : 최근에 4킬로나 쪘어.
M : 너 살 많이 쪘구나.
H : Así que voy al gimnasio para hacer ejercicio.
M : 나도 너랑 같이 가도 돼?

> **단어장**
>
> hacer la compra 장을 보다
> el supermercado 슈퍼마켓
> la bebida 음료수
> el cumpleaños 생일
> dar la fiesta 파티를 열다

¿Ahora vas a ~?

너 지금 ~에 가는 거야?

친구나 직장동료, 가족과 대화하면서 자주 쓰는 말 중 하나가 '지금 ~에 가는 거야?'라는 것은 전 세계 어디나 비슷한 것 같아요. 전치사 a 뒤에 다양한 장소들을 넣어 보면서 말해 보세요.

PASO 1

1. 너 지금 대사관에 가는 거야?　　　**¿Ahora vas a la embajada?**

2. 너 지금 버스 정류장에 가는 거야?　**¿Ahora vas a la parada de autobús?**

3. 너 지금 축구장에 가는 거야?　　　**¿Ahora vas al campo de fútbol?**

4. 너 지금 공항에 가는 거야?　　　　**¿Ahora vas al aeropuerto?**

5. 너 지금 기차역에 가는 거야?　　　**¿Ahora vas a la estación de tren?**

PASO 2

1 기차역에 가는 이유를 설명할 때

H　너 지금 기차역에 가는 거야?

M　Sí, antes de cerrar.

H　¿Para qué?

M　Para cancelar el billete para Barcelona.

2 아이를 학교에서 데려와 달라고 부탁할 때

H　지금 학교에 가?

M　Sí, ¿y tú?

H　Si puedes, te pido un favor. ¿Puedes recoger a mi hija?

M　Sí, vale. No hay problema.

---

1 H : ¿Ahora vas a la estación de tren?
　M : 응, 문 닫기 전에.
　H : 무엇 때문에 가는 거야?
　M : 바르셀로나행 티켓을 취소하려고.

2 H : ¿Ahora vas a la escuela?
　M : 응, 너는?
　H : 만약에 가능하면, 너에게 부탁 하나만 할게. 내 딸 좀 데려와 줄 수 있어?
　M : 응, 그래. 문제 없어.

Tip

antes de와 después de

antes de는 '~를 하기 전에'라는 표현으로, 뒤에는 명사나 동사원형이 옵니다.
antes de la clase 수업 전에
antes de ir a casa 집에 가기 전에

después de는 '~를 한 후에'라고 쓰이니 기억해 두세요.
después de la reunión 회의 후에
después de cenar 저녁 식사를 한 후에

단어장

la embajada 대사관
la parada 정류소
cancelar 취소하다
el billete 티켓
cf. 중남미에서는 el boleto
recoger ~을 줍다, ~를 데려오다

MODELO 047

Voy a + 동사원형

나는 ~할 예정이야

'~에 간다'는 ir a 뒤에 동사원형을 넣어 주면 바로 영어의 〈be going to + 동사원형〉과 동일한 뜻이 됩니다. 영어에서도 '가다'라는 go 동사를 활용해 be going to를 만드는 것과 비슷한 원리네요.

PASO 1

1. 나는 이번 여름 대학교에서 스페인어 코스를 들을 예정이야.
Voy a **hacer un curso de español este verano en la universidad.**

2. 나는 다음 달에 외국에 갈 예정이야.
Voy a **ir al extranjero el próximo mes.**

3. 나는 오늘 오후에 대사관에서 비자를 신청할 예정이야.
Voy a **solicitar el visado en la embajada esta tarde.**

4. 나는 이번 학기에 장학금을 신청할 예정이야.
Voy a **pedir la beca este semestre.**

5. 나는 내일 보고서를 제출할 예정이야.
Voy a **entregar el informe mañana.**

PASO 2

1 방학 계획 물어보기

H ¿Qué vas a hacer este invierno?
M 난 대학교에서 스페인어 코스를 들을 예정이야. ¿Y tú?
H Yo voy a ir a Inglaterra para aprender inglés.
M ¡Qué bien!

2 대사관에 같이 가 달라고 부탁할 때

H ¿Tú tienes tiempo pasado mañana?
M Umm… ¿por qué?
H 비자 신청하러 대사관에 갈 예정인데. ¿Puedes acompañarme?
M Perdona. Creo que no tengo tiempo.

1 H : 이번 겨울에 너 뭐 할 예정이야?
 M : Voy a hacer un curso de español en la universidad. 너는?
 H : 나는 영어 배우러 영국에 갈 예정이야.
 M : 좋겠다!

2 H : 너 내일모레 시간 있어?
 M : 음… 왜?
 H : Voy a ir a la embajada para pedir el visado. 나랑 같이 가줄 수 있어?
 M : 미안해. 시간이 안 될 것 같은데.

Tip
계절 관련 표현
primavera 봄
verano 여름
otoño 가을
invierno 겨울
estación de lluvia 우기
estación seca 건기
principios de verano 초여름
principios de invierno 초겨울
finales de otoño 늦가을
finales de primavera 늦봄

단어장
solicitar 신청하다
el visado 비자
el informe 보고서
pasado mañana 내일모레
acompañar 동행하다, 같이 가주다

MODELO 048

¿Tú vas a + 동사원형?

너는 ~할 거야?

앞에서 〈ir a + 동사원형〉은 〈be going to + 동사원형〉에 해당한다고 했죠? ir 동사를 tú에 맞춰 변화시켜 주면 vas가 되지요? 그래서 〈tú vas a + 동사원형〉도 '너는 ~할 예정이다'라는 표현이 됩니다.

PASO 1

1. 너는 다이어트를 할 거야?   ¿Tú vas a **hacer dieta?**

2. 너는 스키 타는 것을 배울 거야?   ¿Tú vas a **aprender a esquiar?**

3. 너는 시험을 칠 거야?   ¿Tú vas a **hacer el examen?**

4. 너는 산에 갈 거야?   ¿Tú vas a **ir a la montaña?**

5. 너는 테니스를 칠 거야?   ¿Tú vas a **jugar al tenis?**

PASO 2

1 올해 스페인어 능력시험을 본다는 얘기를 하며

H 올해 델레 시험 볼 거야?

M No lo sé exactamente. ¿Cuántas veces hay DELE al año?

H Hay tres veces.

M Intentamos este año.

2 파티에 대해 대화하기

H 오늘밤 파티에 올 거니?

M Claro. Yo tengo todo preparado.

H ¿Con quién vas a bailar?

M Voy a pensarlo en la fiesta.

1 H : ¿Este año tú vas a hacer el examen DELE?
　M : 정확히 모르겠어. 델레는 1년에 몇 번 있지?
　H : 3번 있어.
　M : 우리 올해 한번 시도해 보자.

2 H : ¿Esta noche vas a venir a la fiesta?
　M : 당연하지, 모든 것을 준비해 놨는데.
　H : 누구와 춤출 거야?
　M : 그건 파티에서 생각할 거야.

단어장

hacer dieta 다이어트를 하다
esquiar 스키 타다
la montaña 산
saber(yo sé) ~을 알다
al año 1년에
bailar 춤추다

85

MODELO 049

Él/Ellos va/van a + 동사원형

그는/그들은 ~할 예정이야

이번에는 3인칭 단수형과 복수형에서 어떤 것을 예정하거나, 어떤 것을 하려고 할 때 쓸 수 있는 표현입니다. ir 동사의 형태는 완전 불규칙동사이기 때문에 변화형을 잘 알아야 합니다. 거론하는 대상이 él이나 ella처럼 단수형일 때는 va로, ellos나 ellas처럼 복수형일 때는 van으로 써야 합니다.

PASO 1

1. 그는 세탁소에 갈 예정이야.
   Él va a ir a la tintorería.

2. 그녀는 미용실에 갈 예정이야.
   Ella va a ir a la peluquería.

3. 그들은 정육점에서 고기를 살 예정이야.
   Ellos van a comprar carne en la carnicería.

4. 나의 상사는 회의를 미룰 예정이야.
   Mi jefe va a aplazar la reunión.

5. 학생들 몇 명은 수업에 들어가지 않을 예정이야.
   Unos estudiantes no van a asistir a la clase.

PASO 2

1 엄마와의 약속이 취소됐을 때

H 오늘 오후에 엄마와 미용실에 갈 예정이지?

M No, después de lo del domingo ella no está de ánimos para ir a la peluquería.

H Entonces, ¿cuándo vas a ir?

M No lo sé exactamente. Dice que hoy tiene que resolver de una vez las cosas.

2 탱고 수업에 같이 가자고 제안할 때

H ¿Es verdad que tú puedes bailar tango?

M Sí, llevo bailando más de cinco años.

H 내 직장상사가 탱고 수업에 등록할 거라는 것 알고 있어?

M ¿En serio? ¿Por qué no te animas y vienes conmigo?

---

1 H : ¿Tú vas a ir a la peluquería con tu madre esta tarde?
   M : 아니, 일요일 있었던 일 이후로 엄마는 미용실에 갈 기분이 아니야.
   H : 그럼, 언제 갈 건데?
   M : 확실히 모르겠어. 엄마가 얘기하기로는 오늘 한 번에 여러 가지 것들을 해결해야 한대.

2 H : 너 탱고 출 수 있다는 게 사실이야?
   M : 응, 5년 이상 했어.
   H : ¿Sabes que mi jefe va a apuntarse a un curso de tango?
   M : 정말? 너도 용기를 좀 내서 탱고를 같이 하는 게 어때?

단어장

la tintorería 세탁소
la peluquería, el salón de belleza 미용실
aplazar 미루다, 연기하다
la reunión 회의
apuntarse a ～에 등록하다
animarse 힘을 내다, 자신을 북돋우다

UNIDAD 07. Hay

~이 있다

hay 동사는 원형이 haber입니다. haber는 원래 he, has, ha, hemos, habéis, han으로 바뀌지만, 이러한 변화형은 뒤에서 나올 현재완료 〈haber + 과거분사〉 형태에서 주로 쓰입니다. 이번 과에서 배울 '~이 있다'라는 뜻일 때는 hay의 형태로만 쓰입니다. 그리고 뒤에는 명사를 넣는데, 이 명사의 수나 인칭이 변해도 hay의 형태는 바뀌지 않습니다.

단, 주의할 점은 hay 동사 뒤에는 절대로 el, la, los, las 같은 관사가 나올 수 없습니다. 수량을 알 수 있는 경우에는 un, una, unos, unas가 오거나, 수량이 많은 경우에는 mucho, mucha, muchos, muchas를 명사 앞에 넣어 주면 됩니다. 일곱 과 만에 드디어 변형되지 않는 동사가 나왔다 싶었는데, 뒤에 나오는 관사에 제약이 있네요. 수량을 말하고 싶지 않고 단순히 '책이 책상 위에 있다.'라고 말하고 싶을 때는 Hay libro sobre la mesa.처럼 아예 관사를 빼기도 하니 알아 두세요.

Hay ~

~이 있어

hay는 영어의 there is/are에 해당되는 표현입니다. 이 때 hay 동사는 뒤에 오는 명사의 수에 상관없이 변화하지 않는다는 특징이 있습니다. '다섯 명이 있다'도 hay cinco personas로, '한 명이 있다'도 hay una persona로 hay 동사의 변화 없이 말하면 됩니다.

PASO 1

1. 지하철에 사람이 정말 많아.　　　**Hay mucha gente en el metro.**

2. 극장에 사람이 조금밖에 없어.　　**Hay poca gente en el cine.**

3. 시내에 외국인 관광객들이 많아.　**Hay muchos turistas extranjeros en el centro.**

4. 주말에 길이 많이 막혀.　　　　　**Hay mucho atasco durante el fin de semana.**

5. 도서관에 학생들이 많아.　　　　**Hay muchos estudiantes en la biblioteca.**

PASO 2

1 주말에는 극장에 사람이 많다고 얘기할 때

H　Estoy muy aburrido. ¿Vemos alguna película juntos?

M　¿En el cine?

H　Claro. Parece que ponen una película de acción muy divertida en el cine.

M　No es una buena idea. 주말에는 극장에 사람이 정말 많아.

2 주말 계획에 대해서 물을 때

H　¿Este sábado tienes algún plan?

M　Todavía no. ¿Por qué?

H　¿Vamos fuera en mi coche?

M　Perdona. No quiero. 주말에는 차 많이 막히잖아.

1 H : 나 너무 지루해. 우리 같이 영화라도 볼까?
　　M : 극장에서?
　　H : 물론이지. 극장에서 재미있는 액션 영화 하는 것 같던데.
　　M : 좋은 생각이 아니야. Hay mucha gente en el cine durante el fin de semana.

2 H : 이번 토요일에 계획 있어?
　　M : 아직 없어. 왜?
　　H : 내 차로 야외로 나갈래?
　　M : 미안해. 가고 싶지 않아. Hay mucho atasco durante el fin de semana.

단어장

el/la turista 관광객
el atasco 교통체증
algún/alguna 어떤
poner ~을 놓다, 켜다, (영화, TV 프로그램을) 상영하다
el fin de semana 주말
la película de acción 액션 영화

¿No hay ~?

~이 없어?

hay 앞에 no만 붙여주면 '~이 없다'라는 표현이 된답니다. 공항에서 수하물을 찾는데 여행 가방을 찾을 수 없다면 ¡No hay mi maleta!라고 외치면 됩니다. 그리고 안내센터(centro de información)로 얼른 달려가 보세요.

PASO 1

1. 교실에는 아무도 없니? — **¿No hay nadie en el aula?**

2. 먹을 것이 아무것도 없어? — **¿No hay nada de comer?**

3. 마실 것이 아무것도 없어? — **¿No hay nada de beber?**

4. 방에 아무것도 없어? — **¿No hay nada en la habitación?**

5. 빈방 없어요? — **¿No hay ninguna habitación libre?**

PASO 2

1 비어 있는 객실이 있는지 물을 때

H La playa está llena de gente.
M Primero buscamos un hotel.
H Aquí hay un hotel. Parece que es un hotel muy lujoso.
M (En el hotel) 비어 있는 객실 없나요?

2 집에 마실 것이 아무것도 없을 때

H ¡Pasa, pasa! ¡Bienvenida a mi casa! ¡Siéntate aquí!
M ¡Qué casa tan buena!
H Perdona. Salgo un momento para comprar bebidas.
M 마실 게 전혀 없는 거야?

Tip

nada와 nadie의 차이점

nada는 우리말로 하면 '아무것'이라는 뜻으로 사물을 지칭합니다. '너 무슨 일이야?'라고 물어 '아무것도 아니야.'라고 대답할 때 쓸 수 있는 표현이 바로 nada지요. 그리고 No hay nada.가 되면 '아무것도 없어.'라는 말이 됩니다.

nadie는 '아무도'라는 뜻으로 사람을 지칭해요. '여기에 아무도 없어.'라고 말하고 싶다면, No hay nadie aquí.라고 쓰면 됩니다.

nada와 nadie가 문장 제일 앞에 올 때는 no를 생략한답니다.
Nadie hay en la oficina.
사무실에 아무도 없어.

---

1 H : 해변은 사람들로 가득해.
M : 우리 먼저 호텔 좀 찾아 보자.
H : 여기에 호텔이 하나 있네. 굉장히 고급스러운 호텔같다.
M : (호텔에서) ¿No hay ninguna habitación libre?

2 H : 들어와, 들어와! 우리집에 온 것을 환영해! 여기에 앉아!
M : 집 정말 좋다!
H : 미안해. 잠깐 음료수 사러 나갔다 올게.
M : ¿No hay nada de beber?

단어장

el aula 교실
libre 비어 있는
buscar 찾다
parece que ~인 것 같다
lujoso/a 고급스러운
bienvenido/a 환영하는

89

Hay que ~

~해야 해

hay에 que를 붙여 주면, '~해야 한다'는 표현이 됩니다. 앞에서 배운 tener que(~해야 한다)와의 차이점은 tener que는 어떤 사람을 콕 찍어 '(너는, 그녀는, 그들은) ~해야 해'로 표현하지만, hay que는 특정 주어가 아닌 일반적으로 어떤 일을 해야 한다고 강조할 때 쓸 수 있습니다. 그래서 hay 형태가 바뀌지 않는 겁니다.

PASO 1

1. 이 과제를 가능한 빨리 끝내야 해. **Hay que terminar este trabajo lo antes posible.**

2. 집에 빨리 들어가야 해. **Hay que volver pronto a casa.**

3. 천천히 운전해야 해. **Hay que conducir despacio.**

4. 가사일을 분담해야 해. **Hay que compartir la tarea doméstica.**

5. 법을 지켜야 해. **Hay que respetar las leyes.**

PASO 2

1 내일모레까지 과제를 끝내야 할 때

H 언제까지 과제를 끝내야 하지?
M Para pasado mañana.
H Nos queda poco tiempo.
M Sí, sí. Mañana todo el día hacemos el trabajo.

2 회사 동료의 교통사고 소식을 들었을 때

H ¿Has oído que la secretaria del director ha tenido un accidente de tráfico esta mañana?
M No, ¿en serio? ¿Es grave?
H Creo que no. Pero ella siempre conduce muy deprisa.
M 운전을 천천히 해야 하는데.

1 H: ¿Para cuándo hay que terminar el trabajo?
M: 내일모레까지.
H: 시간이 조금밖에 안 남았네.
M: 응, 맞아. 우리 내일 하루 종일 과제하자.

2 H: 사장님 비서가 오늘 아침에 교통사고 난 것 들었어?
M: 아니, 정말? 심각해?
H: 심각한 건 아닌 것 같아. 그런데 걔는 항상 급하게 운전하잖아.
M: Hay que conducir despacio.

Tip

유용한 부사 표현

a veces 가끔씩
A veces no quiero estudiar. 난 가끔씩 공부하고 싶지 않아.

casi 거의
Casi toda la gente llega tarde a la oficina. 거의 모든 사람이 사무실에 늦게 도착해.

frecuentemente 자주
Frecuentemente ella desayuna en este bar. 그녀는 이 바에서 자주 아침을 먹어.

deprisa 급하게
Mi jefe conduce muy deprisa. 나의 상사는 아주 급하게 운전을 한다.

despacio 천천히
Hable despacio, por favor. 천천히 얘기해 주세요.

단어장

el trabajo 일, 직장, 과제
conducir 운전하다
cf. 중남미에서는 manejar
despacio 천천히
↔ deprisa 급하게
la tarea doméstica 가사일, 집안일
todo el día 하루 종일
el accidente 사고
grave 심각한

Hay que tener ~

~을 가져야 해

여행 가는 친구에게 '조심해야 해!', 새로운 일을 시작하는 친구에게 '용기를 내야 해!'라고 말할 때 두루 쓸 수 있는 표현이 바로 hay que tener ~입니다. tener 동사 뒤에는 관사 el, la, los, las는 쓸 수 없기에, 관사를 빼주거나 부정관사 un, una, unos, unas만 넣을 수 있다는 것도 기억해 두세요.

PASO 1

1. 용기를 내야 해.
Hay que tener valor.

2. 인내심을 가져야 해.
Hay que tener paciencia.

3. 조심해야 해.
Hay que tener cuidado.

4. 사랑하기 위해서는 넓은 마음을 가져야 해.
Hay que tener un gran corazón para amar.

5. 은퇴에 대비하기 위해서는 저축한 것을 가지고 있어야 해.
Hay que tener ahorrado para afrontar la jubilación.

PASO 2

1 미국 유학 장학금을 신청할 때

H Pienso pedir una beca para estudiar en los Estados Unidos el año que viene. ¿Y tú?

M No lo sé. No quiero dejar todo aquí y si voy, todo el mundo me va a echar de menos.

H 야, 용기를 가져야지. Profesionalmente aquí no tienes mucho futuro.

M Tienes razón. Voy a pensarlo.

2 저축하는 것에 대해 얘기할 때

H Hoy yo voy a abrir una cuenta.

M ¿Otra vez? Ya tienes varias cuentas y ahorras todo lo que ganas.

H Sí, es verdad. 은퇴에 대비하기 위해서는 저축한 것을 가지고 있어야 해.

M Oye, todavía nos queda mucho tiempo.

1 H : 내년에 미국에서 공부할 수 있는 장학금을 신청할 거야. 너는?
M : 나는 모르겠어. 여기 있는 모든 것을 버리고 싶지 않아. 그리고 만약 내가 간다면, 모두들 나를 그리워할 거야.
H : Oye, hay que tener valor. 직업상 여기서는 미래가 없잖아.
M : 네 말이 맞아. 생각해 볼게.

2 H : 오늘 계좌 하나 만들 거야.
M : 또? 너는 통장을 여러 개 가지고 있고, 네가 버는 전부를 저축하잖아.
H : 응, 사실이야. Hay que tener ahorrado para afrontar la jubilación.
M : 이봐, 아직 우리에게 시간이 많이 남았다고.

Tip

은행에서 쓸 수 있는 표현

el cajero automático 현금인출기
la ventanilla (은행) 창구
la comisión 수수료
la tarjeta de débito 체크카드
la tarjeta de crédito 신용카드
el número de cuenta 계좌번호
el saldo 잔고
el carnet de identidad 신분증
el tipo de cambio 환율
sacar dinero 출금하다
depositar dinero 예금하다
transferir dinero 송금하다

단어장

el valor 용기
la paciencia 인내심
el corazón 마음, 심장
ahorrar 저축하다, 돈을 모으다
echar de menos 그리워하다
profesionalmente 직업적으로, 전문적으로
la cuenta 계좌, 계산서

UNIDAD 08. Deber

~해야만 한다
틀림없이 ~이다

deber 동사는 영어의 must와 같은 의미입니다. 영어에서 must는 have to보다 좀 더 강력한 의미를 갖죠. 스페인어에서도 deber는 tener que나 hay que보다 좀 더 강력하게 의무를 나타내거나 명령을 하는 표현입니다. 이 표현은 강압적인 느낌을 줄 수 있기 때문에 사용할 때 주의를 해야 합니다. 예를 들어 친구에게 ¡Tú debes ~! 표현을 반복해 말한다면, 친구 입장에서는 기분이 나쁠 수 있습니다. 추가로 deber 뒤에는 동사 원형을 쓴다는 것도 잊지 마세요.

또한 의무나 명령뿐 아니라, 한 가지 중요한 기능이 더 있습니다. must와 마찬가지로 추측할 때 쓸 수 있는데요, '틀림없이 ~이다'라는 뜻을 갖죠. 이때 deber 동사 뒤에는 de 를 써주고, 동사원형을 붙입니다.

★ deber(~해야만 한다, 틀림없이 ~이다) 동사 변화 ★

나	yo	debo
너	tú	debes
그, 그녀, 당신	él, ella, usted	debe
우리들	nosotros, as	debemos
너희들	vosotros, as	debéis
그들, 그녀들, 당신들	ellos, ellas, ustedes	deben

Tú debes + 동사원형

너는 ~해야만 해

deber 동사는 강한 명령을 뜻하는 표현이라고 했죠? 따라서 말하는 표정에 따라 상대방이 받아들이는 느낌이 달라집니다. 상대방을 많이 걱정하고 배려하는 느낌이 들게 하려면 미소를 지으며 얘기하는 게 좋습니다. 그러면 강압적이기보다는 되레 기분 좋은 표현이 될 수 있답니다.

PASO 1

1. 너는 식사 전에 손을 씻어야만 해. **Tú debes lavarte las manos antes de comer.**

2. 너는 일찍 잠을 자야만 해. **Tú debes acostarte temprano.**

3. 너는 첫 데이트에 시간 맞춰 도착해야만 해. **Tú debes llegar a tiempo a la primera cita.**

4. 너는 주말에는 쉬어야만 해. **Tú debes descansar el fin de semana.**

5. 너는 이 옷 손빨래해야만 해. **Tú debes lavar a mano esta ropa.**

PASO 2

1 식사 전에 손을 씻으라고 말할 때

H Huele muy bien. Es mi plato favorito "Paella".

M Por favor, ¿puedes poner la mesa?

H Sí, ahora pongo la mesa, umm... se me hace la boca agua.

M 후안, 너 밥 먹기 전에 손 씻어야만 해.

2 잠을 못 자는 친구가 걱정될 때

H Estos días yo duermo muy poco.

M ¿Por qué? Antes tú eras un dormilón.

H Cada vez que duermo, tengo pesadillas.

M 그래도 너는 좀 더 자야만 해.

---

1 H : 냄새 정말 좋다. 내가 제일 좋아하는 음식 '빠에야'네.

　 M : 부탁해, 상 좀 차려 줄래?

　 H : 응, 지금 할게, 음… 입에서 군침이 돈다.

　 M : Juán, tú debes lavarte las manos antes de comer.

2 H : 요즘 잠을 거의 못 자.

　 M : 왜? 너 전에는 잠이 많았잖아.

　 H : 매번 잘 때마다 악몽을 꾸거든.

　 M : Pero tú debes dormir más.

lavarse las manos 손을 씻다
acostarse 잠자리에 들다
llegar a tiempo 제시간에 도착하다
lavar a mano 손빨래하다
oler(3인칭 huele) 냄새가 나다
antes de ~하기 전에
el dormilón/la dormilona 잠꾸러기
la pesadilla 악몽

deber de + 동사원형

~하는 것이 분명해

deber 동사 뒤에 de를 넣어주면 '~하는 것이 분명해, ~하는 것이 틀림 없어'라는 추측의 표현이 됩니다. de 뒤에는 동사원형을 넣어 주세요.

PASO 1

1. 그는 집에서 지금 나가는 게 분명해. **Él** deber de **salir de casa ahora.**

2. 그는 사무실에서 퇴근하는 것이 분명해. **Él** deber de **salir de la oficina.**

3. 그녀는 남자친구와 헤어지는 것이 분명해. **Ella** debe de **romper con su novio.**

4. 내 친구는 직장을 그만두는 것이 분명해. **Mi amigo** debe de **dejar el trabajo.**

5. 그들은 거짓말을 하는 것이 분명해. **Ellos** deben de **mentir.**

PASO 2

1 사무실에 전화했는데 찾는 사람이 없을 때

H Oiga, ¿Puedo comunicarme con el señor López?

M No está.

H ¿Usted sabe cuándo él volverá a la oficina?

M No lo sé. 그는 회의 중인 게 분명해요.

2 회사에 출근하지 않은 동료가 걱정될 때

H ¿Sabes que hoy Luis no ha venido a la oficina?

M ¡Qué raro! Él es muy trabajador.

H Anoche él bebió mucho y hoy está enfermo.

M 여자친구와 헤어질 게 분명해.

---

1 H : 여보세요. 로페스 씨와 통화할 수 있을까요?
　　M : 안 계신데요.
　　H : 사무실에 언제 돌아오는지 아세요?
　　M : 모르겠는데요. Él debe de estar en una reunión.

2 H : 오늘 루이스가 회사에 오지 않은 거 알고 있어?
　　M : 이상하네! 그는 굉장히 성실하잖아.
　　H : 어젯밤에 술을 많이 마셔서 오늘 아프대.
　　M : Creo que él debe de romper con su novia.

단어장

salir de la oficina 퇴근하다

romper con ~와 헤어지다

dejar el trabajo 직장을 그만두다

comunicarse con ~와 대화하다, ~와 의사소통하다

anoche 어젯밤

95

UNIDAD 09. Poder

~할 수 있다

'~를 할 수 있다'는 뜻으로 영어에 can이 있다면, 스페인어에는 poder 동사가 있습니다. 단, can은 변화하지 않고 사용하지만, 스페인어의 poder 동사는 조금 복잡하게 변화한답니다. 동사 변화를 여러 번 소리 내어 읽으면서 외운다면 어려움 없이 말할 수 있는 표현입니다. poder 뒤에는 동사원형이 온다는 것도 기억해 두세요.

★ poder(~할 수 있다) 동사 변화 ★

나	yo	puedo
너	tú	puedes
그, 그녀, 당신	él, ella, usted	puede
우리들	nosotros, as	podemos
너희들	vosotros, as	podéis
그들, 그녀들, 당신들	ellos, ellas, ustedes	pueden

Yo puedo ~

나는 ~할 수 있어

'나는 ~할 수 있어'라고 자신 있게 말할 때 쓰는 표현이지요. poder 동사 뒤에는 일반적으로 동사원형이 온답니다. ¡Yo puedo hablar bien español!(나는 스페인어를 정말 잘할 수 있어!)라는 말을 자신 있게 외칠 수 있을 때까지, ¡Ánimo! 화이팅!

PASO 1

1. 나는 축구를 할 수 있어.　　　Yo puedo **jugar al fútbol.**

2. 나는 기타를 칠 수 있어.　　　Yo puedo **tocar la guitarra.**

3. 나는 운전할 수 있어.　　　　Yo puedo **conducir.**

4. 나는 이탈리아 요리를 만들 수 있어.　Yo puedo **cocinar la comida italiana.**

5. 나는 수영을 잘할 수 있어.　　Yo puedo **nadar bien.**

PASO 2

1 토요일에 축구할 수 있는지 물어볼 때

H ¿Puedes jugar al fútbol este sábado por la mañana?

M ¡Por supuesto! 축구할 수 있어.

H ¿Juegas bien?

M ¿No lo sabes? Todos dicen que soy una futbolista.

2 운전 중에 졸릴 때

H Ay, tengo sueño. Todavía nos queda mucho para llegar a Madrid.

M Yo conduzco. 나 운전 잘할 수 있어.

H ¿Tienes carné de conducir?

M Sí, lo tengo.

1 H : 이번 토요일 오전에 축구할 수 있어?
M : 물론이지! Puedo jugar al fútbol.
H : 넌 잘해?
M : 너 몰랐니? 모두들 나에게 축구선수라고 하는데 말야.

2 H : 에고, 졸려. 아직 마드리드에 도착하려면 많이 남았는데.
M : 내가 운전할게. Puedo conducir bien.
H : 운전면허증 있어?
M : 응, 가지고 있어.

MODELO 057

¿Puedo ~?

~ 해도 돼?

¿Puedo ~?는 '내가 ~할 수 있을까?' 즉 '내가 ~해도 될까?'라고 허락을 구하는 표현입니다. puedo 뒤에는 다양한 동사를 넣어서 유용하게 쓸 수 있습니다. 무언가를 써도 되냐고 물을 때 동사 usar를 이용해 ¿Puedo usar este vaso?(이 컵 사용해도 되나요?)라고 말하면 됩니다.

PASO 1

1. 이 잡지 읽어도 돼?   ¿Puedo **leer esta revista?**

2. 이 컴퓨터 사용해도 돼?   ¿Puedo **usar este ordenador?**

3. 네 핸드폰 사용해도 돼?   ¿Puedo **usar tu móvil?**

4. 먼저 퇴근해도 될까요?   ¿Puedo **salir más temprano?**

5. 이번 주말에 널 볼 수 있을까?   ¿Puedo **verte este fin de semana?**

PASO 2

1 급하게 컴퓨터를 사용해야 할 때

H Tengo que enviar un correo electrónico urgentemente.

M ¿A quién?

H A mi jefe. 이 컴퓨터 사용해도 돼?

M Creo que no. No es mío.

---

2 개인 용무로 일찍 퇴근해야 할 때

H ¿Hoy puedes hacer el trabajo extra?

M No. Hoy es el cumpleaños de mi marido. Hágame un favor solo esta vez.

H Entonces, ¿mañana?

M Sí, puedo. 오늘 6시 전에 퇴근해도 될까요?

1 H : 나 급하게 메일 한 통 보내야 하는데.
　M : 누구에게?
　H : 내 상사에게. ¿Puedo usar este ordenador?
　M : 안 될 것 같아. 내 것이 아니거든.

2 H : 오늘 야근할 수 있어?
　M : 아니요. 오늘 제 남편 생일이어서요. 이번 한 번만 봐 주세요.
　H : 그럼, 내일은?
　M : 네, 할 수 있어요. ¿Hoy puedo salir antes de las seis?

99

MODELO 058

¿Puedes ~?

~해 줄래?

직역하면 '너는 ~할 수 있어?'라는 뜻으로 ¿Puedes hablar español?은 '너 스페인어 할 수 있어?'라는 뜻이 됩니다. 하지만 ¿Puedes ~?는 '~해 줄래?, ~해 줘'라는 부탁의 뜻으로 더 많이 쓰입니다. 친구와 가족처럼 친한 사이에 가볍게 부탁할 때 많이 쓰이는 표현입니다.

PASO 1

1. 창문 좀 열어 줄래?　　　¿Puedes **abrir la ventana?**

2. 문 좀 닫아 줄래?　　　¿Puedes **cerrar la puerta?**

3. 숟가락 좀 갖다줄래?　　　¿Puedes **traer la cuchara?**

4. 물 좀 갖다줄래?　　　¿Puedes **traer un vaso de agua?**

5. 냅킨 좀 건네줄래?　　　¿Puedes **pasarme la servilleta?**

PASO 2

1 포크가 바닥에 떨어졌을 때

H ¡Ay! Se ha caído el tenedor. Ya que vas a la cocina, 포크 한 개 갖다줄래?

M Sí, ahora mismo. ¿Necesitas algo más?

H También un cuchillo, por favor. Gracias.

M De nada. Yo prepararé un té caliente como postres.

2 열이 나 누워 있을 때

H Creo que todavía tengo fiebre.

M Quédate más en la cama.

H 물 한 잔만 갖다줄래?

M ¿Agua fría o caliente?

---

1 H : 앳! 포크가 바닥에 떨어졌어. 부엌에 가는 김에.
　　¿puedes traer un tenedor?
　 M : 응, 지금 바로, 더 필요한 게 있어?
　 H : 나이프도, 부탁해. 고마워.
　 M : 천만에. 내가 후식으로 따뜻한 차 준비할게.

2 H : 나 아직 열이 나는 것 같아.
　 M : 침대에 좀 더 누워 있어.
　 H : ¿Puedes traerme un vaso de agua?
　 M : 차가운 물 아니면 뜨거운 물?

Tip

Ya que: ~하는 김에

¿Ya que vas a la biblioteca, puedes devolver este libro?
너 도서관 가는 김에, 이 책 좀 반납해 줄 수 있어?

¿Ya que bajas, puedes sacar la basura? 너 내려가는 김에, 쓰레기 좀 버려줄 수 있어?

단어장

abrir 열다 ↔ cerrar 닫다
la ventana 창문
traer 가지고 오다
la cuchara 숟가락
el tenedor 포크
el cuchillo 나이프
el vaso 컵
ya que ~하는 김에, ~하니까
la cama 침대

MODELO 059

¿Podría ~?

~해 주시겠어요?

¿Podría ~?라는 표현은 poder 동사의 가능법 형태입니다. 가능법이란 자신을 낮추거나, 공손하게 어떤 것을 부탁할 때 자주 쓰는 표현입니다. ¿Puedes ~?는 친한 사이에 사용한다면, ¿Podría ~?는 처음 본 사람에게 예의를 갖춰 사용하는 표현입니다.

PASO 1

1. 창문 좀 열어 주시겠어요?　　　　**¿Podría abrir la ventana?**

2. 볼륨 좀 낮춰 주시겠어요?　　　　**¿Podría bajar el volumen?**

3. 이 여행 가방 좀 옮겨 주시겠어요?　**¿Podría llevar esta maleta?**

4. 저 좀 도와주시겠어요?　　　　　　**¿Podría ayudarme?**

5. 냅킨 좀 건네주시겠어요?　　　　　**¿Podría pasarme la servilleta?**

PASO 2

1 레스토랑에서 냅킨과 계산서를 부탁할 때

H ¡Oiga! No hay servilletas. ¿Podría traerme una servilleta?

M Sí, ahora mismo.

H 그리고 계산서도 가져다 주시겠어요?

M Claro que sí.

---

2 한국 대사관의 위치를 물어볼 때

H ¡Disculpe! ¿Podría ayudarme?

M Sí, ¡Dígame!

H 한국 대사관이 어디에 있는지 아세요?

M La Embajada de Corea está detrás de aquel edificio.

---

1 H : 여기요! 냅킨이 없네요. 냅킨 좀 가져다 주시겠습니까?
M : 네, 지금 바로 가져다 드릴게요.
H : ¿También podría traer la cuenta?
M : 물론이죠.

2 H : 실례합니다. 저 좀 도와주시겠어요?
M : 네, 말씀하세요!
H : ¿Podría enseñarme dónde está la Embajada de Corea?
M : 한국 대사관은 저 건물 뒤편에 있어요.

Tip

레스토랑에서 쓸 수 있는 표현

pedir 주문하다
reservar 예약하다
recomendar 추천하다
la carta 메뉴판
la propina 팁
la cuenta 계산서
¡Oiga! 여기요!
¡Buen provecho! 맛있게 드세요!
Toda la comida está rica. 모든 음식이 다 맛있어요.

단어장

ayudar 돕다
la servilleta 냅킨
la cuenta 계산서
enseñar (학문, 새로운 것을) 가르치다, 알려주다
el edificio 건물

UNIDAD 10. Pensar/Creer

~를 생각하다

'~인 것 같아, ~라고 생각해'라고 쓸 수 있는 표현이 pensar와 creer 동사입니다. 직역하면 pensar는 '생각하다', creer는 '믿다'라는 뜻이지만 의견에 대해서 얘기할 때는 두 동사 모두 '~라고 생각해'라고 해석하면 됩니다. 두 동사 뒤에 어떤 전치사가 오느냐에 따라 의견 표현뿐 아니라 다양한 표현들을 만들 수 있습니다. 주의할 점은 pensar 동사는 불규칙동사여서 틀리지 않게 주의해야 한다는 것과, creer 동사는 중간 ee 부분을 길게 발음하지 않고 짧게 발음해야 한다는 것입니다. 잘 기억해 두세요.

★ pensar(~를 생각하다) 동사 변화 ★

나	yo	pienso
너	tú	piensas
그, 그녀, 당신	él, ella, usted	piensa
우리들	nosotros, as	pensamos
너희들	vosotros, as	pensáis
그들, 그녀들, 당신들	ellos, ellas, ustedes	piensan

★ creer(~를 생각하다) 동사 변화 ★

나	yo	creo
너	tú	crees
그, 그녀, 당신	él, ella, usted	cree
우리들	nosotros, as	creemos
너희들	vosotros, as	creéis
그들, 그녀들, 당신들	ellos, ellas, ustedes	creen

MODELO 060

Yo pienso en (lo que) ~

나는 ~에 대해 생각해

'~를 생각하다'라는 뜻의 pensar 동사 뒤에 전치사 en을 넣으면 '~에 대해 생각해'라는 표현이 됩니다. 보통 en 뒤에는 명사가 오지만, 동사를 넣어 '~하는 것'이라고 말하고 싶다면 lo que를 사용해 〈Yo pienso en lo que + 동사〉로 써주면 됩니다.

PASO 1

1. 나는 늘 너를 생각해. **Yo siempre pienso en ti.**

2. 나는 나의 장래를 생각해. **Yo pienso en mi futuro.**

3. 나는 나의 가족을 생각해. **Yo pienso en mi familia.**

4. 나는 내가 할 일을 생각해. **Yo pienso en lo que voy a hacer.**

5. 나는 네가 나에게 한 말에 대해 생각하고 있어. **Yo pienso en lo que tú me dices.**

PASO 2

1 멀리 떨어져 있어서 너무 보고 싶을 때

H Te echo mucho de menos.

M Después de diez días, podemos vernos.

H Pero ahora mismo quiero verte.

M Yo también. 나는 항상 너를 생각하는 걸.

2 친구에게 화났냐고 물어볼 때

H ¿Estás enojada conmigo? ¿Por qué tienes esa cara hoy?

M Nada, no te preocupes. Quiero estar sola.

H Pareces enojada.

M 그냥 네가 나에게 한 얘기에 대해 생각하고 있어.

---

1 H : 네가 너무 보고 싶어.
　 M : 열흘 후면 우리 볼 수 있잖아.
　 H : 그래도 지금 당장 네가 보고 싶어.
　 M : 나도 그래. Yo siempre pienso en ti.

2 H : 너 나한테 화났어? 오늘 표정이 왜 그래?
　 M : 전혀, 걱정하지 마. 나 혼자 있고 싶어.
　 H : 너 화나 보여.
　 M : Yo solo pienso en lo que tú me dices.

Tip

나쁘게 생각하다 & 좋게 생각하다

'~에 대해서 나쁘게 생각한다'는 표현을 쓸 때는 전치사 de를 써서 〈pensar mal de + 명사〉 형태가 됩니다.

Mis padres piensan mal de mi novia. 나의 부모님은 내 여자친구에 대해서 나쁘게 생각하셔.

Mi jefe piensa mal de mí. 내 상사는 나에 대해서 안 좋게 생각해.

이때 mal 대신 bien을 써주면 '~에 대해서 좋게 생각한다'는 의미가 됩니다.

Mis abuelos siempre piensan bien de mi harmana mayor. 나의 조부모님은 항상 우리 언니에 대해서 좋게 생각하신다.

단어장

después de ~이후에
ahora mismo 오늘 당장
estar enojado/a con ~에게 화난 상태이다
parecer ~해 보이다

MODELO 061

¡No pienses ~!

~라고 생각하지 마!

이번에는 부정명령을 배워 봅시다. tú의 긍정명령은 현재형의 3인칭 동사형을 사용해서 비교적 간단하다면, tú의 부정명령은 접속법 형태에서 오기 때문에 많이 까다롭습니다. 그래서 동사가 나올 때마다 따로 익혀 둬야 합니다. '생각하지 마'는 ¡No pienses!로, '생각해!'는 ¡Piensa!라고 말해 보세요.

PASO 1

1. 생각하지 말고, 느껴봐!   **¡No pienses, siente!**

2. 실패에 대해서 생각하지 말고, 행동해!   **¡No pienses en el fracaso, actúa!**

3. 나에 대해서 나쁘게 생각하지 마!   **¡No pienses mal de mí!**

4. 내가 너를 사랑한다고 생각하지 마!   **¡No pienses que te amo!**

5. 인생이 어렵다고 생각하지 마!   **¡No pienses que la vida es difícil!**

PASO 2

1 조언해 준 것에 대해 친구가 오해할 때

H ¿Cómo me puedes hablar así?

M Te lo digo por tu bien.

H No creo.

M 나에 대해 제발 나쁘게 생각하지 마.

2 시험에 떨어져 낙심한 친구와 대화할 때

H Te quedas todo el día en tu habitación.

M Desde que suspendí el examen, no tengo confianza en mi misma.

H Mira, 더 이상 실패에 대해서는 생각하지 말고, 행동해!

M ¡Dame más tiempo!

---

1 H : 나에게 어떻게 그렇게 말할 수 있니?
   M : 너 잘 되라고 그렇게 얘기하는 거야.
   H : 나는 그렇게 생각하지 않아.
   M : No pienses mal de mí, por favor.

2 H : 너 하루 종일 방에 있잖아.
   M : 시험에서 떨어진 이후로, 나에게 자신이 없어.
   H : 봐봐, ¡no pienses más en fracaso, actúa!
   M : 나에게 시간 좀 더 줘!

단 어 장

actuar 행동하다, 실행하다
quedarse en ~에 머물다
la habitación 방
suspender 불합격하다, 낙제하다
la confianza 신뢰, 확신

105

Yo creo ~

나는 ~라고 믿어

'~를 믿어'라는 yo creo에 전치사 en을 붙이면, 어떤 사람이나 대상을 믿는다는 표현이 됩니다. Yo creo 뒤에 문장을 넣고 싶다면, que를 붙인 후 문장을 이어나가면 됩니다. Yo creo que ~ 도 일상생활에서 정말 자주 쓰이는 표현이니 입에 붙게 연습해 봅시다.

PASO 1

1. 나는 너를 믿어.　　　　**Yo creo en ti.**

2. 나는 사랑을 믿어.　　　**Yo creo en el amor.**

3. 나는 정의를 믿어.　　　**Yo creo en la justicia.**

4. 나는 모든 것이 잘 풀릴 거라고 믿어.　**Yo creo que todo saldrá bien.**

5. 나는 상황이 좋아질 거라고 믿어.　**Yo creo que la situación mejorará.**

PASO 2

1 직장 면접을 앞둔 친구를 격려할 때

H　Mañana es la entrevista de trabajo.

M　나는 다 잘 풀릴 거라고 믿어.

H　¿Tú crees? No lo sé.

M　Ten confianza.

2 실업 문제에 대해 대화할 때

H　Mira, el periódico. El paro es un problema muy grave.

M　나는 실업 문제가 좋아질 거라 믿어.

H　No creo. Encontrar un buen trabajo es cada vez más difícil.

M　Tienes razón.

1 H : 내일 직장 면접일이네.
M : Yo creo que todo saldrá bien.
H : 너 그렇게 믿는 거야? 난 모르겠어.
M : 자신감을 가져.

2 H : 신문 좀 봐봐. 실업은 정말 심각한 문제야.
M : Yo creo que el problema de paro mejorará.
H : 나는 그렇게 믿지 않아. 좋은 직장을 찾는 것은 점점 더 어려워지거든.
M : 네 말에 일리가 있어.

단어장

la justicia 정의
salir bien 일이 잘 풀리다
la entrevista 면접, 인터뷰
el periódico 신문
mejorar (상태가) 좋아지다, 더 나아지다
cada vez 점점 더
tener razón ~의 말에 일리가 있다

MODELO 063

Pienso que ~

나는 ~라고 생각해

pensar 동사도 creer 동사와 마찬가지로 동사 뒤에 〈que + 문장〉을 붙여서, 의견을 제시하거나 생각하고 있는 것에 대해 얘기할 때 쓸 수 있는 표현입니다. pensar 동사는 pienso, piensas, piensa, pensamos, pensáis, piensan로 불규칙하게 변화되는 것 기억해 두세요.

PASO 1

1. 나는 네가 틀렸다고 생각해.　　　　Pienso que **tú estás equivocado/a.**

2. 나는 그가 나쁘다고 생각해.　　　　Pienso que **él es malo.**

3. 나는 문제가 없다고 생각해.　　　　Pienso que **no hay ningún problema.**

4. 나는 회의가 취소될 거라고 생각해.　Pienso que **la reunión se va a cancelar.**

5. 나는 그가 시험에 합격할 거라고 생각해.　Pienso que **él va a aprobar el examen.**

PASO 2

1 시험 직전 긴장한 친구에게

H　Me quedo en blanco. No me acuerdo de nada.

M　¡Tranquilo! 나는 네가 시험에 합격할 거라고 믿어.

H　No lo creo.

M　¡No seas pesimista!

2 고시를 준비하는 친구에 대해 얘기할 때

H　Hace mucho tiempo que no veo a Miguel.

M　Parece que él prepara una oposición.

H　¿Él estudia mucho?

M　Sí, todo el día. 나는 걔가 시험에 합격할 거라고 생각해.

---

1 H : 나 완전히 백지야. 아무것도 기억이 안 나.
　M : 진정해! Pienso que tú vas a aprobar el examen.
　H : 난 믿지 않아.
　M : 비관적으로 생각하지 매

2 H : 나 미겔을 안 본 지 너무 오래됐어.
　M : 걔는 지금 고시를 준비하고 있는 것 같던데.
　H : 걔 공부 많이 하지?
　M : 응, 하루 종일. Pienso que él va a aprobar el examen.

Tip

머릿 속이 백지야 & 입이 떡 벌어져 & 돌처럼 굳었어

Me quedo en blanco. (나 완전히 백지야.)는 blanco가 '하얀색의'라는 뜻으로 머릿속에 아무 생각 없이 하얗게 됐을 때 쓸 수 있어요.

만약 너무 놀라거나 황당해서 입이 떡~ 벌어질 때는 Me quedo con la boca abierta.(입이 떡 벌어졌어.)를 써 보세요.

하나 더! 너무 당황해서 '나 돌처럼 굳었어.'라고 말하고 싶을 때는 '돌'이라는 의미의 piedra를 써서 Me quedo de piedra.라고 쓰면 됩니다. 스페인어와 한국어 표현들이 굉장히 비슷하죠?

단어장

estar equivocado/a 틀리다, 실수하다
aprobar 합격하다
cancelarse 취소되다
quedarse en blanco (머릿 속이) 하얗게 되다, 기억이 안 나다
acordarse de ~를 기억하다
la oposición 고시

¿Tú piensas que va a ~?

너는 ~할 거라고 생각해?

¿Tú piensas que ~? 뒤에 〈ir a + 동사원형〉이 붙었네요. 〈ir a + 동사원형〉은 영어의 be going to와 같다고 했죠? 미래를 얘기하거나, 앞으로 일어날 일에 대해 예상할 때 쓸 수 있는 표현입니다. 이번에는 날씨에 대한 생각을 묻는 표현들만 공부하니 3인칭 va a 형태로만 씁니다.

PASO 1

1. 너는 날씨가 좋아질 거라고 생각해?
¿Tú piensas que el tiempo va a mejorar?

2. 너는 내일 날씨가 안 좋을 거라고 생각해?
¿Tú piensas que mañana va a hacer mal tiempo?

3. 너는 내일 바람이 많이 불 거라고 생각해?
¿Tú piensas que mañana va a hacer mucho viento?

4. 너는 비가 올 거라고 생각해?
¿Tú piensas que va a llover?

5. 너는 눈이 올 거라고 생각해?
¿Tú piensas que va a nevar?

Tip
¿Qué tiempo hace hoy?
오늘 날씨가 어때?

Hace sol. 날씨가 맑다.
Hace mal tiempo. 날씨가 안 좋다.
Hace fresco. 날씨가 선선하다.
Hace calor. 날씨가 덥다.
Hace frío. 날씨가 춥다.

PASO 2

1 일기예보를 보고 싶을 때

H Ponemos la televisión.
M ¿Qué programa quieres ver?
H La noticia. A ver si mañana hace buen tiempo.
M 내일 비가 그칠 거라고 생각하는 거야?

2 눈이 올 것을 대비해 차를 가져가지 말라고 할 때

H ¿Esta noche vas al centro en coche?
M Por supuesto. No quiero coger el metro.
H Está nublado. No lleves el coche.
M 오늘밤 눈이 올 거라고 생각하는 거야?

1 H : 우리 TV 켜자.
M : 무슨 프로그램 보고 싶은데?
H : 뉴스. 내일 날씨가 좋은지 보려고.
M : ¿Tú piensas que mañana va a parar de llover?

2 H : 오늘 밤에 차로 시내 나갈 거야?
M : 물론이지. 지하철 타는 것 싫어.
H : 날씨가 흐려. 차 가져가지 마.
M : ¿Tú piensas que va a nevar esta noche?

단어장
mejorar 더 나아지다, 더 좋아지다
hacer viento 바람이 불다
estar nublado 구름이 껴서 흐리다
llover 비가 오다
nevar 눈이 오다

¿Tú piensas que yo soy ~?

너는 내가 ~라고 생각해?

동사 뒤에 문장을 쓰고 싶으면 뒤에 que를 붙인다고 앞에서 여러 번 배웠죠? 이번에는 que 뒤에 '나는 ~이다'라는 yo soy를 붙여 '너는 내가 ~라고 생각해?'라고 묻는 법을 배워 봅시다. 상대방에게 자신이 어떤 사람인지 확인하고 싶을 때 쓸 수 있겠죠?

PASO 1

1. 너는 내가 바보라고 생각해?   **¿Tú piensas que yo soy tonto/a?**

2. 너는 내가 이기적이라고 생각해?   **¿Tú piensas que yo soy egoísta?**

3. 너는 내가 구두쇠라고 생각해?   **¿Tú piensas que yo soy tacaño/a?**

4. 너는 내가 바람둥이라고 생각해?   **¿Tú piensas que yo soy mujeriego?**

5. 너는 내가 성실하지 않다고 생각해?   **¿Tú piensas que yo soy vago/a?**

PASO 2

1 구두쇠 친구와 대화할 때

H   Elena, 너는 내가 구두쇠라고 생각해?

M   Pues, a veces.

H   Yo siempre te invito a cafés y hamburguesas.

M   No digas 'siempre'. Solo me invitas una vez al mes.

2 부부 싸움을 할 때

H   Este fin de semana, voy a jugar al golf con mis compañeros de trabajo.

M   ¿Yo me quedo en casa con el bebé?

H   당신은 내가 이기적이라고 생각해?

M   Sí, eres egoísta. No puedo cuidar sola a nuestro bebé.

1 H : 엘레나, ¿tú piensas que yo soy tacaño?
M : 음, 가끔은.
H : 너에게 항상 커피와 햄버거도 사잖아.
M : '항상'이라고 말하지 마. 겨우 한 달에 한 번 정도 사잖아.

2 H : 이번 주말에 직장 동료들과 골프 치러 갈 거야.
M : 나는 아기와 집에 있으라고?
H : ¿Tú piensas que soy egoísta?
M : 응, 당신은 이기적이야. 혼자서 아기를 돌볼 수는 없어.

109

UNIDAD 11. Saber

~를 알다

'~를 알고 있어'라고 말하고 싶을 때 쓰는 동사가 바로 saber입니다. 어떤 사실을 알고 있을 때나 어떤 것을 배워서 할 줄 알 때 주로 쓰이는 표현입니다. 모든 인칭이 규칙 변화이지만, 1인칭 yo 형태만 sé로 불규칙 변화합니다. 또한 saber 뒤에 바로 의문사 dónde, con quién 등이 와서 ¿Tú sabes dónde está el perro? (너 걔가 어디에 있는지 알고 있니?)처럼 쓰기도 합니다.

★ saber(~를 알다) 동사 변화 ★

나	yo	sé
너	tú	sabes
그, 그녀, 당신	él, ella, usted	sabe
우리들	nosotros, as	sabemos
너희들	vosotros, as	sabéis
그들, 그녀들, 당신들	ellos, ellas, ustedes	saben

Yo sé ~

나는 ~할 줄 알아

saber 동사의 1인칭은 sé로 불규칙 변화한다는 것은 앞에서 얘기했죠. 이 saber 동사는 직역하면 '~를 안다'지만 '(배워서) 할 줄 안다'라는 뜻으로 자주 쓰인답니다. Yo sé 뒤에 동사원형을 넣어 자신의 특기에 대해서 표현해 보면 어떨까요?

PASO 1

1. 나는 스키를 탈 줄 알아.　　　　**Yo sé esquiar.**

2. 나는 드럼을 칠 줄 알아.　　　　**Yo sé tocar la batería.**

3. 나는 프랑스어를 말할 줄 알아.　**Yo sé hablar francés.**

4. 나는 이 프로그램을 사용할 줄 알아.　**Yo sé usar este programa.**

5. 나는 멕시코 음식을 할 줄 알아.　**Yo sé cocinar la comida mexicana.**

PASO 2

1 피아노를 칠 수 있다고 말할 때

H　Yo quiero aprender a tocar el piano.

M　나 피아노 칠 줄 알아.

H　No lo sabía. ¿Puedes enseñarme?

M　Si quieres, te enseño.

2 컴퓨터를 잘 못하는 친구를 도와줄 때

H　¿Cuántas horas estás sentada delante del ordenador?

M　Yo estoy sentada más de tres horas. No sé cómo funciona este programa.

H　난 이 프로그램을 사용할 줄 알아.

M　¡Qué bien!

---

1 H : 피아노 치는 것을 배우고 싶어.
　 M : Yo sé tocar el piano.
　 H : 그런 줄 몰랐어. 나 가르쳐 줄 수 있어?
　 M : 원한다면, 가르쳐 줄게.

2 H : 너 컴퓨터 앞에서 몇 시간 앉아 있는 거야?
　 M : 3시간 이상 앉아 있어. 이 프로그램이 어떻게 작동하는지 잘 모르겠어.
　 H : Yo sé usar este programa.
　 M : 다행이다!

단어장

la batería 드럼
el francés 프랑스어
aprender a+동사원형
~을 배우다
estar sentado/a 앉아 있다
más de ~ 이상
funcionar 작동하다

¿Tú sabes ~?

너 ~할 줄 알아?

'너 ~할 줄 알아'라고 말하고 싶다면, 이제 바로 ¿Tú sabes ~?라는 말이 나와야겠지요? 앞에서 배운 동사들을 sabes 뒤에 붙여서 연습해 보세요. saber 뒤에는 전치사가 붙지 않고 바로 동사원형이 나오기에 쉽게 사용할 수 있는 패턴입니다.

PASO 1

1. 너 자전거 탈 줄 알아?　　　¿Tú sabes **montar en bicicleta?**

2. 너 핸드폰 고칠 줄 알아?　　¿Tú sabes **reparar el móvil?**

3. 너 악기 좀 다룰 줄 알아?　　¿Tú sabes **tocar algún instrumento musical?**

4. 너 컴퓨터 사용할 줄 알아?　¿Tú sabes **usar el ordenador?**

5. 너 수영할 줄 알아?　　　　　¿Tú sabes **nadar?**

PASO 2

1 자전거 탈 수 있는지 물을 때

H　Ya estamos en otoño. Hace fresco.

M　Oye, 너 자전거 탈 수 있어?

H　Más o menos. La verdad es que tengo miedo.

M　¿Mañana tienes tiempo? Te enseño.

2 수영할 수 있는지 물을 때

H　너 수영할 줄 알아?

M　Sí, ¿por qué?

H　Desde esta primavera yo aprendo a bucear. Es muy interesante.

M　¿Dónde aprendes a bucear?

1 H : 이제 가을이네. 날씨도 선선하고.
　 M : 야, ¿tú sabes montar en bicicleta?
　 H : 그럭저럭. 사실은 무서워.
　 M : 내일 시간 있어? 내가 가르쳐 줄게.

2 H : ¿Sabes nadar?
　 M : 응, 왜?
　 H : 내가 이번 봄부터 스킨스쿠버를 배우고 있는데, 정말 재미있어.
　 M : 어디서 스킨스쿠버를 배우는데?

Tip

¡Oye! & ¡Oiga!

친구나 가족, 친한 사람을 편하게 '야~!' 라고 부를 때 ¡Oye! 를 쓸 수 있어요.
하지만 길에서 모르는 사람에게 길을 물어 보려고 '저기요!'라고 부를 때는 ¡Oiga!라고 쓴답니다.
레스토랑에서도 점원을 부를 때도 ¡Oiga!라고 부르는 것이 좋습니다.

단어장

montar en bicicleta
자전거를 타다
reparar 수리하다
el instrumento musical
악기
el otoño 가을
La verdad es que
사실은 말이지
bucear 잠수하다, 스킨스쿠버하다

Yo sé que ~

나는 ~라는 것을 알아

'나는 ~을 안다'라는 뜻의 Yo sé 뒤에 문장을 붙이고 싶을 땐 que를 붙이겠죠? que를 붙이고 뒤에 문장을 넣어 주면 더욱 풍부한 말을 할 수 있습니다. 그리고 어떤 사실을 이미 알고 있다는 것을 강조하고 싶을 때는 ya(이미)를 넣어 주면 더욱 맛깔스러운 표현이 됩니다.

PASO 1

1. 나는 네가 휴가 중이라는 거 알아.   Yo sé que **tú estás de vacaciones.**

2. 나는 네가 그를 싫어하는 거 알아.   Yo sé que **no te gusta él.**

3. 나는 그가 병원에 있는 것을 알아.   Yo sé que **él está en el hospital.**

4. 나는 네가 거짓말했다는 걸 이미 알아.   Yo sé que **ya tú mientes.**

5. 나는 그가 결혼한 것을 이미 알아.   Yo sé que **ya él está casado.**

PASO 2

1 회사에서 급하게 부를 때

H   ¿Dónde estás ahora? ¿Puedes venir a la oficina?

M   Ahora no puedo.

H   네가 휴가 중인 건 알고 있어. Pero te necesito.

M   Vale. Yo iré en media hora.

2 병원에 입원한 교수님에 관해서 얘기할 때

H   El profesor Kim se ha caído en la escalera esta mañana.

M   Ya lo sé. 그리고 병원에 계신 것도 알고 있어.

H   ¿Cuánto tiempo estará en el hospital?

M   Más o menos un mes.

---

1 H : 너 지금 어디에 있어? 사무실에 올 수 있어?
M : 지금은 안 되는데.
H : Yo sé que tú estás de vacaciones. 그래도 네가 필요해.
M : 알겠어. 30분 안에 갈게.

2 H : 김 교수님이 오늘 아침에 계단에서 넘어지셨어.
M : 이미 알고 있어. Yo sé que ahora él está en el hospital.
H : 얼마나 병원에 계실까?
M : 대략 한 달 정도일 것 같아.

단어장

mentir 거짓말하다
cf. la mentira 거짓말
casarse 결혼하다
medio/a 절반
media hora 30분
caerse 넘어지다
la escalera 계단
el mes 달

114

MODELO 069

¿~ sabe que ...?

~는 …라는 것을 알고 있어?

이번에는 3인칭으로 말해 볼까요? saber 동사 변화는 1인칭을 제외하고는 규칙 변화이기 때문에 어렵지 않은 편입니다. 하지만 복병은 saber que 뒤에 이어지는 문장들이 대체로 길다는 점이지요. 그래도 뜯어보면 쉬운 표현인 경우가 많습니다. 긴 문장에 겁먹지 않도록 아래 예문들을 충분히 말해 보세요.

PASO 1

1. 그는 내가 한국 사람인 것을 알고 있어?   **¿Él sabe que yo soy coreano/a?**

2. 그녀는 쿠바가 위험한 나라인 것을 알고 있어?   **¿Ella sabe que Cuba es un país peligroso?**

3. 너희 아버지는 한국이 안전한 나라인 것 알고 계셔?   **¿Tu padre sabe que Corea es un país seguro?**

4. 너희 교수님은 네가 매일 복습하고 있는 것 알고 계셔?   **¿Tu profesor sabe que tú repasas todos los días?**

5. 걔는 오늘 수업이 없는 것 알고 있어?   **¿Él sabe que hoy no hay clase?**

PASO 2

1 부모님이 콜롬비아에 가는 것을 허락하지 않을 때

H Mis padres no me permiten ir a Colombia.

M 너희 부모님은 네가 콜롬비아에서 스페인어 공부하고 싶어 하는 것 아셔?

H Sí, pero dicen que es un país muy peligroso.

M Una vez más hablas con tus padres.

2 시험 날짜가 변경된 것에 관해서

H ¿Sabes que ya ha aplazado el examen final para el jueves?

M ¿En serio? 다른 애들은 시험 날짜가 바뀐 것 알고 있어?

H No, pero van a recibir un mensaje de texto.

M Entonces tenemos dos días más.

---

1 H : 우리 부모님은 내가 콜롬비아에 가는 것을 허락하지 않으셔.
   M : ¿Tus padres saben que tú quieres estudiar español en Colombia?
   H : 응, 그런데 굉장히 위험한 나라라고 말씀하셔.
   M : 한 번 더 부모님과 얘기해 봐.

2 H : 너 기말고사가 목요일로 미뤄진 거 알고 있어?
   M : 정말? ¿Los otros saben que el día del examen ha cambiado?
   H : 아니, 그런데 문자 메시지로 받을 거야.
   M : 그럼 우리 이틀이 더 있는 거네.

단어장

peligroso/a 위험한
↔ seguro/a 안전한
repasar 복습하다
permitir 허락하다
el examen final 기말고사
el mensaje de texto
문자 메시지

115

MODELO
070

sabe (a) ~

~ 맛이 난다

saber는 '(무엇의) 맛이 나다'라는 뜻도 갖고 있습니다. '맛이 좋다, 나쁘다'고 말할 때는 saber 뒤에 bien, mal 같은 표현을 붙이고, '커피 맛이 난다'나 '케이크 맛이 난다'처럼 비교 대상이 있을 때는 saber 뒤에 전치사 a를 붙인 후 café(커피), pastel(케이크)처럼 관사 없는 명사를 쓰면 됩니다.

PASO 1

1. 이 커피는 아주 맛있네.　　　　**Este café** sabe **muy bien.**

2. 이 와인은 맛이 안 좋아.　　　　**Este vino** sabe **mal.**

3. 이 케이크는 치즈 맛이 나.　　　**Este pastel** sabe a **queso.**

4. 이 고기는 탄 맛이 나.　　　　　**Esta carne** sabe a **quemado.**

5. 우리의 사랑은 초콜릿 맛이야.　　**Nuestro amor** sabe a **chocolate.**

PASO 2

1 레스토랑에서 최고의 와인에 대해서 물어볼 때

H ¿Cuál es el mejor vino de este restaurante?

M Este vino tinto es el mejor. ¡Pruebe este vino!

H Gracias. Umm... 이 와인 정말 맛있네요.

M ¿Usted va a pedir una botella?

2 고기가 조금 탔을 때

H ¡Yo he preparado la cena para ti!

M Gracias. Tengo mucha hambre.

H ¡Siéntate aquí! ¡Toma esta carne!

M Está rica. 그런데 조금 탄 맛이 나.

1 H : 이 식당에서 최고의 와인은 무엇인가요?
　 M : 이 적포도주가 최고입니다. 이 와인 한번 시음해 보세요.
　 H : 감사합니다. 음… Este vino sabe muy bien.
　 M : 한 병 주문하시겠어요?

2 H : 너를 위해서 내가 저녁을 준비했어!
　 M : 고마워. 배 많이 고팠는데.
　 H : 여기 앉아! 이 고기 먹어봐!
　 M : 맛있다. Pero sabe un poco a quemado.

단어장

el pastel 케이크
el queso 치즈
quemado (음식이) 탄
el chocolate 초콜릿
la botella 병
la cena 저녁식사

116

¿Tú sabes si ~?

너 ~인지 아닌지 알고 있어?

si는 영어의 if처럼 '만약 ~라면'이라는 뜻과 '~인지 아닌지'라는 뜻을 동시에 갖고 있습니다. Tú sabes 뒤에 si를 넣어 ¿Tú sabes si ~?라고 말하면 '너는 ~인지 아닌지 알고 있니?'라는 표현이 됩니다.

PASO 1

1. 너는 내일 날씨가 맑을지 흐릴지 알아?   ¿Tú sabes si **mañana hace sol?**

2. 너는 내일모레 그녀가 올지 안 올지 알아?   ¿Tú sabes si **ella viene pasado mañana?**

3. 너는 회의가 취소될지 안 될지 알고 있어?   ¿Tú sabes si **la reunión se cancela?**

4. 너는 그녀가 임신했는지 안 했는지 알고 있어?   ¿Tú sabes si **ella está embarazada?**

5. 너는 그가 그의 전공을 좋아하는지 안 좋아하는지 알고 있어?   ¿Tú sabes si **a él le gusta su carrera?**

PASO 2

1 친구가 한국에 오는지 물어볼 때

H   너 아나가 한국에 오는지 안 오는지 알고 있어?

M   Dice que este agosto viene a Seúl un mes.

H   ¿Sabes cuándo viene exactamente?

M   No lo sé.

2 슈퍼에서 사야 할 것들에 대해서 물어볼 때

H   Ahora yo paso por el supermercado, ¿necesitas algo?

M   A ver. 집에 마실 게 있는지 없는지 알아?

H   Creo que no. Yo compraré bebidas, carne y pescado.

M   Bueno, luego nos vemos.

---

1 H : ¿Tú sabes si Ana viene a Corea?
M : 이번 8월에 한 달간 서울에 온다고 얘기하던데.
H : 정확하게 언제 오는지 알고 있어?
M : 그건 모르겠어.

2 H : 나 지금 슈퍼에 들를 건데, 너 필요한 것 있어?
M : 어디 보자. ¿Tú sabes si hay algo de bebidas en casa?
H : 없는 것 같은데. 내가 음료수와 고기, 생선 좀 살게.
M : 좋아, 그럼 이따 보자.

Tip

스페인어의 나열 규칙

우리말은 A와 B, C, D라고 말하는 반면에, 스페인에서는 A, B, C y D처럼 끝에 y를 넣어 말한답니다. 우리말에서는 '과일과 채소, 고기, 쌀'이라고 하는 반면, 스페인어에서는 fruta, verdura, carne y arroz이 되고, 우리말 '아이스크림과 푸딩, 초콜릿'은 helado, flan y chocolate이 되는 겁니다. '또는(o)'이라고 말할 때도 동일합니다.

단어장

hacer sol 날씨가 화창하다
estar embarazada 임신하다
la carrera 전공
agosto 8월
el pescado 생선
cf. el pez 물고기
luego 뒤에, 후에, 나중에

UNIDAD 12. Hacer

~를 하다

스페인어의 hacer 동사는 '~를 하다, ~를 만들다'라는 뜻을 기본으로 뒤에 오는 표현에 따라 다양한 의미를 갖습니다. 날씨를 표현할 때나 기간을 나타낼 때도 hacer 동사 하나면 충분합니다. 쓰임이 많은 hacer 동사, 예문으로 충분히 학습해 두세요. 그리고 동사 변화의 경우 모든 인칭이 규칙이지만, 1인칭만 hago로 변화되니 주의하세요.

★ hacer(~를 하다) 동사 변화 ★

나	yo	hago
너	tú	haces
그, 그녀, 당신	él, ella, usted	hace
우리들	nosotros, as	hacemos
너희들	vosotros, as	hacéis
그들, 그녀들, 당신들	ellos, ellas, ustedes	hacen

MODELO
072

Yo hago ~

나는 ~를 한다

hacer의 1인칭형은 hago로 불규칙하게 바뀝니다. 이 hago로 여러 가지 표현을 할 수 있는데요, 여행을 가기 위해 짐을 쌀 때는 hago la maleta, 운동을 할 때는 hago ejercicio처럼 hago 뒤에 다양한 표현을 붙여 보세요.

PASO 1

1. 나는 운동을 한다.　　　　　Yo hago **ejercicio.**

2. 나는 숙제를 한다.　　　　　Yo hago **la tarea.**

3. 나는 이불을 갠다.　　　　　Yo hago **la cama.**

4. 나는 짐을 싼다.　　　　　　Yo hago **la maleta.**

5. 나는 아침식사를 만든다.　　Yo hago **el desayuno.**

PASO 2

1 일주일에 몇 번 운동하는지 얘기할 때

H　¿Cuántas veces haces ejercicio a la semana?

M　나는 일주일에 한 번 운동해.

H　Tú haces muy poco ejercicio.

M　Porque no tengo tiempo.

2 공항 가기 전 짐을 챙길 때

H　¿A qué hora vas al aeropuerto?

M　Salgo de casa a las doce.

H　Pero ahora ¿qué haces?

M　짐 챙기고 있어.

---

1 H : 너는 일주일에 몇 번 운동하니?
　M : Yo hago ejercicio una vez a la semana.
　H : 운동 정말 조금 한다.
　M : 왜냐면 나는 시간이 없거든.

2 H : 너 공항에 몇 시에 가니?
　M : 집에서 12시에 나갈 거야.
　H : 그런데 지금 너 뭐하니?
　M : Yo hago la maleta.

Tip

관사에 따라 뜻이 달라지는 표현
hago ejercicio에서 주의할 점은 hago el ejercicio처럼 관사 el을 넣으면 '운동하다'가 아니라 '연습문제를 풀다'라는 뜻이 된다는 것입니다. 이 표현을 쓸 때는 관사를 주의하세요.

단어장

la tarea 숙제
el desayuno 아침식사
hacer la maleta 짐을 챙기다. 짐을 싸다
salir de ~에서 나가다
el aeropuerto 공항

Lo que quiero hacer ahora es ~ 내가 지금 하고 싶은 것은 ~야

동사 앞에 lo que를 써주면 '~하는 것'이라는 표현이 됩니다. 우리말에서도 '나는 ~을 하고 싶다'보다 '내가 하고 싶은 것은 ~이다'라고 말하면 좀 더 절실해 보이죠? 스페인어에서도 정말 원하고, 하고 싶은 일을 강조해서 말할 때 〈lo que + 동사〉를 쓰면 됩니다.

PASO 1

1. 내가 지금 하고 싶은 것은 자는 거야.   Lo que quiero hacer ahora es **dormir.**

2. 내가 지금 하고 싶은 것은 여행하는 거야.   Lo que quiero hacer ahora es **viajar.**

3. 내가 지금 하고 싶은 것은 집에 돌아가는 거야.   Lo que quiero hacer ahora es **volver a casa.**

4. 내가 지금 하고 싶은 것은 회사를 그만두는 거야.   Lo que quiero hacer ahora es **dejar el trabajo.**

5. 내가 지금 하고 싶은 것은 너와 대화하는 거야.   Lo que quiero hacer ahora es **hablar contigo.**

PASO 2

1 일이 너무 많아 직장을 그만두고 싶을 때

H Te pones muy pálida. ¿Qué te pasa?

M Estos días tengo mucho trabajo. Casi no puedo dormir.

H ¿Por qué no pides unos días de vacaciones?

M 내가 지금 하고 싶은 것은 직장을 그만두는 거야.

2 날씨가 더워서 빨리 샤워하고 싶을 때

H Hoy hace mucho calor. Hemos sudado mucho.

M ¿Puedo ducharme primero?

H Sí, pero antes de todo, comemos algo.

M No, 내가 지금 하고 싶은 것은 욕실에 가는 거야.

1 H : 너 많이 창백해 보여. 무슨 일이야?
   M : 요즘 일이 너무 많아. 거의 잠을 못 자.
   H : 며칠 휴가를 내는 게 어때?
   M : Lo que quiero hacer ahora es dejar el trabajo.

2 H : 오늘 날씨 정말 덥다. 우리 땀 정말 많이 흘렸어.
   M : 내가 먼저 샤워해도 돼?
   H : 응, 그런데 무엇보다 먼저, 뭐 좀 먹자.
   M : 아니, lo que quiero hacer ahora es ir al baño.

단어장

dormir 잠을 자다
hablar con ~와 대화하다
pálido/a 창백한
casi 거의
pedir(tú pides) 요청하다, 주문하다
sudar 땀을 흘리다
ducharse 샤워하다

MODELO 074

Hace + 날씨

날씨가 ~해

이번에는 날씨를 표현해 봅시다. 날씨에는 특별한 주어가 없으므로 항상 변함없이 3인칭 단수인 hace를 활용하면 됩니다. 날씨 표현은 일상생활뿐 아니라 처음 만나는 사람과 대화를 시작할 때 빠지지 않고 쓰는 표현이니 능숙하게 말할 수 있을 때까지 반복해서 연습해 보세요.

PASO 1

1. 날씨가 좋네.　　　　**Hace buen tiempo.**

2. 날씨가 좋지 않네.　　**Hace mal tiempo.**

3. 날씨가 아주 추워.　　**Hace mucho frío.**

4. 날씨가 조금 더워.　　**Hace poco calor.**

5. 날씨가 선선해.　　　**Hace fresco.**

PASO 2

1 오늘 날씨에 대해 물어볼 때

H ¿Qué tiempo hace hoy?

M 오늘 날씨가 좋지 않네.

H ¿Llueve?

M No, pero está nublado. Parece que va a llover.

2 스페인의 여름 날씨에 대해서 얘기할 때

H ¿Cómo es el clima de España en verano?

M 상당히 더워. La temperatura sube hasta los treinta y ocho grados.

H Pues, voy a ir a España en invierno.

M Yo prefiero ir a España en primavera.

---

1 H : 오늘 날씨 어때?
　M : Hoy hace mal tiempo.
　H : 비 와?
　M : 아니, 날씨가 흐려. 비가 올 것 같아.

2 H : 스페인의 여름 날씨는 어때?
　M : Hace mucho calor. 기온이 38도까지 올라가.
　H : 음, 스페인은 겨울에 가야겠다.
　M : 나는 스페인 봄에 가는 게 더 좋더라.

Tip

날씨를 표현하는 동사

날씨를 말할 때 hacer 동사와 estar 동사를 둘 다 쓰는데요. 동사 뒤에 날씨 표현이나 명사가 올 때는 hacer 동사를, 형용사가 올 때는 estar 동사를 써서 표현합니다.

Está nublado.
날씨가 흐리다.
Está despejado.
날씨가 개었다.
Está húmedo.
날씨가 습하다.
Está seco.
날씨가 건조하다.
Está caluroso.
날씨가 무덥다.

단어장

nublado 흐린
cf. la nube 구름
el clima 기후
la temperatura 기온
el invierno 겨울
la primavera 봄

MODELO 075

Hace ~ que yo ...

나는 …한 지 ~(의 시간이) 됐어

hace 뒤에 '시간'이나 '기간'이 나오고, que 뒤에 문장이 나오는 패턴입니다. '(어떤 일을 한 지) 얼마만큼의 기간/시간이 되었어'라는 의미입니다. 오랫동안 만나지 못한 친구에게 Hace mucho tiempo que no te veo.(너를 못 본 지 정말 오래됐어.)라고 메일을 보내 보면 어떨까요?

PASO 1

1. 나는 너를 못 본 지 정말 오래됐어. **Hace mucho tiempo que yo no te veo.**

2. 나는 너를 30분째 기다리고 있어. **Hace media hora que yo te espero.**

3. 나는 이 회사에서 5년째 일하고 있어. **Hace cinco años que yo trabajo en esta compañía.**

4. 나는 외국에서 3년째 살고 있어. **Hace tres años que yo vivo en el extranjero.**

5. 나는 이 동네에서 10년째 살고 있어. **Hace diez años que yo vivo en este barrio.**

PASO 2

1 매일 늦게 오는 친구에게 화낼 때

H ¿Por qué tú siempre llegas tarde?

M ¡Lo siento! Hay atasco. Yo llegaré en cinco minutos.

H 길에서 40분째 너를 기다리고 있어.

M Nunca llegaré tarde desde ahora.

2 오랜만에 어린 시절 친구를 만났을 때

H ¡Cuánto tiempo! Hace casi siete años que no nos vemos.

M Me alegro de verte.

H ¿Sigues viviendo aquí?

M Sí. 이 동네에서 15년째 살고 있어.

1 H : 왜 너는 항상 늦니?
  M : 정말 미안해! 차가 막혀서. 5분 안에 도착할 거야.
  H : Hace cuarenta minutos que te espero en la calle.
  M : 앞으로 절대로 늦지 않을게.

2 H : 얼마만이야! 거의 7년 동안 우리 서로 못 봤네.
  M : 만나서 정말 기쁘다.
  H : 여기서 계속 살고 있어?
  M : 응. Hace quince años que vivo en este barrio.

Tip

의외의 장소에서 아는 사람을 만났을 때 쓸 수 있는 표현

¡Qué casualidad!
우연이다!
El mundo es un pañuelo.
세상은 하나의 손수건이야. 세상 참 좁다.
¡Cuánto tiempo!
얼마만이야!
¡Estás cambiado/a!
너 변했다!
¡Qué alegría de verte!
너를 봐서 기뻐!

단어장

el extranjero 외국
el barrio 동네
minuto 분
seguir(tú sigues) 계속해서 ~하다, 쫓아가다

UNIDAD 13. Necesitar ~가 필요하다

necesitar 동사는 오랜만에 만나는 규칙동사입니다. -ar 동사 변화형으로 어미만 살짝 바꿔 주면 됩니다. necesitar 동사는 '~가 필요해, ~를 할 필요가 있어'라는 뜻으로, 영어의 necessary(필요한)와 어원이 같아 뜻도 비슷합니다. 그리고 necesitar 동사 뒤에는 명사나 동사원형 모두 올 수 있다는 점 기억해 두세요.

★ necesitar(~가 필요하다) 동사 변화 ★

나	yo	necesito
너	tú	necesitas
그, 그녀, 당신	él, ella, usted	necesita
우리들	nosotros, as	necesitamos
너희들	vosotros, as	necesitáis
그들, 그녀들, 당신들	ellos, ellas, ustedes	necesitan

Yo necesito ~

나는 ~이 필요해

지금 당장 어떤 것이 필요할 때, yo necesito ~라고 말하면 됩니다. 뒤에는 명사나 동사원형 모두 올 수 있고요. 명사가 올 때는 Yo necesito tiempo.(나 시간이 필요해.)처럼, 동사원형이 올 때는 Yo necesito adelgazar.(나는 살을 뺄 필요가 있어.)처럼 쓸 수 있습니다.

PASO 1

1. 나는 돈이 필요해.   **Yo necesito dinero.**

2. 나는 새 직장이 필요해.   **Yo necesito un nuevo trabajo.**

3. 나는 쉴 필요가 있어.   **Yo necesito descansar.**

4. 나는 스페인어를 완벽하게 할 필요가 있어.   **Yo necesito perfeccionar el español.**

5. 나는 생각할 시간이 필요해.   **Yo necesito tiempo para pensar.**

PASO 2

1 남자친구와 싸워서 생각할 시간이 필요할 때

H   ¿Has discutido con tu novio? ¿Por qué?

M   Es que él no me deja salir con mis amigos.

H   Yo que tú, no lo soportaría.

M   생각할 시간이 필요해.

2 집세 낼 돈이 부족할 때

H   ¿Puedes prestarme dinero?

M   ¿Para qué?

H   돈이 필요하거든. Mañana tengo que pagar el alquiler.

M   Vale, ¿pero cuándo me lo devuelves?

1 H : 남자친구와 싸웠어? 왜?
    M : 걔는 내가 친구들과 나가 노는 것을 가만 놔두지 않아.
    H : 내가 너라도, 그건 못 참을 것 같은데.
    M : Necesito tiempo para pensar.

2 H : 돈 좀 빌려줄 수 있어?
    M : 뭐 하려고?
    H : Necesito dinero. 내일 집세를 내야 해.
    M : 알겠어, 그런데 언제 돌려줄 건데?

단 어 장

perfeccionar 완벽하게 하다
tomarse tiempo 시간을 갖다
discutir con ~와 말다툼 하다, 토론하다
dejar + 동사원형 ~하는 것을 놔두다
yo que tú 내가 너라면
soportar 참다
el alquiler 집세
devolver 돌려주다, 반환하다

Yo no necesito ~

나는 ~이 필요 없어

MODELO
077

앞에서는 '~가 필요해'를 배웠다면, 이번에는 '~가 필요 없어'를 배워 보죠. 간단히 necesito 앞에 no를 넣어 주면 되겠죠? 이 패턴은 No te necesito más.(나는 네가 더 이상 필요 없어.)처럼 드라마에서도 자주 쓰이는 표현입니다. 잘 외워 두세요.

PASO 1

1. 나는 아무것도 필요 없어. **Yo no necesito nada.**

2. 나는 아무도 필요 없어. **Yo no necesito a nadie.**

3. 나는 사무실에 일찍 갈 필요가 없어. **Yo no necesito ir a la oficina temprano.**

4. 나는 돈을 모을 필요가 없어. **Yo no necesito ahorrar dinero.**

5. 나는 현금인출기에서 돈을 뽑을 필요가 없어. **Yo no necesito sacar dinero del cajero automático.**

PASO 2

1 힘들어 하는 친구에게 필요한 것이 있는지 물을 때

H ¿Necesitas algo? ¿Te traigo algo de comida?
M 아무것도 필요 없어. Por favor. ¡Déjame en paz!
H ¡Vale! Si necesitas algo, me llamas.
M Sí.

2 친구에게 돈을 빌려 달라고 할 때

H ¿Tienes dinero? ¿Puedes prestarme dinero?
M ¿Para qué? A ver. No tengo. Necesito sacar dinero.
H Para comprar un libro de gramática de español. Lo necesito en la escuela.
M Tengo uno nuevo en casa. 그럼 은행에 갈 필요 없네.

1 H : 너 뭐가 필요하니? 내가 먹을 것 좀 갖다 줄까?
M : No necesito nada. 부탁해. 나 좀 가만히 놔둬!
H : 알았어! 만약 필요한 게 있으면, 날 불러.
M : 응.

2 H : 너 돈 있어? 돈 좀 빌려 줄래?
M : 뭐 하려고? 어디 보자. 없네. 돈을 찾아야 해.
H : 스페인어 문법 책 사려고, 학교에서 책이 필요하거든.
M : 새 책이 집에 있어. Entonces no necesito ir al banco.

단어장

sacar dinero 돈을 뽑다, 인출하다
el cajero automático 현금인출기
dejar en paz 가만히 놔두다
traer(yo traigo) 가지고 오다
prestar 빌려 주다

127

MODELO 078

Lo que necesitas es ~

네가 필요한 것은 ~야

necesitar 동사 앞에 lo que를 넣어 '네가 필요한 것은'이라고 말해 보세요. 친구가 일이 많아 힘들어 한다면 Ahora lo que necesitas es descansar.(지금 네게 필요한 것은 쉬는 거야.) 라고 따뜻하게 한마디 건네 보면 좋을 것 같네요.

PASO 1

1. 네가 필요한 것은 사랑이야.
   Lo que necesitas es amor.

2. 네가 필요한 것은 다른 사람들의 도움이야.
   Lo que necesitas es ayuda de los demás.

3. 네가 필요한 것은 행복을 느끼는 거야.
   Lo que necesitas es sentir felicidad.

4. 네가 필요한 것은 모든 것을 잊는 거야.
   Lo que necesitas es olvidarte todo.

5. 네가 필요한 것은 많은 경험을 쌓는 거야.
   Lo que necesitas es tener muchas experiencias.

PASO 2

1 집을 떠나 혼자 살고 싶어 하는 친구에게 조언할 때

H Quiero vivir solo.

M ¿Por que dices eso?

H Yo estoy harto de los reproches de mi madre.

M 그래도 너에게 필요한 것은 가족의 사랑이야.

2 여자친구와 헤어진 친구를 위로할 때

H No puedo vivir sin ella.

M Pero ella ya te ha dejado.

H Creo que habrá algún motivo.

M Nada. 네가 필요한 것은 모든 것을 잊는 거야.

---

1 H : 혼자 살고 싶어.
  M : 왜 그렇게 얘기해?
  H : 엄마의 잔소리에 질렸어.
  M : Pero lo que necesitas es amor de la familia.

2 H : 나는 그 애 없이 살 수 없어.
  M : 그래도 그 앤 이미 너를 버렸어.
  H : 무슨 이유가 있을 거야.
  M : 전혀. Lo que necesitas es olvidarte todo.

단어장

la ayuda 도움
cf. ayudar 돕다
los demás 다른 사람들, 나머지 것들
la experiencia 경험
harto/a ~에 질린
los reproches 잔소리

128

UNIDAD 14. Sentir

～라고 느끼다
～인 것 같다

sentir 동사는 '～라고 느끼다, ～인 것 같다'라는 표현이에요. 중간 e 부분이 ie로 변화되는 불규칙동사이니 잘 기억해 두세요. sentir는 '미안해 하다, 유감이다'라는 뜻도 갖고 있는데요, 친구와 만나기로 한 시간에 약간 늦었다면 ¡Perdón!으로 넘어갈 수 있지만, 그 이상 늦었다면 sentir 동사를 활용해 ¡Lo siento!(정말 미안해!)라고 말하는 게 좋습니다. 또한 안 좋은 일을 겪은 사람에게나, 장례식에 가서도 역시, ¡Lo siento!(유감입니다!)라고 말해야 하는 것도 기억해 두세요.

★ sentir(～라고 느끼다, ～인 것 같다) 동사 변화 ★

나	yo	siento
너	tú	sientes
그, 그녀, 당신	él, ella, usted	siente
우리들	nosotros, as	sentimos
너희들	vosotros, as	sentís
그들, 그녀들, 당신들	ellos, ellas, ustedes	sienten

Yo siento ~

나는 ~인 것 같아

우리말에서 '추워.'를 '추운 것 같아.'라고 표현하기도 하죠. 스페인어에서도 이와 비슷하게 sentir 동사를 사용해 표현합니다. 1인칭인 경우 뒤에 명사가 올 때는 〈yo siento + 명사〉로, 뒤에 형용사가 올 때는 〈me siento + 형용사〉로 씁니다.

PASO 1

1. 나는 아픈 것 같아. **Yo siento dolor.**

2. 나는 슬픈 것 같아. **Yo siento tristeza.**

3. 나는 외로운 것 같아. **Yo siento soledad.**

4. 나는 한기가 든 것 같아. **Yo siento escalofríos.**

5. 나는 기쁜 것 같아. **Yo siento alegría.**

PASO 2

1 TV를 보며 우는 친구에게 한마디 할 때

H ¿Por qué lloras mientras ves la televisión?

M Mi actor favorito actúa demasiado bien. También tienes idolos favoritos.

H Sí, sí. 나도 내가 좋아하는 아이돌이 우는 모습을 볼 때 아프긴 해. Pero no lloro.

M Pues no eres una persona sensible.

2 언제 기쁜지 물어볼 때

H ¿Cuándo sientes alegría?

M ¿Yo? ¿Por qué me preguntas eso de repente?

H Solo quiero saberlo.

M Um... 네가 나에게 뭔가를 선물하면, 난 기뻐.

1 H : TV 보면서 왜 울어?
　M : 내가 좋아하는 배우가 너무 연기를 잘하잖아. 너도 네가 좋아하는 아이돌 있잖아.
　H : 응, 그렇지. Yo también siento dolor al ver a mis idolos llorar. 그렇지만 난 울지는 않아.
　M : 그건 네가 섬세하지 않아서 그런 거야.

2 H : 너는 언제 기쁘니?
　M : 나? 왜 갑자기 그런 걸 물어 보는데?
　H : 그냥 알고 싶어서.
　M : 음… Cuando me regalas algo, siento alegría.

단 어 장
el dolor 아픔
la soledad 외로움, 고독
al + 동사 ~를 할 때
de repente 갑자기
regalar 선물하다

130

MODELO 080

Me siento ~ cuando ...

…할 때 나는 ~라고 느껴

sentir 동사 앞에 재귀대명사 me를 넣어 주면, 뒤에 형용사가 옵니다. 〈siento + 명사〉와 같은 뜻이지만 〈me siento + 형용사〉가 생활 속에서 더 많이 쓰입니다. 또한 cuando는 강세의 유무에 따라 뜻이 달라지는데요. cuando에 강세가 있을 땐 '언제?', 강세가 없을 땐 '~할 때'라는 뜻입니다.

PASO 1

1. 나는 너와 함께 있을 때 안정감을 느껴.
Me siento seguro/a cuando estoy contigo.

2. 친구들이 나에 대해 험담하면 기분이 나빠.
Me siento mal cuando mis amigos hablan mal de mí.

3. 나는 시험 볼 때 떨려.
Me siento nervioso/a cuando hago un examen.

4. 나는 어떤 실수를 저지르면 좌절감을 느껴.
Me siento frustrado/a cuando cometo algún error.

5. 나는 내 소중한 사람들을 생각할 때 운이 좋다고 느껴.
Me siento afortunado/a cuando pienso en mis seres queridos.

Tip

Hablar mal de ~

누군가에 대해서 험담할 때 쓰는 표현이에요. de 뒤에는 대상이 나오는데요. 전치사 뒤에는 항상 전치격 인칭이 나오기에, yo 대신 mí, tú 대신 tí가 옵니다. 나머지 인칭들은 변화되지 않아요. 그리고 hablar(말하다) 동사 뒤에 bien을 써주면 '칭찬하다'는 뜻이 됩니다.

Ellos siempre hablan mal del jefe. 그들은 항상 상사에 대해서 험담한다.

A veces ella habla mal de mí. 가끔씩 그녀는 나에 대해 험담한다.

PASO 2

1 완벽주의자 친구와 대화할 때

H Tú eres demasiado perfeccionista.

M ¿Tú crees? Cuando era pequeña, era muy despistada.

H Yo también quiero ser perfeccionista.

M Sería bueno. 나는 일을 완벽하게 끝내지 않으면, 좌절감을 느끼거든.

---

2 예정보다 여행에서 일찍 돌아왔을 때

H ¿Ya vuelves de España?

M Sí, yo he vuelto más temprano de lo que pensaba.

H ¿Por qué? ¿No te gusta España?

M 혼자서 여행했더니 외롭더라고.

단어장

hablar mal de ~에 대해서 험담하다
frustrado/a 좌절한, 실망한
afortunado/a 운이 좋은
cometer un error 실수를 저지르다
seres queridos 아끼는, 소중한 존재들

---

1 H : 너는 정말 완벽주의자야.
　M : 그렇게 생각해? 어렸을 땐 정말 덤벙거렸는데.
　H : 나도 완벽주의자가 되고 싶어.
　M : 좋을 것 같아. Me siento frustrada cuando no termino el trabajo perfectamente.

2 H : 스페인에서 벌써 돌아온 거야?
　M : 응, 생각보다 더 일찍 돌아왔어.
　H : 왜? 스페인이 싫어?
　M : Porque me siento sola cuando viajo sola.

131

Me siento ~ aunque ...

…이지만 나는 ~해

자신의 기분을 나타낼 때는 〈siento + 명사〉와 〈me siento + 형용사〉가 모두 쓰인다고 배웠습니다. 이번에는 〈me siento + 형용사〉 뒤에 '비록 ~이지만'이라는 뜻을 가진 aunque를 붙여 주어 '…이지만 나는 ~해'라는 유용한 패턴을 배워 봅시다.

PASO 1

1. 돈이 없지만 행복해.　　**Me siento feliz aunque no tengo dinero.**

2. 10시간을 자도 피곤해.　　**Me siento cansado/a aunque duermo diez horas.**

3. 사람들에게 둘러싸여 있지만 외로워.　　**Me siento solo/a aunque estoy rodeado/a de gente.**

4. 네가 내 옆에 있지만 외로워.　　**Me siento solo/a aunque tú estás a mi lado.**

5. 계속 침대에 누워 있지만 상태는 많이 좋아진 것 같아.　　**Me siento mucho mejor aunque sigo en la cama.**

PASO 2

1 몸 상태가 좋지 않을 때

H　¿Cómo te encuentras?

M　머리가 조금 아프지만 훨씬 좋아졌어.

H　¿Has tomado medicina?

M　No, no me gusta tomar calmantes.

2 시골에 가서 살기로 결심했을 때

H　¿Por qué has decidido ir a vivir al campo?

M　A buscar la paz y la felicidad.

H　¿Ahora estás feliz?

M　Claro. 돈은 없지만 매우 행복해.

1 H : 몸 상태 좀 어때?
　　M : Me siento mucho mejor aunque me duele un poco la cabeza.
　　H : 약은 먹었어?
　　M : 아니, 진통제 먹는 것 좋아하지 않거든.

2 H : 왜 시골 가서 살기로 결정했어?
　　M : 평화와 행복을 찾기 위해서.
　　H : 지금은 행복해?
　　M : 물론이지. Me siento muy feliz aunque no tengo dinero.

단어장

rodeado/a de ～로 둘러싸인
seguir en la cama (아파서) 계속 침대에 누워 있다
la cabeza 머리
el calmante 진통제

UNIDAD 15. Quedar

~와 만나다, ~에 머물다
~에게 어울리다
…에게 ~가 남다

quedar는 여러 가지 의미를 가지고 있는 동사입니다. 첫째로, qudar는 '만나다'라는 뜻으로 쓰입니다. 두 번째로, qudar 동사 앞에 재귀대명사 me, te, se, nos, os, se를 붙여서 '~에 머물다'는 표현으로 쓰입니다. 세 번째로, qudar 동사 앞에 간접목적격대명사(~에게) me, te, le, nos, os, les를 넣어 '~에게 어울리다', '…에게 ~가 남다'라는 뜻도 갖고 있습니다.

★ quedar(~와 만나다) 동사 변화 ★

나	yo	quedo
너	tú	quedas
그, 그녀, 당신	él, ella, usted	queda
우리들	nosotros, as	quedamos
너희들	vosotros, as	quedáis
그들, 그녀들, 당신들	ellos, ellas, ustedes	quedan

★ quedar(~에 머물다) 동사 변화 ★

나	yo	me quedo
너	tú	te quedas
그, 그녀, 당신	él, ella, usted	se queda
우리들	nosotros, as	nos quedamos
너희들	vosotros, as	os quedáis
그들, 그녀들, 당신들	ellos, ellas, ustedes	se quedan

★ quedar(~에게 어울리다, …에게 ~가 남다) 동사 변화 ★

		단수/복수
나에게	A mí	me queda/quedan
너에게	A tí	te queda/quedan
그, 그녀, 당신에게	A él, ella, usted	le queda/quedan
우리들에게	A nosotros, as	nos queda/quedan
너희들에게	A vosotros, as	os queda/quedan
그들, 그녀들, 당신들에게	A ellos, ellas, ustedes	les queda/quedan

MODELO 082

Yo quedo ~

나는 ~와 만나

친구들과 약속이 있거나, 누군가와 만날 때 쓰는 동사가 quedar입니다. 하지만 이 표현은 주로 스페인에서 쓰이고, 중남미의 경우에는 encontrarse con을 사용합니다. 둘 다 잘 알아 두세요.

PASO 1

1. 나는 직장 동료들과 만나.

Yo quedo con mis compañeros de trabajo.

2. 나는 친구들과 7시에 만나.

Yo quedo con mis amigos a las siete.

3. 나는 그와 지하철 입구에서 만나.

Yo quedo con él en la boca de metro.

4. 나는 커피숍에서 만나.

Yo quedo en la cafetería.

5. 나는 수업 후에 만나.

Yo quedo después de la clase.

PASO 2

1 수업 후 친구와 약속을 정할 때

H ¿Tienes tiempo después de la clase?

M Sí, ¿Por qué?

H 우리 수업 끝나고 A 건물 입구에서 만나자.

M ¡Vale!

2 친구들과 약속이 있다고 말할 때

H ¡Hija! ¿Esta tarde puedes ayudarme?

M ¿A qué hora?

H Sobre las seis.

M No, 친구들하고 6시 반에 시내에서 만나기로 했어요.

1 H : 수업 끝나고 시간 있어?
M : 응, 왜?
H : Nosotros quedamos después de la clase en la entrada del Edificio A.
M : 좋아!

2 H : 딸! 오늘 오후에 나 좀 도와줄 수 있어?
M : 몇 시에요?
H : 6시 경에.
M : 안 돼요, yo quedo con mis amigos a las seis y media en el centro.

단 어 장

la entrada 입구, 입장권
el edificio 건물
sobre 시간, ~시경에
el centro 시내
el/la compañero/a de trabajo 직장 동료
después de ~후에

134

Me quedo en ~

나는 ~에 있어, 나는 ~에 머물러

> quedar를 재귀동사 형태로 만들어 주려면, 동사를 변화시키는 동시에 동사 앞에 me, te, se, nos, os, se를 넣어 줘야겠지요? 그 뒤에 전치사 en을 써주어 '~에 있다, ~에 머물다'라는 뜻으로 사용하면 됩니다.

PASO 1

1. 나는 주말에 집에 있어.
Me quedo en casa durante el fin de semana.

2. 나는 비 올 때 집에 있어.
Me quedo en casa cuando llueve.

3. 나는 일이 많을 때 사무실에 있어.
Me quedo en la oficina cuando tengo mucho trabajo.

4. 나는 출장갈 때 호텔에 묵어.
Me quedo en el hotel cuando estoy de viaje de negocios.

5. 나는 밤새 공부하며 도서관에 있어.
Me quedo toda la noche estudiando en la biblioteca.

PASO 2

1 출장 가는 친구와 대화할 때

H Este viernes voy de viaje de negocios.

M ¿A Nueva York? ¿Dónde te quedas en Nueva York?

H 호텔에 머물 거야.

M ¿No tienes a ningún conocido por ahí?

2 친구에게 내일 계획에 대해 물어볼 때

H ¿Tienes algún plan mañana?

M No. Pero según las noticias, mañana llueve.

H Mañana llueve, y ¿qué?

M 나는 비 올 때는 항상 집에 있거든.

---

1 H : 이번 금요일에 출장 가.
　M : 뉴욕으로? 뉴욕에서는 어디에 머물 거야?
　H : Me quedo en un hotel.
　M : 거기에 아는 사람 없어?

2 H : 내일 계획 좀 있니?
　M : 아니. 그런데 뉴스에 따르면, 내일 비 온대.
　H : 내일 비 오는데, 그게 왜?
　M : Me quedo siempre en casa cuando llueve.

Tip

ir 활용 표현 배우기

ir de viaje 여행을 가다
ir de viaje de negocios
출장을 가다
ir de vacaciones 휴가를
가다
ir de compras 쇼핑을 가다

단 어 장

el fin de semana 주말
el viaje de negocios 출장
el viernes 금요일
el plan 계획
según ~에 따르면, ~에
의하면

Te queda(n) bien/mal ~   너에게 ~이 잘 어울려/안 어울려

bien과 mal을 넣어 잘 어울리는지 안 어울리는지 말할 수 있습니다. '너에게 ~어울려'는 '너에게'를 뜻하는 te를 써주면 되죠? 뒤에 나오는 명사가 단수면 queda, 복수면 quedan으로 바뀌는 것만 주의하세요.

PASO 1

1. 너에게 이 티셔츠 잘 어울려. **Te queda bien esta camiseta.**

2. 너에게 이 색깔 잘 어울려. **Te queda bien este color.**

3. 너에게 이 머리스타일 안 어울려. **Te queda mal este peinado.**

4. 너에게 안경이 잘 어울려. **Te quedan bien las gafas.**

5. 너에게 이 바지 안 어울려. **Te quedan mal estos pantalones.**

PASO 2

1 쇼핑가서 옷을 살 때

H ¿Qué tal esta camisa a cuadros?

M Esta camisa azul está mucho mejor que esa camisa.

H Entonces voy a probar las dos en el probador.

M ¡Vaya! 너에게 둘 다 아주 잘 어울려.

2 친구에게 머리가 안 어울린다고 말해줄 때

H Me voy a la fiesta con este peinado.

M Hum... Te digo francamente.

H ¿Qué? ¡Dime, Dime!

M 이 머리스타일 너에게 잘 어울리지 않아. ¿Por qué no te cortas el pelo?

Tip

쇼핑할 때 꼭 필요한 단어

la cazadora 점퍼
el traje 정장
el vestido 드레스, 원피스
la falda 치마
la minifalda 미니스커트
el abrigo 외투
la rebeca 가디건
el fular 스카프
la gorra 캡모자

1 H : 이 체크무늬 셔츠 어때?
M : 이 파란색 셔츠가 그 셔츠보다 훨씬 나은데.
H : 그럼 탈의실에서 두 개 다 입어 볼게.
M : 우왜! Te quedan muy bien las dos.

2 H : 나 이 머리 스타일로 파티에 갈 거야.
M : 음… 너에게 솔직하게 얘기할게.
H : 뭔데? 말해줘, 말해줘!
M : No te queda bien este peinado. 너 머리 자르는 게 어때?

단어장

la camiseta 티셔츠
el peinado 머리스타일
las gafas 안경
cf. las gafas de sol 선글라스
los pantalones 바지
a cuadros 체크무늬의
el probador 탈의실
francamente 솔직하게

UNIDAD 16. Tocar 연주하다, ~할 차례이다

기타를 멋지게 연주하는 가수를 보면 Toca muy bien la guitarra.라고 감탄을 하게 됩니다. 원래 tocar는 '~을 만지다'라는 뜻이지만, 악기를 '연주한다'고 할 때도 역시 tocar를 사용합니다. 우리말에서는 악기에 따라 '불다, 치다' 등 여러 동사를 사용하지만, 스페인어는 오직 tocar 하나로 다 해결되니 간편하죠? 게다가 규칙동사이기에 동사 변화도 단순합니다.

그 외에도 tocar 앞에 간접목적격대명사(~에게) me, te, le, nos, os, les를 넣어 '~할 차례야'라는 표현도 만들 수 있습니다. 이 때 동사는 변화하지 않고 toca 형태로만 쓰면 됩니다. 그리고 뒤에는 동사원형이 와야 합니다.

★ tocar(연주하다) 동사 변화 ★

나	yo	toco
너	tú	tocas
그, 그녀, 당신	él, ella, usted	toca
우리들	nosotros, as	tocamos
너희들	vosotros, as	tocáis
그들, 그녀들, 당신들	ellos, ellas, ustedes	tocan

★ tocar(~할 차례이다) 동사 변화 ★

나에게	A mí	me toca
너에게	A tí	te toca
그, 그녀, 당신에게	A él, ella, usted	le toca
우리들에게	A nosotros, as	nos toca
너희들에게	A vosotros, as	os toca
그들, 그녀들, 당신들에게	A ellos, ellas, ustedes	les toca

MODELO 085

Yo puedo tocar ~

나는 ~를 연주할 수 있어

'~를 할 수 있다'라는 동사 poder를 넣어서 '(악기를) 연주할 수 있다'는 표현을 얘기해 볼까요? 악기 이름은 영어와 굉장히 비슷해서 쉽게 익힐 수 있어요. 피아노는 piano, 바이올린은 violín, 플루트는 flauta, 우크렐레는 ukelele처럼요. 단, 영어식으로 발음하지 않도록 주의해야 합니다.

PASO 1

1. 나는 피아노를 칠 수 있어.   Yo puedo tocar **el piano.**

2. 나는 드럼을 칠 수 있어.   Yo puedo tocar **la batería.**

3. 나는 바이올린을 잘 켤 수 있어.   Yo puedo tocar **bien el violín.**

4. 나는 플루트를 조금 불 수 있어.   Yo puedo tocar **un poco la flauta.**

5. 나는 아무 악기도 연주하지 못 해.   Yo **no** puedo tocar **ningún instrumento musical.**

PASO 2

1 친구의 결혼식에 바이올린 연주를 제안할 때

H Mi boda es el quince de mayo.

M Ya lo sé. Ya he comprado un vestido nuevo.

H Ven a mi boda con tu novio.

M Por supuesto. 만약 네가 원한다면, 내 남자친구가 네 결혼식에서 바이올린을 연주할 수도 있어.

2 친구에게 무슨 악기를 연주할 수 있는지 물을 때

H ¿Qué instrumento musical puedes tocar?

M 나는 피아노를 조금 칠 수 있어.

H ¿Cuándo tocas el piano?

M Cuando tengo ganas, toco canciones clásicas.

---

1 H : 내 결혼식 5월 15일이야.
　M : 이미 알고 있어. 이미 새 원피스도 샀는걸.
　H : 내 결혼식에 네 남자친구와 같이 와.
　M : 물론이지. Si quieres, mi novio puede tocar el violín en tu boda.

2 H : 너 무슨 악기 연주할 수 있어?
　M : Puedo tocar un poco el piano.
　H : 피아노는 언제 치니?
　M : 마음에 내킬 때, 클래식 몇 곡 치고 있어.

단어장

el violín 바이올린
la flauta 플루트
el instrumento musical 악기
la boda 결혼식
la canción 곡, 노래

Te toca ~

네가 ~할 차례야

tocar 앞에 간접목적격격대명사(~에게) me, te, le, nos, os, les를 넣으면 '~할 차례야'라는 표현이 됩니다. '네가 오늘 한턱낼 차례야.'나 '네가 커피 쏠 차례야.'라고 말하고 싶을 때 유용하게 쓸 수 있는 표현입니다.

PASO 1

1. 네가 커피 살 차례야.   **Te toca invitar café.**

2. 네가 저녁 살 차례야.   **Te toca invitar la cena.**

3. 네가 운전할 차례야.   **Te toca conducir.**

4. 네가 설거지할 차례야.   **Te toca lavar los platos.**

5. 네가 아침을 준비할 차례야.   **Te toca preparar el desayuno.**

PASO 2

1 친구에게 커피를 사라고 할 때

H Hoy hace mucho calor. Tengo mucha sed.

M ¡Vamos a la cafetería!

H ¡Vale! Tomamos café con hielo.

M 네가 나에게 커피 살 차례인 것 알고 있지?

2 주방 청소 차례인 것을 알려줄 때

H Mira, la cocina es un desastre.

M Todo el día he estado fuera. ¿Y tú, qué has hecho en casa?

H Yo he estado muy ocupado.

M 네가 주방 청소할 차례야.

---

1 H : 오늘 날씨 정말 덥다. 정말 목말라.
   M : 우리 커피숍 가자!
   H : 좋아! 우리 아이스커피 마시자.
   M : ¿Sabes que te toca invitarme a un café?

2 H : 봐봐, 주방이 완전 엉망진창이야.
   M : 난 하루 종일 밖에 있었어. 너는 집에서 뭐했어?
   H : 많이 바빴어.
   M : Te toca limpiar la cocina.

단어장

lavar los platos 설거지하다
el hielo 얼음
el desastre 재난, 엉망진창
ocupado/a 바쁜
limpiar 청소하다
la cocina 주방

139

PARTE 3

독특한 구조의
동사 패턴

UNIDAD 17. Gustar

좋아하다

'마음에 들다, 좋아하다'라는 뜻을 가진 gustar는 독특한 구조를 가진 동사입니다. gustar 앞에는 항상 간접목적격대명사(~에게)인 me(나에게), te(너에게), le(그에게, 그녀에게, 당신에게), nos(우리들에게), os(너희들에게), les(그들에게, 그녀들에게, 당신들에게)가 오기 때문이죠. '나는 축구를 좋아해.'라고 말하고 싶다면 yo를 주어로 쓰지 않고 me를 써서 Me gusta el fútbol.이 되는 거죠. '내 친구는 테니스 치는 것을 좋아해.'라고 말한다면 A mi amigo le gusta jugar al tenis.가 되고요. 여기서 중요한 점은 동사 gusta의 형태는 변화하지 않는다는 거지요. 뒤에 나오는 명사가 복수인 경우에만 gustan으로 변화됩니다.

★ gustar(좋아하다) 동사 변화 ★

		단수/복수
나에게	A mí	me gusta/gustan
너에게	A ti	te gusta/gustan
그, 그녀, 당신에게	A él, ella, usted	le gusta/gustan
우리들에게	A nosotros, as	nos gusta/gustan
너희들에게	A vosotros, as	os gusta/gustan
그들, 그녀들, 당신들에게	A ellos, ellas, ustedes	les gusta/gustan

Me gusta(n) + 명사

나는 ~를 좋아해

'나는 ~를 좋아해'라는 표현은 yo gusta가 아니라 me gusta라고 앞에서 배웠습니다. 한 발 더 나아가 '나는 축구를 좋아해.'에서 '나는'을 강조해서 말하고 싶다면 yo대신에 a mí를 써야 합니다. 즉, Yo me gusta el fútbol.이 아니라 A mí me gusta el fútbol.로 써야 하는 거죠.

PASO 1

1. 나는 스포츠를 좋아해.　　　　Me gusta **el deporte.**

2. 나는 그의 성격을 좋아해.　　　Me gusta **su carácter.**

3. 나는 이탈리아 음식을 정말 좋아해.　Me gusta **mucho la comida italiana.**

4. 나는 축구 잡지를 좋아해.　　　Me gustan **las revistas de fútbol.**

5. 나는 너의 변화된 점이 아주 좋아.　Me gustan **mucho tus cambios.**

PASO 2

1　월급이 오른 것을 축하할 때

H　Me han subido el sueldo.

M　¡Qué bien! ¡Lo celebramos!

H　¡Buena idea! ¿Qué te apetece comer?

M　나 일본 음식 좋아해.

2　친구의 친구를 칭찬할 때

H　¿Tú conoces a mi mejor amigo 'Luis'?

M　Sí, yo lo conozco.

H　¿Qué te parece él?

M　Parece que es muy buena persona. 나는 그의 성격이 좋아.

---

1 H : 나 월급 올랐어.
　M : 잘됐다! 우리 축하하자!
　H : 좋은 생각이야! 뭐 먹고 싶은데?
　M : Me gusta la comida japonesa.

2 H : 내 친한 친구 루이스 만나 본 적 있지?
　M : 응, 만나 본 적 있어.
　H : 네가 보기에 걔 어때?
　M : 아주 좋은 사람 같았어. Me gusta su carácter.

Me gusta + 동사원형

나는 ~하는 것을 좋아해

MODELO
088

이번에는 gusta 뒤에 동사를 써 볼까요? Me gusta 뒤에 동사원형을 써서, 다양한 문장들을 만들 수 있습니다. 여행하는 것을 좋아한다면 (A mí) me gusta viajar.로, 미술관에 가는 것을 좋아한 다면, (A mí) me gusta visitar el museo.라고 말할 수 있겠죠?

PASO 1

1. 나는 쇼핑하는 것을 좋아해.　　Me gusta **ir de compras.**

2. 나는 산책하는 것을 좋아해.　　Me gusta **pasear por el parque.**

3. 나는 친구들과 수다 떠는 것을 좋아해.　　Me gusta **charlar con mis amigos.**

4. 나는 낮잠 자는 것을 좋아해.　　Me gusta **echar una siesta.**

5. 나는 등산하는 것을 좋아해.　　Me gusta **subir la montaña.**

PASO 2

1 등산의 장점에 대해서 얘기할 때

H ¿Qué te gusta hacer durante los días libres?

M 난 가족들과 등산하는 것 좋아해.

H ¿No te cuesta subir la montaña?

M Nada. Subir la montaña es muy bueno para salud.

2 친구들과 만나고 싶지 않은 이유에 대해서 말할 때

H Últimamente no quiero quedar con mis amigos.

M ¿Por qué? 나는 친구들과 수다 떠는 것 정말 좋아하는데.

H Charlar con los amigos es una pérdida de tiempo.

M Oye, la gente no puede vivir sola.

Tip

~하기 힘들어

'나 힘들어!'라고 말하고 싶을 때가 있죠? 이때 쓸 수 있는 표현이 ¡Me cuesta!입니다. 그리고 cuesta 뒤에 동사원형을 넣어 주면 '~하기 힘들어'라는 표현이 됩니다.

¿Te cuesta trabajar?
너 일하기 힘드니?
Sí, me cuesta trabajar.
응, 나 일하기 힘들어.

1 H : 너 쉬는 날 뭐 하는 것을 좋아해?
M : Me gusta subir la montaña con mi familia.
H : 등산하는 것 힘들지 않아?
M : 전혀. 등산하는 건 건강에 좋잖아.

2 H : 최근에 나는 친구들과 어울리고 싶지 않아.
M : 왜? A mí me gusta mucho charlar con mis amigos.
H : 친구들과 수다 떠는 것은 완전 시간 낭비야.
M : 야, 사람은 혼자 살 수는 없는 거야.

단어장

ir de compras 쇼핑하러 가다
charlar 수다를 떨다
echar una siesta 낮잠을 자다
el día libre 쉬는 날
la pérdida de tiempo 시간 낭비

Lo que me gusta es ~

내가 좋아하는 것은 ~이야

좋아하는 것에 대해 콕 집어서 말하고 싶을 때 쓰는 표현입니다. 〈lo que + 동사〉는 '~하는 것'이라는 의미니까 me gusta 앞에 넣어 주고요, es 뒤에는 보통 동사원형을 씁니다.

PASO 1

1. 내가 좋아하는 것은 새로운 것을 경험하는 거야.
   Lo que me gusta es **experimentar lo nuevo**.

2. 내가 좋아하는 것은 새로운 것을 배우는 거야.
   Lo que me gusta es **aprender lo nuevo**.

3. 내가 좋아하는 것은 아무것도 하지 않는 거야.
   Lo que me gusta es **no hacer nada**.

4. 내가 좋아하는 것은 축구하는 거야.
   Lo que me gusta es **jugar al fútbol**.

5. 내가 좋아하는 것은 내가 원하는 것을 하는 거야.
   Lo que me gusta es **hacer lo que quiero**.

PASO 2

1 회의에서 말하지 않는 이유에 대해서

H ¿Por qué no dices ni una palabra en la reunión?

M 내가 좋아하는 것은 다양한 의견을 듣는 거야.

H Pero no es bueno solo escuchar.

M Bueno, en la próxima reunión yo diré mi opinión.

2 교환학생 신청에 대해서

H En el próximo semestre, yo quiero hacer un intercambio en Inglaterra.

M Me has dicho que no te gusta Inglaterra. De repente, ¿por qué?

H 내가 새로운 것을 배우는 것 좋아하는 것 알잖아.

M Pues, busca información.

1 H : 너는 왜 회의에서 한마디도 안 해?
M : Lo que me gusta es escuchar varias opiniones.
H : 그래도 듣기만 하는 것은 좋지 않아.
M : 알았어, 다음 회의에서는 내 의견을 얘기할게.

2 H : 다음 학기에, 영국에서 교환학생 프로그램을 해보고 싶어.
M : 너 영국 싫어한다고 얘기했었잖아. 갑자기, 왜?
H : Ya sabes que lo que me gusta es aprender lo nuevo.
M : 그럼, 정보를 찾아봐.

단어장

experimentar 경험하다, 체험하다
la palabra 단어, (말)마디
la opinión 의견
de repente 갑자기
la información 정보

MODELO 090

No me gusta ~

나는 ~를 싫어해, 나는 ~하는 것 싫어해

'나는 ~를 싫어해'라는 표현은 '좋아한다'는 me gusta 앞에 no를 붙인 No me gusta ~가 됩니다. 추가로 '내 자신'을 강조해서 말하고 싶을 때는 A mí가 no 앞에 와서, A mí no me gusta ~가 됩니다.

PASO 1

1. 나는 고기 싫어해.

No me gusta **la carne.**

2. 나는 회식 싫어해.

No me gusta **la cena con los compañeros de trabajo.**

3. 나는 술 마시는 것 싫어해.

No me gusta **beber.**

4. 나는 TV를 보면서 시간을 때우는 것 싫어해.

No me gusta **matar el tiempo viendo la tele.**

5. 나는 친구들과 다투는 것 싫어해.

No me gusta **discutir con mis amigos.**

PASO 2

1 담배 연기가 싫을 때

H ¿Puedo fumar?

M Aquí, no. Pero fuera sí.

H Hace mucho frío fuera.

M 나 담배 연기 싫어해.

2 친구를 기다리며 시간을 때울 때

H ¿Puedes esperarme una hora más?

M Estoy muy aburrida sin hacer nada en la cafetería.

H ¿Por qué no lees la revista?

M 나는 잡지 읽으면서 시간 때우는 것 싫어해.

1 H : 담배 피워도 될까?
　M : 여기서는 안 돼. 밖에서 피워.
　H : 밖은 너무 추워.
　M : No me gusta el humo del tabaco.

2 H : 한 시간만 더 기다려 줄 수 있어?
　M : 아무것도 안 하고 커피숍에 있는 것 정말 지겨워.
　H : 잡지를 읽는 건 어때?
　M : No me gusta matar el tiempo leyendo la revista.

단 어 장

matar ~을 죽이다
fumar 담배를 피우다
esperar 기다리다
sin ~없이
la revista 잡지

¿Te gusta ~?

너는 ~하는 것을 좋아해?

gustar 동사는 형태가 거의 바뀌지 않으니 참 편하죠. 상대방이 좋아하는 것을 물을 때도 ¿Te gusta~?처럼 gusta 형태로 써 줍니다. 상대방의 의향을 물을 때 자주 쓰는 표현이네요. 만약 상대가 잘 모르는 사람이거나, 존칭을 써야 하는 윗사람이라면 ¿A usted le gusta ~?라고 써야 합니다.

PASO 1

1. 너는 정장 입는 것을 좋아해? **¿Te gusta ponerte el traje?**

2. 너는 미니스커트 입는 것을 좋아해? **¿Te gusta ponerte la minifalda?**

3. 너는 노래하고 춤추는 것을 좋아해? **¿Te gusta cantar y bailar?**

4. 너는 식사 후에 산책하는 것을 좋아해? **¿Te gusta dar un paseo después de comer?**

5. 너는 네가 한 번도 경험해 보지 못한 것을 시도하는 것 좋아해? **¿Te gusta intentar lo que nunca has experimentado?**

PASO 2

1 친구에게 미용실 무료 쿠폰을 주며

H 너 머리 스타일 바꾸는 것 좋아해?

M Por supuesto. Yo voy al salón de belleza una vez a la semana.

H Mi primo abrió un salón de belleza en el centro. Si quieres, te doy un cupón gratis.

M ¿En serio?

2 사무실에서 정장 입는 것에 대한 의견을 물어볼 때

H 사무실에서 정장 입고 있는 것 좋니?

M No, no me gusta nada. Me siento muy incómoda.

H En mi oficina, yo puedo ponerme cualquiera.

M ¡Qué envidia! Quiero vestirme a la moda.

1 H : ¿Te gusta cambiar de peinado?
　M : 물론이지. 1주일에 한 번씩 미용실에 가는데.
　H : 내 사촌이 시내에 미용실을 열었거든. 너만 좋으면, 무료 쿠폰 줄게.
　M : 정말로?

2 H : ¿Te gusta ponerte la ropa formal en la oficina?
　M : 아니, 정말 싫어. 너무 불편해.
　H : 나는 사무실에서 아무거나 입고 있는데.
　M : 부러워! 나도 유행 따라 입고 싶다고.

단어장

la falda 치마
dar un paseo 산책하다
intentar ~을 시도하다
el salón de belleza 미용실
gratis 무료의, 공짜의
el/la primo/a 사촌
la moda 유행

MODELO 092

~ le gusta ...

~는 …를 좋아해

1, 2인칭에 이어서 3인칭으로 표현해 볼까요? le gusta라고만 쓰면 3인칭 전체를 나타내어 누구인지 정확히 알 수 없기 때문에, 앞에 a él(그), a ella(그녀), a mi padre(우리 아버지), a mi esposo(내 남편), a mi mejor amigo(나의 제일 친한 친구) 등을 붙여 대상을 명확히 알려 줘야 합니다.

PASO 1

1. 우리 아버지는 신문 읽는 것을 좋아하셔. **A mi padre** le gusta **leer el periódico.**

2. 내 아내/남편은 클래식 음반 모으는 것을 좋아해. **A mi esposo/a** le gusta **coleccionar discos clásicos.**

3. 나의 제일 친한 친구는 외국 친구들과 채팅 하는 것을 좋아해. **A mi mejor amigo/a** le gusta **chatear con los amigos extranjeros.**

4. 우리 할아버지는 등산하는 것을 좋아하지 않으셔. **A mi abuelo no** le gusta **subir la montaña.**

5. 우리 할머니는 고기 드시는 것을 좋아하지 않으셔. **A mi abuela no** le gusta **comer carne.**

PASO 2

1 정년퇴직한 아버지에 대해 얘기할 때

H ¡Es muy extraño! Últimamente mi padre siempre está en casa.

M ¿Dices que tu padre está jubilado?

H Sí, 보통 아버지는 등산하는 것 좋아하시거든. Pero estos días nunca va.

M ¡Intenta hablar con tu padre una vez!

2 조부모님이 어떤 음식을 좋아하시는지 물어볼 때

H Este domingo mis abuelos van a venir a mi casa.

M Ya lo sé. Vamos a pensar qué comida tenemos que preparar. 너희 조부모님 고기 좋아하셔?

H Creo que no.

M Entonces preparamos algo de pescado.

---

1 H : 정말 이상해! 최근에 우리 아버지가 항상 집에 계셔.
M : 너희 아버지 정년퇴직하셨다고 했지?
H : 응, normalmente a mi padre le gusta subir la montaña. 그런데 요즘은 전혀 안 가시네.
M : 아버지와 대화 좀 한번 해 봐!

2 H : 이번 일요일에 우리 할아버지와 할머니께서 집에 오셔.
M : 이미 알고 있어, 우리 무슨 음식을 준비할지 함께 생각해 보자. ¿A tus abuelos les gusta la carne?
H : 아닐걸.
M : 그럼, 생선이 들어간 걸로 준비하자.

단어장

coleccionar 모으다
chatear 채팅하다
jubilado/a 은퇴한
pensar 생각하다
el/la abuelo/a 할아버지/할머니

UNIDAD 18. Encantar ~를 매우 좋아하다

encantar 동사는 '~를 매우 좋아하다'라고 말할 때 쓰는 표현입니다. 문장 구조가 gustar 동사의 문장 구조와 동일해 배우기 훨씬 수월합니다. gustar 동사처럼 encantar 동사도 인칭에 따라 동사의 형태가 변화되는 것이 아니라, 뒤에 오는 명사와 동사에 따라 encanta 또는 encantan으로만 바뀝니다. 뒤에 동사원형이나 단수명사가 올 때는 encanta, 복수명사가 올 때는 encantan이 됩니다. 한 가지 주의할 점은 encantar 동사는 '매우'의 뜻이 동사 자체에 들어있기 때문에 동사 뒤에 mucho를 쓸 수 없다는 것입니다.

★ encantar(~를 매우 좋아하다) 동사 변화 ★

		단수/복수
나에게	A mí	me encanta/encantan
너에게	A ti	te encanta/encantan
그, 그녀, 당신에게	A él, ella, usted	le encanta/encantan
우리들에게	A nosotros, as	nos encanta/encantan
너희들에게	A vosotros, as	os encanta/encantan
그들, 그녀들, 당신들에게	A ellos, ellas, ustedes	les encanta/encantan

Me encanta ~

나는 ~하는 것을 정말 좋아해

어떤 것을 정말 좋아할 때는 gustar 동사보다 encantar 동사가 더 적합합니다. Me encanta 를 발음할 때 encanta의 중간 부분을 강하게 발음해야 '정말'이라는 느낌을 살릴 수 있답니다.

PASO 1

1. 나는 커피숍에서 지나가는 사람들을 관찰하는 것을 정말 좋아해.

   Me encanta observar a la gente que pasa en la cafetería.

2. 나는 야외테라스에서 커피 마시는 것을 정말 좋아해.

   Me encanta tomar café en la terraza.

3. 나는 해변에서 선탠하는 것을 정말 좋아해.

   Me encanta tomar el sol en la playa.

4. 나는 바다에 가는 것을 정말 좋아해.

   Me encanta ir al mar.

5. 나는 밤에 치킨 시켜 먹는 것을 정말 좋아해.

   Me encanta pedir pollo frito por la noche.

PASO 2

1 새로 연 커피숍에 가자고 제안하기

H En mi barrio, mañana se abre una cafetería, está justo delante de mi casa.

M ¡Qué bien! Mañana vamos juntos después del trabajo.

H ¡Vale! 나 야외 테라스에서 커피 마시는 것 정말 좋아.

M Y charlar, ¿no?

---

2 친구의 차가 정말 멋질 때

H Te enseño mi nuevo coche. Es rojo.

M ¡Qué guay! 네 차 정말 좋다.

H También estoy muy contento con mi coche.

M Ahora mismo vamos al mar para probarlo.

---

1 H : 내일 우리 동네에 커피숍이 개업하는데, 우리 집 바로 앞에 있어.
  M : 좋네! 내일 회사 끝나고 함께 가 보자.
  H : 좋아! Me encanta tomar café en la terraza.
  M : 그리고 수다 떠는 것도, 안 그래?

2 H : 내 새 차 보여 줄게. 빨간색이야.
  M : 멋지다! Me encanta tu coche.
  H : 나도 내 차에 정말 만족해.
  M : 지금 당장 시험 삼아 바다에 가자.

단 어 장
observar 관찰하다
tomar el sol 태닝하다
el pollo 닭고기
frito/a 튀긴
ahora mismo 지금 당장

Me encantaría ~

~하면 좋을 텐데

encantar 동사의 원형 뒤에 -ía를 붙이면 '~하면 좋을 텐데'라는 가능법 표현을 만들 수 있습니다.
어떤 것에 대해서 강하게 바라고 있지만, 실제로는 이루어질 가능성이 적을 때 쓸 수 있는 표현입니다.

PASO 1

1. 시간을 멈출 수 있으면 좋을 텐데.　　Me encantaría **poder parar el tiempo.**

2. 새로운 인생을 시작할 수 있으면 좋을 텐데.　Me encantaría **poder empezar una vida nueva.**

3. 네가 누구를 좋아하는지 알 수 있다면 좋을 텐데.　Me encantaría **saber quién te gusta.**

4. 내가 너희 가족과 만날 수 있다면 좋을 텐데.　Me encantaría **conocer a tu familia.**

5. 세미나에 참석할 수 있다면 좋을 텐데.　Me encantaría **participar en el seminario.**

PASO 2

1 친구의 도움에 감사할 때

H　Te veo muy ocupada. ¿Te ayudo?

M　네가 도와주면 정말 좋겠어. Gracias.

H　Es que el trabajo doméstico es muy pesado y cualquiera se rinde.

M　Es cierto.

2 시간이 부족해 시간을 멈추고 싶을 때

H　¡Date prisa! Si no, vamos a perder el tren

M　시간을 멈출 수 있다면 참 좋을 텐데.

H　¡No digas tonterías! ¡Corre!

M　Vale, vale.

---

1 H : 너 정말 바빠 보여. 내가 도와줄까?

　　M : Me encantaría tu ayuda. 고마워.

　　H : 집안일은 너무 힘들어서 누구든지 포기하게 되니까.

　　M : 그건 확실해.

2 H : 서둘러! 그렇지 않으면, 우리 기차를 놓치게 될 거야.

　　M : Me encantaría poder parar el tiempo.

　　H : 바보 같은 얘기하지 말고! 뛰어!

　　M : 알았어, 알았어.

단어장

parar 멈추다
participar en ~에 참석하다
el trabajo doméstico
집안일
pesado/a 무거운, 힘든, 짜
증나는
cualquiera 누구든지, 아무
것이나
rendirse 포기하다
la tontería 바보짓
correr 달리다

153

UNIDAD 19. Doler

아프다

우리나라에서는 자주 아프지도 않은데 꼭 외국으로 여행가면 아픈 경우가 있습니다. 그래서 어떤 말보다도 doler(아프다)를 활용한 표현은 꼭 알아 둬야 합니다. doler 동사는 gustar 동사와 문장 구조가 같습니다. 다만 불규칙동사로 뒤에 오는 명사가 단수일 경우에는 duele, 복수일 경우에는 duelen으로 변화됩니다.

★ doler(아프다) 동사 변화 ★		단수/복수
나에게	A mí	me duele/duelen
너에게	A tí	te duele/duelen
그, 그녀, 당신에게	A él, ella, usted	le duele/duelen
우리들에게	A nosotros, as	nos duele/duelen
너희들에게	A vosotros, as	os duele/duelen
그들, 그녀들, 당신들에게	A ellos, ellas, ustedes	les duele/duelen

MODELO 095

Me duele(n) ~

나는 ~가 아파

현지에서 갑작스레 아파 병원에 갔는데, ¿Dónde te duele?(어디가 아프세요?)라는 질문을 들으면 막상 스페인어로 신체부위 이름이 떠오르지 않는 경우가 많습니다. 이럴 때에는 아픈 부위를 가리키며 Me duele aquí.(여기가 아파요.)라고 말해 보세요.

PASO 1

1. 나는 머리가 아파.　　　　Me duele **la cabeza.**

2. 나는 배가 아파.　　　　　Me duele **la barriga.**

3. 나는 허리가 아파.　　　　Me duele **la espalda.**

4. 나는 다리가 많이 아파.　　Me duelen **mucho las piernas.**

5. 나는 눈이 많이 아파.　　　Me duelen **mucho los ojos.**

PASO 2

1 머리가 아파서 하루 종일 누워 있을 때

H ¿Por qué todo el día estás tumbada?

M 머리가 많이 아파.

H ¿Desde cuándo?

M Desde ayer.

2 배가 아플 때

H Estás muy pálida. ¿Dónde te duele?

M 배가 조금 아파서.

H Vamos al hospital.

M No, primero yo tomo la medicina.

1 H : 왜 하루 종일 누워 있니?
　 M : Me duele mucho la cabeza.
　 H : 언제부터?
　 M : 어제부터.

2 H : 너 얼굴이 굉장히 창백해. 어디 아파?
　 M : Me duele un poco la barriga.
　 H : 우리 병원 가자.
　 M : 아니야, 약 먼저 먹을래.

Tip

허리가 아파요!

la espalda는 '등'이라는 뜻이지만, 스페인어권 나라에서는 등부터 허리까지 포함한 뜻입니다. 그래서 등이 아파도, 허리가 아파도 la espalda를 쓴답니다.

Me duele la espalda.
등이 아파요. 허리가 아파요.

단어장

las piernas 다리
cf. los pies 발
desde ~부터
tumbado/a 누워 있는
pálido/a 창백한

le/les duele(n) ~

그 사람은/그 사람들은 ~가 아파

le/les라고만 쓰면 3인칭 전체를 나타내어 누구인지 정확히 알 수 없습니다. 따라서 le/les 앞에 a mis padres(우리 부모님), a mi amigo(내 친구) 등을 붙여 대상을 명확히 알려줘야 합니다. 그리고 아픈 사람이 한 명일 경우 le로, 여러 명일 경우 les로 바꿔주는 것 주의하세요.

PASO 1

1. 우리 부모님은 어깨가 아프셔. **A mis padres** les duelen **los hombros.**

2. 내 친구는 발이 많이 아파. **A mi amigo** le duelen **mucho los pies.**

3. 우리 선생님은 위가 아프셔. **A mi profesor** le duele **el estómago.**

4. 내 아들은 목이 많이 아파. **A mi hijo** le duele **mucho la garganta.**

5. 우리 엄마는 오른쪽 팔이 아프셔. **A mi madre** le duele **el brazo derecho.**

PASO 2

1 아들이 아파서 병원에 데려갈 때

H ¿A dónde vas tan deprisa?

M Yo llevo a mi hijo al hospital.

H ¿Dónde le duele a tu hijo?

M 목이 아파. Además tiene tos y mucha fiebre.

2 여동생의 발이 아플 때

H ¿Conoces algún buen hospital por aquí cerca?

M ¿Por qué?

H 내 여동생이 왼쪽 발이 아프다고 해서. Quiero llevarla al hospital.

M Creo que por los zapatos de tacón alto.

1 H : 어디를 그렇게 급하게 가니?
  M : 아들을 병원에 데려가.
  H : 네 아들 어디 아파?
  M : Le duele la garganta. 게다가 기침도 하고 열도 많이 나.

2 H : 이 근처에 좋은 병원 알고 있니?
  M : 왜?
  H : Mi hermana menor dice que le duele el pie izquierdo. 병원에 데려가려고.
  M : 하이힐 때문에 그런 것 같은데.

단어장

los hombros 어깨
el estómago 위
la garganta 목구멍
cf. el cuello 목
deprisa 급하게
la tos 기침
el tacón (신발) 굽

157

UNIDAD 20. Parecer

~인 것 같다
~를 닮았다

parecer는 '~처럼 보이다, ~인 것 같다'라는 뜻으로 의견을 말하거나, 생각이나 느낌을 말할 때 많이 쓰는 동사입니다. 이 뜻으로 사용할 경우에는 gustar 동사와 같은 문장 구조를 씁니다.

또 한 가지 중요한 용법이 있는데요. parecer 동사 앞에 재귀대명사 me, te, se, nos, os, se를 써서 재귀동사 형태로 만들어 주면 '~를 닮았다'라는 표현으로 쓸 수 있습니다.

★ perecer(~인 것 같다) 동사 변화 ★

		단수/복수
나에게	A mí	me parece/parecen
너에게	A ti	te parece/parecen
그, 그녀, 당신에게	A él, ella, usted	le parece/parecen
우리들에게	A nosotros, as	nos parece/parecen
너희들에게	A vosotros, as	os parece/parecen
그들, 그녀들, 당신들에게	A ellos, ellas, ustedes	les parece/parecen

★ perecer(~를 닮았다) 동사 변화 ★

		단수/복수
나	yo	me parezco
너	tú	te pareces
그, 그녀, 당신	él, ella, usted	se parece
우리들	nosotros, as	nos parecemos
너희들	vosotros, as	os parecéis
그들, 그녀들, 당신들	ellos, ellas, ustedes	se parecen

Me parece que ~

~인 것 같다

어떤 것에 대한 인상을 표현할 때 쓸 수 있습니다. Me parece 뒤에 주로 절이 오기 때문에 que를 붙여서 문장을 이어 주세요. 생활 속에서 정말 자주 쓰는 표현이니, 입에 붙도록 반복해서 말해 보세요.

PASO 1

1. 그는 회의에 오지 않을 것 같아.　　Me parece que **él no viene a la reunión.**

2. 그는 나에게 거짓말하는 것 같아.　　Me parece que **él me dice una mentira.**

3. 그는 나에게 돈을 갚지 않을 것 같아.　Me parece que **él no me devuelve el dinero.**

4. 그들은 집을 팔지 않을 것 같아.　　Me parece que **ellos no venden la casa.**

5. 그들은 돈을 많이 벌 것 같아.　　　Me parece que **ellos ganan mucho dinero.**

PASO 2

1 서로 라이벌인 직장 상사에 대해서 얘기할 때

H　¿Sabes que mi jefe se lleva muy mal con tu jefe?

M　¿De verdad? Antes ellos se llevaban muy bien.

H　그들은 서로 라이벌인 것 같아.

M　Creo que sí.

2 쇼핑하는 여자에 대해서 말할 때

H　¡Mira, mira! Aquellas chicas compran cinco bolsos a la vez.

M　¡Qué envidia! Yo no puedo comprar ni un bolso.

H　재들은 엄청 부자인 것 같아.

M　Además son muy bonitas.

1 H : 우리 상사와 너희 상사 사이 안 좋은 것 알고 있지?
　　M : 진짜야? 예전에는 사이가 매우 좋았잖아.
　　H : Me parece que ellos son rivales.
　　M : 그런 것 같네.

2 H : 봐봐! 저 여자들 한 번에 가방 5개를 산다.
　　M : 정말 부러워! 나는 가방 한 개도 못 사는데.
　　H : Me parece que ellas son muy ricas.
　　M : 게다가 광장히 예쁜데.

단어장

vender　팔다
ganar dinero　돈을 벌다
llevarse mal　사이가 나쁘다
el/la rival　라이벌, 경쟁자
no ~, ni...　~도 …도 아니다
rico/a　부자인, 돈이 많은

MODELO 098

Me parece bien ~

~하는 것은 좋은 것 같아

Me parece ~(~인 것 같다) 패턴에 bien(좋은)이라는 부사를 붙이면 '~하는 것은 좋은 것 같다'라는 표현이 됩니다. 참 간단하죠? 간단하지만 일상생활에서 자주 쓰이는 표현이니 열심히 익혀 두세요.

PASO 1

1. 복습하는 것은 좋은 것 같아.　　　　　Me parece bien **repasar.**

2. 독서를 많이 하는 것은 좋은 것 같아.　Me parece bien **leer mucho.**

3. 매일 조깅하는 것은 좋은 것 같아.　　Me parece bien **correr todos los días.**

4. 의견을 내는 것은 좋은 것 같아.　　　Me parece bien **dar la opinión.**

5. 외국에서 언어를 공부하는 것은 좋은 것 같아.　Me parece bien **estudiar idiomas en el extranjero.**

PASO 2

1 퇴근 후 운동하는 친구에게

H Has adelgazado mucho. ¿Qué haces?

M Yo corro en el parque después del trabajo.

H 퇴근 후 운동하는 것은 정말 좋은 것 같아.

M ¿Vienes conmigo?

2 수업 내용을 복습하는 것에 대해 의견을 얘기할 때

H Últimamente no entiendo nada lo que dice el profesor en la clase.

M ¿Tú escuchas bien lo que dice el profesor?

H Sí, claro. Desde ayer empecé a repasar.

M 복습하는 것은 좋은 것 같아.

---

1 H : 너 살 많이 빠졌네. 뭐 하는데?

M : 나 퇴근 후에 공원에서 뛰어.

H : Me parece muy bien hacer ejercicio después del trabajo.

M : 나랑 같이 할래?

2 H : 최근 수업에서 교수님이 하시는 말씀을 전혀 이해하지 못하겠어.

M : 교수님이 하시는 말씀 잘 듣고 있는 거야?

H : 응, 물론이지. 어제부터는 복습도 시작했는걸.

M : Me parece bien repasar.

Tip

의견을 말할 때 쓸 수 있는 유용한 표현

En mi opinión
제 의견으로는

A mi juicio 제 판단으로는

Vamos al grano.
우리 본론으로 들어갑시다.

Tiene razón.
당신 말이 맞습니다.

Estoy de acuerdo con usted. 당신 말에 동의합니다.

Usted está equivocado/a.
당신 말이 틀렸어요.

단어장

repasar 복습하다

correr 달리다, 조깅하다

dar 주다

hacer ejercicio 운동을 하다

entender(yo entiendo) 이해하다

No me parece bien ~

~하는 것은 안 좋은 것 같아

앞에서 배운 Me parece bien ~ 앞에 no만 붙이면, 간단히 부정문을 만들 수 있습니다. No me parece bien beber.(술 마시는 것은 안 좋은 것 같다.)처럼 부정적으로 생각하는 것을 말하거나, No me parece bien esta opinión.(이 의견은 좋지 않은 것 같은데.)처럼 상대방의 의견에 반대할 때 이 표현을 사용하면 됩니다.

PASO 1

1. 늦잠 자는 것은 안 좋은 것 같아.　　No me parece bien **levantarse tarde.**

2. 물을 조금 마시는 것은 안 좋은 것 같아.　　No me parece bien **tomar poca agua.**

3. 식사를 거르는 것은 안 좋은 것 같아.　　No me parece bien **saltarse la comida.**

4. 술을 많이 마시는 것은 안 좋은 것 같아.　　No me parece bien **beber mucho.**

5. 매일 외식하는 것은 안 좋은 것 같아.　　No me parece bien **comer fuera todos los días.**

PASO 2

1 바빠서 식사를 거르는 친구에게 충고할 때

H ¡Hoy es un día muy ocupado!

M ¿Cuándo almuerzas?

H No tengo tiempo.

M 식사를 거르는 것은 정말 안 좋은 것 같아.

2 늦게 자는 친구에게 충고할 때

H ¡Tengo sueño!

M ¿A qué hora te acuestas?

H Me acuesto a las tres de la madrugada.

M 늦게 자는 것은 정말 안 좋은 것 같아.

1 H : 오늘 정말 바쁜 날이야!
　M : 너 언제 점심 먹어?
　H : 시간이 없어.
　M : No me parece bien saltarse la comida.

2 H : 졸려!
　M : 너 몇 시에 자?
　H : 새벽 3시에 자.
　M : No me parece bien acostarse tarde.

단어장

levantarse tarde 늦게 일어나다
tomar agua 물을 마시다
saltarse ~을 빼먹다, 건너뛰다
comer fuera 외식하다
almorzar(tú almuerzas) 점심식사를 하다
acostarse 잠자리에 들다, 눕다

MODELO 100

Me parece horrible ~

~은 최악이야

horrible는 원래 아주 무섭고 소름끼치는 것에 대해 쓰는 뜻이지만, 평소에는 '최악이야'라는 뜻으로 많이 쓰인답니다.

PASO 1

1. 이 수업은 최악이야.　　　　Me parece horrible **esta clase.**

2. 이 와인은 최악이야.　　　　Me parece horrible **este vino.**

3. 이 호텔은 최악이야.　　　　Me parece horrible **este hotel.**

4. 자신의 짝을 속이는 것은 최악이야.　Me parece horrible **engañar a su pareja.**

5. 엘리베이터가 없는 아파트에 사는 것은 최악이야.　Me parece horrible **vivir en un apartamento sin ascensor.**

PASO 2

1 호텔에 대해서 평가할 때

H 이 호텔 최악이야.

M ¿Por qué dices eso?

H En este hotel no hay agua caliente.

M ¿Cómo puede ser?

2 와인을 시음해 보고 난 후

H Este vino es el mejor vino de España.

M A ver. ¿Puedo probar este vino?

H Claro. ¿Qué tal?

M 이 와인 최악이야. Es demasiado amargo.

---

1 H : Me parece horrible este hotel.
　　M : 왜 그렇게 얘기하니?
　　H : 이 호텔은 뜨거운 물이 안 나와.
　　M : 어떻게 그럴 수 있어?

2 H : 이 와인은 스페인산 최고 와인이야.
　　M : 어디 보자. 이 와인 마셔 봐도 돼?
　　H : 물론. 어때?
　　M : Me parece horrible este vino. 너무 써.

단 어 장

engañar 속이다
la pareja 짝, 상대, 커플
el ascensor 엘리베이터
cf. 중남미에서는 la elevador
amargo/a (맛이) 쓴, 괴로운

163

🎧 기본 학습용 101.mp3

Pareces ~

너 ~해 보여

이번에는 parecer 동사 앞에 me(나에게)와 같은 간접목적대명사를 붙이지 않고, parecer 동사만 이용해 표현을 만들어 볼까요. 〈pareces + 형용사〉는 '너는 ~해 보여'라는 뜻입니다. 야근하는 여자친구에게 '너 정말 피곤해 보여.'라고 말할 때는 Pareces muy cansada.라고 하면 되겠죠?

PASO 1

1. 너 바보처럼 보여.　　　　　　Pareces **tonto/a.**

2. 너 피곤해 보여.　　　　　　　Pareces **cansado/a.**

3. 너 걱정 있는 것처럼 보여.　　Pareces **preocupado/a.**

4. 너 정말 바빠 보여.　　　　　Pareces **muy ocupado/a.**

5. 너 정말 진실한 사람으로 보여.　Pareces **muy sincero/a.**

PASO 2

1 피곤해 보이는 친구에게 한마디 할 때

H ¡Mira! Tienes ojeras.
M A ver. Es verdad.
H 너 정말 피곤해 보여.
M Tú también pareces cansado.

2 걱정 있어 보이는 친구에게 그 이유를 물을 때

H ¿En qué estás pensando?
M En nada.
H 너 걱정 있는 것처럼 보여.
M Estoy preocupada por el examen.

1 H : 봐봐! 너 다크서클 생겼어.
　M : 어디 봐봐. 정말이네.
　H : Pareces muy cansada.
　M : 너 역시 피곤해 보여.

2 H : 너 지금 무슨 생각하고 있니?
　M : 아무것도 아니야.
　H : Pareces muy preocupada.
　M : 시험이 걱정돼서.

단 어 장

sincero/a 진실한
las ojeras 다크서클
pensar en ~를 생각하다

Te pareces a ~

너는 ~를 닮았어

parecer 동사 앞에 재귀대명사 te를 붙이고 동사도 pareces로 변화시키면, '너는 ~를 닮았어'라는 표현이 됩니다. 그리고 닮은 대상 앞에는 꼭 전치사 a를 넣어줘야 합니다. 나를 닮았을 때는 a mí, 배우를 닮았을 때는 a un actor, 미스터 빈을 닮았을 때는 a Mr. Bean처럼요.

PASO 1

1. 너는 나를 많이 닮았어.　　　Te pareces **mucho a mí.**

2. 너는 네 아버지를 닮았어.　　　Te pareces a **tu padre.**

3. 너는 네 할머니를 닮았어.　　　Te pareces a **tu abuela.**

4. 너는 네 삼촌을 닮았어.　　　Te pareces a **tu tío.**

5. 너는 한국 배우를 닮았어.　　　Te pareces a **un actor coreano.**

PASO 2

1 친구에게 할아버지와 닮았다고 말할 때

H ¿A quién te pareces?

M No me parezco a nadie.

H Sí, 너는 네 할아버지 많이 닮았어.

M ¿Tú conoces a mi abuelo?

2 새로 온 직원에 대해서 얘기할 때

H Él es nuevo. Es muy simpático y atractivo.

M Creo que él se parece a alguien.

H 칠레 가수랑 닮았어.

M Sí, Sí.

---

1 H : 너 누구 닮았니?
　　M : 나는 아무도 안 닮았어.
　　H : 닮았어, te pareces mucho a tu abuelo.
　　M : 우리 할아버지 만나 본 적 있어?

2 H : 그 남자가 새로 온 사람이야. 굉장히 친절하고 매력적이야.
　　M : 누군가를 닮은 것 같은데 말이야.
　　H : Él se parece a un cantante chileno.
　　M : 맞아, 그러네.

단어장

el tío 삼촌, 작은아버지
atractivo/a 매력적인
alguien 누군가, 어떤 사람
el/la cantante 가수

165

Nos parecemos en ~

우리는 ~이 닮았어

코가 닮거나 입이 닮은 등 몸의 일부분이 닮았다고 말하고 싶을 때는 뒤에 전치사 en과 신체 일부를 써서 표현합니다. 몸의 일부뿐만 아니라 성격, 사고방식 등이 닮았다고 쓸 때도 en을 붙이면 됩니다.

PASO 1

1. 우리는 모든 점에서 닮았어.　　Nos parecemos en **todo**.

2. 우리는 외모가 정말 닮았어.　　Nos parecemos **mucho en el físico**.

3. 우리는 사고방식이 정말 닮았어.　Nos parecemos **mucho en el modo de pensar**.

4. 우리는 성격이 정말 닮았어.　　Nos parecemos **mucho en el carácter**.

5. 우리는 전혀 닮지 않았어.　　**No** nos parecemos en **nada**.

PASO 2

1 서로의 공통점에 대해서 얘기할 때

H　Todos dicen que nos parecemos, 하지만 우리는 전혀 닮지 않았어.

M　Es verdad.

H　No tenemos nada en común.

M　Pero solo una cosa. Nos gusta comer.

2 언니와 닮은 점에 대해서 얘기할 때

H　Todas las mañanas yo veo a tu hermana en la boca del metro.

M　¿Sí? No lo sabía. ¿Le saludas?

H　Sí. Te pareces mucho a tu hermana.

M　Claro. 우리는 외모가 정말 닮았어. Sobre todo, en los ojos.

1 H : 모두들 우리가 닮았다고 하잖아, pero no nos parecemos en nada.
M : 사실 그렇지.
H : 우리는 전혀 공통점이 없잖아.
M : 그런데 하나 있어. 우리 먹는 것 좋아하잖아.

2 H : 매일 아침 지하철 입구에서 너희 언니 봐.
M : 그래? 몰랐어. 언니에게 인사해?
H : 응. 너는 언니와 정말 닮았어.
M : 맞아. Nos parecemos mucho en el físico. 특히, 눈이.

단어장

el modo de pensar 사고방식.
tener en común 공통점을 가지고 있다
la boca del metro 지하철 입구
saludar 인사하다
sobre todo 특히
los ojos 눈

UNIDAD 21. Apetecer

~을 하고 싶다
~가 당기다

apetecer 동사는 '~을 하고 싶다, ~가 당기다'라는 뜻으로, 문장 구조는 gustar 동사와 동일합니다. 공부를 하다가 문득 초콜릿이 먹고 싶을 때 apetecer 동사를 사용해 Me apetece chocolate.라고 말할 수 있겠죠? 또, 열심히 일을 하다가 문득 남미에 너무나 가고 싶을 때 Me apetece ir a Sudamérica.라고 외칠 수도 있겠죠?

★ apetecer(~을 하고 싶다, ~가 당기다) 동사 변화 ★

		단수/복수
나에게	A mí	me apetece/apetecen
너에게	A ti	te apetece/apetecen
그, 그녀, 당신에게	A él, ella, usted	le apetece/apetecen
우리들에게	A nosotros, as	nos apetece/apetecen
너희들에게	A vosotros, as	os apetece/apetecen
그들, 그녀들, 당신들에게	A ellos, ellas, ustedes	les apetece/apetecen

MODELO
104

Me apetece(n) ~

~이 당기네, ~을 하고 싶네

임산부가 한밤중에 "갑자기 족발이 먹고 싶어!"라고 할 때 딱 어울리는 표현입니다. apetece 뒤에는 chocolate(초콜릿), café(커피) 같은 명사가 오거나 ver una película(영화를 보다), comer fuera(외식을 하다) 같은 동사를 써서 표현합니다. 뒤에 복수 명사가 올 때는 apetecen으로 변화하는 것 아시죠?

PASO 1

1. 까르보나라 스파게티가 당기네.　　**Me apetecen unos espaguetis a la carbonara.**

2. 커피가 당기네.　　**Me apetece un café.**

3. 일이 하고 싶네.　　**Me apetece trabajar.**

4. 저녁으로 멕시코 음식을 먹고 싶네.　　**Me apetece cenar comida mexicana.**

5. 액션 영화 보는 것이 당기네.　　**Me apetece ver una película de acción.**

PASO 2

1 커피를 마시지 않는 이유에 대해서 얘기할 때

H ¿Qué te apetece tomar?

M 오늘은 커피가 안 당기네. Quiero un té caliente.

H ¿Por qué? Te gusta el café.

M Es que hoy me duele la garganta.

2 월급이 오른 친구가 한턱낸다고 할 때

H ¡Dime todo lo que te apetece comer! Hoy te invito todo.

M ¿Te pasa algo?

H Tengo una buena noticia. ¡Me han subido el sueldo!

M ¡Enhorabuena! A ver. 나는 고급스러운 레스토랑에서 저녁을 먹고 싶네.

---

1 H : 뭐 마시고 싶은데?
　 M : Hoy no me apetece café. 뜨거운 차 마실래.
　 H : 왜? 너 커피 좋아하잖아.
　 M : 오늘 목이 아프거든.

2 H : 먹고 싶은 것 다 말해! 내가 오늘 다 살게.
　 M : 무슨 일 있어?
　 H : 나 좋은 소식이 있어. 월급 올랐어!
　 M : 정말 축하해! 어디 보자. Me apetece una cena en un restaurante de lujo.

단어장

la película de acción
액션 영화
invitar 한턱내다, 초대하다
la noticia 소식, 뉴스
el sueldo 월급
de lujo 고급스러운
= lujoso

MODELO
105

No me apetece ~

나는 ~이 내키지 않아

어떤 것을 하고 싶은 마음이 들지 않을 때 쓸 수 있는 표현이 No me apetece ~예요. 공부하고 싶지 않을 때는 No me apetece estudiar.라고, 일하고 싶지 않을 때는 No me apetece trabajar.라고 말할 수 있겠죠? 여러분은 당연~히 스페인어 공부하고 싶으시죠?

PASO　1

1. 나는 외출하는 것이 내키지 않아.　　　　**No me apetece salir.**

2. 나는 이 호텔에서 묵는 것이 내키지 않아.　**No me apetece alojarme en este hotel.**

3. 나는 패키지 여행하는 것이 내키지 않아.　**No me apetece hacer un viaje organizado.**

4. 나는 너와 함께 동행하는 것이 내키지 않아.　**No me apetece acompañarte.**

5. 나는 이 집을 빌리는 것이 내키지 않아.　**No me apetece alquilar este piso.**

PASO　2

1 여행에 대해서 얘기할 때

H　¿Qué haces?

M　Yo miro un anuncio de la agencia de viajes.

H　Quiero hacer un viaje organizado a Londres. ¡Buscamos!

M　No, 나는 패키지 여행하는 것이 정말로 내키지 않아.

---

2 어머니를 모시러 공항에 갈 때

H　Tengo que recoger a mi madre en el aeropuerto.

M　¿Hoy tu madre viene de Paris?

H　Sí. ¿Puedes acompañarme?

M　No, 공항 가는 것 내키지 않아.

---

1 H : 너 뭐 해?
　　M : 나 여행사 광고 보고 있어.
　　H : 나 런던으로 패키지 여행 가고 싶어. 우리 찾아보자!
　　M : 안 돼, no me apetece nada un viaje organizado.

2 H : 엄마를 공항에 모시러 가야 해.
　　M : 너희 어머니 오늘 파리에서 오시는 거야?
　　H : 응, 나랑 같이 가줄 수 있어?
　　M : 아니, no me apetece ir al aeropuerto.

단 어 장

alojarse en ~에서 숙박하다
el viaje organizado 패키지 여행
la agencia de viajes 여행사
buscar 찾다
recoger 데리러 가다, 줍다
acompañar 동행하다, 같이 가주다

No me apetecía nada ~

나는 ~이 전혀 내키지 않았어

앞에서 배운 No me apetece에 '전혀 ~가 아니야'라는 뜻의 nada를 붙이면 '전혀 내키지 않다'라는 좀 더 강한 부정을 나타냅니다. 그리고 이번에는 과거형까지 추가해 볼까요? apetecer 동사의 과거형 apetecía를 써 주면 됩니다.

PASO 1

1. 나는 여행하는 것이 전혀 내키지 않았어.

No me apetecía nada viajar.

2. 나는 다른 사람과 집을 함께 쓰는 것이 전혀 내키지 않았어.

No me apetecía nada compartir el piso.

3. 나는 누군가와 통화하는 것이 전혀 내키지 않았어.

No me apetecía nada hablar con alguien por teléfono.

4. 나는 결혼식에 가는 것이 전혀 내키지 않았어.

No me apetecía nada ir a la boda.

5. 나는 저녁 먹는 것이 전혀 내키지 않았어.

No me apetecía nada cenar.

PASO 2

1 회식하러 가고 싶지 않아 사무실에 남아 있을 때

H ¿Por qué te has quedado en la oficina?

M 술 마시러 가는 것이 전혀 내키지 않아서.

H Tu jefe va a decir algo muy importante allí.

M No me importa.

2 집을 다른 사람과 함께 쓰고 싶지 않을 때

H ¿Sigues viviendo sola?

M Sí. Aunque el alquiler es muy caro, estoy muy contenta con mi piso.

H ¿Antes Marta quería vivir contigo?

M 그녀와 같이 사는 것이 전혀 내키지 않았거든.

1 H : 왜 사무실에 남아 있어?
　 M : No me apetecía nada ir a beber.
　 H : 네 상사가 거기서 정말 중요한 얘기를 할 텐데.
　 M : 별로 상관없어.

2 H : 너 계속 혼자 살고 있어?
　 M : 응. 비록 월세는 비싸도, 집에 매우 만족하고 있어.
　 H : 전에 마르따가 너랑 살고 싶어 했었지?
　 M : Es que no me apetecía nada compartir el piso con ella.

¿Te apetece ~?

너는 ~하고 싶어?

데이트를 하다보면 상대방이 놀이공원에 가고 싶은지, 산책하러 공원에 가고 싶은지, 커피가 먹고 싶은지 등 여러 가지를 물어보게 되죠? 이 때 ¿Te apetece ~?(너는 ~하고 싶어?) 표현을 알아 두면 아주 유용하게 쓸 수 있습니다. 그리고 Te apetece 뒤에는 동사원형이 옵니다.

PASO 1

1. 너는 산책하러 공원에 가고 싶어? **¿Te apetece pasear por el parque?**

2. 너는 후식 먹고 싶어? **¿Te apetece tomar postre?**

3. 너는 아이스크림 먹고 싶어? **¿Te apetece tomar helado?**

4. 너는 고기 먹고 싶어? **¿Te apetece carne?**

5. 너는 뜨거운 수프 먹고 싶어? **¿Te apetece la sopa caliente?**

PASO 2

1 냉장고에 과일이 없을 때

H No hay ninguna fruta en la nevera.

M 과일이 먹고 싶니?

H Sí, hace unos días que no tomo fruta.

M Ahora vamos a la frutería.

2 단 것이 먹고 싶을 때

H Me falta azúcar. Me mareo.

M 너 초콜릿 먹고 싶지?

H Sí, ¿tienes chocolate?

M Sí, aquí tienes.

---

1 H : 냉장고에 과일이 하나도 없어.
　　M : ¿Te apetece fruta?
　　H : 응. 과일 안 먹은지 며칠 됐어.
　　M : 지금 과일 가게에 가자.

2 H : 당이 부족해. 머리가 어지러워.
　　M : ¿Te apetece chocolate?
　　H : 응. 초콜릿 가지고 있어?
　　M : 응. 여기 있어.

Tip

자주 먹는 과일 이름

la manzana 사과
la uva 포도
la naranja 오렌지
la sandía 수박
la piña 파인애플
el platano 바나나
el melocotón 복숭아
la fresa 딸기
la pera 배
la ciruela 자두

단어장

el postre 후식
el helado 아이스크림
la nevera 냉장고
la frutería 과일가게
el azúcar 설탕, 단 것
marearse 어지럽다

171

UNIDAD 22. Interesar ~에 관심이 있다

어떤 것에 흥미를 갖고 있거나 관심이 있을 때 쓸 수 있는 동사가 바로 interesar입니다. 영어의 interest와 비슷하죠? 우리말로는 '~에 관심이 있다, ~에 흥미를 가지다'로 해석하면 됩니다. 문장 구조는 gustar 동사와 동일해 interesar 앞에 간접목적격대명사를 붙여 사용합니다.

저와 이 책을 공부하는 여러분의 공통 관심사는 바로 스페인어입니다. "우리는 스페인어에 매우 흥미가 있어."는 Nos interesa mucho español.이라고 말하면 되겠죠. 그리고 스페인어를 공부하다 보면 라틴 문화에도 자연스레 관심이 생기기 마련이죠. 그럴 땐 Nos interesa mucho la cultura latina.(우리는 라틴 문화에 매우 흥미가 있어.)라고 말하면 됩니다.

★ interesar(~에 관심이 있다) 동사 변화 ★

		단수/복수
나에게	A mí	me interesa/interesan
너에게	A ti	te interesa/interesan
그, 그녀, 당신에게	A él, ella, usted	le interesa/interesan
우리들에게	A nosotros, as	nos interesa/interesan
너희들에게	A vosotros, as	os interesa/interesan
그들, 그녀들, 당신들에게	A ellos, ellas, ustedes	les interesa/interesan

MODELO 108

Me interesa(n) mucho ~

나는 ~에 관심이 많아

친구를 처음 사귀어 서로의 관심사를 얘기할 때 많이 쓰는 표현이랍니다. 대화가 끊겨 공통된 대화거리를 찾을 때도 쓰면 좋은 표현이겠죠? ¿Te interesa español?(스페인어에 관심 있어?)라고 물어본다면, Me interesa mucho español.(스페인어에 관심 많아.)라고 대답하면 되겠죠?

PASO 1

1. 나는 이 프로젝트에 관심이 많아.

Me interesa mucho este proyecto.

2. 나는 라틴 문화에 관심이 많아.

Me interesa mucho la cultura latina.

3. 나는 심리학에 관심이 많아.

Me interesa mucho la psicología.

4. 나는 여러 어학 코스에 관심이 많아.

Me interesan mucho los cursos de idiomas.

5. 나는 네가 내게 얘기해 주는 모든 것에 관심이 많아.

Me interesa mucho todo lo que me cuentas.

PASO 2

1 관심 있는 프로젝트에 참여하고 싶을 때

H ¿Yo puedo participar en tu proyecto?

M Ya tienes el tuyo.

H 나는 네 프로젝트에 관심이 많아.

M Bueno. Pero primero preguntaré a los otros miembros.

2 페루 문화에 관심 있을 때

H Cada vez que te veo, tú lees algo.

M Yo leo libros de cultura.

H ¿De qué cultura?

M Cultura peruana. 나는 페루 문화에 관심 있거든.

1 H : 네 프로젝트 참여해도 돼?
　M : 이미 네 프로젝트가 있잖아.
　H : Me interesa mucho tu proyecto.
　M : 좋아. 그런데 먼저 다른 멤버들에게 물어볼게.

2 H : 매번 너를 볼 때마다, 뭔가를 읽고 있네.
　M : 문화에 관한 책들을 읽고 있어.
　H : 무슨 문화?
　M : 페루 문화. Me interesa la cultura peruana.

단어장

el proyecto 프로젝트
la cultura 문화
la psicología 심리학
contar(tú cuentas)
이야기하다, 계산하다, 세다
participar en ~에 참여하다
tuyo/a 너의 것
preguntar 물어보다, 질문
하다

MODELO
109

no le/les interesa nada ~

그 사람은/그 사람들은
~에 전혀 관심이 없어

누군가 무엇에 관심이 있으면 3인칭 간접목적격대명사 le를 써서 Le interesa ~, 관심이 없으면 no를 붙여 No le interesa ~, 관심이 전혀 없으면 '전혀 ~가 아니다'라는 뜻의 nada까지 붙여 No le interesa nada ~가 됩니다.

PASO 1

1. 내 남동생은 공부하는 것에 전혀 관심이 없어.

   A mi hermano menor no le interesa nada **estudiar.**

2. 내 여동생은 자신을 꾸미는 것에 전혀 관심이 없어.

   A mi hermana menor no le interesa nada **arreglarse.**

3. 그는 그 사업에 투자하는 것에 전혀 관심이 없어.

   A él no le interesa nada **invertir en ese negocio.**

4. 그 여자들은 보석을 사는 것에 전혀 관심이 없어.

   A ellas no les interesa nada **comprar las joyas.**

5. 내 친구들은 축구 경기를 보는 것에 전혀 관심이 없어.

   A mis amigos no les interesa nada **ver el partido de fútbol.**

PASO 2

1 여동생에 대해서 설명할 때

H Mira, esta foto es de mi familia.

M A ver. Tu hermana menor es muy bonita y alta.

H 그런데 전혀 꾸미는 것에 관심 없어.

M Es muy bonita sin maquillaje.

2 TV 소리를 작게 켜 놓고 보는 이유를 말할 때

H ¿Qué ves a bajo volumen?

M Yo veo el partido de fútbol.

H ¡Sube el volumen!

M No, 우리 가족은 축구에 전혀 관심 없거든.

---

1 H : 봐봐, 이 사진이 우리 가족사진이야.

　　M : 어디 봐봐. 네 여동생 정말 예쁘고 키도 크다.

　　H : Pero no le interesa nada arreglarse.

　　M : 화장 안 하고도 정말 예쁘네.

2 H : 그렇게 소리를 작게 켜 놓고 뭘 보고 있는 거야?

　　M : 축구 경기 보고 있어.

　　H : 소리 좀 키워!

　　M : 아니, a mi familia no le interesa nada el fútbol.

단 어 장

arreglarse (스스로를) 꾸미다, 단장하다
invertir 투자하다
la joya 보석, 귀금속
el partido 경기
el maquillaje 화장
el volumen 볼륨, 소리

175

Yo creo que te interesa ~

너는 ~에 관심이 있는 것 같아

creer는 '믿다, 생각하다'라는 뜻의 동사입니다. creer를 활용한 Yo creo que(나는 ~라고 믿어, 나는 ~라고 생각해) 뒤에 te interesa를 써주면 '내가 보기에 너는 ~에 관심이 있는 것 같아'라는 표현을 만들 수 있습니다. 우리말로는 '내 생각에, 내가 보기에' 등을 붙여 해석해도 자연스럽습니다.

PASO 1

1. 너는 내가 하는 일에 관심이 있는 것 같아.

Yo creo que te interesa **el trabajo que hago.**

2. 너는 그가 얘기하는 것에 관심이 있는 것 같아.

Yo creo que te interesa **lo que él dice.**

3. 너는 이번 여행에 대해 관심이 있는 것 같아.

Yo creo que te interesa **este viaje.**

4. 너는 주식 투자에 관심이 있는 것 같아.

Yo creo que te interesa **la inversión en la bolsa.**

5. 너는 건강에 관심이 있는 것 같아.

Yo creo que te interesa **la salud.**

> **Tip**
>
> **¡Salud!**
> la salud은 '건강'이라는 뜻이에요. 스페인어권 나라에서는 술을 마실 때 '건배'의 의미로 ¡Salud!을 외치며, 또한 주변 사람이 재채기를 했을 때, ¡Salud!이라고 말하는 것이 예의랍니다. 오랜 전통이니 꼭 기억했다가 써 보세요!

PASO 2

1 관심사에 대해 친구와 얘기할 때

H ¿Qué estudias en la universidad? 넌 가르치는 것에 관심이 많은 것 같아.

M Claro, yo estudio magisterio musical. Quiero trabajar de profesora.

H Pero creo que hay mucha competencia.

M Es verdad. Por eso voy a ir al extranjero. Sé que si arriesgo, lo puedo conseguir.

2 친구와 진로에 대해서 대화할 때

H 너는 디자인에 관심이 많은 것 같아.

M No tanto. Solo me interesa leer las revistas de diseño.

H ¿Qué carrera tienes?

M Mi carrera es publicidad. Quiero aprovechar mis estudios en el trabajo.

1 H : 대학교에서 뭐 공부해? Yo creo que te interesa mucho la enseñanza.
  M : 물론이지, 음악교육 공부하고 있어. 선생님으로 일하고 싶어.
  H : 그런데 경쟁이 치열한 것 같은데.
  M : 그건 사실이야. 그래서 나 외국에 나갈 거야. 위험을 감수하면, 뭔가를 얻을 수 있다는 것을 알거든.

2 H : Yo creo que te interesa mucho el diseño.
  M : 그 정도는 아니야. 그냥 디자인 잡지 읽는 것에 관심이 있어.
  H : 너는 전공이 뭐야?
  M : 내 전공은 광고야. 내가 배운 것들을 직장에서 써먹고 싶어.

> **단어장**
>
> la inversión 투자
> invertir en la bolsa
> 주식에 투자하다
> el magisterio 교사를 양성하는 교육 (교직)
> la competencia 경쟁
> arriesgar 위험을 무릅쓰다
> el diseño 디자인
> la carrera 전공
> aprovechar 활용하다

176

PARTE 4

의문사 패턴

UNIDAD 23. ¿Qué ~?

무엇, 무슨

스페인어의 다양한 의문사들 중에서 가장 활용도가 높은 의문사가 바로 '무엇'의 의미를 가진 qué입니다. 영어의 what과 비슷한 개념으로 what이 〈what + 명사〉나 〈what + 동사〉의 형태로 다양하게 쓰이 듯이, 스페인어의 qué도 〈qué + 명사〉나 〈qué + 동사〉의 형태로 다양하게 활용되어 쓰입니다. 무슨 영화를 좋아하는지 묻고 싶다면 ¿Qué película te gusta?(너는 무슨 영화 좋아해?)로, 뭘 하고 싶은지 묻고 싶다면 ¿Qué quieres hacer?(너는 뭐 하고 싶어?)처럼 쓸 수 있습니다. 그럼, 이제 본격적으로 qué를 이용한 다양한 패턴들을 배워 볼까요?

MODELO
111

¿Qué + 동사/명사?

너 뭐 하니?, 너는 무슨 ~를 하니?

qué는 '무엇'을 뜻하는 의문사로, qué 뒤에는 명사나 동사 모두 올 수 있습니다. qué película(무슨 영화), qué café(무슨 커피), qué libro(무슨 책)처럼 하루에도 수십 번 qué를 활용해 다양한 문장들을 말할 수 있습니다. 그중 가장 많이 쓰는 문장은 바로 ¿Qué haces?(너 뭐하니?)랍니다.

PASO 1

1. 너 지금 뭐 하니?   ¿Qué **haces ahora?**

2. 너 무슨 영화를 보니?   ¿Qué **película ves?**

3. 너 무슨 커피 마셔?   ¿Qué **café tomas?**

4. 너 무슨 잡지 읽니?   ¿Qué **revista lees?**

5. 너 무슨 과목 좋아하니?   ¿Qué **asignatura te gusta?**

PASO 2

1 바빠 보이는 친구에게

H   Pareces muy ocupada. 뭐 쓰고 있어?

M   Yo escribo un trabajo.

H   ¿Para cuándo tienes que terminar el trabajo?

M   Para mañana.

2 성적이 안 좋은 것에 대해서 얘기할 때

H   En este semestre he sacado malas notas.

M   무슨 과목에서 나쁜 성적을 받았는데?

H   En todas las asignaturas.

M   ¡Ánimo!

---

1 H : 굉장히 바빠 보이네. ¿Qué escribes?
    M : 리포트 쓰고 있어.
    H : 언제까지 리포트 끝내야 하는데?
    M : 내일까지.

2 H : 이번 학기 나쁜 성적을 받았어.
    M : ¿En qué asignatura has sacado malas notas?
    H : 모든 과목에서.
    M : 힘내!

Tip

학교생활 관련 표현 ❶

la escuela primaria
초등학교

la escuela secundaria
중학교

el instituto de bachille-
rato 고등학교

la universidad 대학교

la facultad 단과

la formación profesional
직업훈련 과정

sacar buenas notas
좋은 성적을 받다

sacar malas notas
나쁜 성적을 받다

단어장

la revista 잡지
la asignatura 과목
el trabajo 리포트, 과제
¿Para cuándo? 언제까지?
ánimo 힘내

¿Qué quieres ~?

무엇을 ~하고 싶니?, 무슨 ~을 하고 싶니?

상대방이 원하는 것이 무엇인지 알고 싶을 때 쓰는 표현이 바로 ¿Qué quieres ~?입니다. 묻고 싶은 것에 따라서 뒤에 동사나 명사가 올 수도 있겠죠? '무엇을 먹고 싶니?'라고 물어 볼 때는 ¿Qué quieres ~?를 써서 ¿Qué quieres comer?로, 좀 더 구체적으로 '고기 먹고 싶니?'는 107번 에서 배운 패턴 ¿Te apetece ~?를 활용해 ¿Te apetece la carne?라고 말하면 됩니다.

PASO 1

1. 무엇을 주문하고 싶니? **¿Qué quieres pedir?**

2. 무슨 차를 사고 싶니? **¿Qué coche quieres comprar?**

3. 무슨 아이스크림 먹고 싶니? **¿Qué helado quieres tomar?**

4. 무슨 운동을 하고 싶니? **¿Qué deporte quieres hacer?**

5. 무슨 수업을 듣고 싶니? **¿Qué clase quieres tomar?**

PASO 2

1 아이스크림이 먹고 싶을 때

H ¡Vamos a la heladería!

M ¿Tú vas a invitarme?

H No, te toca invitarme.

M Vale, 무슨 아이스크림 먹고 싶은데?

2 보고 싶은 축구 경기를 얘기할 때

H ¡Ya es la hora del fútbol!

M 무슨 경기 보고 싶은데? Hay dos canales que ponen partidos.

H Yo quiero ver el partido del Real Madrid.

M Yo no quiero verlo.

1 H : 우리 아이스크림 가게에 가자!
　 M : 네가 쏠 거야?
　 H : 아니, 네가 나한테 살 차례잖아.
　 M : 좋아, ¿qué helado quieres tomar?

2 H : 축구할 시간이야!
　 M : ¿Qué partido quieres ver? 경기 중계해 주는 채 널이 두 개가 있는데.
　 H : 나는 레알 마드리드 경기 보고 싶어.
　 M : 나는 그것 보고 싶지 않은데.

Tip

학교생활 관련 표현 ❷

el examen 시험
aprobar 통과하다, 합격하다
suspender 낙제하다
el crédito 학점
la carrera 전공
la segunda carrera
부전공
hacer dos carreras
복수전공을 하다
la matrícula 등록금
sacar la beca
장학금을 받다

단어장

pedir 주문하다, 부탁하다
el deporte 스포츠, 운동
la heladería 아이스크림
가게
el canal 채널
el partido 경기

181

MODELO
113

¿Qué tipo de ~?

어떤 종류의 ~을 하니?

영어의 What type of ~?와 같은 표현입니다. tipo는 '타입, 종류'의 뜻이죠. Qué tipo de 뒤에는 명사를 넣어서 Qué tipo de música(어떤 종류의 음악), Qué tipo de deporte(어떤 종류의 운동)처럼 '어떤 종류의 ~'이라고 물을 때 활용할 수 있는 패턴입니다.

PASO 1

1. 어떤 종류의 일을 찾고 있니? **¿Qué tipo de trabajo buscas?**

2. 어떤 종류의 음악을 듣니? **¿Qué tipo de música escuchas?**

3. 어떤 타입의 피부를 가지고 있니? **¿Qué tipo de piel tienes?**

4. 어떤 종류의 여행들이 있나요? **¿Qué tipo de viajes hay?**

5. 어떤 종류의 운동을 좋아하니? **¿Qué tipo de deporte te gusta?**

PASO 2

1 직장을 구할 때

H Tú estás sentada más de dos horas ante el ordenador.

M Yo busco trabajo.

H 어떤 종류의 일을 찾고 있는데?

M Cualquier trabajo.

2 상사에게 와인을 선물하고 싶을 때

H Yo quiero regalar un vino a mi jefe.

M 어떤 종류의 와인을 좋아하는지 알고 있어?

H Creo que le gusta cualquier vino.

M ¡Pues compra uno a precio asequible!

1 H : 너 컴퓨터 앞에서 2시간 이상이나 앉아 있네.
　　M : 나 직장 찾고 있어.
　　H : ¿Qué tipo de trabajo buscas?
　　M : 아무 직장이나 괜찮아.

2 H : 내 상사에게 와인 한 병 선물하고 싶어.
　　M : ¿Sabes qué tipo de vino le gusta?
　　H : 아무 와인이나 다 좋아하는 것 같은데.
　　M : 그럼 적당한 가격으로 한 병 사!

Tip

학교생활 관련 표현 ❸

el campus 캠퍼스
el semestre 학기
primer año 1학년
segundo año 2학년
tercer año 3학년
cuarto año 4학년
la residencia de estudiantes 학생 기숙사
el club 동아리
trabajar a tiempo parcial 아르바이트를 하다

단어장

la piel 피부
estar sentado/a 앉아 있다
regalar 선물하다
el precio 가격
asequible 쉽게 손에 넣을 수 있는, 접근하기 쉬운

¿Qué te parece ~?

~하는 게 어때?

¿Qué te parece ~?는 영어의 What about you ~?(~하는 게 어때?)과 비슷한 표현입니다. parecer(~인 것 같다)는 gustar 동사와 같은 문장 구조를 써서 앞에 간접목적대명사 te(너에게)를 넣어 줍니다. ¿Qué te parece esta opinión?(이 의견 어때?), ¿Qué te parece ir al mar?(바다에 가는 게 어때?)처럼 상대방의 생각을 물어보고 싶을 때 유용하게 쓸 수 있습니다.

PASO 1

1. 내일모레는 어때?   ¿Qué te parece **pasado mañana?**

2. 산으로 캠핑 가는 게 어때?   ¿Qué te parece **ir de *camping* a la montaña?**

3. 수영장 가는 게 어때?   ¿Qué te parece **ir a la piscina?**

4. 야외에서 커피 마시는 게 어때?   ¿Qué te parece **tomar café al aire libre?**

5. 집에서 쉬는 게 어때?   ¿Qué te parece **descansar en casa?**

PASO 2

1   가을밤 산책을 제안할 때

H   Hace fresco. Ya estamos en otoño.

M   Me gusta el otoño. Me dan ganas de hacer algo nuevo.

H   강변을 산책하는 게 어때?

M   Genial.

2   집 가구를 새롭게 배치하고 청소할 때

H   가구를 새롭게 배치하는 것 어때?

M   Me parece muy buena idea. ¿Ahora mismo lo hacemos?

H   Primero, sacamos la basura. Está amontonada.

M   Bueno. Uy, huele mucho.

---

1 H : 날씨가 선선해. 이제 가을이네.
   M : 나는 가을이 좋아. 뭔가 새로운 것을 하고 싶은 마음이 들거든.
   H : ¿Qué te parece pasear por el rio?
   M : 정말 좋아.

2 H : Qué te parece colocar de nuevo los muebles?
   M : 정말 좋은 생각 같아. 우리 지금 당장 할까?
   H : 우선, 우리 쓰레기를 치우자. 많이 쌓여 있어.
   M : 좋아. 윽, 냄새가 엄청 난다.

단어장

pasado mañana   내일모레
ir de *camping*   캠핑 가다
al aire libre   야외에서
descansar   쉬다
colocar   배치하다, (책을) 꽂다
el mueble   가구
sacar la basura   쓰레기를 정리해서 버리다
oler(3인칭 huele)   냄새가 나다

¿Qué significa ~?

~는 무슨 뜻이야?

'~을 의미하다'라는 뜻인 significar 동사를 qué 뒤에 써서 ¿Qué significa ~?라고 하면 '~는 무슨 뜻이야?'가 됩니다. 스페인어를 공부하다 이해가 안 되거나 모르는 것이 있을 때는 주저하지 말고 ¿Qué significa esto?(이것은 무슨 뜻인가요?)라고 물어보세요.

 PASO 1

1. 이것은 스페인어로 무슨 뜻이야?　　**¿Qué significa esto en español?**

2. 이 단어는 무슨 뜻이야?　　**¿Qué significa esta palabra?**

3. 이 이름은 무슨 뜻이야?　　**¿Qué significa este nombre?**

4. 이 문장은 무슨 뜻이야?　　**¿Qué significa esta frase?**

5. 그가 얘기하는 것은 무슨 뜻이야?　　**¿Qué significa lo que él dice?**

PASO 2

1　모르는 단어가 있을 때

H　No puedo encontrar el diccionario.

M　¡Dime la palabra que no sabes!

H　이 단어 한국어로 무슨 뜻이야?

M　Umm... no lo sé tampoco.

2　메시지의 의미가 궁금할 때

H　¡Ven aquí!

M　¿Qué pasa? Tengo que salir.

H　Mira. 이 메시지 무슨 뜻이야?

M　¡Tú mismo busca el significado!

---

1 H : 사전을 찾을 수가 없네.
　 M : 나에게 모르는 단어 얘기해 봐!
　 H : ¿Qué significa esta palabra en coreano?
　 M : 음… 나도 모르겠네.

2 H : 이리 좀 와 봐!
　 M : 무슨 일인데? 나가봐야 해.
　 H : 봐봐. ¿Qué significa este mensaje?
　 M : 네가 직접 찾아봐!

단 어 장
la palabra 단어
el nombre 이름
cf. el apellido 성
el mensaje 메시지
el significado 뜻, 의미

MODELO 116

¿Qué hay que tener en cuenta ~?

~을 하려면 무엇을 염두에 두어야 하나요?

tener en cuenta는 '~을 염두에 두다'는 표현으로 〈hay que + 동사원형〉(~를 해야 한다)과 합쳐져 ¿Qué hay que tener en cuenta ~?(~을 하려면 무엇을 염두에 두어야 하나요?)가 됩니다. 계약을 할 때나 여행을 갈 때, 핸드폰을 살 때 염두에 두어야 할 것이 무엇인지 물어볼 때 사용해 보세요.

PASO 1

1. 집을 얻으려면 무엇을 염두에 두어야 하나요?

   ¿Qué hay que tener en cuenta para alquilar un piso?

2. 태블릿 PC를 사려면 무엇을 염두에 두어야 하나요?

   ¿Qué hay que tener en cuenta para comprar una tablet?

3. 스마트폰을 고르기 전에 무엇을 염두에 두어야 하나요?

   ¿Qué hay que tener en cuenta antes de elegir un teléfono inteligente?

4. 사업을 시작하기 전에 무엇을 염두에 두어야 하나요?

   ¿Qué hay que tener en cuenta antes de empezar un negocio?

5. 계약서에 사인을 하기 전에 무엇을 염두에 두어야 하나요?

   ¿Qué hay que tener en cuenta antes de firmar un contrato?

PASO 2

1 콜롬비아로 여행 가는 친구에게 조언할 때

H 콜롬비아를 여행하기 전에 무엇을 염두에 두어야 해?

M Hay que prestar mucha atención cuando andas por la calle.

H ¿Hay muchos carteristas?

M No hay tantos. Pero ten cuidado con todo.

2 호텔을 예약할 때

H 호텔을 예약하기 전에 어떤 것을 염두에 두어야 해?

M La conexión a internet es gratis y la habitación tiene un aire acondicionado.

H Vale, voy a buscar un hotel a mejor precio en internet.

M Yo también luego echo un vistazo.

1 H : ¿Qué hay que tener en cuenta antes de viajar por Colombia?
M : 길을 다닐 때 정말 주의해야 해.
H : 소매치기가 많아?
M : 그렇게 많지는 않아. 하지만 모든 것에 조심해.

2 H : ¿Qué hay que tener en cuenta antes de reservar un hotel?
M : 인터넷 연결이 무료인지와 방에 에어컨이 있는지 살펴봐.
H : 알았어, 좋은 가격의 호텔을 인터넷에서 찾아봐야겠다.
M : 나도 조금 있다 한번 살펴볼게.

Tip

상품 구매시 자주 쓰는 표현

timar 바가지를 씌우다
Me han timado en esa tienda. 그 가게에서 나에게 바가지를 씌웠어.

malgastar 낭비하다
No quiero malgastar dinero. 나는 돈 낭비하고 싶지 않아.

gastar 지출하다
Hoy he gastado mucho. 오늘 나는 지출을 너무 많이 했어.

ahorrar 절약하다
Yo he comprado a mitad de precio. He ahorrado mucho. 나는 절반 가격에 샀어. 많이 절약했어.

단어장

la tablet 태블릿 PC
el teléfono inteligente 스마트폰
el negocio 사업
firmar 사인하다
el contrato 계약서
prestar atención 주의를 기울이다
el/la carterista 소매치기
echar un vistazo (가볍게) 훑어보다

185

MODELO
117

¿De qué está hecho ~?

~은 무엇으로 만들어진 거야?

전치사 de는 다양한 뜻을 가지고 있는데요, 그 중 하나가 재료를 나타내 '~로 (만든)'이라는 뜻입니다. estar(있다) 동사 뒤에 오는 hecho는 '만들어진'이란 뜻으로 de와 합쳐져서 '~(재료)로 만들어진'이라는 뜻이 됩니다. 이 때 hecho는 뒤에 오는 명사에 따라서 성과 수가 변화됩니다.

PASO 1

1. 이 반지는 무엇으로 만들어진 거야? ¿De qué está hecho **este anillo?**

2. 이 목걸이는 무엇으로 만들어진 거야? ¿De qué está hecho **este collar?**

3. 이 책상은 무엇으로 만들어진 거야? ¿De qué está hecha **esta mesa?**

4. 이 귀걸이는 무엇으로 만들어진 거야? ¿De qué están hechos **estos pendientes?**

5. 이 화장품들은 무엇으로 만들어진 거야? ¿De qué están hechos **estos cosméticos?**

PASO 2

1 빵이 정말 맛있을 때

H ¡Qué rico! Este pan está muy bueno.

M Este pan está hecho a mano en casa.

H 이 빵은 뭘로 만든 거야?

M Está hecho con multicereales.

2 쇼윈도에서 예쁜 반지를 보았을 때

H ¡Mira el escaparate! Hay un anillo precioso.

M Ya te lo dije. Al fin esta mañana he probado este anillo en la tienda.

H 이 반지는 뭘로 만들어진거지?

M Está hecho de oro de 18 quilates.

1 H : 정말 맛있다! 이 빵 정말 맛있어.
　M : 이 빵은 집에서 직접 손으로 만든 거야.
　H : ¿De qué está hecho este pan?
　M : 여러 가지 곡물로 만든 거야.

2 H : 쇼윈도 좀 봐봐! 정말 환상적인 반지가 하나 있어.
　M : 내가 너에게 얘기했잖아. 결국 오늘 오전에 가게에서 한번 껴봤거든.
　H : ¿De qué esta hecho este anillo?
　M : 18k 금으로 만들어졌어.

단어장

el anillo 반지
el collar 목걸이
los pendientes 귀걸이
el cosmético 화장품
los cereales 곡물, 잡곡
el escaparate 진열장, 쇼윈도

MODELO 118

¿De qué color es/son ~?

~은 무슨 색이야?

색깔(color)을 물을 때도 de를 이용해서 물어볼 수 있습니다. 친구가 차를 샀다고 했을 때 ¿De qué color es tu coche?(네 차 무슨 색이야?)라고 물어보면 되겠죠? 대답할 때를 위해서 rojo(빨강), amarillo(노랑), negro(검정), blanco(하양), azul(파랑) 등의 색도 잘 익혀 두세요.

PASO 1

1. 네 핸드폰은 무슨 색이야?   **¿De qué color es tu móvil?**

2. 여행 가방은 무슨 색이야?   **¿De qué color es la maleta?**

3. 배낭은 무슨 색이야?   **¿De qué color es la mochila?**

4. 네 선글라스는 무슨 색이야?   **¿De qué color son tus gafas de sol?**

5. 바지는 무슨 색이야?   **¿De qué color son los pantalones?**

PASO 2

1 공항에서 가방이 도착하지 않았을 때

H Todavía no han salido mis maletas.

M 네 여행 가방들은 무슨 색인데?

H Son negras.

M Esperamos un poco más.

2 무슨 색 지갑을 샀는지 물을 때

H Ayer yo compré un bolso de piel.

M Yo también compré una cartera de piel ayer.

H 무슨 색 샀는데?

M Yo compré la cartera roja.

1 H : 아직 내 여행 가방들이 나오지 않았어.
   M : ¿De qué color son tus maletas?
   H : 검정색이야.
   M : 좀 더 기다려 보자.

2 H : 어제 가죽 가방 샀어.
   M : 나도 어제 가죽 지갑 샀는데.
   H : ¿De qué color la compraste?
   M : 빨간 지갑 샀어.

Tip

공항에서 꼭 필요한 표현

el equipaje 수하물
la etiqueta 라벨
el mostrador 카운터
la tarifa 요금, 운임
el asiento 좌석
la tarjeta de embarque 탑승권
el retraso 지연, 지체
facturar 수하물을 부치다
la puerta 탑승구

단어장

la maleta 여행 가방
la mochila 배낭
las gafas de sol 선글라스
negro/a 검은색의
la cartera 지갑, 서류가방
de piel 가죽의

187

MODELO 119

¿Con qué frecuencia ~?

얼마나 자주 ~하니?

frecuencia는 '자주, 빈번'이라는 명사이지만 전치사 con과 함께 쓰이면 '자주, 빈번히'라는 부사어가 됩니다. con frecuencia가 qué와 함께 쓰일 때, 스페인어에서 전치사는 항상 의문사 앞에 오기 때문에 qué가 두 단어 사이에 들어갑니다.

PASO 1

1. 얼마나 자주 건강 검진을 하니? ¿Con qué frecuencia **haces la revisión médica?**

2. 얼마나 자주 약을 먹니? ¿Con qué frecuencia **tomas medicina?**

3. 얼마나 자주 병원에 가니? ¿Con qué frecuencia **vas al hospital?**

4. 얼마나 자주 요가를 하니? ¿Con qué frecuencia **haces yoga?**

5. 얼마나 자주 자전거를 타니? ¿Con qué frecuencia **montas en bicicleta?**

PASO 2

1 엄마와 자주 통화하는지 물을 때

H 얼마나 자주 엄마랑 통화해?

M Casi todos los días. ¿Y tú?

H Yo, casi no. No me llevo bien con mi madre.

M Ya eres mayor. ¡Intenta hablar más frecuente con tu madre!

2 얼마나 자주 자전거를 타는지 물을 때

H ¡Qué músculos tienes! ¡Qué envidia!

M Estos días, después del trabajo, yo monto en bicicleta.

H 얼마나 자주 타는데?

M Cada dos días.

---

1 H : ¿Con qué frecuencia hablas por teléfono con tu madre?
M : 거의 매일. 너는?
H : 나는 거의 안 해. 나 엄마와 사이가 좋지 않거든.
M : 너는 이미 성인이잖아, 엄마와 더 자주 대화하는 것을 시도해 봐!

2 H : 너 근육 장난 아니다! 정말 부러워!
M : 요즘 직장 끝나고, 자전거 타거든.
H : ¿Con qué frecuencia montas en bicicleta?
M : 이틀에 한 번.

Tip

빈도를 나타내는 부사

siempre 항상
casi siempre 거의 항상
frecuentemente 빈번하게, 자주
a menudo 종종
a veces 가끔씩
casi nunca 거의 ~하지 않다
nunca 전혀 ~하지 않다

단어장

la revisión médica 건강 검진
hacer yoga 요가를 하다
montar en bicicleta 자전거를 타다
el/la mayor 성인, 어른
el músculo 근육

¿A qué hora ~?

몇 시에 ~야?

'시간'을 뜻하는 hora를 넣어서 현재 시간을 물어 볼까요? '몇 시입니까?'는 ¿Qué hora es?라고 묻지만, '수업은 몇 시에 시작해?'라고 물을 때는 '(시간)에'를 뜻하는 전치사 a를 qué 앞에 넣어서 ¿A qué hora empieza la clase?라고 물어봅니다.

PASO 1

1. 회의는 몇 시야?   **¿A qué hora es la reunión?**

2. 송별회는 몇 시야?   **¿A qué hora es la fiesta de despedida?**

3. 몇 시에 집에 돌아와?   **¿A qué hora vuelves a casa?**

4. 우리 몇 시에 볼까?   **¿A qué hora nos vemos?**

5. 우리 몇 시에 퇴근할까?   **¿A qué hora salimos de la oficina?**

PASO 2

1 몇 시에 전화할지 물을 때

H   Tengo algo que decirte.

M   Perdona. Ahora tengo mucho que hacer.

H   Entonces luego te llamo por teléfono.

M   몇 시에 전화할 거야?

2 주차하며 영화가 몇 시에 시작하는지 물을 때

H   Aquí aparcamos el coche.

M   Que no. Nos ponen una multa.

H   No hay otra manera. Ya empieza la película.

M   영화 몇 시에 시작하는데?

---

1 H : 나 너에게 할 말 있어.
     M : 미안해. 나 지금 할 일이 많아.
     H : 그러면 조금 있다가 전화할게.
     M : ¿A qué hora vas a llamarme?

2 H : 여기에 우리 주차하자.
     M : 그건 안 돼. 우리 벌금 물어.
     H : 다른 방법이 없어. 영화 시작한단 말이야.
     M : ¿A qué hora empieza la película?

단어장

la fiesta de despedida
송별회
salir de la oficina 퇴근
하다
aparcar 주차하다
poner una multa 벌금을
부과시키다
la manera 방법

¿A qué edad ~?

몇 살에 ~하니?

'너는 몇 살이니?'는 ¿Cuántos años tienes?라고 하죠. '몇 살에 ~하니?'는 '무엇'이라는 qué 와 '나이'라는 edad를 활용해 ¿A qué edad ~?라고 말하면 됩니다. 이 때 qué 앞에 a를 넣어 야 하는 것 기억해 주세요!

PASO 1

1. 몇 살에 결혼하고 싶어?   ¿A qué edad **quieres casarte?**

2. 너희 아버지는 몇 살에 정년퇴임 하시니?   ¿A qué edad **se jubila tu padre?**

3. 아이들은 몇 살에 글을 읽을 수 있어?   ¿A qué edad **pueden leer los niños?**

4. 아기들은 몇 살에 말을 하지?   ¿A qué edad **hablan los bebés?**

5. 그 사람은 몇 살에 죽었지?   ¿A qué edad **se murió él?**

PASO 2

1 몇 살에 직장을 그만둘지 물을 때

H Algún día yo quiero viajar por Sudamérica más de un año.

M ¿Entonces vas a dejar el trabajo?

H Por supuesto.

M 몇 살에 직장 그만둘 건데?

2 말을 아직 못하는 아들이 걱정될 때

H Mi hijo todavía no puede hablar ni una palabra.

M ¿Cuántos años tiene tu hijo?

H Tiene dos años. 보통 아기들은 몇 살에 말을 하지?

M Depende de los bebés.

---

1 H : 언젠가 1년 이상 남미를 여행하고 싶어.
   M : 그러면 직장 그만둘 거야?
   H : 물론이지.
   M : ¿A qué edad vas a dejar el trabajo?

2 H : 내 아들은 아직 한 마디도 말하지 않아.
   M : 너희 아들 몇 살인데?
   H : 두 살이야. ¿A qué edad hablan los bebés normalmente?
   M : 아기들마다 다르지.

Tip

물론이지!

Por supuesto.는 상대방 이 질문했을 때 '물론이지, 그 거 맞아.'의 느낌으로 쓸 수 있는데요, 비슷한 표현으로 는 ¡Claro!(물론이지!), Que sí.(그거 맞아.)가 있습니다.

단어장

jubilarse 은퇴하다
morir(se) 죽다
algún día 언젠가는
todavía 아직
el hijo 아들
depende de ~에 달려 있다

190

UNIDAD 24. ¿Quién(es) ~? 누구

'누구'를 뜻하는 의문사 quién을 배워볼까요? 앞에서 배운 의문사 qué보다 훨씬 쉽습니다. 다만 뒤에 복수형이 왔을 때는 quiénes로 변화되는 것만 주의하면 됩니다. ¿Quién es él?(그는 누구야?), ¿Quiénes son ellos?(그들은 누구야?)처럼요. 그럼 quién으로 시작하는 의문문을 시작해 볼까요?

MODELO 122

¿Quién es ~?

~은 누구니?

의문사 quién 뒤에 ser 동사(~이다)를 붙여서, '~은 누구니?'라는 표현을 만들 수 있습니다. 간단한 표현이지만, 생활 속에서 많이 쓰이는 문장이니 꼭 기억해두세요.

PASO 1

1. 저 사람 누구니?   ¿Quién es **aquella persona?**

2. 이 남자 배우 누구니?   ¿Quién es **este actor?**

3. 이 축구 선수 누구니?   ¿Quién es **este jugador de fútbol?**

4. 이 여자 배우 누구니?   ¿Quién es **esta actriz?**

5. 이 가수 누구니?   ¿Quién es **este cantante?**

PASO 2

1 잡지에 나온 모델에 대해 얘기할 때

H   He traído una revista de moda para ti.

M   Gracias. A ver. 이 모델 누구야? Esta modelo es muy atractiva.

H   Ella es una actriz francesa.

M   Pero es muy alta.

2 멀리 서 있는 여자가 누구인지 궁금할 때

H   저 여자애 누구야?

M   ¿La chica que está al lado de la puerta?

H   Sí, sí. ¿Tú la conoces?

M   Claro. Ella es mi hermana mayor.

---

1 H : 내가 너를 위해서 패션 잡지 한 권 가져왔어.
    M : 고마워. 어디 보자. ¿Quién es esta modelo? 이 여자 모델 정말 매력적이다.
    H : 프랑스 여배우야.
    M : 그런데 키가 아주 크네.

2 H : ¿Quién es esa chica?
    M : 문 옆에 있는 여자애?
    H : 응, 응. 너는 그녀를 알아?
    M : 당연하지. 우리 언니거든.

Tip

직업을 나타내는 단어

el/la oficinista 회사원
el/la periodista 기자
el/la abogado/a 변호사
el/la arquitecto/a 건축가
el/la ingeniero/a 엔지니어
el/la cocinero/a 요리사
la ama de casa 주부
el dependiente/
la dependienta 가게 점원
el diseñador/
la diseñadora 디자이너

단어장

el actor 남자배우
la actriz 여배우
el/la cantante 가수
el/la modelo 모델
al lado de ~의 옆에 있는
la hermana mayor 누나, 언니

MODELO 123

¿Quién es/fue tu ~?

너의 ~은 누구니?, 너의 ~은 누구였는데?

친구의 사진첩을 보다가 '너희 누나는 누구야?(¿Quién es tu hermana mayor?)'라고 물을 때, 모임에서 오랜만에 만나는 친구에게 '네 남자친구는 누구야?(¿Quién es tu novio?)'라고 물어볼 때 쓰는 표현입니다.

PASO 1

1. 너의 제일 친한 친구는 누구니?
   ¿Quién es tu **mejor amigo/a?**

2. 네가 본받고 싶은 사람은 누구니?
   ¿Quién es tu **persona ejemplar?**

3. 네가 좋아하는 가수는 누구니?
   ¿Quién es tu **cantante favorito/a?**

4. 너의 첫사랑은 누구였는데?
   ¿Quién fue tu **primer amor?**

5. 너의 상사는 누구였는데?
   ¿Quién fue tu **jefe?**

> **Tip**
>
> **ser 동사의 과거형**
> ser 동사를 '~였다'라고 쓰고 싶을 때 fui, fuiste, fue, fuimos, fuisteis, fueron으로 변화시킵니다.

PASO 2

1 친구와 함께 사는 사람이 누구인지 궁금할 때

H Ayer yo saqué una foto con mis amigos en casa.

M 너와 같이 사는 친구는 누구야?

H El que está sentado en el sofá.

M ¿Cómo es él?

---

2 친구의 새 남자친구가 누구인지 궁금할 때

H Gracias por venir.

M ¡Feliz cumpleaños! He venido con mis amigos.

H ¡Qué bien! María, 그들 중에 너의 새로운 남자친구는 누구니?

M Es un secreto.

---

1 H : 어제 집에서 내 친구들이랑 사진 찍었어.
　 M : ¿Quién es tu compañero de piso?
　 H : 소파에 앉아 있는 애.
　 M : 그는 어떤 사람이니?

2 H : 와줘서 고마워.
　 M : 생일 축하해! 나 친구들이랑 같이 왔어.
　 H : 잘됐다! 마리아, ¿quién es tu nuevo novio entre ellos?
　 M : 비밀이야.

> **단어장**
>
> la persona ejemplar 본받고 싶은 사람
> el primer amor 첫사랑
> sacar la foto 사진을 찍다
> el secreto 비밀

MODELO 124

¿Quién quiere ~?

누가 ~하길 원해?, ~할 사람?

여럿이 모여 있을 때 '피자 먹고 싶은 사람?', 체육대회에서 '달리기에 참여할 사람?'처럼 '~하고 싶은 사람?'이라고 말할 때 쓰는 표현입니다. 그리고 querer(원하다) 동사 다음에는 꼭 동사원형을 써 주세요.

PASO 1

1. 나랑 같이 장 보러 갈 사람?　¿Quién quiere **hacer la compra conmigo?**

2. 이 수프 먹어 볼 사람?　¿Quién quiere **probar esta sopa?**

3. 첫 번째로 발표할 사람?　¿Quién quiere **presentar primero?**

4. 마지막 케이크 한 조각 먹을 사람?　¿Quién quiere **tomar la última pieza de pastel?**

5. 이 회의에 참석할 사람?　¿Quién quiere **participar en esta reunión?**

PASO 2

1 친구를 집에 초대할 때

H 오늘 우리집에 올 사람?
M Yo. Yo quiero ir.
H Vale, hacemos los deberes juntos.
M Primero cocinamos algo.

2 도움을 요청할 때

H Esta mesa es muy pesada. 나 좀 도와줄 사람?
M Yo te ayudo.
H Quiero llevar esta mesa a otra habitación.
M ¿Las sillas también?

1 H : ¿Quién quiere venir a mi casa hoy?
M : 나. 나 가고 싶어.
H : 알았어, 우리 함께 숙제하자.
M : 먼저 뭔가 요리해 먹자.

2 H : 이 테이블 정말 무겁네. ¿Quién quiere ayudarme?
M : 내가 도와줄게.
H : 나는 이 테이블을 다른 방으로 옮기고 싶어.
M : 의자들도?

Tip

스페인이나 중남미에서 식사 초대를 받았을 때

식사 후에 다 같이 먹을 수 있는 후식(postre)을 준비해 가는 것이 좋아요. 맛있는 케이크(pastel)나 예쁘게 포장된 초콜릿(chocolate) 등을 가져가는 것이 가장 일반적이고요, 와인(vino)이나 과일(fruta)을 가져갈 경우에는 상대방의 취향을 꼭 먼저 물어보고 고르는 것이 좋습니다. 그리고 무엇보다 포장에 꼭 신경을 써서, 예쁘고 센스 있게 포장해서 가져가는 것이 포인트랍니다.

단어장

hacer la compra 장을 보다
presentar 발표하다, 소개하다
la pieza 조각, 부분
los deberes 숙제
ayudar 도와주다
la silla 의자

MODELO 125

¿Quién puede ~?

누가 ~해 줄 수 있어?, ~해 줄 수 있는 사람?

도움이 필요할 때, 여러 친구들 앞에서, 아니면 교실이나 직장에서 '혹시 ~해 줄 수 있는 사람?'이라고
물을 때 쓸 수 있는 표현입니다.

PASO 1

1. 누가 스페인어를 가르쳐 줄 수 있어?   **¿Quién puede enseñar español?**

2. 누가 시내를 안내해 줄 수 있어?   **¿Quién puede enseñarme el centro?**

3. 누가 이 상황을 설명해 줄 수 있어?   **¿Quién puede explicar esta situación?**

4. 누가 방을 청소해 줄 수 있어?   **¿Quién puede limpiar la habitación?**

5. 누가 식당을 예약해 줄 수 있어?   **¿Quién puede reservar el restaurante?**

PASO 2

1 영어 메일 해석을 도와달라고 요청할 때

H No entiendo nada este correo electrónico.

M ¿Qué correo?

H 영어로 써 있는 메일 누가 해석해 줄 수 있지?

M Pregunta a John.

2 복잡한 부분의 설명을 요구할 때

H Esta parte es muy complicada.

M ¿Todavía no has terminado?

H 누가 이 부분 설명해 줄 수 있어?

M Yo te la explico.

---

1 H : 이메일이 무슨 내용인지 전혀 모르겠어.
   M : 무슨 이메일?
   H : ¿Quién puede traducir este correo escrito
     en inglés?
   M : 존에게 물어봐.

2 H : 이 부분 너무 복잡해.
   M : 아직 안 끝냈어?
   H : ¿Quién puede explicar esta parte?
   M : 내가 설명해 줄게.

Tip

이메일 관련 유용한 표현

la dirección electrónica
이메일 주소
revisar el correo
electrónico 이메일을 확인
하다
el nombre de usuario
아이디
la contraseña 비밀번호
iniciar sesión 로그인하다
cerrar sesión 로그아웃하다
adjuntar 첨부하다

단 어 장

explicar 설명하다
reservar 예약하다
traducir 번역하다
escrito/a ～로 쓰여진
la parte 부분

195

MODELO 126

¿Quién va a ~?

누가 ~할 거니?

'가다'라는 동사 ir를 써서 〈ir a + 동사원형〉이라고 하면 '~을 할 것이다, ~할 예정이다'라는 뜻이라고 Unidad 6에서 배웠습니다. 여기에 quién을 넣어 '누가 ~할 거야?'하고 물을 수 있습니다. ir의 주어가 '누구'라는 3인칭이니 va의 형태로 쓰는 것도 기억해 두세요.

PASO 1

1. 누가 첫 번째 줄에 앉을 거니?　　**¿Quién va a sentarse en la primera fila?**

2. 누가 계산을 할 거니?　　**¿Quién va a pagar la cuenta?**

3. 누가 컴퓨터를 고칠 거니?　　**¿Quién va a reparar el ordenador?**

4. 누가 설거지를 할 거니?　　**¿Quién va a lavar los platos?**

5. 누가 쓰레기를 버릴 거니?　　**¿Quién va a sacar la basura?**

PASO 2

1 누가 계산할지 정할 때

H　Ya estoy lleno. ¡Vamos a tomar el postre!

M　Oye, 누가 계산할 거야?

H　¡Te toca pagar! Yo invito el postre.

M　Bueno. La cuenta, por favor.

2 생일 파티를 계획할 때

H　내 생일 파티에 누가 올 거야?

M　Yo voy. Yo llevo algunas bebidas y comidas mexicanas.

H　¡Qué buena idea! Entonces yo pondré música mexicana.

M　Y también invito a mis amigos mexicanos.

1 H : 이제 배불러. 우리 후식 먹으러 가자!
　M : 야, ¿quién va a pagar la cuenta?
　H : 네가 계산할 차례야! 내가 후식 쏠게.
　M : 좋아. 여기 계산서 주세요.

2 H : ¿Quién va a venir a la fiesta de mi cumpleaños?
　M : 나는 가. 내가 음료수랑 멕시코 음식들 가져갈게.
　H : 좋은 생각이야! 그럼 내가 멕시코 음악을 틀게.
　M : 그리고 내 멕시코 친구들도 초대할게.

단어장

la fila 줄
pagar 돈을 내다, 지불하다
la cuenta 계산서
pagar la cuenta (식당에서) 계산을 하다
el postre 후식, 디저트
poner música 음악을 틀다

MODELO
127

¿Con quién ~?

누구와 ~하니?

'~와 함께'라는 전치사 con을 quién 앞에 넣어 주면 '누구와 ~하니?'라는 표현을 만들 수 있습니다. 친구에게 '오늘 누구와 점심 먹을 거야?'라고 묻고 싶다면, ¿Con quién almuerzas hoy?라고 쓰면 됩니다. 오늘 한번 친구에게 말해 보세요!

PASO 1

1. 누구와 도서관에 가니? **¿Con quién vas a la biblioteca?**

2. 누구와 쇼핑가니? **¿Con quién vas de compras?**

3. 누구와 채팅하니? **¿Con quién chateas?**

4. 누구와 통화하니? **¿Con quién hablas por teléfono?**

5. 누구에게 화났니? **¿Con quién estás enfadado/a?**

PASO 2

1 아버지가 누구에게 화났는지 물을 때

H Todo el día mi padre está de mal humor.

M Creo que él está enfadado.

H 누구에게 화났는데?

M Él está enfadado conmigo.

---

2 누구와 그렇게 오래 통화하는지 궁금할 때

H ¿Todavía no has colgado el teléfono?

M Ahora cuelgo.

H 누구와 30분 이상 통화하니?

M Con mi amiga.

---

1 H : 하루 종일 우리 아빠 기분이 안 좋아 보여.
  M : 화나신 것 같아.
  H : ¿Con quién está enfadado?
  M : 나한테 화나셨어.

2 H : 아직도 전화 안 끊었어?
  M : 지금 끊어.
  H : ¿Con quién hablas por teléfono durante más de media hora?
  M : 내 친구랑.

Tip

colgar 동사의 다양한 뜻

① ~을 걸다
Yo cuelgo la ropa. 나는 옷을 건다.

② (전화를) 끊다
Siempre él cuelga sin despedirse. 그는 항상 작별인사도 하지 않고 전화를 끊는다.

③ (사진이나 영상을) 게시하다, 올리다
Yo cuelgo una foto en mi blog. 나는 내 블로그에 사진 한 장을 올린다.

④ 컴퓨터가 멈추다
Se me ha colgado el ordenador. 컴퓨터가 멈췄어.

단어장

chatear 채팅하다
enfadado/a 화가 많이 나다
estar de mal humor
기분이 안 좋다
colgar(yo cuelgo) 전화
를 끊다, ~을 걸다

MODELO
128

¿Con quién quieres ~?

누구와 ~하고 싶은데?

이번에는 앞에서 배운 con quién(누구와)에 querer(원하다) 동사를 넣어서, '너 누구와 ~하고 싶은데?'라고 물어보는 패턴입니다. 주어 tú는 생략되었지만, 의문사 뒤에 동사는 tú형 quieres를 써야겠죠?

PASO 1

1. 누구와 점심을 먹고 싶은데?
   ¿Con quién quieres **almorzar?**

2. 누구와 파티에 가고 싶은데?
   ¿Con quién quieres **ir a la fiesta?**

3. 누구와 살고 싶은데?
   ¿Con quién quieres **vivir?**

4. 누구와 결혼하고 싶은데?
   ¿Con quién quieres **casarte?**

5. 누구와 시간을 보내고 싶은데?
   ¿Con quién quieres **pasar el tiempo?**

PASO 2

1 콘서트에 초대할 때

H Mi compañero de trabajo me ha dado dos entradas de un concierto.

M 콘서트에 누구와 가고 싶은데?

H Por supuesto, contigo.

M ¡Genial!

2 휴가가 있다면 누구와 갈지 생각해 볼 때

H Si tienes una semana de vacaciones, ¿a dónde quieres ir?

M Umm... Quiero ir a Nueva York para visitar museos.

H 뉴욕에는 누구와 가고 싶은데?

M Quiero ir sola.

---

1 H : 내 직장 동료가 콘서트 티켓 두 장 줬어.
M : ¿Con quién quieres ir al concierto?
H : 당연히 너랑.
M : 정말 좋다!

2 H : 만약 네게 휴가가 일주일 있다면, 어디에 가고 싶어?
M : 음… 나는 미술관을 보러 뉴욕에 가고 싶어.
H : ¿Con quién quieres ir a Nueva York?
M : 혼자 가고 싶어.

Tip

스페인어 지명 익히기

Nueva York처럼 스페인어로 된 지명은 조금 낯설지만, 꼭 알아두어야 해요!

Londres 런던
Estocolmo 스톡홀름
Lisboa 리스본
Moscú 모스크바
Pekín 북경
Suiza 스위스
Suecia 스웨덴
Nueva Zelanda 뉴질랜드

단 어 장

almorzar 점심식사를 하다
casarse con ~와 결혼하다
pasar el tiempo 시간을 보내다
la entrada 입장권

MODELO 129

¿Con quién vas a ~?

누구와 ~할 거야?

이제 con quién 표현은 제법 익숙해졌죠? 마지막으로 con quién 뒤에 〈ir a + 동사원형〉을 넣어서 '누구와 ~할 거야?'라는 미래형을 표현해 볼까요? 주어 tú가 생략되었으니, ir 동사는 tú형 vas를 써야합니다.

PASO 1

1. 누구와 이 프로젝트를 협력할 거야?　　¿Con quién vas a **colaborar en este proyecto?**

2. 누구와 이 주제에 대해 얘기할 거야?　　¿Con quién vas a **hablar de este tema?**

3. 누구와 이번 주말을 보낼 거야?　　¿Con quién vas a **pasar este fin de semana?**

4. 누구와 결혼할 거야?　　¿Con quién vas a **casarte?**

5. 누구와 축구 경기에 갈 거야?　　¿Con quién vas a **ir al partido de fútbol?**

PASO 2

1 좋은 여행사를 추천해달라고 할 때

H　¿Puedes recomendarme una buena agencia de viajes?

M　¿A dónde quieres ir? Si vas a París, yo tengo una. 누구와 가고 싶은데?

H　Con mis padres. Ellos quieren disfrutar de buen tiempo.

M　Entonces te recomiendo una isla del Caribe.

---

2 힘들어하는 친구를 도와줄 때

H　누구와 발표 준비할 거야?

M　Todavía no lo sé. El tema que tengo es muy difícil. Nadie quiere hacerla conmigo.

H　Pues, si quieres, te ayudo.

M　¿En serio? Eres un ángel.

---

1 H : 좋은 여행사 좀 추천해 줄래?

　　M : 어디 가고 싶은데? 만약 파리에 간다면, 내가 한군데 알고 있는데. ¿Con quién quieres ir?

　　H : 우리 부모님. 우리 부모님은 좋은 날씨를 즐기고 싶어 하셔.

　　M : 그럼 너에게 카리브 해의 섬을 추천해.

2 H : ¿Con quién vas a preparar la presentación?

　　M : 아직 모르겠어. 내가 가지고 있는 주제가 너무 어려워서. 아무도 나와 하려고 하지 않아.

　　H : 그럼, 너만 좋다면, 내가 널 도와줄게.

　　M : 정말로? 너는 천사야.

단어장

hablar de ~에 대해서 얘기하다

recomendar 추천하다

disfrutar de ~를 즐기다

la isla 섬

el ángel 천사

199

¿De quién es/son ~?

~은 누구 거야?

소유를 나타내는 전치사 de를 앞에 넣어서 '누구 거야?'라는 표현을 만들 수 있습니다. 뒤에 오는 명사가 단수면 es를, gafas de sol(선글라스)나 pantalones(바지)처럼 복수면 son을 쓰는 건 이제 잘 알겠죠?

PASO 1

1. 이 검정 지갑은 누구 거야?   ¿De quién es **esta cartera negra?**

2. 이 배낭은 누구 거야?   ¿De quién es **esta mochila?**

3. 이 금목걸이는 누구 거야?   ¿De quién es **este collar de oro?**

4. 이 선글라스는 누구 거야?   ¿De quién son **estas gafas de sol?**

5. 이 청바지는 누구 거야?   ¿De quién son **estos pantalones vaqueros?**

PASO 2

1 본인 자리에 다른 사람의 짐이 놓여 있을 때

H Este es mi asiento.

M Pero tu asiento está ocupado.

H Mira, en mi billete tengo número de asiento.

M Entonces, 이 배낭은 누구 거지?

2 냉장고에 있는 케이크가 누구 것인지 궁금할 때

H 냉장고에 있는 케이크 누구 거야?

M El pastel es mío.

H ¿Puedo tomar el tuyo?

M No, ya has comido el tuyo hace un rato.

1 H : 여기가 내 자리야.
M : 그런데 네 자리에 누가 앉아 있는데.
H : 봐봐, 내 티켓에 좌석번호가 있잖아.
M : 그러면, ¿de quién es esta mochila?

2 H : ¿De quién es el pastel que hay en la nevera?
M : 그 케이크 내 거야.
H : 네 것 먹어도 돼?
M : 안 돼, 네 것 방금 전에 이미 먹었잖아.

단어장

el oro 금
cf. la plata 은
los pantalones vaqueros 청바지
el asiento 좌석, 지정석
el número 번호
hace un rato 방금 전에
el pastel 케이크

MODELO 131

¿A quién ~?

누구에게 ~하니?

'누구에게 ~하니?'라는 표현은 '~에게'라는 전치사 a를 활용해 ¿A quién ~?이라고 합니다. 이 패턴 뒤에 여러 동사를 넣어서 다양하게 표현해 보세요.

PASO 1

1. 누구에게 선물을 주니?　　　　¿A quién **das el regalo?**

2. 누구에게 편지를 보내니?　　　¿A quién **envías la carta?**

3. 누구에게 이메일을 보내니?　　¿A quién **envías el correo electrónico?**

4. 누구에게 상담을 하니?　　　　¿A quién **consultas?**

5. 누구에게 전화를 하니?　　　　¿A quién **llamas por teléfono?**

PASO 2

1 누구에게 전화하는지 궁금할 때

H　¿Qué hora es ahora?

M　Son las once y media. ¿Por qué preguntas eso?

H　Tengo que llamar.

M　이 시간에 누구에게 전화하려고?

2 선물할 수영복을 고를 때

H　¿Cuál es mejor? ¿El negro o el blanco?

M　Parece que este bañador blanco es mejor.

H　Voy a comprar ese bañador.

M　누구에게 수영복 선물하려고?

1 H : 지금 몇 시야?
　　M : 11시 반이야. 왜 물어보는데?
　　H : 전화해야 해서.
　　M : ¿A quién llamas por teléfono a estas horas?

2 H : 어떤 게 더 나아? 검은색 아니면 하얀색?
　　M : 이 하얀색 수영복이 더 나은 것 같은데.
　　H : 그 수영복 사야겠다.
　　M : ¿A quién vas a regalar el bañador?

단어장

enviar 보내다
consultar 상담하다, 진료를 받다
el bañador 수영복
blanco/a 하얀색의
regalar 선물하다

201

UNIDAD 25. ¿Cuál(es) ~? 어떤 것

'어떤 것'의 뜻을 갖는 cuál을 공부해 볼까요? 무엇에 대해서 콕 집어서 물어볼 때 쓰는 의문사입니다. '어떤 것을 할 거야?', '어떤 게 더 좋아?'처럼 세밀하게 물어보는 경우에 유용하게 쓸 수 있겠죠? 뒤에 나오는 명사의 수에 따라 단수형 cuál을 쓰거나 복수형 cuáles를 쓸 수 있어야 합니다.

¿Cuál(es) es/son ~?

~은 어떤 거니?

cuál은 여러 개 중 하나를 선택할 때 사용되는 의문사라고 했죠? cuál을 활용한 가장 기본적인 패턴 ¿Cuál es ~?를 배워 봅시다. 이때 뒤에 나오는 명사가 복수형이면 ¿Cuáles son ~?을 써야 합니다.

PASO 1

1. 네 차는 어떤 거니?   **¿Cuál es tu coche?**

2. 네 컴퓨터는 어떤 거니?   **¿Cuál es tu ordenador?**

3. 네 계획은 어떤 거니?   **¿Cuál es tu plan?**

4. 네 운동화는 어떤 거니?   **¿Cuáles son tus zapatillas deportivas?**

5. 네 여행 가방들은 어떤 거니?   **¿Cuáles son tus maletas?**

PASO 2

1 친구와 차를 타고 시내에 나가려고 할 때

H   Mi coche está aparcado en el garaje. Vamos al centro en tu coche.

M   Pues sí. No sé si hay gasolina.

H   Oye, 네 차 어떤 거야? ¿Tu coche no era gris?

M   Hace un mes compré uno nuevo.

2 친구에게 짐 옮기는 것을 도와달라고 할 때

H   ¿Puedes ayudar a llevar mi mochila y las maletas?

M   Vale, 네 배낭은 어떤 거야?

H   La mochila que está debajo de la silla.

M   ¿Y tus maletas son negras?

1 H : 내 차는 차고에 있어. 네 차로 시내에 가자.
　　M : 그래. 기름이 있는지 모르겠네.
　　H : 야, ¿cuál es tu coche? 네 차 회색 아니었어?
　　M : 한 달 전에 차 새로 샀어.

2 H : 배낭과 여행 가방들 옮기는 것 좀 도와줄래?
　　M : 좋아, ¿cuál es tu mochila?
　　H : 의자 밑에 있는 배낭.
　　M : 그리고 네 여행 가방들은 검정색이지?

MODELO 133

¿Cuál quieres ~?

어떤 것을 ~하고 싶어?

Cuál과 querer(원하다)동사가 합쳐져 '어떤 것을 하고 싶니?'라는 표현을 만듭니다. 뒤에는 보통 동사가 나옵니다. 그리고 그 뒤에 entre(~중에서)라는 전치사를 넣어서 ¿Cuál quieres tomar entre estos helados?(이 아이스크림 중에서 어떤 것을 먹고 싶어?)처럼 자주 쓰입니다.

PASO 1

1. 지금 어떤 것을 하고 싶어?
¿Cuál quieres **hacer ahora?**

2. 이 프로그램 중에서 어떤 것을 보고 싶어?
¿Cuál quieres **ver entre estos programas?**

3. 이 과목들 중에서 어떤 것을 공부하고 싶어?
¿Cuál quieres **estudiar entre estas asignaturas?**

4. 이 식물들 중에서 어떤 것을 사고 싶어?
¿Cuál quieres **comprar entre estas plantas?**

5. 이 오토바이들 중에서 어떤 것을 갖고 싶어?
¿Cuál quieres **tener entre estas motos?**

PASO 2

1 집을 구할 때

H 이 집들 중에서 어떤 집을 빌리고 싶은데?

M Esta mañana he visto un apartamento. Está amueblado y muy bien comunicado para ir al centro.

H ¿Cuánto cuesta el alquiler al mes?

M El dueño dice que es negociable.

2 상대가 지금 하고 싶은 것을 물어볼 때

H 골라봐, 지금 어떤 것을 하고 싶어? ¿Salimos a dar una vuelta?

M ¿Y si vamos al parque?

H ¿Al parque? ¿otra vez? A estas horas debe de estar lleno de gente corriendo, con música, uf, no tengo ganas.

M Vamos. Cuando estoy sentada en un banco, siento paz.

Tip

집 관련 필수 단어

el edificio 건물
la casa particular 단독주택
la casa de dos pisos 이층집
el apartamento 아파트
el estudio 원룸
el sótano 지하실
el desván 다락방
la azotea 옥상

단어장

la planta 식물
la moto 오토바이
amueblado/a 가구가 갖춰져 있는
estar bien comunicado/a 좋은 위치에 있는, 교통편이 편리한 곳에 있는
el dueño/a 주인
negociable 협상 가능한, 조정 가능한
el banco 벤치, 은행

1 H : ¿Cuál quieres alquilar entre estos pisos?
　 M : 오늘 아침에 아파트 하나 봤어. 가구도 갖춰져 있고 시내에 갈 때 위치가 정말 좋아.
　 H : 한 달에 월세가 얼마야?
　 M : 집주인이 조정 가능하대.

2 H : Elige, ¿cuál quieres hacer ahora? 우리 한 바퀴 돌고 올까?
　 M : 우리 공원에 갈까?
　 H : 공원에? 또 가? 이 시간대에는 사람들이 뛰고, 음악 틀고, 에고, 갈 마음이 안 드는데.
　 M : 가자. 나는 벤치에 앉아 있으면, 평화롭더라.

205

MODELO 134

¿Cuál te gusta más ~?

~ 중 어떤 게 더 좋아?

'좋아하다'라는 gustar 동사와 '더'라는 más가 합쳐져 '어떤게 더 좋아?'라는 양자택일을 할 때 사용하는 질문을 만들 수 있습니다. '영화와 연극 중 어떤 게 더 좋아?'라든지, '커피와 차 중 어떤게 더 좋아?'라고 물을 때 쓰는 표현입니다.

PASO 1

1. 영화와 연극 중 어떤 게 더 좋아?

¿Cuál te gusta más, la película o la obra de teatro?

2. 와인과 맥주 중 어떤 게 더 좋아?

¿Cuál te gusta más, el vino o la cerveza?

3. 토요일과 일요일 중 어떤 게 더 좋아?

¿Cuál te gusta más, el sábado o el domingo?

4. 일본어와 중국어 중 어떤 게 더 좋아?

¿Cuál te gusta más, el japonés o el chino?

5. 소설과 자기계발서 중 어떤 게 더 좋아?

¿Cuál te gusta más, la novela o el libro de autoayuda?

PASO 2

1 어떤 분야의 책을 좋아하는지 물어볼 때

H Yo quiero regalarte un libro en este cumpleaños.

M Gracias. Me encantan los libros.

H 고전 소설과 추리 소설 중 어떤 게 더 좋아?

M Me gusta más la novela policíaca.

2 어떤 아이스크림을 좋아하는지 물어볼 때

H ¡Qué calor! Tomamos algo fresco.

M Allí hay una heladería.

H 딸기 맛과 초콜릿 맛 중 어떤 게 더 좋아?

M Me gusta más el helado de fresa.

1 H : 이번 생일에 너에게 책 한 권 선물 주고 싶어.
M : 고마워. 나 책 정말 좋아해.
H : ¿Cuál te gusta más, la novela clásica o la novela policíaca?
M : 나는 추리 소설이 더 좋아.

2 H : 너무 더워! 우리 뭔가 시원한 것 먹자.
M : 저기에 아이스크림 가게가 있네.
H : ¿Cuál te gusta más, el de fresa o el de chocolate?
M : 나는 딸기 아이스크림이 더 좋아.

Tip

영화 관련 표현

la taquilla 매표소
las entradas agotadas
입장권 매진
la película taquillera
흥행 영화
la pantalla 스크린
la butaca 좌석
estrenar 개봉하다
el/la protagonista 주인공
la película conmovedora
감동적인 영화
la película de risa
코믹 영화
la película de miedo
무서운 영화
la banda sonora
original OST
el guión 대본

단 어 장

la obra de teatro 연극
el libro de autoayuda
자기계발서
la novela policíaca
추리 소설
la heladería 아이스크림
가게
la fresa 딸기

206

UNIDAD 26. ¿Dónde ~? 어디

'어디'를 의미하는 dónde는 의문사 앞에 어떤 전치사를 쓰는지에 따라서 다양한 의미로
쓰일 수 있습니다. ¿De dónde ~?로는 '출신'이나 '국적'을 물을 수 있고, ¿A dónde ~?
로는 어디로 가는지 '방향'을 물을 수 있습니다.

MODELO 135

¿Dónde está ~?

~은 어디에 있나요?

여행갔을 때 가장 많이 쓰게 되는 패턴입니다. ¿Dónde está la estación?(역은 어디에 있나요?), ¿Dónde está el museo?(박물관은 어디에 있죠?) 같은 표현들을 잘 익혀서 꼭 현지에서 사용해 보세요.

PASO 1

1. 박물관(미술관)은 어디에 있나요?   ¿Dónde está **el museo?**

2. 역은 어디에 있나요?   ¿Dónde está **la estación?**

3. 시장은 어디에 있나요?   ¿Dónde está **el mercado?**

4. 도서관은 어디에 있나요?   ¿Dónde está **la biblioteca?**

5. 시청은 어디에 있나요?   ¿Dónde está **el ayuntamiento?**

PASO 2

1   국립 박물관의 위치가 궁금할 때

H   Estamos totalmente perdidos.

M   Vamos a preguntar.

H   Sí, caminamos más de media hora buscando el museo nacional.

M   Disculpe, 국립 박물관은 어디에 있나요?

2   좋은 스페인 식당이 어딘지 물을 때

H   너 싸고 좋은 스페인 식당 어디 있는지 알고 있어?

M   Sí, yo conozco un restaurante por aquí cerca.

H   ¿Está muy cerca?

M   Sí, está a cinco minutos a pie.

---

1 H : 우리 완전히 길을 잃었어.
    M : 우리 물어보자.
    H : 응, 국립 박물관을 찾느라고 30분 이상을 걷고 있잖아.
    M : 실례합니다, ¿dónde está el museo nacional?

2 H : ¿Sabes dónde hay un restaurante español barato y bueno?
    M : 응, 이 근처에 식당 한군데 알고 있어.
    H : 아주 가까워?
    M : 응, 걸어서 5분 거리야.

Tip

교통수단 관련 표현

a pie 걸어서
en autobús 버스로
en taxi 택시로
en coche 차로
en tren 기차로
en avión 비행기로
en bicicleta 자전거로
en moto 오토바이로
en autostop 히치하이크로

단어장

el mercado 시장
el ayuntamiento 시청
estar perdido/a 길을 잃다
caminar 걷다
media hora 30분
el museo nacional
국립 박물관
a pie 걸어서

MODELO
136

¿Dónde ~?

어디에서 ~하니?

오랜만에 동창을 우연히 만나면 꼭 물어보는 표현이 '지금 어디 사니?', '어디에서 일해?'입니다. 이런 표현들은 각각 ¿Dónde vives ahora?, ¿Dónde trabajas?랍니다.

PASO 1

1. 어디에서 일해? — ¿Dónde **trabajas?**

2. 스페인어 어디에서 배워? — ¿Dónde **aprendes español?**

3. 드럼 치는 것 어디에서 배워? — ¿Dónde **aprendes a tocar la batería?**

4. 보통 어디에서 점심 먹어? — ¿Dónde **almuerzas normalmente?**

5. 어디에서 머리를 자르니? — ¿Dónde **te cortas el pelo?**

PASO 2

1 친구들과 하는 축구 모임에 대해 얘기할 때

H Todos los sábados yo juego al fútbol con mis compañeros de trabajo.

M 어디에서 축구하는데?

H Juego en el campo de fútbol al lado de la universidad.

M ¿A qué hora juegas?

2 공부에 집중할 수 없는 이유에 대해 얘기할 때

H No puedo concentrarme en los estudios.

M ¿Por qué? 보통 어디에서 공부하는데?

H Estudio en mi habitación. Pero es demasiado ruidosa.

M ¿Por qué no estudias en la biblioteca?

---

1 H : 나는 매주 토요일에 직장 동료들과 축구해.

M : ¿Dónde juegas al fútbol?

H : 대학교 옆에 있는 축구장에서 해.

M : 몇 시에 하는데?

2 H : 나 공부에 집중할 수가 없어.

M : 왜? ¿Normalmente dónde estudias?

H : 내 방에서 공부해. 그런데 너무 시끄러워.

M : 도서관에서 공부하는 게 어때?

Tip

축구 관련 표현 ❶

스페인과 중남미 하면 빠질 수 없는 것이 축구지요? 다 같이 축구를 하거나 축구 중계를 보는 것이 주말의 빼 놓을 수 없는 일과 중 하나예요. 축구 관련 단어들 꼭 기억해 주세요!

el estadio 경기장
el entrenador 감독
el defensa 수비수
el portero 골키퍼
el delantero 공격수
el centrocampista 미드필더
el capitán 주장
marcar un gol 골을 넣다
la entrada 태클
el árbitro 주심

단어장

cortarse el pelo 머리를 자르다
el sábado 토요일
concentrarse en ~에 집중하다
ruidoso/a 시끄러운

MODELO 137

¿Dónde puedo ~?

어디에서 ~할 수 있나요?

도서관에 갔는데 책을 빌리는 곳이 어디인지 모를 때, 은행에서 대출을 받는 곳이 어디인지 잘 모를 때 유용하게 쓸 수 있는 패턴입니다. '어디에서 ~할 수 있나요?'라고 물을 때는 poder(~할 수 있다)를 활용해 ¿Dónde puedo ~?라고 말하는 것 잊지 마세요.

PASO 1

1. 어디에서 책을 빌릴 수 있나요?
   ¿Dónde puedo **prestar el libro?**

2. 어디에서 음악을 다운받을 수 있나요?
   ¿Dónde puedo **descargar música?**

3. 어디에서 핸드폰용 게임을 다운받을 수 있나요?
   ¿Dónde puedo **descargar juegos para móvil?**

4. 어디에서 비행기 표를 예약할 수 있나요?
   ¿Dónde puedo **reservar el billete de avión?**

5. 어디에서 대출을 받을 수 있나요?
   ¿Dónde puedo **conseguir un préstamo?**

PASO 2

1 기차표를 어디서 예매하는지 모를 때

H Esta noche tengo que ir a Barcelona.
M ¿Has reservado el billete?
H Todavía no. 어디에서 기차표를 예약할 수 있어?
M En la página oficial de RENFE.

2 생중계로 축구를 볼 수 있는 사이트가 궁금할 때

H 어디에서 생중계로 축구 시합을 볼 수 있을까?
M Hay algunas páginas.
H ¿Puedes enseñarme las páginas?
M Ahora no me acuerdo. Luego te las enseño.

1 H : 오늘 밤 바르셀로나에 가야 해.
   M : 티켓은 예약했어?
   H : 아직 안 했어. ¿Dónde puedo reservar el billete de tren?
   M : RENFE(스페인 국영철도) 공식 사이트에서.

2 H : ¿Dónde puedo ver los partidos de fútbol en directo?
   M : 몇 개의 사이트가 있어.
   H : 나에게 사이트 좀 알려 줄래?
   M : 지금은 기억이 안 나네. 다음에 가르쳐 줄게.

Tip

축구 관련 표현 ❷

el/la hincha 축구팬
la final 결승전
la semifinal 준결승전
la tarjeta amarilla 옐로카드
el balón 공
el pase 패스
tiro de penalti 패널티킥
tiro libre 프리킥
primer tiempo 전반전
segundo tiempo 후반전
ganar el partido 경기를 이기다
la derrota 패배
el empate 무승부

단어장

descargar 다운받다
el préstamo 대출
la página oficial 공식 사이트
el tren 기차
en directo 생방송으로

MODELO 138

¿De dónde ~?

~은 어디 거야?

처음 만났을 때 주로 묻는 표현인 '어디 출신이세요?'라는 표현이 바로 ¿De dónde es usted?인 것 기억하시죠? 사람뿐 아니라 물건의 원산지나 생산지를 물을 때도 ¿De dónde ~?를 이용해서 물으면 됩니다.

PASO 1

1. 이 가구는 어디 거야?   **¿De dónde** es este mueble?

2. 이 와인은 어디 거야?   **¿De dónde** es este vino?

3. 이 컴퓨터는 어디 거야?   **¿De dónde** es este ordenador?

4. 이 부츠는 어디 거야?   **¿De dónde** son estas botas?

5. 이 선글라스는 어디 거야?   **¿De dónde** son estas gafas de sol?

PASO 2

1 새로 산 노트북을 보여 줄 때

H   Mira, te enseño mi nuevo ordenador portátil.

M   ¡Qué guay! 이 노트북 어디 거야?

H   A ver. Está hecho en China.

M   No es eso. ¿De qué marca es?

2 와인 산지가 궁금할 때

H   Mi amigo español me envió unas botellas de vino.

M   ¿Cuántas botellas de vino?

H   Cinco botellas. Todas son buenas.

M   그 와인들 어디 건데?

---

1 H : 봐봐. 내 새 노트북 보여 줄게.
    M : 멋지다! ¿De dónde es este ordenador portátil?
    H : 어디 보자. 중국에서 만든 거네.
    M : 그게 아니라, 무슨 상표냐고?

2 H : 내 스페인 친구가 와인 몇 병을 보내 왔어.
    M : 와인 몇 병?
    H : 5병. 모두 좋은 거야.
    M : ¿De dónde son esos vinos?

Tip

스페인어로 made in Korea는?

made in Korea라는 표현을 스페인어로 바꾸면 hecho en Corea입니다. 그러면 hecho a mano는 무엇일까요? 바로 '손으로 만든' 즉, '핸드메이드'를 뜻합니다.

단어장

las botas 부츠
estar hecho/a en ～에서 만들어진
la marca 상표
portátil 휴대용의
la botella 병

MODELO
139

¿Dónde es el mejor lugar para ~?

~하기 가장 좋은 곳은 어디야?

el mejor lugar para는 '~을 하기에(para) 가장 좋은(mejor) 곳(lugar)'이라는 뜻입니다. 살기에 가장 좋은 곳이 어디인지, 쇼핑하기에 가장 좋은 곳은 어디인지 물을 때 쓸 수 있겠죠?

PASO 1

1. 살기 가장 좋은 곳은 어디야?

¿Dónde es el mejor lugar para **vivir**?

2. 스페인어를 공부하기 가장 좋은 곳은 어디야?

¿Dónde es el mejor lugar para **estudiar español**?

3. 바르셀로나에서 숙박하기에 가장 좋은 곳은 어디야?

¿Dónde es el mejor lugar para **alojarse en Barcelona**?

4. 피서하기 가장 좋은 곳은 어디야?

¿Dónde es el mejor lugar para **veranear**?

5. 컴퓨터를 사기에 가장 좋은 곳은 어디야?

¿Dónde es el mejor lugar para **comprar un ordenador**?

PASO 2

1 좋은 레스토랑을 물을 때

H Mañana es el cumpleaños de mi madre. 엄마와 저녁식사하기 가장 좋은 장소 알아?

M A ver. Sí, hay un restaurante muy romántico por aquí cerca.

H ¿Es muy caro?

M No es tan caro.

2 스페인의 좋은 피서지가 궁금할 때

H 스페인에서 피서가기 가장 좋은 곳은 어디야?

M El mejor lugar es Valencia. Hay muchos hoteles buenos, playas limpias…

H ¿Cuánto tiempo se tarda desde Madrid hasta Valencia?

M Se tarda unas cuatro horas en coche.

1 H : 내일 우리 엄마 생신이야. ¿Sabes dónde es el mejor lugar para cenar con mi madre?
M : 어디 보자. 맞아, 이 근처에 굉장히 로맨틱한 식당 한 군데 있어.
H : 많이 비싸니?
M : 그렇게 비싸지는 않아.

2 H : ¿Dónde es el mejor lugar para veranear en España?
M : 가장 좋은 곳은 발렌시아야. 좋은 호텔도 많고, 깨끗한 해변도 있고…
H : 마드리드에서 발렌시아까지 시간이 얼마나 걸리니?
M : 차로 4시간쯤 걸려.

단 어 장

el lugar 장소
veranear 피서를 즐기다
cf. el verano 여름
romántico/a 낭만적인
limpio/a 깨끗한
tardarse (시간이) 걸리다

UNIDAD 27. ¿Cuándo ~? 언제

'언제'라는 의문사는 바로 cuándo입니다. 가장 기본적인 ¿Cuándo es ~?부터
¿Cuándo + 동사?에 이르기까지 생활 속에서 참 많이 쓰이는 패턴이랍니다. 의문사
뒤에 속속 새롭게 나오고 있는 동사들도 꼭 기억해 두세요.

MODELO 140

¿Cuándo es ~?

~는 언제야?

cuándo 다음에 가장 기본적인 동사 ser를 넣어서 만드는 패턴입니다. 직장에서 회의가 언제인지 물어볼 때, ¿Cuándo es la reunión?라고 써 보세요.

PASO 1

1. 너의 생일은 언제야? ¿Cuándo es **tu cumpleaños?**

2. 결혼기념일은 언제야? ¿Cuándo es **el aniversario de boda?**

3. 리그 결승전은 언제야? ¿Cuándo es **la final de la Liga?**

4. 중간고사는 언제야? ¿Cuándo es **el examen parcial?**

5. 운전면허 시험은 언제야? ¿Cuándo es **el examen de conducir?**

PASO 2

1 친구에게 자신의 생일을 아는지 물어볼 때

H 내 생일 언제인지 알고 있어?

M Perdona, se me ha olvidado. ¿Cuándo es?

H Hoy es mi cumpleaños.

M ¿De verdad? te invito la cena. ¿Qué quieres comer?

2 발표가 언제인지 물을 때

H Hoy paso la noche preparando la presentación.

M 발표가 언제인데?

H Pasado mañana.

M Te queda poco tiempo.

1 H : ¿Sabes cuándo es mi cumpleaños?
M : 미안해. 잊어버렸어. 언제야?
H : 오늘이 내 생일이야.
M : 진짜? 내가 너에게 저녁 살게. 뭐 먹고 싶어?

2 H : 오늘 프레젠테이션 준비하면서 밤샐 거야.
M : ¿Cuándo es la presentación?
H : 내일모레.
M : 시간이 얼마 안 남았네.

Tip

기간 관련 표현

hace un mes 한 달 전
hace quince días
15일 전
hace una semana
일주일 전
anteayer 그저께
ayer 어저께
hoy 오늘
mañana 내일
pasado mañana
내일모레
tres días después
3일 후
este año 올해
el año pasado 작년
el próximo año 내년

단어장

el aniversario 기념일
la final 결승전
el examen parcial 중간
고사
pasar la noche 밤을 새다

214

MODELO
141

¿Cuándo + 동사?

언제 ~하니?

이번에는 cuándo 뒤에 여러 동사들을 넣어서 문장을 만들어 봅시다. 이 때 동사들은 원형이 아니라 주어에 따라 변화시킵니다. 스페인어의 동사 변화가 복잡하지만, 패턴을 통해서 공부하니 조금씩 익숙해지고 있죠?

PASO 1

1. 언제 나에게 편지 쓸 거니? ¿Cuándo me envías la carta?

2. 언제 저녁을 살 거니? ¿Cuándo me invitas la cena?

3. 언제 너의 조부모님 댁을 방문할 거니? ¿Cuándo visitas a tus abuelos?

4. 언제 여권을 만들 거니? ¿Cuándo haces el pasaporte?

5. 언제 비자를 신청할 거니? ¿Cuándo solicitas el visado?

PASO 2

1 친구와 인턴하는 것에 대해서

H 언제 인턴을 하고 있니?

M Todo el día. Pero dentro de poco terminaré y me graduaré.

H ¿Te han hecho un nuevo contrato?

M Sí, pero el problema es que no me gusta nada el trabajo.

---

2 잃어버린 여권에 대해서 얘기할 때

H ¿Tú perdiste el pasaporte durante el viaje?

M Sí, alguien me robó el pasaporte. Quizás en el metro.

H 언제 새 여권 만들 거니?

M Ya lo he hecho.

1 H : ¿Cuándo haces prácticas?
　 M : 나 하루 종일 인턴하고 있어. 그런데 얼마 안 있어서 인턴 끝내고, 졸업할 거야.
　 H : 계약은 새로 해줬어?
　 M : 응, 그런데 문제는 그 일이 정말 싫다는 거야.

2 H : 너 여행에서 여권 잃어버렸지?
　 M : 응, 누군가 여권을 훔쳐갔어. 아마 지하철에서인 것 같아.
　 H : ¿Cuándo haces el nuevo pasaporte?
　 M : 이미 만들었어.

단어장

solicitar 신청하다
hacer prácticas 인턴을 하다, 실습하다
el pasaporte 여권
el problema es que 문제는 ~이다
perder 잃어버리다
alguien 누군가
robar 훔치다

215

¿Cuándo empieza(n) ~?

~는 언제 시작해?

empezar는 '~를 시작하다'라는 동사입니다. 이 동사는 중간의 -e가 -ie로 바뀌는 불규칙형으로, 3인칭 단수는 empieza로, 3인칭 복수는 empiezan으로 바뀝니다. '영화는 언제 시작해?'는 ¿Cuándo empieza la película?라고 물으면 되겠죠?

PASO 1

1. 스페인에서는 봄이 언제 시작돼?
¿Cuándo empieza **la primavera en España?**

2. 정확하게 여름이 언제 시작돼?
¿Cuándo empieza **el verano exactamente?**

3. 새 학기는 언제 시작하는 거야?
¿Cuándo empieza **el nuevo semestre?**

4. 새 드라마들은 언제 시작해?
¿Cuándo empiezan **las nuevas series?**

5. 세일은 언제 시작해?
¿Cuándo empiezan **las rebajas?**

Tip

세일 관련 표현

las rebajas 시즌 세일
la oferta 특가 세일
el precio 가격
el diseño 디자인
vender a mitad de precio 반값으로 팔다
el centro comercial 쇼핑몰
la marca 상표
estar de moda 유행이다
estar pasado de moda 유행이 지났다

PASO 2

1 스페인의 겨울이 언제 시작하는지 궁금할 때

H Este diciembre puedo solicitar dos semanas de vacaciones.

M ¡Qué envidia! ¿Tienes algún plan?

H Voy a España. Pero, 스페인에서는 정확히 겨울이 언제 시작되는 거야?

M No lo sé. ¡Busca en internet!

2 여름 세일 기간을 물어볼 때

H Tu mochila está rota.

M ¿Qué dices? La mía es casi nueva.

H ¡Compra otra nueva!

M Ahora no. 언제 여름 세일이 시작되지?

1 H : 이번 12월에 2주간의 휴가를 신청할 수 있어.
M : 와 부러워! 계획 있어?
H : 스페인에 갈 거야. 그런데, ¿exactamente cuándo empieza el invierno en España?
M : 모르겠는데, 인터넷으로 찾아봐!

2 H : 네 배낭 찢어졌어.
M : 뭐라고 하는 거니? 내 건 거의 새 것인데.
H : 새 것 사라!
M : 지금은 안 돼. ¿Cuando empiezan las rebajas de verano?

단어장

el semestre 학기
la serie 드라마, 시리즈물
exactamente 정확하게
las rebajas 세일
la mochila 배낭

¿Cuándo vas a ~?

언제 ~할 거야?

앞으로의 예정이나 미래의 계획을 말할 때 쓰는 표현 〈ir a + 동사원형〉과 cuándo가 합쳐져, '언제 ~할 거야?'라고 물어볼 수 있습니다. 이 표현을 활용해 언제 집에 올지, 언제 한국에 올지, 언제 날씨가 좋아질지 등을 물어 보세요.

PASO 1

1. 한국에 언제 올 거야? ¿Cuándo vas a **venir a Corea?**

2. 내 상황을 언제 이해해 줄거야? ¿Cuándo vas a **comprender mi situación?**

3. 집에 언제 도착할 예정이야? ¿Cuándo vas a **llegar a casa?**

4. 이 경제위기가 도대체 언제 끝날까? ¿Cuándo va a **terminar esta crisis económica?**

5. 새 모델은 언제 나올까? ¿Cuándo va a **salir el nuevo modelo?**

PASO 2

1 날씨가 언제 좋아질지 궁금할 때

H No para de llover.

M Sigue lloviendo más de una semana.

H 날씨가 언제 좋아질까?

M Según las noticias, mañana hace buen tiempo.

2 커피 한 잔 마시고 싶을 때

H Me apetece un café.

M A mí también. Tengo sueño.

H 일 언제 끝낼 예정인데?

M Ahora, vamos juntos a la cafetería.

---

1 H : 비가 멈추지 않네
  M : 일주일 이상 비가 계속 내리고 있어.
  H : ¿Cuándo va a hacer buen tiempo?
  M : 뉴스에 따르면, 내일은 날씨가 좋대.

2 H : 커피 한 잔 마시고 싶은데.
  M : 나도 그래. 졸려.
  H : ¿Cuándo vas a terminar el trabajo?
  M : 지금, 같이 커피숍 가자.

Tip

seguir + 동사

seguir(계속하다) 동사 뒤에는 보통 동사의 현재진행형을 써 줍니다. 우선 seguir 동사의 현재형 변화는 sigo, sigues, sigue, seguimos, seguís, siguen입니다. 현재진행형은 -ar 동사라면 -ar을 빼고 -ando를, -er와 -ir 동사는 뒤에 -er과 -ir를 빼고 -iendo를 넣어 주면 됩니다.

Yo sigo estudiando español. 나는 계속해서 스페인어를 공부하고 있다.

Mi padre sigue haciendo ejercicio en el mismo gimnasio. 나의 아버지는 계속해서 같은 체육관에서 운동하신다.

단어장

comprender (사람의 마음, 기분을) 이해하다
la crisis económica 경제위기
el sueño 졸음. 꿈
juntos/juntas 같이, 함께

217

¿Cuándo quieres ~?

MODELO 144

언제 ~하고 싶어?

cuándo와 querer(원하다) 동사를 써서 '언제 ~하고 싶어?'라고 물어볼 수 있습니다. 언제 여행을 가고 싶은지, 언제 유학을 가고 싶은지, 언제 내가 보고 싶은지 등을 물을 때 써 보세요.

PASO 1

1. 언제 새 직장을 구하고 싶어?　¿Cuándo quieres **buscar un nuevo trabajo?**

2. 언제 집에 돌아가고 싶어?　¿Cuándo quieres **volver a casa?**

3. 언제 휴가를 얻고 싶어?　¿Cuándo quieres **tomar vacaciones?**

4. 언제 저축한 것을 찾고 싶어?　¿Cuándo quieres **sacar el ahorrado?**

5. 언제 내가 보고 싶어?　¿Cuándo quieres **verme?**

PASO 2

1 남미에 가는 계획에 대해서 얘기할 때

H 언제 남미에 가고 싶은데?

M Tres años después, de momento tengo que ahorrar dinero.

H Si vas, ¿cuánto tiempo quieres viajar?

M ¿Viajar? no, pues yo voy a echar raíces en Chile.

2 직장 상사에 대한 불만을 표시할 때

H Recientemente yo renuncié a mi trabajo y no sé si fue lo correcto.

M Dime, ¿qué tal tu trabajo?

H Mi último jefe desconfia de mis trabajos y critica sin saber exactamente lo que yo hago.

M Te comprendo. 새 직장은 언제 찾고 싶은데?

1 H : ¿Cuándo quieres ir a Sudamérica?
M : 3년 후에, 지금 현재로서는 돈을 모아야 해.
H : 만약 가면, 얼마동안 여행할 건데?
M : 여행이라고? 아냐, 나는 칠레에 뿌리를 내릴 거야.

2 H : 최근에 직장을 그만뒀는데 옳은 일이었는지 모르겠어.
M : 얘기해 봐, 네 일이 어땠는데?
H : 내 마지막 상사는 내가 하는 일을 불신하고, 내가 하는 것을 정확히 모르면서 비판하거든.
M : 네 맘 이해해. ¿Cuándo quieres buscar un nuevo trabajo?

단어장

de momento 지금 현재로서는
echar raíces en ~에 정착을 하다, ~에 뿌리를 내리다
cf. la raíz 뿌리
Sudamérica 남미
desconfiar de ~에 대해 불신하다
criticar 비판하다

218

MODELO 145 ¿Cuándo puedes ~?

언제 ~할 수 있어?

poder(~할 수 있다) 동사를 활용한 ¿Cuándo puedes ~?를 직역하면 '언제 ~할 수 있어?'지만, 실제로는 상대방에게 어떤 것을 '요구'하는 뉘앙스가 강합니다. '도대체 언제 해줄 수 있는 거야?'의 느낌이 됩니다.

PASO 1

1. 언제 책을 갖다 줄 수 있어? ¿Cuándo puedes **traer el libro?**

2. 언제 집에 데려다 줄 수 있어? ¿Cuándo puedes **llevarme a casa?**

3. 언제 개를 산책시킬 수 있어? ¿Cuándo puedes **sacar a pasear al perro?**

4. 우리는 언제 함께 여행할 수 있어? ¿Cuándo podemos **viajar juntos?**

5. 우리는 언제 집을 이사할 수 있어? ¿Cuándo podemos **cambiar de casa?**

PASO 2

1 냉장고가 고장났을 때

H Cariño, el zumo no está frío. ¿Qué pasa?

M La nevera no funciona bien de nuevo.

H Creo que la nevera está estropeada.

M 우리 언제 새 냉장고를 살 수 있어?

2 일이 많아 퇴근할 수 없을 때

H Ya son las once y media. Es muy tarde.

M Sí, pero todavía queda mucho trabajo.

H Hay un montón de trabajo. Tengo que terminar todo.

M Umm... 우리 집에 언제 갈 수 있는 거야?

---

1 H : 여보, 주스가 차갑지 않아. 무슨 일이지?
　　 M : 또 냉장고가 작동을 잘 안하네.
　　 H : 냉장고가 고장난 것 같아.
　　 M : ¿Cuándo podemos comprar una nueva nevera?

2 H : 이미 11시 반이네. 너무 늦었어.
　　 M : 응, 그런데 아직도 일이 많이 남았어.
　　 H : 일이 산더미 같아. 다 끝내야만 해.
　　 M : 음… ¿cuándo podemos volver a casa?

단어장

sacar a pasear al perro
개를 산책시키다
el zumo 주스
cf. 중남미에서는 el jugo
la nevera 냉장고
funcionar 작동하다
estropeado/a 고장난
el montón 더미

219

¿Desde cuándo ~?

언제부터 ~하고 있는 거야?

> '~부터'라는 뜻의 전치사 desde를 cuándo 앞에 붙여서, '언제부터 ~하니?'라는 표현을 만들 수 있습니다. 언제부터 아픈 건지, 언제부터 사랑에 빠진 건지, 언제부터 혼자 사는지 등을 물을 때 사용해 보세요.

PASO 1

1. 언제부터 혼자 살고 있는 거야?   ¿Desde cuándo **vives solo/a?**

2. 언제부터 그와 말을 안 하고 있는 거야?   ¿Desde cuándo **no hablas con él?**

3. 언제부터 애완동물을 키우고 있는 거야?   ¿Desde cuándo **tienes mascota?**

4. 언제부터 그와 사랑에 빠진 거야?   ¿Desde cuándo **estás enamorada de él?**

5. 언제부터 병원에 있는 거야?   ¿Desde cuándo **estás en el hospital?**

PASO 2

1 친구에게 언제부터 혼자 사는지 물을 때

H   Estos días no tengo apetito. Casi no como.

M   Has adelgazado. ¿Tu madre no cocina en casa?

H   Yo vivo solo.

M   No lo sabía. 언제부터 혼자 사니?

2 강아지 산책시키기

H   ¿Me acompañas al parque?

M   ¿A estas horas? Mañana vamos juntos.

H   Tengo que sacar a pasear al perro.

M   ¿Perro? 언제부터 강아지 키우고 있어?

H   Desde hace un mes.

Tip

스페인어 의성어 알아보기

oing oing 꿀꿀
guau guau 멍멍
miau 야옹
quiquiriquí 꼬꼬댁
mu 음메
talán talán 땡땡
¡Zas! 철썩
¡Púm! 쿵!

1 H : 요즘 입맛이 없어. 거의 밥을 안 먹어.
   M : 너 살 빠졌어. 너희 어머니 집에서 요리 안 해주셔?
   H : 나 혼자 살아.
   M : 몰랐네. ¿Desde cuándo vives solo?

2 H : 나랑 공원에 함께 가 줄래?
   M : 이 시간에? 내일 같이 가자.
   H : 나 강아지 산책시켜야 되거든.
   M : 강아지? ¿Desde cuándo tienes perro?
   H : 한 달 전부터.

단어장

la mascota 애완동물
estar enamorado/a de
~에 대해 사랑에 빠져 있다
el apetito 식욕
desde hace ~전부터

MODELO 147 ¿Para cuándo ~?

언제까지 ~해야 하나요?

언제까지 어떤 일을 해야만 하는지 물을 때 쓸 수 있는 표현이 바로 ¿Para cuándo ~?입니다. para는 원래 '~를 위해서'라는 뜻이지만, cuándo와 함께 써주면 어떤 것의 '기한'을 나타내는 뜻으로 쓰입니다.

PASO 1

1. 제가 언제까지 신청서를 내야 하나요?

¿Para cuándo **tengo que echar la solicitud?**

2. 제가 언제까지 이력서를 내야 하나요?

¿Para cuándo **tengo que echar el currículum vitae?**

3. 제가 언제까지 비자를 위한 서류를 제출해야 하나요?

¿Para cuándo **tengo que presentar los documentos para el visado?**

4. 너는 언제까지 장학금을 신청해야 하니?

¿Para cuándo **tienes que solicitar la beca?**

5. 너는 언제까지 이 프로젝트를 끝낼 수 있니?

¿Para cuándo **puedes terminar este proyecto?**

PASO 2

1 교환학생 프로그램을 신청할 때

H Mira, el programa de intercambio.
M Echamos la solicitud.
H 언제까지 교환학생 프로그램을 신청해야 하지?
M Creo que para la próxima semana.

2 보고서 제출 기한을 물을 때

H ¿Qué tal el viaje de negocios?
M Me salió todo bien. Ahora hago el informe.
H 언제까지 보고서 제출해야 하는데?
M Para mañana.

1 H : 봐봐, 교환학생 프로그램이야.
　　M : 우리 신청서 내자.
　　H : ¿Para cuándo tenemos que solicitar el programa de intercambio?
　　M : 다음 주까지 같은데.

2 H : 출장 어땠어?
　　M : 다 잘 풀렸어. 지금 보고서 쓰고 있어.
　　H : ¿Para cuándo tienes que entregar el informe?
　　M : 내일까지.

단어장

la solicitud 신청서
el currículum vitae 이력서
el documento 서류
solicitar 신청하다
el viaje de negocios 출장
hacer el informe 보고서를 작성하다
entregar 제출하다, 건네주다

221

MODELO 148

¿Cuándo será bueno ~?

언제 ~하는 게 좋을까?

ser 동사의 미래형 será를 넣어서 '언제 ~하면 좋을지' 묻는 표현입니다. 하려는 일에 대한 정보를 물어보거나, 약속을 잡을 때 이 표현을 쓰면 상대방을 배려하는 느낌이 납니다.

PASO 1

1. 언제 멕시코를 여행하는 게 좋을까? **¿Cuándo será bueno viajar por México?**

2. 언제 낚시하는 게 좋을까? **¿Cuándo será bueno pescar?**

3. 언제 개를 병원에 데려가는 게 좋을까? **¿Cuándo será bueno llevar al perro al veterinario?**

4. 언제 집을 이사하는 게 좋을까? **¿Cuándo será bueno mudarse de casa?**

5. 언제 전공을 바꾸는 게 좋을까? **¿Cuándo será bueno cambiar de carrera?**

PASO 2

1 페루를 여행하기 좋은 시기를 물을 때

H ¿Tú ahorras dinero?

M Sí, porque este año tengo planes de ir a Perú.

H ¡No me digas! Yo también voy a Perú. ¿Cuándo?

M No lo sé. 언제가 페루를 여행하기 좋아?

2 직장을 언제 그만두는 게 좋을지 물을 때

H Todo el mundo dice lo mismo: "crisis, crisis..."

M Es cierto. Vivimos en una época de crisis. No hay trabajos ni pensiones.

H Oye, 언제 직장을 옮기면 좋을까?

M De momento, no. ¡Aguanta solo tres años más!

1 H : 돈 모으고 있니?
　 M : 응, 왜냐면 올해 페루에 갈 계획을 갖고 있거든.
　 H : 뭐라고! 나도 페루에 갈 건데. 언제?
　 M : 모르겠는데. ¿Cuándo será bueno viajar por Perú?

2 H : 모든 사람들이 다 똑같이 말해. "위기, 위기…"
　 M : 그건 확실해. 우리는 '위기의 시대'에 살고 있어. 직장도 없고, 연금도 없고.
　 H : 야, ¿cuándo será bueno cambiar de trabajo?
　 M : 지금 현재로서는 안 돼. 3년만 더 참아봐!

단어장

pescar 낚시하다
el veterinario 동물병원
mudarse 이사하다
ahorrar 저축하다, 돈을 모으다
la época 시대, 때
la pensión 연금
aguantar 참다

UNIDAD 28. ¿Por qué ~? 왜

'왜'라고 물을 때는 '이유'를 나타내는 전치사 por와 의문사 qué(무엇)를 합쳐 ¿Por qué ~?라고 물어 보면 됩니다. '무슨 이유로 ~하니?, 왜 ~하니?'라는 뜻이 되는 거죠. 그리고 대답할 때는 porque를 붙여서 '왜냐하면'이라고 시작해 보세요. 전혀 어렵지 않답니다. 자, 시작해 볼까요?

¿Por qué ~?

MODELO 149

왜 ~하니?

상대방에게 '왜 그래?'라고 물을 때 쓸 수 있는 것이 바로 ¿Por qué?입니다. 대답할 때 쓰는 porque(왜냐하면)와 발음은 같지만, 띄어쓰기분 아니라 강세에도 차이가 있으니 주의하세요.

PASO 1

1. 왜 한숨 쉬니?   **¿Por qué suspiras?**

2. 왜 더 안 먹어?   **¿Por qué no comes más?**

3. 왜 그렇게 기분이 안 좋아?   **¿Por qué estás de mal humor?**

4. 왜 그렇게 실망한 거야?   **¿Por qué estás tan decepcionado/a?**

5. 왜 그렇게 바쁘니?   **¿Por qué estás tan ocupado/a?**

PASO 2

1 늦게까지 회의 준비를 하는 동료에게

H 너 왜 이 시간에 사무실에 있는 거야?

M Tengo una reunión muy importante a las nueve de la mañana.

H ¿Y tú?, ¿por qué estás a esta hora?

M Ahora salgo de la oficina.

2 기분 좋아 보이는 동료에게 그 이유를 물어볼 때

H 너 왜 이렇게 기분 좋은 거야?

M Nada, solo hoy hace buen tiempo.

H Sabes que hoy tenemos trabajo extra.

M No importa.

1 H : ¿Por qué estás en la oficina a estas horas?
　M : 나 오전 9시에 굉장히 중요한 회의가 있거든.
　H : 그런데 너는 왜 이 시간에 있는 거야?
　M : 지금 퇴근해.

2 H : ¿Por qué estás de buen humor?
　M : 아무것도 아니야. 그냥 오늘 날씨가 좋아서.
　H : 우리 오늘 야근인 것 알고 있어?
　M : 상관없어.

단어장

suspirar 한숨 쉬다
decepcionado/a 실망한
estar de buen humor 기분이 좋은 상태이다
el trabajo extra 야근

MODELO 150

¿Por qué no ~?

~하는 게 어때?, 왜 ~안 하니?

직역하면 '왜 ~안 하니?'라는 뜻이 되지만, 보통은 권유하는 느낌의 '~하는 게 어때?' 의미로 많이 쓰입니다. 영어에서도 Why don't you ~?가 '왜 ~안 하니?'보다 '~하는 게 어때?'로 더 많이 쓰이는 것과 같은 원리입니다.

PASO 1

1. 좀 쉬는 게 어때? ¿Por qué no **descansas?**

2. 택시 타는 게 어때? ¿Por qué no **coges un taxi?**

3. 잠깐 앉는 게 어때? ¿Por qué no **te sientas un rato?**

4. 수업에 왜 안 들어가는 거야? ¿Por qué no **asistes a la clase?**

5. 나에게 문자 메시지 왜 안 보내는 거야? ¿Por qué no **me envías el mensaje de texto?**

PASO 2

1 과로하는 친구에게 한마디 할 때

H Si sigues trabajando así, te pondrás enferma.

M ¡No te preocupes!

H 잠깐이라도 쉬지 그래?

M Después de terminar.

2 대학교에 걸어가는 이유를 설명할 때

H Voy a la universidad a pie.

M ¿Es broma? 너 왜 지하철 안 타는 거야?

H No tengo dinero.

M ¿Tú no vives muy lejos de la universidad?

---

1 H : 너 그런 식으로 계속 일한다면, 병날 거야.
M : 걱정하지 매!
H : ¿Por qué no descansas un rato?
M : 끝낸 다음에.

2 H : 나는 학교에 걸어 다녀.
M : 농담이지? ¿Por qué no coges el metro?
H : 돈이 없어.
M : 너 학교에서 굉장히 멀리 살지 않아?

단어장

descansar 쉬다
coger un taxi 택시를 타다
cf. 중남미에서는 tomar un taxi
a pie 걸어서
el rato 잠깐, 짧은 시간
la broma 농담

225

¿Por qué no + nosotros의 동사형?

우리 ~하는 게 어때?

스페인어에는 영어의 Let's ~(우리 ~하자)와 같은 표현이 없는 대신에, nosotros의 동사형으로 대체할 수 있습니다. '우리 공부하자!'는 ¡Estudiamos!, '가자!'는 ¡Vamos!가 되는 거죠. Por qué no 뒤에 nosotros의 동사형을 써서 '우리 ~하는 것이 어때?'라는 표현을 만들어 보세요.

PASO 1

1. 우리 새 차를 사는 게 어때?

¿Por qué no compramos **un nuevo coche?**

2. 우리 이 색을 고르는 게 어때?

¿Por qué no elegimos **este color?**

3. 우리 이 식당을 예약하는 게 어때?

¿Por qué no reservamos **este restaurante?**

4. 우리 월급 인상을 요청하는 게 어때?

¿Por qué no pedimos **una subida de sueldo?**

5. 우리 이 계약에 서명하는 게 어때?

¿Por qué no firmamos **este contrato?**

PASO 2

1 에어컨 켜는 게 어떤지 물어볼 때

H Ahora estamos a treinta y dos grados.

M Yo sudo mucho.

H 우리 에어컨 켜는 게 어때?

M Bueno, pero ¿dónde está el mando a distancia?

2 영화 보기 전에 저녁을 먹자고 제안할 때

H Ahora hay mucha cola en el cine.

M 우리 그 전에 저녁 먹는 게 어때?

H ¡Qué buena idea!

M Yo conozco un restaurante chino. ¡Vamos!

1 H : 지금 32도야.
　M : 나 지금 땀 엄청 흘리고 있어.
　H : ¿Por qué no ponemos el aire acondicionado?
　H : 좋아, 그런데 리모컨이 어디 있지?

2 H : 지금 극장에 줄이 엄청난데.
　M : ¿Por qué no cenamos antes?
　H : 좋은 생각이야!
　M : 내가 중국 식당 한 군데 알고 있어. 가자!

단어장

elegir 고르다, 선택하다
la subida de sueldo
월급 인상
sudar 땀을 흘리다
el mando a distancia
리모컨

MODELO
152

¿Por qué tengo que ~?

왜 내가 ~해야 해?

'~해야 한다'는 표현인 tener que를 넣어서, 약간의 '불만'이나 '불평'을 말하고 싶을 때 쓸 수 있는 표현입니다.

PASO 1

1. 왜 내가 계산을 해야 해?   ¿Por qué tengo que **pagar la cuenta?**

2. 왜 내가 참아야 해?   ¿Por qué tengo que **soportar?**

3. 왜 내가 집을 청소해야 해?   ¿Por qué tengo que **limpiar la casa?**

4. 왜 내가 전화를 해야 해?   ¿Por qué tengo que **llamar por teléfono?**

5. 왜 내가 사무실에 남아 있어야 해?   ¿Por qué tengo que **quedarme en la oficina?**

Tip

더치페이 하자!
스페인은 중남미에 비해서 더치페이 문화가 발달되어 있는데요, '더치페이 하자'라는 표현은 Cada quien paga lo suyo.입니다.

PASO 2

1 크게 싸움을 할 때

H ¡No te enfadades conmigo!

M No me enfado contigo. Pero tú tienes la culpa.

H ¡No grites! 왜 내가 항상 참아야 해?

M ¡No soportes!

2 하루 종일 전화하지 않은 것에 대해 불평할 때

H ¿Estás dormida?

M ¿Qué hora es ahora?

H Lo siento por no haber llamado todo el día.

M 왜 내가 항상 네 전화를 기다려야만 하는 거니?

---

1 H : 너 나한테 화내지 마!
　M : 나 너한테 화내는 것 아니야. 그런데 네가 잘못한 거야.
　H : 너 소리 지르지 마! ¿Por qué siempre tengo que soportar?
　M : 너도 참지 마!

2 H : 너 자고 있어?
　M : 지금 몇 시야?
　H : 하루 종일 전화 못해서 정말 미안해.
　M : ¿Por qué siempre tengo que esperar tu llamada?

단어장

limpiar 청소하다
la culpa 잘못
tener la culpa 잘못을 하다
gritar 소리를 지르다
estar dormido/a 잠을 자고 있다
esperar 기다리다
la llamada 통화

227

UNIDAD 29. ¿Cómo ~? 어떻게

일상에서 많이 듣는 표현 중 하나가 바로 ¿Cómo estás?(어떻게 지내?)처럼 안부를 묻는 표현이겠죠? 하루에도 여러 번 ¿Cómo estás?로 인사를 하니까 말이죠. '어떻게'라는 cómo 뒤에 ser 동사를 넣어주면, 사람이나 사물의 특성을 묻는 '어떤 사람이야?', 또는 '~는 어떠니?'라는 표현도 만들 수 있습니다. 그럼 cómo를 활용한 다양한 패턴을 배워 봅시다.

MODELO 153

¿Cómo es/son ~?

~는 어때?

평소에 늘 인사로 묻는 ¿Cómo estás?(어떻게 지내?)와 달리, ¿Cómo es ~?는 보통 주어의 '특성'이나 '성격' 등이 궁금할 때 쓸 수 있는 표현이에요. 엄마가 ¿Cómo es tu nuevo novio?(네 새 남자친구 어떠니?)라고 묻는다면 성격이나 외모를 묻는 거랍니다. 아시겠죠?

PASO 1

1. 네 방은 어때? ¿Cómo es **tu habitación?**

2. 새 집은 어때? ¿Cómo es **la nueva casa?**

3. 새 일은 어때? ¿Cómo es **el nuevo trabajo?**

4. 시댁 식구들은 어때? ¿Cómo es **la familia de tu marido?**

5. 네 직원들은 어때? ¿Cómo son **tus empleados?**

PASO 2

1 새 직장에 대해서 물어볼 때

H Estoy hecho polvo.

M 새 직장이 어떤데?

H Todavía no lo sé.

M Al principio, no es fácil cualquier cosa.

2 지금 읽고 있는 책에 대해 물어볼 때

H ¿Qué libro lees?

M Ahora leo el nuevo libro de Isabel Allende.

H 새 소설은 어때?

M Es genial. Me encanta.

1 H : 나 완전히 녹초가 됐어.
　M : ¿Cómo es tu nuevo trabajo?
　H : 아직 모르겠어.
　M : 처음에는 어떤 것이든 쉽지 않잖아.

2 H : 무슨 책 읽어?
　M : 지금 이사벨 아옌데의 신간을 읽고 있어.
　H : ¿Cómo es la nueva novela?
　M : 굉장해. 정말 좋아.

단어장

el marido 남편
cf. la esposa, la mujer
　부인
estar hecho/a polvo
(피곤해서) 녹초가 되다
al principio 초기에, 처음에
el nuevo libro 신간

MODELO 154

¿Cómo fue/fueron ~?

~는 어땠어?

¿Cómo es ~?를 과거 형태로 쓴 패턴입니다. ser 동사의 과거형은 불규칙이어서 단수일 때는 fue로, 복수일 때는 fueron으로 변화된답니다. 처음 나오는 과거형이니 잘 익혀 두세요.

PASO 1

1. 마지막 회의는 어땠어? ¿Cómo fue **la última reunión?**

2. 직장 면접은 어땠어? ¿Cómo fue **la entrevista de trabajo?**

3. 호텔 경치는 어땠어? ¿Cómo fue **el paisaje del hotel?**

4. 첫 번째 데이트는 어땠어? ¿Cómo fue **la primera cita?**

5. 시험들은 어땠어? ¿Cómo fueron **los exámenes?**

PASO 2

1 여행이 어땠는지 물을 때

H 여행 어땠어?

M Fue horrible.

H ¿Por qué?, ¿qué pasó?

M El hotel fue muy viejo y olió mal.

2 면접이 어땠는지 물을 때

H 직장 면접 어땠어?

M ¡No me preguntes! No quiero pensar.

H ¡No te preocupes! Tendrás otra ocasión mejor.

M Lo dudo.

1 H : ¿Cómo fue el viaje?
M : 최악이었어.
H : 왜? 무슨 일이 있었는데?
M : 호텔은 정말 낡았고, 안 좋은 냄새가 났어.

2 H : ¿Cómo fue la entrevista de trabajo?
M : 물어 보지도 마! 생각하고 싶지 않아.
H : 걱정하지 마! 다른 더 좋은 기회가 있을 거야.
M : 그럴 거 같지 않아.

단어장

último/a 마지막의
el paisaje 경치
la cita 약속
preocuparse 걱정하다
la ocasión 기회
dudar 의심하다

¿Cómo + 동사원형?

어떻게 ~해?

어떻게 하면 좋을지, '방법'에 대해서 물을 때 쓸 수 있는 표현이 바로 cómo 뒤에 동사원형을 붙이는 거랍니다. 의문사 뒤에는 동사의 변형이 아닌 동사원형을 쓰기 때문에 쉽게 말하고 쓸 수 있겠죠?

PASO 1

1. 네 고향까지 차로 어떻게 가야 해? ¿Cómo **ir a tu pueblo natal en coche?**

2. 유행에 맞게 어떻게 옷을 입어야 해? ¿Cómo **vestirse a la moda?**

3. 어떻게 하면 화장을 잘 해? ¿Cómo **maquillarse bien?**

4. 어떻게 홈페이지를 만들어? ¿Cómo **crear una página web?**

5. 어떻게 은행 계좌를 개설해? ¿Cómo **abrir una cuenta?**

PASO 2

1 결혼식에 어떤 옷을 입고 갈지 물어볼 때

H Este sábado es la boda de Julia.

M ¿Has decidio qué vas a vestirte?

H Todavía no. 결혼식에 어떻게 하면 잘 입고 가는 거지?

M Por ejemplo, un traje muy elegante.

2 페이스북에 새 계정을 만들고 싶을 때

H 페이스북에 어떻게 새 계정을 만드는 거야?

M Es pan comido.

H No sé nada de informática.

M Te enseño.

1 H : 이번 토요일 훌리아의 결혼식이야.
M : 너 뭐 입고 갈지 결정했어?
H : 아직. ¿Cómo vestirse bien en una boda?
M : 예를 들면, 아주 우아한 정장.

2 H : ¿Cómo crear una cuenta en facebook?
M : 완전 식은 죽 먹기야.
H : 나는 컴퓨터에 관해서는 전혀 모르거든.
M : 내가 가르쳐 줄게.

단어장

el pueblo natal 고향
vestirse a la moda
유행에 맞게 옷을 입다
la página web 홈페이지
abrir la cuenta 계좌를
개설하다
por ejemplo 예를 들면
Es pan comido.
식은 죽 먹기이다. 아주 쉽다

MODELO 156

¿Cómo puedes ~?

어떻게 ~할 수 있니?

이 표현은 '네가 어떻게 그럴 수 있어?' 같은 느낌입니다. 상대방의 말이나 행동 등이 못마땅할 때 사용하면 좋은 표현이죠. '어떻게 회의에 빠질 수 있어?', '어떻게 그렇게 말할 수 있니?'처럼 말하는 법을 배워 보세요.

PASO 1

1. 어떻게 그런 식으로 말할 수 있어? | ¿Cómo puedes **hablar así?**

2. 어떻게 그런 질문을 할 수 있어? | ¿Cómo puedes **hacer esa pregunta?**

3. 어떻게 수업을 빠질 수 있어? | ¿Cómo puedes **faltar a la clase?**

4. 어떻게 혼자 콘서트에 갈 수 있어? | ¿Cómo puedes **ir al concierto solo/a?**

5. 어떻게 그렇게 늦을 수 있어? | ¿Cómo puedes **llegar tan tarde?**

PASO 2

1 회의에 빠졌을 때

H Lo siento, casi llego a la oficina.

M 어떻게 회의를 빠질 수가 있어?

H Anoche bebí mucho. Me levanté tarde.

M ¡Ven pronto!

2 애인과 헤어질 때

H Nos separamos. Ya no puedo más.

M 어떻게 그런 식으로 말할 수 있어?

H Ya no nos llevamos tan bien como antes.

M Bueno, pero nos seguimos queriendo.

---

1 H : 정말 미안해, 거의 사무실에 도착했어.
M : ¿Cómo puedes faltar a la reunión?
H : 어제 술을 많이 마셔서 늦게 일어났어.
M : 얼른 왜!

2 H : 우리 헤어지자. 나는 더 이상 안 될 것 같아.
M : ¿Cómo puedes hablar así?
H : 우리는 이미 전처럼 잘 지내지 못하잖아.
M : 음, 그래도 우리 계속 서로를 좋아하고 있잖아.

단어장

faltar a la clase 수업에 빠지다
el concierto 콘서트
anoche 어젯밤
separarse 헤어지다
seguir + 현재진행형 계속해서 ~하다

233

UNIDAD 30. ¿Cuánto ~?   얼마

영어에서는 '수량'이나 '가격'을 물을 때 how much나 how many처럼 의문사 how 를 써서 나타내죠. 하지만 스페인어에는 수량이나 가격을 나타내는 cuánto라는 의문사 가 따로 있습니다. 이 의문사는 뒤에 나오는 주어의 성과 수에 따라 cuánto, cuánta, cuántos, cuántas로 변화합니다. 이 의문사 뒤에 costar(가격이 나가다)를 붙여주 면 '얼마에요?'가 되고, hora(시간)을 붙이면 '몇 시간 ~하니?'라는 표현이 됩니다. 그럼 하나씩 익혀볼까요?

¿Cuánto cuesta ~?

MODELO 157

~는 얼마예요?

생활 속에서 정말 자주 쓰는 표현중 하나가 '얼마예요?'입니다. 스페인어로는 cuánto에 costar(가격이 나가다)를 붙여 ¿Cuánto cuesta?가 되구요. 이 질문에 대한 대답은 항상 숫자겠죠? 다양한 숫자를 미리 익혀 필요할 때 써 보세요.

PASO 1

1. 오렌지 1 킬로에 얼마예요?　　　¿Cuánto cuesta **un kilo de naranjas?**

2. 마사지 한 번 받는 데 얼마예요?　¿Cuánto cuesta **una sesión de masaje?**

3. 여권을 갱신하는 데 얼마예요?　　¿Cuánto cuesta **renovar el pasaporte?**

4. 집 한 채를 짓는 데 얼마 들어요?　¿Cuánto cuesta **construir una casa?**

5. 집을 리모델링하는 데 얼마 들어요?　¿Cuánto cuesta **reformar una casa?**

PASO 2

1 온 몸이 아파 마사지를 받고 싶을 때

H　Me duele todo el cuerpo.

M　Recibimos un masaje tailandés.

H　마사지 한 번 받는 데 얼마야?

M　No cuesta mucho.

2 욕실 수리비를 물을 때

H　La bañera está rota, además no sale agua caliente.

M　En esta ocasión, reformamos.

H　욕실 하나 고치는 데 얼마나 들까?

M　Mañana lo preguntaré.

---

1 H : 온 몸이 다 아파.
　　M : 우리 태국 마사지 받자.
　　H : ¿Cuánto cuesta una sesión de masaje?
　　M : 그렇게 많이 들지 않아.

2 H : 욕조가 깨져 있고, 게다가 뜨거운 물도 안 나와.
　　M : 이번 기회에, 고치자.
　　H : ¿Cuánto cuesta reformar un baño?
　　M : 내가 내일 물어 볼게.

Tip

Números 숫자

10 diez
20 veinte
30 treinta
40 cuarenta
50 cincuenta
60 sesenta
70 setenta
80 ochenta
90 noventa
100 cien
200 doscientos
300 trescientos
400 cuatrocientos
500 quinientos*
600 seiscientos
700 setecientos*
800 ochocientos
900 novecientos*
1,000 mil
2,000 dos mil

30부터는 treinta y uno (31), treinta y dos(32) 이렇게 y로 연결됩니다. 45는 cuarenta y cinco가 되고, 68은 sesenta y ocho입니다. 100은 cien이지만, 101부터는 ciento uno로 cien이 ciento로 변합니다. 500, 700, 900은 불규칙으로 특별히 외워 주세요. 2,000부터는 mil의 모양이 바뀌지 않아, 9,000이라면 nueve mil이 됩니다.

단어장

la naranja 오렌지
el masaje 마사지
renovar 갱신하다
reformar 고치다
la bañera 욕조
preguntar 물어 보다

¿Cuántos/as ~ tienes?

너는 ~를 얼마나 가지고 있어?

MODELO 158

cuánto(얼마나)와 tener(가지다)가 합쳐져 '수량'을 물어볼 때 쓸 수 있는 패턴입니다. 주의할 점은 cuánto 뒤에 오는 명사의 성과 수에 따라 cuánto의 형태가 변한다는 거죠. cuánto의 변화형 cuánto, cuánta, cuántos, cuántas를 다시 한번 확인하세요.

PASO 1

1. 너는 형제가 몇 명이야?   **¿Cuántos hermanos tienes?**

2. 너는 고양이를 몇 마리 키우고 있어?   **¿Cuántos gatos tienes?**

3. 너는 외국인 친구가 몇 명이나 있어?   **¿Cuántos amigos extranjeros tienes?**

4. 너는 수업이 몇 개야?   **¿Cuántas clases tienes?**

5. 너는 영화표를 몇 장이나 가지고 있어?   **¿Cuántas entradas del cine tienes?**

PASO 2

1 입장권을 몇 장 가지고 있는지 물을 때

H   Yo he conseguido unas entradas de la final.

M   입장권을 몇 장이나 가지고 있는데?

H   Tengo tres entradas.

M   Yo quiero ir sin falta.

2 산에 가고 싶은데 등산화가 없을 때

H   Si tienes tiempo este sábado, subimos una montaña.

M   Si, quiero ir. Pero, 너 등산화 몇 개 있어?

H   Creo que las botas de mi hermana son de tu talla.

M   Gracias.

Tip

등산 관련 표현

el/la alpinista 등산가
el valle 계곡
la cascada 폭포
el bosque 숲
la mochila 배낭
hacer el *camping*
캠핑을 하다
la tienda de campaña
텐트
el saco de dormir 침낭
la linterna 랜턴

---

1 H : 나 결승전 입장권 몇 장을 겨우 손에 넣었어.
    M : ¿Cuántas entradas tienes?
    H : 3장 있어.
    M : 나도 꼭 가고 싶어.

2 H : 혹시 이번 토요일에 시간 되면, 우리 등산하자.
    M : 응, 가고 싶어. 그런데, ¿cuántas botas tienes?
    H : 우리 누나 등산화가 너랑 같은 사이즈인 것 같아.
    M : 고마워.

단 어 장

la entrada 입장권, 입구
sin falta 꼭
las botas 부츠, 등산화
la talla 사이즈

237

¿Cuántas horas ~?

몇 시간 ~하니?

시간을 뜻하는 hora를 넣어서 '몇 시간 ~하니?'라고 표현할 수 있어요. 이때는 복수형 horas로 쓰이기 때문에 cuánta도 역시 cuántas로 바꿔 줘야 합니다.

PASO 1

1. 하루에 몇 시간 일하니? ¿Cuántas horas **trabajas al día?**

2. 하루에 몇 시간 운동하니? ¿Cuántas horas **haces ejercicio al día?**

3. 하루에 몇 시간 TV를 보니? ¿Cuántas horas **ves la televisión al día?**

4. 하루에 몇 시간 자니? ¿Cuántas horas **duermes al día?**

5. 몇 시간 산책해? ¿Cuántas horas **paseas por el parque?**

PASO 2

1 잠을 많이 자도 피곤할 때

H Aunque duermo mucho, ¿por qué estoy tan cansado?

M 하루에 몇 시간 자는데?

H Duermo ocho horas al día.

M ¿Por qué no intentas hacer ejercicio?

---

2 게임을 몇 시간째 하는지 물을 때

H 너 몇 시간째 계속 게임하고 있는 거야?

M Solo dos horas.

H ¿No tienes la tarea?

M Ya he hecho la tarea.

---

1 H : 잠도 많이 자는데, 나는 왜 이렇게 피곤하지?
　　M : ¿Cuántas horas duermes al día?
　　H : 하루에 8시간 자.
　　M : 운동을 해보는 게 어때?

2 H : ¿Cuántas horas sigues haciendo videojuegos?
　　M : 2시간밖에.
　　H : 숙제 없어?
　　M : 숙제는 이미 했어.

단 어 장

aunque 비록 ～이지만
al día 하루에
intentar 시도하다
hacer videojuegos
게임을 하다
la tarea 숙제

MODELO
160

¿Cuántas veces ~?

몇 번 ~하니?

이번에는 '~번'이라는 la vez가 와서 ¿Cuántas veces ~?처럼 횟수를 물어 볼 수 있는 표현이 됩니다. la vez는 복수형이 되면 las veces가 된다는 것도 기억해 두세요.

PASO 1

1. 일 년에 몇 번 여행해?　　　¿Cuántas veces **viajas al año?**

2. 하루에 몇 번 커피 마셔?　　¿Cuántas veces **tomas café al día?**

3. 일주일에 몇 번 헬스장에 가?　¿Cuántas veces **vas al gimnasio a la semana?**

4. 일주일에 몇 번 집에서 요리하니?　¿Cuántas veces **cocinas en casa a la semana?**

5. 한 달에 몇 번 쉬니?　　　¿Cuántas veces **descansas al mes?**

PASO 2

1 친구가 얘기를 집중해서 듣지 않을 때

H ¿Me escuchas?

M Sí, sí. ¡Dime!

H 똑같은 것을 몇 번이나 말하니?

M Ahora yo te escucho de verdad.

2 CD를 몇 번이나 듣는지 물을 때

H ¿Yo puedo poner este CD?

M Sí, pero a volumen bajo, por favor.

H Me gusta la música latina. Sobre todo este CD.

M 너 하루에 이 CD 몇 번이나 들어?

---

1 H : 너 내 말 듣고 있어?
　M : 응, 응. 얘기해!
　H : ¿Cuántas veces te digo la misma cosa?
　M : 이제 네 말 정말 잘 들을게.

2 H : 이 CD 틀어도 돼?
　M : 응, 그렇지만 낮은 볼륨으로 부탁해.
　H : 나 라틴 음악 좋아. 특히 이 CD.
　M : ¿Cuántas veces escuchas este CD al día?

239

¿Cuánto tiempo llevas ~?

~한 지 얼마나 됐어?

어떤 것을 지금까지 지속해 온 것에 대해서 얘기할 때 쓰는 표현이 llevar 동사입니다. 이 동사는 원래 '~을 가지고 가다'라는 뜻으로 자주 쓰이는데요, ⟨llevar + 현재진행형⟩으로 쓰면 '~을 (얼마의 기간 동안) 해오고 있다' 즉 '~한 지 얼마나 됐다'는 표현으로 기간에 대해 얘기할 때 유용하게 쓰입니다.

PASO 1

1. 여기서 있은 지 얼마나 됐어?   ¿Cuánto tiempo llevas **aquí?**

2. 솔로로 지낸 지 얼마나 됐어?   ¿Cuánto tiempo llevas **como soltero/a?**

3. 직장을 잃은 지 얼마나 됐어?   ¿Cuánto tiempo llevas **sin trabajo?**

4. 직장을 찾은 지 얼마나 됐어?   ¿Cuánto tiempo llevas **buscando trabajo?**

5. 담배를 피운 지 얼마나 됐어?   ¿Cuánto tiempo llevas **fumando?**

PASO 2

1 직장에서 근무한 기간을 물을 때

H   Hola, ¿usted también trabaja en esta empresa?

M   Sí, 여기서 일하신 지 얼마나 되셨나요?

H   Yo llevo cinco años. ¿Y usted?

M   Yo, solo un año.

2 아르바이트를 시작한 이유에 대해서 말할 때

H   Yo empiezo a trabajar en una cafetería después de la clase.

M   Me has dicho que no te interesa trabajar.

H   Pues, ahora mi padre está parado.

M   일 안 하신 상태로 얼마나 되셨는데?

1 H : 안녕하세요, 이 기업에서 일하시나요?
M : 네. ¿Cuánto tiempo lleva trabajando aquí?
H : 저는 5년 되었어요, 당신은요?
M : 저는 1년밖에 안 되었어요.

2 H : 나 수업 끝나고 커피숍에서 일하기 시작했어.
M : 너 나한테 일하는 거 관심 없다고 얘기했잖아.
H : 왜냐하면 지금 우리 아버지 실업 중이시거든.
M : ¿Cuánto tiempo lleva tu padre sin trabajo?

Tip

직장생활에 꼭 필요한 표현

el día de paga 월급날
el sueldo 월급
la bonificación 보너스
el impuesto 세금
el ascenso 승진
la jubilación 퇴직
el despido 해고
el permiso por enfermedad 병가
la baja por maternidad 출산휴가

단어장

el/la soltero/a 독신
la empresa 기업
estar parado/a 실업 중이다

MODELO 162

¿Cuánto tiempo se tarda en ~?

~하는 데 얼마나 걸려?

tardarse는 '~을 하는데 시간이 걸리다'라는 동사예요. 이 동사 뒤에는 항상 en이 붙고, 그 뒤에는 동사원형이 따라온답니다.

PASO 1

1. 한 언어를 완벽하게 말하는 데 얼마나 걸려?
¿Cuánto tiempo se tarda en **hablar un idioma perfectamente?**

2. 스페인어를 배우는 데 얼마나 걸려?
¿Cuánto tiempo se tarda en **aprender español?**

3. 운전면허증을 따는 데 얼마나 걸려?
¿Cuánto tiempo se tarda en **sacar el carné de conducir?**

4. 알함브라 궁전을 모두 보는 데 얼마나 걸려?
¿Cuánto tiempo se tarda en **ver toda la Alhambra?**

5. 바르셀로나에서 발렌시아까지 가는 데 얼마나 걸려?
¿Cuánto tiempo se tarda en **ir de Barcelona a Valencia?**

PASO 2

1 그라나다까지 얼마나 걸리는지 물을 때

H Acabo de reservar las entradas para ver la Alhambra.

M ¿Cómo vas a Granada?

H En coche. Por cierto, 마드리드에서 그라나다까지 가는 데 얼마나 걸리지?

M A ver. Si no hay atasco en la carretera, se tarda cuatro horas.

2 스페인어 능력시험 자격증을 따는 데 걸리는 시간

H 스페인어 능력시험 B1 자격증을 따려면 얼마나 걸려?

M Depende de la persona.

H ¿En mi caso?

M Quizás dentro de un año.

1 H : 나 방금 알함브라 궁전 입장권을 예매했어.
M : 그라나다에 어떻게 갈 건데?
H : 차로. 그러고 보니, ¿cuánto tiempo se tarda en ir de Madrid a Granada?
M : 어디보자. 만약 도로가 안 막히면, 4시간 걸려.

2 H : ¿Cuánto tiempo se tarda en sacar el DELE B1?
M : 사람마다 다르지.
H : 내 경우에는?
M : 아마도 1년 안에.

단어장

perfectamente 완벽하게
el carné de conducir 운전면허증
de ~ a ... ~부터 …까지
acabar de 방금 ~하다
la carretera 도로
en mi caso 나의 경우에는
quizás 아마도

241

PARTE 5

다양한 시제
핵심패턴

UNIDAD 31. 재귀동사

'재귀'라는 말이 참 생소하죠? 영어에서 재귀대명사는 들어 봤어도 재귀동사는 처음이죠?
이 재귀동사라는 것은, 동사의 행동이 결국 자기 자신에게로 돌아가는 동사를 뜻합니다.
'일으키다'는 뜻의 levantar 동사를 '나는 일어난다.'라는 표현을 만들기 위해서 앞에 '자
기 자신'을 뜻하는 재귀대명사 me를 넣어 줍니다. '자기가 자신을 일으키다' 즉 '나는
일어난다.' me levanto라는 표현이 완성되지요. 재귀동사는 수가 그렇게 많지 않기 때
문에, 나올 때 마다 꼭 기억해 둡시다.

★ levantarse(일어나다) 동사 변화 ★		
나	yo	me levanto
너	tú	te levantas
그, 그녀, 당신	él, ella, usted	se levanta
우리들	nosotros, as	nos levantamos
너희들	vosotros, as	os levantáis
그들, 그녀들, 당신들	ellos, ellas, ustedes	se levantan

Me + 규칙 재귀동사

나는 ~를 해

재귀대명사 me 뒤에 재귀동사를 넣어 봅시다. 규칙형 재귀동사 levantarse(일어나다), ducharse(샤워하다), lavarse(씻다), secarse((신체일부)를 말리다), prepararse(단장하다)를 먼저 익혀 두세요. 여기 나온 기본 동사들은 꼭 동사 변화도 함께 기억해 주세요.

PASO 1

1. 나는 일찍 일어나.

   Me levanto **temprano.**

2. 나는 10분만에 샤워해.

   Me ducho **en diez minutos.**

3. 나는 미지근한 물로 세수해.

   Me lavo **la cara con agua tibia.**

4. 나는 드라이기로 머리를 말려.

   Me seco **el pelo con un secador de pelo.**

5. 나는 외출하려고 준비해.

   Me preparo **para salir.**

PASO 2

1 일어나는 시간을 물어볼 때

H ¿A qué hora te levantas en los fines de semana?

M ¿En los fines de semana? Normalmente me levanto a las once.

H 나는 너보다 더 늦게 일어나.

M ¿A qué hora?

2 외출 준비를 서두르라고 재촉할 때

H ¡Date prisa!

M 지금 외출 준비하고 있어.

H Yo estoy listo.

M Espera diez minutos.

---

1 H : 너 주말에 몇 시에 일어나?
M : 주말에? 보통 11시에 일어나.
H : Yo me levanto más tarde que tú.
M : 몇 시에?

2 H : 서둘러!
M : Ahora me preparo para salir.
H : 나는 준비 다 됐어.
M : 10분만 기다려 줘.

단어장

lavarse la cara 세수하다
tibio/a 미지근한
el secador de pelo
헤어 드라이기
estar listo/a 준비가 되다
el minuto 분

Te + 불규칙 재귀동사

너는 ~를 해

이번에는 불규칙 재귀동사를 배워봅시다. divetirse(즐기다)는 me divierto로, acostarse(잠자리에 들다)는 me acuesto로, ponerse(입다)는 me pongo로 변화됩니다. te형은 아래 예문을 통해 익히세요.

PASO 1

1. 너는 파티에서 엄청 즐거워 해. **Te diviertes mucho en la fiesta.**

2. 너는 아주 늦게 잠자리에 들어. **Te acuestas muy tarde.**

3. 너는 화장을 정말 잘해. **Te maquillas muy bien.**

4. 너는 눈 화장을 너무 진하게 해. **Te pintas demasiado los ojos.**

5. 너는 정장을 입어. **Te pones el traje.**

PASO 2

1 너무 늦게 잔다고 말할 때

H Ahora me acuesto.

M ¿Ahora duermes? Todavía son las doce.

H 네가 너무 늦게 잠자리에 드는 거야.

M Bueno, me acuesto ahora.

2 파티를 즐기지 못하는 친구에게

H ¡Hoy y mañana voy a la fiesta! Me encantan las fiestas.

M Me aburro mucho en las fiestas.

H 왜 너는 파티를 즐기지 못하는 거니?

M No me gusta nada bailar.

---

1 H : 나 지금 잠자리에 들 거야.
M : 지금 잔다고? 아직 12시밖에 안 됐어.
H : Te acuestas demasiado tarde.
M : 알았어, 지금 잘게.

2 H : 나 오늘과 내일 파티에 가! 나는 파티 정말 좋아해.
M : 나는 파티에 가면 너무 지루해.
H : ¿Por qué no te diviertes en la fiesta?
M : 나 춤추는 것 전혀 좋아하지 않거든.

> **Tip**
>
> ponerse의 다양한 의미
>
> ponerse는 '입다'라는 뜻 외에도, '(화장품이나 연고를) 바르다'는 뜻으로도 쓰입니다.
>
> Yo me pongo la crema. 나는 크림을 바른다.
>
> ¿Te pones tónico después de lavarte la cara? 너는 세안 후에 스킨 바르니?
>
> Yo me pongo la pomada en la herida. 나는 상처에 연고를 바른다.
>
> Mi madre se pone la crema hidratante y la crema antiarrugas. 우리 엄마는 피부보습크림과 안티링클 크림을 바르신다.

> **단 어 장**
>
> la fiesta 파티
> pintarse (본인의 입술, 눈썹을) 칠하다, 그리다
> maquillarse 메이크업을 하다
> 동사 + demasiado 너무 (지나치게) ~하다
> aburrirse 지루해하다
> bailar 춤추다

MODELO 165

No me + 재귀동사

나는 ~하지 않아

재귀동사 표현들이 아직 남아있네요. me 앞에 no를 넣어 부정으로 만들어 주고, 뒤에 다양한 재귀동사도 함께 외워 봅시다. despertarse(잠에서 깨다)는 me despierto로, enamorarse(사랑에 빠지다)는 me enamoro로, cortarse(머리, 손톱을 자르다)는 me corto로 변화됩니다.

PASO 1

1. 나는 한번 자면 절대 깨지 않아.　No me despierto **nunca cuando duermo.**

2. 나는 아무도 사랑에 빠지지 않았어.　No me enamoro **de nadie.**

3. 나는 자주 머리를 자르지 않아.　No me corto **el pelo frecuentemente.**

4. 나는 매니큐어를 바르지 않아.　No me pinto **las uñas.**

5. 나는 비누로 손을 닦지 않아.　No me lavo **las manos con jabón.**

PASO 2

1 다음날 일찍 일어나야 할 때

H　Mañana tengo que madrugar.

M　¿Te despierto?

H　¿Tú? No, ya he puesto el despertador. 보통 나는 늦게 일어나지는 않으니까.

M　¡Vale! ¡Despiértame mañana temprano!

2 어울리는 헤어스타일을 얘기할 때

H　Parece que tu pelo es demasiado largo.

M　¿Tú crees? 나 자주 머리 안 자르니까.

H　Te queda mejor el pelo corto.

M　Vale, hoy voy al salón de belleza.

1 H : 내일 일찍 일어나야만 해.
M : 내가 너 깨워 줄까?
H : 네가? 아니, 이미 알람시계 맞춰 놨어. Normalmente no me levanto tarde.
M : 알았어! 내일 나 좀 일찍 깨워 줘!

2 H : 네 머리 너무 긴 것 같은데.
M : 그렇게 생각해? No me corto el pelo frecuentemente.
H : 너에게는 짧은 머리가 더 어울려.
M : 좋아, 오늘 미용실 갈게.

단어장

cortarse el pelo 머리를 자르다
pintarse las uñas 매니큐어를 바르다
el jabón 비누
madrugar 일찍 일어나다
poner el despertador 알람시계를 맞추다
despertar 깨우다
despartarse (잠에서) 깨다

Yo quiero + 재귀동사

나는 ~하고 싶어

재귀동사 앞에 quiero(~하고 싶어)가 오면, 뒤에 오는 재귀동사는 항상 동사원형으로 써야 합니다.
동사원형을 써준 뒤에는 바로 재귀대명사 me를 동사 뒤에 붙여 주세요.

PASO 1

1. 나는 뜨거운 물로 목욕하고 싶어.   **Yo quiero bañarme con agua caliente.**

2. 나는 잠깐 눕고 싶어.   **Yo quiero tumbarme un rato.**

3. 나는 너와 결혼하고 싶어.   **Yo quiero casarme contigo.**

4. 나는 이 외투를 벗고 싶어.   **Yo quiero quitarme este abrigo.**

5. 나는 구두를 벗고 싶어.   **Yo quiero quitarme los zapatos.**

PASO 2

1 너무 추워서 뜨거운 물로 샤워하고 싶을 때

H ¡Qué frío! Con este frío, mis manos están congeladas.

M ¡Entramos para adentro!

H Vale, 나 아주 뜨거운 물로 목욕하고 싶어.

M Antes, comemos algo.

2 발이 아파 더 이상 걸을 수 없을 때

H Tienes mala cara. ¿Qué pasa?

M Me duelen los pies. No puedo caminar más.

H A ver, llevas los zapatos de tacón alto.

M 지금 당장 구두 벗고 싶어.

---

1 H : 추워! 너무 추워서 내 손이 꽁꽁 얼어버렸어.
　 M : 우리 실내로 들어가자!
　 H : 알았어, yo quiero bañarme con agua bien caliente.
　 M : 그전에, 뭐 좀 먹자.

2 H : 안색이 안 좋아. 무슨 일이야?
　 M : 발이 아파. 더 이상 걸을 수 없어.
　 H : 어디 봐봐. 너 하이힐 신고 있었네.
　 M : Ahora mismo quiero quitarme los zapatos.

249

MODELO 167

Yo voy a + 재귀동사

나는 ~할 거야

<ir a + 동사원형>과 재귀동사를 활용해 '~를 할 거야'라는 문장을 만들어 봅시다. 앞에서 배운 재귀동사 acostarse는 '잠자리에 들다, 눕다'라는 뜻이지만, 재귀대명사 se를 뺀다면, '(~을) 눕히다'라는 표현이 된답니다. 사람이 목적어가 되는 경우 항상 전치사 a를 넣어 주는 것도 꼭 기억해 두세요.

PASO 1

1. 나는 아이들을 재울 거야.

Yo voy a acostar a los niños.

2. 나는 지금 당장 잠자리에 들 거야.

Yo voy a acostarme ahora mismo.

3. 나는 우리 할머니를 침대에서 일으켜 드릴 거야.

Yo voy a levantar de la cama a mi abuela.

4. 나는 소파에서 일어날 거야.

Yo voy a levantarme del sofá.

5. 나는 면도할 거야.

Yo voy a afeitarme.

PASO 2

1 갑자기 어지러울 때

H Desde hace un rato me mareo.

M ¿Por que no te sientas en el sofá?

H Después de terminar este trabajo, 누울 거야.

M Ahora mismo, ¡túmbate!

2 우는 아이들을 재울 때

H Los niños siguen llorando.

M Parece que tienen sueño.

H 내가 다른 방에서 애들 좀 재울게.

M Mientras, yo voy a preparar la cena.

Tip

지금 당장 & 오늘 당장

'지금 당장'이라고 말하고 싶을 때 쓰는 표현이 바로 ahora mismo입니다. '오늘 당장'이라면 hoy mismo가 됩니다.

---

1 H : 방금 전부터 어지러워.
　M : 소파에 좀 앉지 그래?
　H : 이 리포트 끝낸 다음에, voy a tumbarme.
　M : 지금 당장. 누워!

2 H : 애들이 계속 우는데.
　M : 졸린 것 같아.
　H : Yo voy a acostar a los niños en otra habitación.
　M : 그럼 그 사이에 나는 저녁 준비할게.

단어장

afeitarse 면도하다
marearse 어지럽다
el sofá 소파
llorar 울다
mientras ~하는 사이에
la cena 저녁식사

MODELO
168

¿Por qué no + 재귀동사?

왜 ~ 안 하니?

주로 부모님에게 혼나거나, 직장 상사에게 꾸지람을 들을 때 듣게 되는 표현입니다. 하지만, 부드러운 말투로 ¿Por qué no ~?라는 표현을 쓴다면, 상대방을 걱정하는 상냥한 말이 된다는 것 잊지 마세요.

PASO 1

1. 왜 안 자니?　　　　　　　**¿Por qué no te acuestas?**

2. 왜 밥 먹기 전에 손 안 씻니?　**¿Por qué no te lavas las manos antes de comer?**

3. 왜 로션 안 발라?　　　　　**¿Por qué no te pones la crema?**

4. 왜 상처 난 곳에 연고 안 발라?　**¿Por qué no te pones la pomada en la herida?**

5. 왜 산에 갈 때 등산화 안 신어?　**¿Por qué no te pones las botas cuando vas a la montaña?**

PASO 2

1 결혼에 대해서 물어볼 때

H 왜 결혼 안 해?

M Tú tampoco te casas.

H Yo estoy muy contento con mi vida de soltero.

M Yo también.

2 건조한 피부에 대해서

H Mi piel está cada vez más seca.

M 왜 로션 안 발라?

H Ya se me terminó la crema.

M ¡Compra una nueva!

1 H : ¿Por qué no te casas?
　M : 너도 안 하잖아.
　H : 나는 내 독신 생활에 엄청 만족하는걸.
　M : 나도 그래.

2 H : 내 피부는 점점 더 건조해지는 것 같아.
　M : ¿Por qué no te pones la crema?
　H : 로션이 다 떨어졌거든.
　M : 새 것 하나 사!

단어장

ponerse ~을 바르다
la crema 로션, 크림
la pomada 연고
la herida 상처
la piel 피부
seco/a 건조한

MODELO
169

no + 재귀동사

~를 안 해

재귀동사는 앞에 나오는 재귀대명사도 함께 바뀌기 때문에, 말할 때 정말 틀리기 쉽습니다. 재귀동사
가 나올 때마다 재귀대명사까지 함께 소리 내어 말해봐야 자연스럽게 나옵니다.

PASO 1

1. 그는 집에서 머리를 빗지 않아.

Él no se peina en casa.

2. 그녀는 집에 있을 때는 화장을 하지 않아.

Ella no se maquilla cuando está en casa.

3. 그들은 드라이기로 머리를 말리지 않아.

Ellos no se secan el pelo con el secador de pelo.

4. 미국 사람들은 실내에서 신발을 벗지 않아.

Los americanos no se quitan los zapatos en el interior.

5. 한국 사람들은 파티에서 드레스를 입지 않아.

Los coreanos no se ponen el vestido en la fiesta.

PASO 2

1 지나가다 친구 집을 발견했을 때

H Mira, ¿aquella no es la casa de Laura?

M Creo que sí. Vamos y llamamos a la puerta a ver si está en casa.

H No es una buena idea. 그 애는 집에 있을 때는 화장 안 하거든.

M Bueno, antes la llamamos.

2 친구의 친구가 궁금할 때

H ¿Tu amigo Carlos tiene mala vista?

M Sí, siempre lleva las gafas.

H 안경 절대 안 벗는다고?

M Nunca. ¿Por qué me preguntas eso?

---

1 H : 봐, 저기 라우라 집 아니야?
   M : 그런 것 같은데. 가서 라우라가 집에 있는지 없는지 노크해
   보자.
   H : 좋은 생각이 아닌 것 같아. Ella no se maquilla
   cuando está en casa.
   M : 좋아, 그 전에 전화해 보자.

2 H : 네 친구 까를로스 시력 나빠?
   M : 응, 항상 안경 써.
   H : ¿Él nunca se quita las gafas?
   M : 절대. 왜 그런 걸 나에게 묻는 거야?

Tip

a ver si 표현

a ver si라는 구문은 '~인지
아닌지 어디 보자'라는 뜻이에
요. 아직 일어나지 않은 일을 예
상할 때 많이 쓰는 표현이죠.

A ver si es verdad. 진실
인지 아닌지 어디 보자.

A ver si él puede. 그가
할 수 있는지 없는지 어디 보자.

A ver si ella está en
casa. 그녀가 집에 있는지
없는지 어디 보자.

단어장

peinarse 머리를 빗다, 머
리를 정리하다
el interior 실내
el vestido 드레스, 원피스
llamar a la puerta 노크
하다
tener mala vista 시력이
나쁘다
las gafas 안경
quitarse 벗다

UNIDAD 32. 현재완료형

드디어 현재형을 끝내고 이제 현재완료형을 배워 봅시다. 현재완료형은 지금 막 완료된 일이나 경험에 대해서 얘기할 때 쓸 수 있는 표현이죠. 동사 haber를 주어에 따라 he, has, ha, hemos, habéis, han으로 바꿔 주고, 그 뒤에 과거분사를 넣어 준답니다. 영어의 〈have + 과거분사〉와 동일하죠? 과거분사는 동사원형의 어미 -ar 대신 -ado 를, -er/-ir 대신 -ido를 넣어서 만듭니다. comprar – comprado, beber – bebido, vivir – vivido처럼요.

★ 불규칙 과거분사 ★

	동사원형	과거분사
말하다	decir	dicho
놓다, ~를 켜다	poner	puesto
열다	abrir	abierto
보다	ver	visto
쓰다	escribir	escrito
하다, 만들다	hacer	hecho
돌아오다	volver	vuelto
죽다	morir	muerto
깨트리다, 부수다	romper	roto

MODELO 170

Yo he + -ado형 과거분사

나는 ~했어

현재완료형은 〈haber + 과거분사〉의 형태로 만듭니다. 이번에는 -ar로 끝나는 동사들을 -ado로
바꿔 현재완료형을 만들어 봅시다. haber도 1인칭에 맞춰 he로 바뀌는 것, 기억하세요. 우리는 현
재완료형을 쓰지 않기 때문에 보통 과거형으로 해석하면 됩니다.

PASO 1

1. 나는 1시간 동안 공원을 산책했어.   Yo he paseado **una hora por el parque.**

2. 나는 3개월간 중남미를 여행했어.   Yo he viajado **tres meses por Latinoamérica.**

3. 나는 따뜻한 차를 마셨어.   Yo he tomado **un té caliente.**

4. 나는 오늘 9시간 일했어.   Yo he trabajado **nueve horas hoy.**

5. 나는 너를 위해 요리를 했어.   Yo he cocinado **para ti.**

PASO 2

1 최근에 있었던 일을 설명할 때

H ¿Últimamente dónde has estado?

M 두 달간 유럽 전역을 여행했어.

H ¿Tu trabajo?

M He dejado el trabajo.

2 커피를 많이 마셔서 잠이 안 올 때

H ¿No tienes sueño? Es muy tarde.

M Nada. 오늘 커피를 세 번이나 마셨거든.

H ¿Por qué no has tomado café sin cafeína?

M No lo sé.

1 H : 최근에 어디에 있었어?
  M : He viajado dos meses por toda Europa.
  H : 회사는?
  M : 회사 그만뒀어.

2 H : 졸리지 않아? 밤이 늦었어.
  M : 전혀. Es que hoy he tomado café tres
    veces.
  H : 카페인 없는 커피 마시지 그랬어?
  M : 몰라.

Yo he + -ido형 과거분사

나는 ~했어

이번에는 haber 뒤에 -er, -ir로 끝나는 동사의 과거분사를 넣어 현재완료형 문장을 만들어 봅시다.
-er, -ir로 끝나는 동사는 모두 -ido로 바꿔 주세요.

PASO 1

1. 나는 너무 많이 먹었어.　　　　　　Yo he comido **demasiado.**

2. 나는 사무실에 가려고 택시를 탔어.　Yo he cogido **un taxi para ir a la oficina.**

3. 나는 제시간에 도착하려고 달렸어.　Yo he corrido **para llegar a tiempo.**

4. 나는 버스를 놓쳤어.　　　　　　　Yo he perdido **el autobús.**

5. 나는 이번 달에 책을 세 권 읽었어.　Yo he leído **tres libros este mes.**

PASO 2

1 지각한 이유를 설명할 때

H　오늘 아침에 버스 때문에 한 시간 지각했어.

M　¿No ha venido el autobús?

H　Sí, pero ha llegado casi treinta minutos tarde.

M　¿Por qué no sales más temprano de casa?

2 식사할 때

H　¡Come más! Queda mucha comida.

M　Estoy llena. No puedo más.

H　¿Quieres beber agua?

M　이미 마셨어. Gracias.

1 H : Esta mañana he llegado una hora tarde
　　　por el autobús.
　　M : 버스가 안 왔어?
　　H : 왔지. 그런데 거의 30분이나 늦게 왔어.
　　M : 집에서 더 일찍 나오는 게 어때?

2 H : 좀 더 먹어! 음식 많이 남았어.
　　M : 나 엄청 배불러. 더 이상은 무리야.
　　H : 물 좀 마실래?
　　M : Ya he bebido agua. 고마워.

Tip

식사할 때 꼭 알아야 할 표현

¡Buen provecho!
맛있게 드세요!

Estoy satisfecho/a.
음식에 만족해요. 맛있게 먹었
습니다.

Estoy lleno/a.
배불러요.(초대받았을 때는 이
표현은 조금 주의하세요.)

Está riquísimo/a.
정말 맛있어요.

단어장

a tiempo 제시간에
perder 놓치다, 잃다, 지다
por ~때문에
casi 거의
temprano 일찍
ya 이미

255

MODELO
172

Yo he decidido + 동사원형

나는 ~하기로 결심했어

어떤 것을 결심했을 때 쓰는 동사가 바로 decidir(결심하다)예요. 이 동사 뒤에는 꼭 동사원형이 온다는 것, 기억해 두세요.

PASO 1

1. 나는 전공을 바꾸기로 결심했어.　　Yo he decidido **cambiar de carrera.**

2. 나는 이사하기로 결심했어.　　Yo he decidido **cambiar de casa.**

3. 나는 회사를 그만두기로 결심했어.　　Yo he decidido **dejar el trabajo.**

4. 나는 외국에서 일하기로 결심했어.　　Yo he decidido **trabajar en el extranjero.**

5. 나는 그녀와 결혼하기로 결심했어.　　Yo he decidido **casarme con ella.**

PASO 2

1 남자친구를 사귀게 된 것을 친구에게 얘기할 때

H Estos días siempre estás con Ramón.

M ¿No sabes que salgo con Ramón?

H ¿En serio? No lo sabía.

M Es muy buena persona. 그래서 걔랑 사귀기로 결심했어.

2 남미에서 직장을 찾기로 결심했을 때

H Estoy harto de buscar un empleo.

M Todo el mundo piensa lo mismo.

H 나 남미에서 일자리를 찾아보기로 결심했어.

M Pero tú no hablas bien español.

> **Tip**
>
> **todo el mundo의 뜻**
>
> todo el mundo는 직역하면, '전 세계'라는 뜻이에요. 물론 이 뜻으로도 쓰이지만, 한 가지 더 뜻이 있어요. 바로 '모든 사람들, 모두들'이라는 뜻이랍니다.

1 H : 요즘 넌 항상 라몬이랑 같이 있네.
　　M : 너 내가 라몬이랑 사귀는 것 몰랐어?
　　H : 정말이야? 몰랐는데.
　　M : 정말 좋은 사람이야. Así que yo he decidido salir con él.

2 H : 나 일자리 찾는 것에 질렸어.
　　M : 모두들 그렇게 생각해.
　　H : He decidido buscar un empleo en Sudamérica.
　　M : 근데 너 스페인어 잘 못하잖아.

> **단 어 장**
>
> la carrera 전공
> acabar de 막 ~을 했다
> estar harto/a ~에 질리다
> el empleo 일자리

MODELO
173

¿Ya has + 과거분사?

너 이미/벌써 ~했어?

'이미, 벌써'라는 뜻인 ya를 현재완료형 앞에 넣어주면, '너 이미 ~했어?'라는 표현이 됩니다. 친구와 점심을 먹으려 했는데 왠지 친구가 이미 점심을 먹은 것 같다면, ¿Ya has almorzado?(너 벌써 점심 먹었어?)라고 한번 물어봐야겠죠?

PASO 1

1. 너 이미 메일 보냈지? **¿Ya has enviado el correo electrónico?**

2. 너 벌써 집에 들어갔어? **¿Ya has vuelto a casa?**

3. 너 이미 책상 위에 서류들 놔뒀지? **¿Ya has puesto los documentos sobre la mesa?**

4. 너 벌써 리포트 작성했어? **¿Ya has hecho el trabajo?**

5. 너 이미 네 친구에게 편지 썼지? **¿Ya has escrito la carta a tu amigo?**

PASO 2

1 이메일로 사진 보낸 것을 확인할 때

H 너 나한테 이메일로 여행 사진 보냈지?

M Sí, hace un rato.

H Todavía no he recibido las fotos.

M ¡Espera unos minutos!

---

2 너무 추워서 난로를 켜야 할 때

H ¡Me muero de frío!

M No es tanto. Ahora pongo la estufa.

H 난로 켰지?

M Sí, te preparo un café caliente.

1 H : ¿Ya me has enviado las fotos de viaje por correo electrónico?
M : 응, 방금 전에.
H : 아직 사진을 못 받았어.
M : 몇 분만 더 기다려 봐!

2 H : 나 추워 죽겠어!
M : 그 정도는 아닌데, 지금 난로 켤게.
H : ¿Ya has puesto la estufa?
M : 응, 내가 따뜻한 커피 타줄게.

> **Tip**
>
> me muero de의 뜻
>
> me muero de(~해서 죽겠어)는 morirse(죽어버리다)라는 동사에서 온 표현입니다.
>
> Me muero de hambre.
> 배고파 죽겠어.
>
> Me muero de sed.
> 목말라 죽겠어.
>
> Me muero de risa.
> 웃겨 죽겠어.
>
> Me muero de sueño.
> 졸려 죽겠어.
>
> Me muero de cansancio.
> 피곤해 죽겠어.

> **단어장**
>
> el correo electrónico 이메일
> la carta 편지
> hace un rato 방금 전에
> la foto 사진
> la estufa 난로
> caliente 따뜻한

257

MODELO 174

Todavía no he + 과거분사

아직 ~ 안 했어

현재완료형의 부정은 haber 앞에 no를 붙이는 거죠. '아직' 해야 할 일을 끝내지 못했다면, 부사 todavía(아직)를 no 앞에 넣어 '아직 ~ 안 했어'라는 표현을 만들 수 있습니다. 일이나 숙제를 미루다 못했다면 이 표현이 딱 맞겠죠?

PASO 1

1. 아직 책 반납 안 했어.　　Todavía no he devuelto **los libros.**

2. 아직 컴퓨터 안 고쳤어.　Todavía no he reparado **el ordenador.**

3. 아직 아침 안 먹었어.　　Todavía no he desayunado.

4. 아직 비행기표 예약 안 했어.　Todavía no he reservado **el billete de avión.**

5. 아직 병원에 안 갔어.　　Todavía no he ido **al hospital.**

PASO 2

1 치과 치료가 필요할 때

H　Me duele el diente desde anoche.

M　¿Has ido al dentista?

H　아직 치과에 안 갔는데.

M　¡Ahora vamos!

2 버스 티켓 가격이 올랐을 때

H　Mira, ha subido el precio de billete.

M　¡Qué mala suerte! 아직 티켓 예약 안 했는데.

H　¿Entonces qué vas a hacer?

M　No hay otra manera que comprar un billete más caro.

1 H : 어젯밤부터 이가 아파.
M : 치과에는 갔어?
H : Todavía no he ido al dentista.
M : 지금 가자!

2 H : 봐, 티켓 가격이 올랐네.
M : 진짜 운 없네! Todavía no he reservado el billete.
H : 그럼 어떻게 할 거야?
M : 더 비싼 티켓을 사는 수밖에 다른 방법이 없네.

단어장

devolver 돌려 주다, 반납하다
ir a ~에 가다
el diente 치아, 이
subir 올라가다
el precio 가격
la suerte 운
la manera 방법

¿Alguna vez has + 과거분사?

~해본 적 있어?

현재완료 앞에 '언젠가 한번'이라는 의미의 alguna vez를 넣으면, 이전에 경험했던 것에 대해 얘기할 때 정말 유용하게 쓸 수 있어요. 어떤 것을 먹어 본 적 있는지, 남미에 가 본 적 있는지 등을 물을 때 alguna vez를 넣어서 말해 보세요.

PASO 1

1. 쿠바 음식 먹어본 적 있어?   **¿Alguna vez has probado la comida cubana?**

2. 요가해본 적 있어?   **¿Alguna vez has hecho yoga?**

3. 장학금 받아본 적 있어?   **¿Alguna vez has recibido la beca?**

4. 중국에 가본 적 있어?   **¿Alguna vez has estado en China?**

5. 인생에서 어떤 실패를 맛본 적 있어?   **¿Alguna vez has tenido algún fracaso en la vida?**

Tip

실패하다 & 성공하다

tener fracaso는 '실패하다'라는 뜻이에요. 반대로 '성공하다'는 tener éxito랍니다.

El nuevo disco de ese cantante ha tenido éxito. 그 가수의 새 음반은 성공을 거두었어.

PASO 2

1 혼자 여행해본 적 있는지 궁금할 때

H 너는 혼자 여행해본 적 있어?

M Por supuesto. No me gusta viajar en grupo.

H ¿Pero no te sientes sola cuando viajas sola?

M Nada.

2 스페인 음식을 먹어본 적 있는지 물을 때

H 스페인 음식 먹어본 적 있어?

M Sí, solo una vez.

H ¿Qué tal fue?

M La paella estuvo muy rica. Um, me apetece la paella.

---

1 H : ¿Alguna vez has viajado sola?
M : 물론이지. 나는 단체로 여행하는 것 싫어해.
H : 그런데 혼자 여행할 때 외롭지 않아?
H : 전혀.

2 H : ¿Alguna vez has probado la comida española?
M : 응, 딱 한 번.
H : 어땠어?
M : 빠에야 정말 맛있었어. 음, 지금 빠에야 먹고 싶다.

단어장

tener fracaso 실패하다
viajar en grupo 단체로 여행하다
probar (안 해본 것을) 해 보다, 먹어 보다, 입어 보다

259

Nunca he + 과거분사

나는 한 번도 ~해본 적이 없어

'결코 ~하지 않는다'라는 부정의 뜻을 가진 nunca를 문장 제일 앞에 써주면, no는 생략해야 합니다. 하지만 nunca가 문장의 뒤에 온다면, 문장 제일 앞에는 꼭 no가 와야 합니다.

PASO 1

1. 나는 한 번도 그와 싸워본 적이 없어.

Nunca he discutido **con él.**

2. 나는 한 번도 연예인을 실제로 본 적이 없어.

Nunca he visto a **ningún famoso en persona.**

3. 나는 한 번도 살사를 춰본 적이 없어.

Nunca he bailado **salsa.**

4. 나는 한 번도 미니스커트를 입어본 적이 없어.

Nunca me he puesto **una minifalda.**

5. 나는 한 번도 사랑에 빠져본 적이 없어.

Nunca me he enamorado.

PASO 2

1 메시를 실제로 본 것을 자랑할 때

H Te enseño un autógrafo de Messi.

M ¿En serio? Es increíble.

H Esta tarde lo he visto por la calle por casualidad.

M ¡Qué suerte! 나는 축구선수를 실제로 본 적 한 번도 없는데.

2 누군가에게 반했을 때

H Cada vez que hablo con Ana, me pongo muy nervioso.

M ¿Por qué?

H ¿No lo sabes? Yo estoy totalmente enamorado de ella.

M 난 한 번도 누군가에게 반해본 적이 없거든.

1 H : 내가 너한테 메시 사인 보여 줄게.
M : 정말? 믿을 수 없어.
H : 오늘 오후에 길에서 우연히 그를 봤거든.
M : 정말 운 좋다! No he visto a ningún futbolista en persona.

2 H : 난 아나와 얘기 할 때마다, 너무 떨려.
M : 왜?
H : 너 몰라? 나 그녀한테 완전히 반했잖아.
M : Es que nunca me he enamorado de alguien.

단어장

bailar 춤추다
la minifalda 미니스커트
enamorarse de ~에게
사랑에 빠지다
el autógrafo 자필사인
increíble 믿을 수 없는
por casualidad 우연히
ver en persona 실제로
보다

UNIDAD 33. 명령형

영어의 명령문은 주어만 빼면 되는 반면에, 스페인어의 명령문은 조금 복잡해요. 동사의 형태가 주어에 따라서 바뀌고 부정명령, 긍정명령 모두 다르기 때문입니다. 하지만, 실생활에서 가장 많이 쓰는 tú 명령을 공부하다 보면, 조금씩 명령법에 익숙해질 거예요. 간단히 살펴 볼까요?

Tú 긍정명령(~해라!):   3인칭 단수의 현재형

compro ⋯ ¡Compra! 사라!

como ⋯ ¡Come! 먹어라!

abro ⋯ ¡Abre la ventana! 창문 열어라!

Tú 부정명령(~하지 마!):   1인칭 현재형에서 어미 o를 제거하고, -ar 동사는 -es, -er이나 -ir 동사는 -as 넣어 주기

compro ⋯ ¡No compres! 사지 마!

como ⋯ ¡No comas! 먹지 마!

abro ⋯ ¡No abras la ventana! 창문을 열지 마!

¡명령법 규칙동사!

~해라!

tú 명령법의 규칙형은 3인칭 단수의 현재형을 쓰면 됩니다. '공부해!'라고 한다면, ¡Estudia!, '일 해!'라고 말하고 싶다면, ¡Trabaja!라고 말하면 됩니다.

PASO 1

1. 음식 좀 더 시켜!   **¡Pide más comida!**

2. 이 문장 크게 읽어봐!   **¡Lee esta frase en voz alta!**

3. 방 좀 치워!   **¡Limpia la habitación!**

4. 진정해!   **¡Cálmate!**

5. 조용히 해!   **¡Cállate!**

PASO 2

1 무거운 물건을 들 때

H Estas sillas son muy pesadas. 나 좀 도와줘!
M Sí, pero, ¿por qué llevas estas sillas solo?
H Los demás están ocupados.
M Pues, los dos llevamos las sillas.

2 식당에서 음식이 부족할 때

H 음식 좀 더 시켜! Creo que nos falta comida.
M Primero comemos lo que hemos pedido.
H Vale.
M Creo que sobra comida.

1 H : 이 의자들 정말 무거워. ¡Ayúdame!
M : 응, 그런데 왜 이 의자들을 혼자 옮겨?
H : 나머지 애들은 바쁘거든.
M : 그럼, 우리 둘이 의자들을 옮기자.

2 H : ¡Pide más comida! 우리 음식이 부족한 것 같은데.
M : 우리가 시킨 것 먼저 먹자.
H : 알았어.
M : 음식 남을 것 같은데.

Tip
음식을 주문할 때 유용한 표현
¿Para aquí o para llevar? 드실 건가요, 가져가실 건가요?
Para llevar. 음식 포장해 주세요.
La cuenta, por favor. 계산서 좀 주세요.
¡Oiga! 저기요!
La carta, por favor. 메뉴판 좀 갖다 주세요.(스페인)
El menú, por favor. 메뉴판 좀 갖다 주세요.(중남미)

단어장
en voz alta 큰 목소리로
↔ en voz baja 작은 목소리로
calmarse 진정하다
callarse 입을 다물다
pedir comida 음식을 주문하다
sobrar ~이 남다

MODELO 178

¡명령법 불규칙동사!

~해라!

tú 긍정명령은 거의 규칙형이지만, 불규칙 형태도 있습니다. 우선 다음에 나오는 동사들의 형태를 외워 두세요. tener ⋯ ¡Ten!(가져!), venir ⋯ ¡Ven!(와!), irse ⋯ ¡Vete!(가버려!), salir ⋯ ¡Sal!(나가!), ponerse ⋯ ¡Ponte!(발라!, 입어라!)

PASO 1

1. 인내심을 가져!　　　　¡Ten paciencia!

2. 우리집에 와!　　　　¡Ven a mi casa!

3. 집에 가!　　　　¡Vete a casa!

4. 집에서 나가!　　　　¡Sal de casa!

5. 로션을 발라!　　　　¡Ponte la crema!

PASO 2

1 스페인의 뜨거운 햇빛에 대비하는 법

H Hoy es un día muy caluroso.

M He traído una crema protectora. 선크림 발라!

H Gracias. Eres muy detallista.

M ¡Hay que tener mucho cuidado con el sol en España!

2 용건이 있어 부를 때

H ¿Dónde estás? 이리로 와봐!

M ¿Por qué me llamas?

H Mi ordenador no funciona.

M Yo no tengo la culpa.

---

1 H : 오늘 정말 무더운 날이네.
　M : 내가 선크림 가져왔어. ¡Ponte la crema protectora!
　H : 고마워. 넌 정말 세심해.
　M : 스페인에서는 햇빛을 정말 조심해야 해!

2 H : 너 지금 어디 있어? ¡Ven aquí!
　M : 왜 불러?
　H : 내 컴퓨터가 작동하지 않는데.
　M : 난 잘못 없어.

단어장

la paciencia 인내심
caluroso/a 무더운
la crema protectora (solar) 선크림
el/la detallista 세심한 사람, 다른 사람을 잘 챙기는 사람
tener cuidado con ~에 조심하다

263

¡Déjame ~!

내가 ~하도록 내버려 둬!

'~를 하게끔 놓아두다'라는 의미를 가진 동사가 바로 dejar예요. 명령법으로 만들기 위해서는 3인칭 단수 현재형(deja)에 me를 붙여주어, ¡Déjame!(나 좀 내버려 둬!)라는 명령문이 만들어집니다. 속상한 일이 있어서 혼자 있고 싶을 때, 방해받지 않고 집중하고 싶을 때 많이 쓰는 표현이겠죠?

PASO 1

1. 나 좀 가만히 내버려 둬!	¡Déjame **en paz**!
2. 나 좀 울게 내버려 둬!	¡Déjame **llorar**!
3. 나 좀 혼자 있게 내버려 둬!	¡Déjame **estar solo/a**!
4. 나 좀 들어 갈 수 있게 해 줘!	¡Déjame **entrar**!
5. 나 좀 일하게 내버려 둬!	¡Déjame **trabajar**!

PASO 2

1 일을 방해하지 않도록 부탁할 때

H ¿Me escuchas? Es una cosa muy importante.

M ¿Ahora no ves que tengo trabajo acumulado?

H Pero...

M 나 좀 일하게 내버려 둬, 부탁해.

2 서로 좋아하는 프로그램을 보려고 할 때

H ¿Ves la serie? Quiero ver el partido del Real Madrid.

M Ahora no.

H ¿Por qué siempre ves solo lo que quieres? Yo también quiero ver el partido.

M 나 드라마 좀 보게 내버려 둬! Es el último capítulo.

Tip

TV 프로그램 관련 표현

la telenovela 연속극
la serie 시리즈물, 드라마
los dibujos animados
애니메이션
el documental 다큐멘터리
la noticia 뉴스
el concurso 퀴즈 프로그램
la repetición 재방송
en directo 생방송으로

---

1 H : 내 말 듣고 있는 거야? 정말 중요한 거란 말이야.
　　M : 지금 일이 쌓여 있는 것 안 보이니?
　　H : 그래도…
　　M : Dejame trabajar, por favor.

2 H : 너 드라마 보니? 나 레알 마드리드 경기 보고 싶어.
　　M : 지금은 안 돼.
　　H : 왜 항상 네가 원하는 것만 보니? 나도 경기가 보고 싶다고.
　　M : ¡Dejame ver la serie! 마지막 편이란 말이야.

단어장

la paz 평화
entrar 들어가다
acumulado 쌓인
el partido 경기, 시합

MODELO
180

¡Haz ~!

~해!

hacer(~하다) 동사의 명령형은 불규칙입니다. '~를 해!'라고 말할 땐 **¡Haz ~!**가, 반대로 '~를 하지 마!'라고 말할 땐 **¡No hagas ~!**가 된답니다. 잘 기억해 두세요.

PASO 1

1. 숙제 해!   **¡Haz la tarea!**

2. 저녁식사 준비해!   **¡Haz la cena!**

3. 운동해!   **¡Haz ejercicio!**

4. 네가 원하는 것을 해!   **¡Haz lo que quieras!**

5. 네가 좋아하는 것을 해!   **¡Haz lo que te guste!**

PASO 2

1 게임을 하려는 아들에게

H ¿Mamá, puedo hacer videojuegos?

M Sí, pero después de terminar la tarea.

H Primero quiero hacer videojuegos.

M 지금 당장 숙제 해!

2 인생에 대한 충고를 할 때

H ¿Te arrepientes de algo en la vida?

M De mucho. 네가 정말 하고 싶은 것을 해!

H El problema es que no sé realmente lo que quiero.

M Es una cuestión difícil.

1 H : 엄마, 게임해도 돼요?
  M : 응, 그런데 숙제 끝내고.
  H : 게임 먼저 하고 싶어요.
  M : ¡Haz la tarea ahora mismo!

2 H : 너는 인생에서 뭔가 후회해 본 적 있어?
  M : 많지. ¡Tú haz lo que quieras hacer!
  H : 문제는 말이야 내가 진정으로 원하는 것이 무엇인지 모르겠다는 거야.
  M : 어려운 문제지.

단 어 장

hacer la cena 저녁식사를 준비하다
hacer videojuegos 게임을 하다
arrepentirse(tú te arrepientes) ~을 후회하다
realmente 진정으로

MODELO 181

¡Dime por qué ~!

왜 ~한지 나에게 말해봐!

실생활에서 가장 많이 쓰이는 명령형 베스트 3위에 들어가는 표현은 바로 ¡Dime!(나에게 말해줘!) 일 겁니다. 그만큼 자주 쓰인다는 거죠. '왜 ~한지 나에게 말해줘!'라고 말하고 싶다면, dime 뒤에 por qué ~를 붙여서 말해 보세요.

PASO 1

1. 왜 그렇게 화났는지 나에게 말해봐!

   ¡Dime por qué **estás enojado/a conmigo!**

2. 왜 사실을 얘기 안 하는 건지 나에게 말해봐!

   ¡Dime por qué **no me dices la verdad!**

3. 왜 나를 보러 오지 않는 건지 말해봐!

   ¡Dime por qué **no vienes a verme!**

4. 왜 그렇게 슬픈지 나에게 말해봐!

   ¡Dime por qué **estás triste!**

5. 왜 그렇게 기분이 안 좋은지 나에게 말해봐!

   ¡Dime por qué **estás de mal humor!**

PASO 2

1 3일간 말하지 않는 친구에게 이유를 물어볼 때

H Hace tres días que no me hablas nada. ¿Qué te pasa?

M Nada.

H 왜 화났는지 나한테 말해봐!

M No estoy enojada contigo.

2 걱정 있어 보이는 친구에게 이유를 물어볼 때

H 너 왜 그렇게 걱정하고 있는지 나한테 말해봐!

M Perdón. Ahora no puedo decirtelo.

H Últimamente tienes algo que me escondes.

M No tengo eso.

---

1 H : 3일째 너 나한테 아무 말도 안 하잖아. 무슨 일이야?
　 M : 아무것도 아니야.
　 H : ¡Dime por qué estás enojada conmigo!
　 M : 나 너한테 화 안 났어.

2 H : ¡Dime por qué estás tan preocupada!
　 M : 미안, 지금은 너에게 얘기할 수 없어.
　 H : 너 최근에 뭔가 숨기는 것이 있어.
　 M : 그런 것 없어.

단어장

estar enojado/a con
~에게 화가 나다
la verdad 진실
venir a + 동사 ~하러 오다
estar preocupado/a
걱정하다
esconder 숨기다

MODELO
182

¡Dime + 의문사!

~인지 말해줘!

앞에서 배운 ¡Dime! 다음에 여러 가지 의문사를 넣어서 명령법을 만들어 봅시다. 의문사 quién을 넣으면 '누가 ~인지 말해봐!'가 되고, dónde를 넣으면 '어디 ~인지 말해봐!'가 되는 거죠.

PASO 1

1. 네가 누구인지 말해줘!　　　　　¡Dime quién **eres**!

2. 어떤 것을 고를지 말해줘!　　　　¡Dime cuál **quieres elegir**!

3. 네 전화번호 알려줘!　　　　　　¡Dime cuál **es tu número de teléfono**!

4. 네가 어디 사는지 알려줘!　　　　¡Dime dónde **vives**!

5. 누구와 파티에 가고 싶은지 말해줘!　¡Dime con quién **quieres ir a la fiesta**!

PASO 2

1 누군가의 이름을 알고 싶을 때

H　¿Quién es esa chica de pelo castaño?

M　Es mi amiga de la universidad.

H　그 애 이름 좀 알려줘!

M　Ella es Julia. Pero está casada.

---

2 프로젝트 팀을 바꾸고 싶을 때

H　Tu equipo de proyecto tiene cinco personas.

M　¿Yo puedo cambiar de equipo?

H　누구와 프로젝트에서 일하고 싶은지 나한테 얘기해봐!

M　Todos los equipos excepto este.

---

1 H : 저 갈색 머리 여자애 누구니?
　　M : 내 대학 친구야.
　　H : ¡Dime cuál es su nombre!
　　M : 훌리아야. 그런데 결혼했어.

2 H : 네 프로젝트 팀은 멤버가 5명이네.
　　M : 팀 좀 바꿀 수 있을까요?
　　H : ¡Dime con quién quieres trabajar en el proyecto!
　　M : 이 팀만 빼고요.

Tip

excepto는 '~만 빼고'라는 뜻

Todos van de viaje excepto tú. 너만 빼고 모두들 여행 간다.

Toda mi familia es alta excepto yo. 나만 빼고 우리 가족 모두 키가 크다.

단어장

elegir 고르다, 선택하다
el número 번호
el pelo castaño 갈색머리
el nombre 이름
cambiar 바꾸다
el equipo 팀
excepto ~를 제외하고, ~만 빼고

¡Enséñame + 의문사!

~인지 알려줘!

'~을 가르치다'라는 뜻의 동사 enseñar는 '~을 알려 주다, ~를 보여 주다, ~안내해 주다'의 의미로도 많이 쓰입니다. '스페인어 좀 가르쳐 줘!'는 ¡Enséñame español!가, '네 사진 좀 보여줘!'는 ¡Enséñame tu foto!가 되는 거죠. 이제 enséñame 뒤에 의문사를 붙여 다양한 표현을 해 볼까요?

PASO 1

1. 너를 어떻게 잊어야 할지 알려줘! | ¡Enséñame cómo **te olvido!**

2. 너 없이 어떻게 살아야 할지 알려줘! | ¡Enséñame cómo **puedo vivir sin ti!**

3. 너의 가족이 어떤지 알려줘! | ¡Enséñame cómo **es tu familia!**

4. 네가 어디에 사는지 알려줘! | ¡Enséñame dónde **vives!**

5. 네 생일에 무슨 선물을 받고 싶은지 알려줘! | ¡Enséñame qué **regalo quieres recibir en tu cumpleaños!**

PASO 2

1 친구의 생일이 언제인지 알고 싶을 때

H Oye, 네 생일 언제인지 알려줘!

M Mi cumpleaños es el tres de febrero.

H Queda poco.

M ¿Qué regalo vas a darme?

2 사과 주스 만드는 법을 설명해달라고 할 때

H Hoy mi padre me ha enviado un montón de manzanas.

M ¡Qué bien! ¡Haz zumo de manzana!

H 사과 주스 어떻게 만드는지 알려줘!

M Mañana te lo explico detalladamente.

1 H : 야, ¡enséñame cuándo es tu cumpleaños!
M : 내 생일은 2월 3일이야.
H : 얼마 안 남았네.
M : 무슨 선물 줄 건데?

2 H : 오늘 우리 아버지가 사과를 정말 많이 보내 주셨어.
M : 잘됐다! 사과 주스 만들어!
H : ¡Enséñame cómo hacer zumo de manzana!
M : 내일 너에게 자세하게 설명해 줄게.

Tip

Canción de cumpleaños
생일 축하 노래 가사

정말 쉽게 부를 수 있습니다. 익혀뒀다 친구 생일에 불러보세요.

Cumpleaños feliz
cumpleaños feliz
te deseamos (이름)
cumpleaños feliz

단어장

el regalo 선물
el cumpleaños 생일
la manzana 사과
el zumo 주스
detalladamente 상세하게, 자세하게

¡No + 동사의 부정명령형!

~하지 마!

tú 부정명령은 1인칭 현재형 동사에서 어미 o를 제거한 후, -ar 동사는 -es를, -er, -ir 동사는 -as를 넣어 줍니다. 예를 들어, 동사 tomar(마시다)는 -ar를 빼고, -es를 넣어서 ¡No tomes café!(너 커피 마시지 마!)처럼 만들 수 있죠. 하지만 irse(가버리다)는 부정명령형이 완전 불규칙이어서 ¡No te vayas!처럼 변화된다는 것을 기억해 두세요.

PASO 1

1. 가지 마! ¡No te vayas!
2. 화내지 마! ¡No te enojes!
3. 후회하지 마! ¡No te arrepientas!
4. 긴장하지 마! ¡No te pongas **nervioso/a!**
5. 내일로 미루지 마! ¡No dejes **para mañana!**

PASO 2

1 구두쇠 친구에게 한마디할 때

H Tengo pereza de poner la mesa para comer.
M Entonces, ¿comemos fuera?
H Pues, invítame que no tengo dinero.
M 너 그렇게 구두쇠처럼 굴지 마!

2 화를 내며 싸울 때

H ¿Cómo puedes hacer eso? ¿estás loca?
M ¡No te enojes!
H ¡Dime todo! ¡no digas mentiras!
M 나한테 소리 지르지 마! Te lo diré todo.

1 H : 상 차리기 너무 귀찮아.
M : 그럼, 우리 외식할까?
H : 나 돈이 없으니까 네가 나 사줘.
M : ¡No seas tan tacaño!

2 H : 너 어떻게 그런 일을 할 수 있어? 미쳤니?
M : 화내지 마!
H : 나에게 다 얘기해! 거짓말하지 말고!
M : ¡No me grites! 모두 다 말할게.

단어장

enojarse 화내다
arrepentirse 후회하다
ponerse ~하게 되다
dejar 놔두다, 미루다
dejar ~ para mañana ~을 내일로 미루다
la pereza 귀찮음
la mentira 거짓말
decir(yo digo) 말하다
poner la mesa 상을 차리다

¡No + 동사의 부정명령형 + demasiado!

너무 ~하지 마!

'너무, 과도하게'라는 의미의 부사 demasiado를 동사 뒤에 넣어서, 상대방이 어떤 것을 너무 심하게 할 때, '너무 ~하지 마!'의 느낌으로 써 보세요.

PASO 1

1. 너무 먹지 마! ¡No comas demasiado!

2. 소금 너무 많이 넣지 마! ¡No eches demasiada **sal**!

3. 너무 많이 마시지 마! ¡No bebas demasiado!

4. 너무 많이 자지 마! ¡No duermas demasiado!

5. 너무 많이 게임하지 마! ¡No hagas demasiado **videojuegos**!

PASO 2

1 하루 종일 TV를 보는 친구에게

H Me encuentro muy a gusto en el sofá.

M Todo el día estás en el sofá viendo la tele.

H Me gusta ver la tele en el fin de semana.

M TV 너무 많이 보지 마!

---

2 음식이 싱거울 때

H Yo he hecho una sopa para ti.

M Me alegro. A ver...

H ¿Qué tal está la sopa? Me parece que hace falta sal.

M Creo que sí. Pero, 소금 너무 많이 넣진 마!

---

1 H : 소파에 있는 건 정말 포근해.
   M : 넌 하루 종일 소파에서 뒹굴며 TV 보고 있네.
   H : 난 주말에 TV 보는 게 너무 좋아.
   M : ¡No veas demasiado la tele!

2 H : 내가 널 위해서 수프 끓였어.
   M : 기쁘다. 어디 봐봐…
   H : 수프 좀 어떤 것 같아? 소금이 부족한 것 같은데.
   M : 그런 것 같아. 그렇다고, ¡no eches demasiada sal!

MODELO 186

¡No tengas miedo ~!

~를 두려워하지 마!, ~를 무서워하지 마!

miedo는 '무서움, 두려움'이라는 명사입니다. tener 동사 뒤에 써서, Tengo miedo.(나 무서워.) 라고 많이 하지요. '~을 무서워하지 마!'라고 쓸 때는 tener의 부정명령 No tengas ~로 바꿔 주면 되겠죠?

PASO 1

1. 어두운 것을 두려워하지 마!
   ¡No tengas miedo **a la oscuridad!**

2. 개를 무서워하지 마!
   ¡No tengas miedo **a los perros!**

3. 벌레를 무서워하지 마!
   ¡No tengas miedo **a los insectos!**

4. 새로운 것을 시도하는 걸 두려워하지 마!
   ¡No tengas miedo **a intentar lo nuevo!**

5. 다시 시작하는 것을 두려워하지 마!
   ¡No tengas miedo **a comenzar de nuevo!**

PASO 2

1 개를 무서워하는 친구에게

H ¡No, no! Tu perro se me acerca.

M 내 개를 무서워하지 마!

H Yo odio a los perros.

M En cambio, te gustan mucho los gatos.

2 새로 시작하는 것을 두려워하는 친구에게

H Últimamente tengo miedo a todo.

M Desde que perdiste el trabajo, creo que estás cambiado.

H Yo no sé si tengo depresión, tengo miedo a buscar un nuevo empleo.

M 다시 시작하는 것을 두려워하지 마!

---

1 H : 안 돼, 안 돼! 네 개가 나한테 가까이 와.
M : ¡No tengas miedo a mi perro!
H : 난 개를 정말 싫어해.
M : 반대로, 너 고양이는 정말 좋아하잖아.

2 H : 최근에 나는 모든 것이 두려워.
M : 직장을 잃은 뒤부터, 네가 변한 것 같아.
H : 내가 우울증인지 아닌지는 모르겠지만, 새 일자리를 찾는 것이 두려워.
M : ¡No tengas miedo a comenzar de nuevo!

Tip

싫어하는 것 표현하기

odiar는 '미워하다, 증오하다' 로 어감이 조금 강해요. 경멸 하는 의미랍니다. 그래서 가볍 게 '~를 싫어해'라고 말하고 싶을 때는 No me gusta ~ 로 표현하는 것이 좋습니다.

단어장

la oscuridad 어두움
el insecto 곤충, 벌레
intentar 시도하다
de nuevo 다시
acercarse 가까이 가다, 접근하다
depresión 우울, 우울증

271

MODELO 187

¡No intentes ~!

~하려고 하지 마!

'~을 시도하다'라는 뜻의 intentar 동사예요. 부정명령형인 intentes로 바꿔 주고, 뒤에 동사원형을 써주면 '너 ~하려고 하지 마!'라는 아주 유용한 표현이 됩니다.

PASO 1

1. 나를 설득하려고 하지 마!　　¡No intentes **convencerme**!

2. 나를 바꾸려고 하지 마!　　　¡No intentes **cambiarme**!

3. 나를 이해하려고 하지 마!　　¡No intentes **comprenderme**!

4. 과거로 돌아가려고 하지 마!　¡No intentes **volver atrás**!

5. 상황을 피하려고 하지 마!　　¡No intentes **evitar la situación**!

PASO 2

1 먹는 걸로 스트레스를 푸는 친구에게 운동을 권할 때

H　Cuándo estás estresada, comes demasiado.

M　Es que no hay otra manera para quitar el estrés.

H　En vez de comer, haz ejercicio.

M　날 바꾸려고 하지 마, 나는 나니까.

2 직장을 그만두려는 친구를 말릴 때

H　Yo tengo un plan. Yo voy a montar un negocio.

M　¿Tú vas a dejar el trabajo? ¡no dejes el trabajo!

H　날 설득하려고 하지 마! Ya he decidido.

M　¡Piensa más!

1 H : 너 스트레스 받았을 때, 너무 많이 먹어.
　　M : 스트레스를 풀 다른 방법이 없는 걸.
　　H : 먹는 것 대신에 운동을 해.
　　M : No intentes cambiarme porque así soy yo.

2 H : 나 계획이 하나 있어. 사업 시작할 거야.
　　M : 회사는 그만둘 거야? 회사 그만두지 마!
　　H : ¡No intentes convencerme! 이미 결정했어.
　　M : 더 생각해 봐!

Tip

en vez de는 '~하는 대신에'

En vez de ir a la biblioteca, yo voy a estudiar en casa. 도서관에 가는 대신에, 나는 집에서 공부할 거야.

En vez de comprar estos zapatos, ¡tú compra unas botas! 이 구두를 사는 대신에, 네 부츠를 사!

단어장

convencer 설득하다
evitar 피하다
estar estresado/a
스트레스가 쌓이다
quitar el estrés
스트레스를 풀다
en vez de ~하는 대신에
montar un negocio
사업을 시작하다

MODELO 188

¡No te preocupes ~!

~ 걱정하지 마!

'걱정하다'라는 뜻을 가진 동사의 부정명령형 preocupes를 활용해 '~ 걱정하지 마'라는 패턴을 배워 봅시다. 고민이 있거나 힘든 일을 겪고 있는 친구에게 따스한 말 한 마디 ¡No te preocupes!(걱정 하지 마!)를 건네 볼까요?

PASO 1

1. 너무 걱정하지 마!   ¡No te preocupes **tanto**!

2. 나에 대해서 걱정하지 마!   ¡No te preocupes **por mí**!

3. 미래에 대해서 걱정하지 마!   ¡No te preocupes **por el futuro**!

4. 직장에 대해서 걱정하지 마!   ¡No te preocupes **por el trabajo**!

5. 가족에 대해서 걱정하지 마!   ¡No te preocupes **por la familia**!

PASO 2

1 친구가 걱정스러울 때

H Estos días, ¿comes y duermes bien?

M Sí. 나에 대해서 너무 걱정하지 마! Yo estoy muy bien.

H Si tienes algún problema, me lo dices.

M Vale, gracias.

2 과거를 후회하는 친구를 위로할 때

H Si yo lo hubiera hecho en el pasado...

M No mires atrás. Pues el pasado no lo puedes cambiar.

H Pero...

M 걱정하지 마! ¿Por qué no disfrutas del presente?

---

1 H : 요즘, 너 잘 먹고 잘 자고 있는 거지?
　　M : 응. ¡No te preocupes tanto por mí! 나 정말 잘 지내.
　　H : 만약 무슨 문제가 있으면, 나에게 얘기해.
　　M : 알겠어. 고마워.

2 H : 만약에 내가 과거에 그것을 했더라면…
　　M : 과거를 돌아보지 마. 과거를 바꿀 수는 없는 거잖아.
　　H : 그래도…
　　M : ¡No te preocupes! 현재를 즐기는 게 어때?

단어장

si 만약에
el problema 문제
si yo lo hubiera hecho
만약 내가 그것을 했다면
el pasado 과거
el presente 현재
disfrutar de ~을 즐기다

UNIDAD 34. 과거형

드디어 과거형입니다. 스페인어의 과거형은 동사 변화가 상당히 복잡합니다. 불규칙도 많고요. 하지만, 하나씩 하나씩 문장을 통해 반복해서 익히다 보면 어느 순간 저절로 입에서 불쑥 튀어나오는 경험을 하게 될 겁니다. 일단 간단하게 과거형 동사 변화를 알아보죠.

★ -ar 동사: comprar(~를 사다) 동사 변화 ★

나	yo	compré
너	tú	compraste
그, 그녀, 당신	él, ella, usted	compró
우리들	nosotros, as	compramos
너희들	vosotros, as	comprasteis
그들, 그녀들, 당신들	ellos, ellas, ustedes	compraron

★ -er 동사: beber(~를 마시다) 동사 변화 ★

나	yo	bebí
너	tú	bebiste
그, 그녀, 당신	él, ella, usted	bebió
우리들	nosotros, as	bebimos
너희들	vosotros, as	bebisteis
그들, 그녀들, 당신들	ellos, ellas, ustedes	bebieron

★ -ir 동사: abrir(~를 열다) 동사 변화 ★

나	yo	abrí
너	tú	abriste
그, 그녀, 당신	él, ella, usted	abrió
우리들	nosotros, as	abrimos
너희들	vosotros, as	abristeis
그들, 그녀들, 당신들	ellos, ellas, ustedes	abrieron

Yo + -ar 동사 과거형

나는 ~했어

-ar 동사는 어미 -ar을 빼고, 인칭에 따라 -é, -aste, -ó, -amos, -asteis, -aron을 넣어 주면 바로 과거형이 된답니다. hablar(말하다) 동사가 hablé, hablaste, habló, hablamos, hablasteis, hablaron으로 바뀌는 거죠. 복잡하니 꼭 소리 내어 읽어보는 것 잊지 마세요.

PASO 1

1. 나는 어제 아침에 엄마와 얘기했어. **Yo hablé con mi madre ayer por la mañana.**

2. 나는 어젯밤 2시간 춤을 췄어. **Yo bailé dos horas anoche.**

3. 나는 그저께 그 CD를 10번 들었어. **Yo escuché ese CD diez veces anteayer.**

4. 나는 손빨래했어. **Yo lavé la ropa a mano.**

5. 나는 쉬지 않고 12시간을 일했어. **Yo trabajé 12 horas sin descansar.**

Tip

과거 시간 표현

hace un mes 한달 전
hace una semana
일주일 전
hace tres días 3일 전
anteayer 그저께
ayer 어제
ayer por la mañana
어제 아침(오전)
ayer por la tarde
어제 오후
anoche 어젯밤

PASO 2

1 어제 쇼핑에서 산 물건에 대해 얘기할 때

H ¡Hoy vamos de compras!

M No puedo. 어제 정말 많이 샀거든.

H ¿Qué compraste?

M Dos pantalones, una camiseta y una falda.

2 새로운 헤어스타일에 관해 얘기할 때

H ¿Te cambiaste el peinado?

M Sí, 헤어스타일 바꿨어. ¿Qué tal?

H Te queda muy bien el peinado.

M Gracias.

1 H : 오늘 우리 쇼핑 가자!
　M : 나 못 가. Ayer compré un montón de cosas.
　H : 뭐 샀는데?
　M : 바지 2개, 티셔츠 1개 그리고 치마 1개.

2 H : 너 헤어스타일 바꿨어?
　M : 응, me cambié el peinado ayer. 어때?
　H : 너에게 정말 잘 어울린다.
　M : 고마워.

단어장

anteayer 그저께
lavar la ropa 빨래를 하다
a mano 손으로
ir de compras 쇼핑을 가다
los pantalones 바지
la camiseta 티셔츠
la falda 치마
cambiarse 바꾸다
el peinado 헤어스타일

276

MODELO 190

Yo + -er 동사 과거형

나는 ~했어

이번에는 -er 동사를 과거형으로 바꿔 봅시다. 동사의 어미 -er을 빼고, 인칭에 따라 -í, -iste, -ió, -imos, -isteis, -ieron을 넣어 주세요. beber(마시다)가 bebí, bebiste, bebió, bebimos, bebisteis, bebieron으로 바뀌는 거죠.

PASO 1

1. 나는 이틀 전에 영화 한 편을 봤어.　**Yo vi una película hace dos días.**

2. 나는 도서관에서 책을 읽었어.　**Yo leí un libro en la biblioteca.**

3. 나는 오렌지 주스를 마셨어.　**Yo bebí zumo de naranja.**

4. 나는 어젯밤 집에 늦게 들어갔어.　**Yo volví a casa muy tarde anoche.**

5. 나는 불을 켰어.　**Yo encendí la luz.**

Tip

-er 동사 단순 과거형 변화

ver(보다): vi, viste, vio, vimos, visteis, vieron

leer(읽다): leí, leíste, leyó, leímos, leísteis, leyeron

volver(돌아가다): volví, volviste, volvió, volvimos, volvisteis, volvieron

encender(켜다): encendí, encendiste, encendió, encendimos, encendisteis, encendieron

PASO 2

1 친구에게 초콜릿을 갖다줄 때

H　¿Tú comiste algo?

M　No, 아무것도 안 먹었는데. ¿Por qué?

H　Yo traje una caja de chocolate. ¿Quieres?

M　Gracias, ahora tengo hambre.

2 어제 영화를 봤는지 물어볼 때

H　¿Qué película viste anoche?

M　영화 안 봤는데. Es que las entradas ya estaban agotadas.

H　Entonces, ¿qué hiciste?

M　Yo quedé con mis amigos.

1 H : 너 뭐 좀 먹었어?
　　M : 아니, no comí nada. 왜?
　　H : 내가 초콜릿 한 상자 가져 왔는데. 먹을래?
　　M : 고마워. 지금 배고프거든.

2 H : 어젯밤 무슨 영화 봤어?
　　M : No vi ninguna película. 영화표가 이미 매진됐더라고.
　　H : 그럼, 너 뭐했는데?
　　M : 친구들과 만났어.

단어 장

la luz 빛, 형광등
la caja 상자, (가게) 계산대
es que ~해서
agotado/a 매진된, 다 떨어진
quedar con ~와 만나다, ~와 어울리다

Yo + -ir 동사 과거형

나는 ~했어

-ir 동사는 -er 동사와 마찬가지로 과거형을 만들 때, 동사의 어미 -ir을 빼고 인칭에 따라 -í, -iste, -ió, -imos, -isteis, -ieron을 넣어 줍니다. escribir(쓰다) 동사는 escribí, escribiste, escribió, escribimos, escribisteis, escribieron으로 바뀌겠죠?

PASO 1

1. 나는 더워서 창문을 열었어.

Yo abrí la ventana por el calor.

2. 나는 미국에서 2년 살았어.

Yo viví dos años en los Estados Unidos.

3. 나는 8시간을 잤어.

Yo dormí ocho horas ayer.

4. 나는 친구에게 편지를 두 통 썼어.

Yo escribí dos cartas a mi amigo.

5. 나는 아이들에게 케이크 한 개를 나눠 주었어.

Yo repartí un pastel a los niños.

Tip

-ir 동사 단순 과거형 변화

abrir(열다): abrí, abriste, abrió, abrimos, abristeis, abrieron

vivir(살다): viví, viviste, vivió, vivimos, vivisteis, vivieron

dormir(자다): dormí, dormiste, durmió, dormimos, dormisteis, durmieron

repartir(나눠 주다): repartí, repartiste, repartió, repartimos, repartisteis, repartieron

PASO 2

1 영국에서 온 친구에게 영어를 고쳐달라고 할 때

H Mi amigo dice que tú viviste en Inglaterra. ¿Cuántos años viviste?

M 나는 런던에서 10년 살았어.

H ¡Qué bien! Si puedes, ¿puedes corregir esta redacción?

M Sí, no hay problema.

2 방에서 담배 냄새가 날 때

H ¿Quién abrió la ventana?

M 내가 창문을 열었어. Es que olía a tabaco en la habitación.

H Pero ahora no huele a nada.

M Todavía huele a tabaco.

1 H : 내 친구가 너 영국에서 살았다고 말하던데. 몇 년 살았어?
M : Yo viví diez años en Londres.
H : 잘됐네! 만약 가능하면, 이 작문 좀 고쳐 줄래?
M : 응, 문제없어.

2 H : 누가 창문을 열었어?
M : Yo abrí la ventana. 방에서 담배 냄새가 나서.
H : 그런데 지금은 아무 냄새도 안 나는데.
M : 아직 담배 냄새 난다니까.

단어장

la ventana 창문
los Estados Unidos 미국
la carta 편지
repartir 나눠주다
el pastel 케이크
Inglaterra 영국
corregir 교정하다, 수정하다
la redacción 작문
oler(3인칭 huele) 냄새가 나다

Yo + 불규칙동사 과거형

나는 ~했어

MODELO 192

스페인어의 과거형이 어려운 것은 동사의 불규칙 변화가 복잡해서입니다. 변화형을 반복해 소리 내서 읽다 보면, 어느새 익숙해져 외워지니 너무 걱정하지 마세요.

PASO 1

1. 나는 여행을 위해서 짐을 쌌어.

   Yo hice **la maleta para el viaje.**

2. 나는 모든 진실을 얘기했어.

   Yo dije **toda la verdad.**

3. 나는 친구에게 선물을 줬어.

   Yo di **un regalo a mi amigo.**

4. 나는 여기에 스페인어 강좌를 들으려고 왔어.

   Yo vine **aquí a hacer un curso de español.**

5. 나는 어제 정장을 입었어.

   Yo me puse **el traje ayer.**

PASO 2

1 어제 무엇을 했는지 얘기할 때

H ¿Qué hiciste ayer? No estuviste en casa, ¿verdad?

M ¿Tú viniste a mi casa? ¿a qué hora?

H Yo fui a las siete de la tarde.

M 그 시간에 체육관에서 운동했어.

2 왜 도서관에 갔는지 얘기할 때

H ¿Dónde estuviste ayer todo el día?

M 도서관에 있었어.

H Normalmente no te vas a la biblioteca, ¿no?

M Sí, yo tuve que leer un libro por el trabajo.

1 H : 어제 뭐했어? 집에 없었지, 그렇지?
   M : 우리집에 왔었어? 몇 시에?
   H : 저녁 7시에 갔었어.
   M : A esa hora yo hice ejercicio en el gimnasio.

2 H : 어제 하루 종일 어디에 있었니?
   M : Yo estuve en la biblioteca.
   H : 보통 너 도서관에 안 가잖아, 안 그래?
   M : 가, 나 리포트 때문에 책 한 권을 읽어야 했거든.

Tip

불규칙동사 단순 과거형 변화

hacer(하다): hice, hisiste, hizo, hicimos, hicisteis, hicieron

decir(말하다): dije, dijiste, dijo, dijimos, dijisteis, dijeron

dar(주다): di, diste, dio, dimos, disteis, dieron

venir(오다): vine viniste vino vinimos vinisteis vinieron

poner(놓다, 켜다): puse, pusiste, puso, pusimos, pusisteis, pusieron

tener(가지다): tuve, tuviste, tuvo, tuvimos, tuvisteis, tuvieron

ir(가다): fui, fuiste, fue, fuimos, fuisteis, fueron

estar(있다): estuve, estuviste, estuvo, estuvimos, estuvisteis, estuvieron

querer(원하다): quise, quisiste, quiso, quisimos, quisisteis, quisieron

poder(할 수 있다): pude, pudiste, pudo, pudimos, pudisteis, pudieron

---

단 어 장

hacer la maleta 짐을 싸다
el regalo 선물
el traje 정장
el trabajo 리포트, 과제

MODELO 193

Yo fui a + 장소

나는 ~에 갔어

며칠 동안 만나지 못한 친구에게 '너 어디 갔었어?'라고 물을 때 쓰는 표현이 바로 ¿A dónde fuiste?입니다. ir(가다) 동사의 과거형은 fui, fuiste, fue, fuimos, fuisteis, fueron으로 바뀌는 것, 잊지 않으셨죠?

PASO 1

1. 나는 친구들과 만나려고 시내에 나갔어.

Yo fui al centro **para quedar con mis amigos.**

2. 나는 전시회를 보려고 미술관에 갔어.

Yo fui al museo **para ver una exposición.**

3. 나는 조깅하려고 공원에 갔어.

Yo fui al parque **para correr.**

4. 나는 책을 빌리려고 도서관에 갔어.

Yo fui a la biblioteca **para pedir prestado un libro.**

5. 나는 핸드폰을 수리하려고 서비스 센터에 갔어.

Yo fui al centro de servicio **para reparar el móvil.**

PASO 2

1 친구 결혼식에 간 얘기를 할 때

H ¿Tú fuiste a la boda de Ana?

M Claro, 결혼식에 갔었지. Por cierto, yo te vi en la boda. ¿No te pusiste un traje marrón?

H Sí, ¿Qué te pusiste?

M Me puse un vestido muy elegante.

2 냉장고를 고치러 서비스 센터에 갔다 온 얘기를 할 때

H ¿A dónde fuiste con este mal tiempo?

M 서비스 센터에 갔었어. Porque la nevera se estropeó.

H ¿Te costó mucho reparar la nevera?

M Todavía no lo sé.

---

1 H : 너 아나의 결혼식 갔었어?
   M : 당연하지, yo fui a la boda. 그러고 보니까, 나 결혼식에서 너를 봤어. 너 갈색 정장 입지 않았어?
   H : 응, 너는 뭐 입었어?
   M : 나는 아주 우아한 드레스를 입었지.

2 H : 이렇게 안 좋은 날씨에 어디에 갔었어?
   M : Yo fui al centro de servicio. 냉장고가 고장났거든.
   H : 냉장고 고치는 데 돈 많이 들었어?
   M : 아직 몰라.

Tip

가전 제품 표현

el microondas 전자레인지
el aspirador 청소기
la lavadora 세탁기
el lavavajillas 식기세척기
la plancha 다리미
el exprimidor 믹서기
el secador 드라이기
la afeitadora 면도기

단어장

la exposición 전시회
pedir prestado 빌리다
el centro de servicio
서비스 센터
por cierto 그러고 보니
marrón 갈색의
estropearse 고장나다

280

Me dio/dieron ~

나에게 ~를 주었어, 나는 ~했어

dar(주다) 동사 앞에 me(나에게)를 써주고, 동사 뒤에 miedo(무서움)를 넣으면 Me dio miedo. '나에게 무서움을 주었다.' 즉, '무서워.'라는 뜻이 됩니다. 이 패턴 뒤에 vergüenza(부끄러움), risa(웃음), ganas(~를 하고자 하는 열망) 등도 넣어 보세요.

PASO 1

1. 집에 혼자 있을 때 무서웠어.   **Me dio** miedo cuando yo estaba solo/a en casa.

2. 길에서 넘어졌을 때 부끄러웠어.   **Me dio** vergüenza cuando me caí en la calle.

3. 그가 나에게 일어났던 일을 얘기 했을 때 웃음이 나왔어.   **Me dio** risa cuando él me contó lo sucedido.

4. 너에게 전화할 마음이 들었어.   **Me dieron** ganas de llamarte por teléfono.

5. 부모님이 나에게 돈을 주셨어.   **Mis padres** me dieron **dinero.**

PASO 2

1 산책하는 것이 귀찮을 때

H ¿No fuiste a pasear por el parque?

M Cuando me preparaba para salir, 귀찮아지더라고.

H Para adelgazar, es mejor pasear.

M Ya lo sé, desde mañana yo lo intentaré.

2 사촌이 차를 공짜로 줬을 때

H ¿Tú cambiaste el coche?

M Sí, 내 사촌이 이 차 공짜로 줬어.

H ¡Genial! Se ve nuevo.

M Es de segunda mano. Según él dice, este coche solo lleva un año.

---

1 H : 공원에 산책하러 안 갔어?
M : 나가려고 준비하는데, me dio pereza.
H : 살빼기 위해서는, 산책하는 것이 최고야.
M : 나도 알아. 내일부터는 시도해 볼게.

2 H : 너 차 바꿨어?
M : 응, mi primo me dio este coche gratis.
H : 굉장한데! 새 것처럼 보여.
M : 중고야. 그 애 얘기론, 이 차 1년밖에 안 됐대.

Cuando yo era/tenía ~, solía ...

내가 ~였을 때, 주로 …를 했어

era, tenía, solía는 각각 ser(~이다), tener(가지다), soler(주로 ~를 하다)의 불완료 과거형입니다. 스페인어에는 앞에서 배운 단순 과거형과는 조금 쓰임이 다른 과거형이 존재합니다. 바로 '불완료 과거형'이라는 것인데요. 과거의 습관이나, 지속적인 상황, 과거진행으로 주로 쓰입니다. 불완료 과거형도 규칙 변화와 불규칙 변화가 모두 있으니 단어가 나오는 대로 익혀 두세요.

PASO 1

1. 내가 어렸을 때, 나는 주로 친구들과 축구를 했어.

   Cuando yo era **pequeño/a**, solía **jugar al fútbol con mis amigos.**

2. 내가 어렸을 때, 나는 주로 부모님을 도와드렸어.

   Cuando yo era **pequeño/a**, solía **ayudar a mis padres.**

3. 내가 젊었을 때, 나는 주로 친구들과 만났어.

   Cuando yo era **joven**, solía **quedar con mis amigos.**

4. 내가 12살 때, 나는 주로 TV를 봤어.

   Cuando yo tenía **doce años**, solía **ver la televisión.**

5. 내가 18살 때, 나는 주로 공부를 했어.

   Cuando yo tenía **dieciocho años**, solía **estudiar.**

PASO 2

1 친구의 어린 시절이 궁금할 때

H Cuando tú eras pequeña, ¿cómo eras?

M 나는 굉장히 모범생에 책임감 있는 애였지.

H ¿Te gustaban las estrellas?

M Nada. No me interesaba ver la televisión.

2 젊은 시절에 대해 얘기할 때

H 내가 젊었을 때, 나는 친구들과 어울리는 걸 좋아했는데.

M Ahora estás totalmente cambiado.

H Sí, es verdad.

M Pero a veces queda con tus amigos y charla.

---

1 H : 너 어렸을 때, 어땠어?
M : Yo era una niña muy estudiosa y responsable.
H : 연예인들도 좋아했었고?
M : 전혀. 나는 TV 보는 것에 관심이 없었어.

2 H : Cuando yo era joven, me gustaba quedar con mis amigos.
M : 지금은 너 완전히 바뀌었잖아.
H : 응. 사실이야.
M : 그래도, 가끔씩은 친구들과 만나고 수다도 떨어.

Tip

불완료 과거형 동사 변화

❶ 불완료 과거형 규칙 변화

-ar 동사: 어미 -ar을 뺀 상태에서 aba, abas, aba, ábamos, abais, aban을 붙임

comprar(사다): compraba, comprab-as, compraba, compr-ábamos, comprabais, compraban

-er, -ir 동사: 어미 -er, -ir을 뺀 상태에서 ía, ías, ía, íamos, íais, ían을 붙임

beber(마시다): bebía, bebías, bebía, bebía-mos, bebíais, bebían

vivir(살다): vivía, vivías, vivía, vivíamos, vivíais, vivían

❷ 불완료 과거형 불규칙 변화 3가지

ser(이다): era, eras, era, éramos, erais, eran

ir(가다): iba, ibas, iba, íbamos, ibais, iban

ver(보다): veía, veías, veía, veíamos, veíais, veían

단어장

ayudar a ~를 돕다
la estrella 스타(연예인), 별
estudioso/a 모범생의
responsable 책임감 있는
totalmente 완전히
a veces 가끔씩

282

MODELO 196

Cuando yo + 불완료 과거, 단순과거 내가 ~하고 있을 때, …했어

스페인어에서는 과거에 어떤 것이 진행되고 있을 때와 어떤 사건이 딱 발생했을 때는 각각 다른 과거형을 사용한답니다. 과거의 행동이 지속되고 있는 것은 '불완료 과거형'으로 표현하고, '~를 했어' 또는 '~를 먹었어'와 같이 일회성으로 과거에 '했다'는 것을 표현할 때는 항상 '단순 과거형'을 써야 합니다.

PASO 1

1. 내가 사무실에 갈 때, 친구와 우연히 길에서 만났어.

   Cuando yo iba **a la oficina, me encontré con mi amigo en la calle.**

2. 내가 요리를 하고 있을 때, 가족들이 집에 도착했어.

   Cuando yo cocinaba, **mi familia** llegó a casa.

3. 내가 자고 있을 때, 전화벨이 울렸어.

   Cuando yo dormía, sonó **el teléfono.**

4. 내가 샤워를 하고 있을 때, 뜨거운 물이 끊겼어.

   Cuando yo me duchaba, se cortó **el agua caliente.**

5. 내가 지하철 안에 있는데, 누군가가 나를 밀었어.

   Cuando yo estaba **en el metro, alguien me** empujó.

PASO 2

1 잠을 못 잔 이유를 설명할 때

H Tienes ojeras. ¿No dormiste anoche?

M No. 어제 쉬고 있는데, 핸드폰이 울리는 거야.

H ¿Por qué no apagaste el móvil?

M Yo lo apagué, pero mi madre empezó a ver la serie a todo volumen.

2 친구에게 어제 있었던 일을 얘기할 때

H ¿Sabes que me pasó ayer?

M ¿Qué? ¡Dime, dime!

H 어제 커피숍에서 공부를 하고 있는데, 모르는 사람이 나에게 말을 걸잖아.

M ¿Cómo era ese desconocido? ¿Era extraño?

---

1 H : 너 다크 서클 생겼어. 어젯밤 잠 못 잤어?
   M : 못 잤어. Ayer cuando yo descansaba, sonó el móvil.
   H : 핸드폰 좀 끄지 그랬어?
   M : 껐는데, 엄마가 엄청 큰 볼륨으로 드라마를 보기 시작하더라고.

2 H : 어제 나한테 무슨 일 있었는 줄 알아?
   M : 뭔데? 얘기해 봐!
   H : Ayer cuando yo estudiaba en la cafetería, un desconocido me habló.
   M : 그 모르는 사람은 어땠는데? 이상했어?

단어장

sonar ~이 울리다
empujar 밀다
apagar 끄다
el/la desconocido/a
모르는 사람
↔ el/la conocido/a
아는 사람
extraño/a 이상한

MODELO 197

Yo iba a + 동사원형

나는 ~하려고 했었어

〈ir a + 동사원형〉은 '~할 예정이다, ~하려고 한다'는 뜻입니다. 따라서 불완료 과거형을 써서 〈Yo iba a + 동사원형〉이라고 하면 '(과거에) 난 ~하려고 했었어'라는 패턴이 되죠.

PASO 1

1. 나는 1년 전 멕시코를 여행하려고 했었어.
   Yo iba a viajar por México hace un año.

2. 나는 직장을 관두려고 했었어.
   Yo iba a dejar el trabajo.

3. 나는 담배를 끊으려고 했었어.
   Yo iba a dejar de fumar.

4. 나는 집을 이사하려고 했었어.
   Yo iba a cambiar de casa.

5. 나는 그녀와 헤어지려고 했었어.
   Yo iba a separarme con ella.

PASO 2

1 아버지에 대해서 얘기할 때

H ¿Tu padre sigue trabajando todavía?

M Sí, hace dos años, 아버지가 일하는 것을 관두시려고 했었는데, 그럴 수 없었어.

H ¿Por qué? Después de dejar el trabajo, él quería vivir en el campo.

M Mi madre se negaba a vivir en el campo.

2 가고 싶었던 남미 여행을 드디어 가게 되었을 때

H Queda poco tiempo para el viaje.

M ¿A dónde vas de viaje?

H Sudamérica. ¡Por fin, me voy! 1년 전에 가려고 했었는데, 돈이 부족해서 갈 수 없었어.

M ¡Qué envidia! ¡Suerte!

1 H : 너의 아버지 아직도 계속 일하고 계시니?
　　M : 응, 2년 전에, él iba a dejar de trabajar, pero no pudo.
　　H : 왜? 직장을 그만두고, 시골에서 살고 싶어 하셨잖아.
　　M : 우리 어머니가 시골에 사는 것을 반대해서 말이야.

2 H : 여행까지 얼마 안 남았어.
　　M : 어디로 여행 가는데?
　　H : 남미. 결국 간다! Hace un año, iba a viajar, pero no pude por falta de dinero.
　　M : 정말 부러워! 행운을 빌어!

Tip

por falta de: ~가 부족해서

Yo vendo este sofá por falta de espacio.
나는 공간이 부족해서 이 쇼파를 팔아요.

No puedo ver toda la ciudad por falta de tiempo.
나는 시간이 부족해서 도시 전체를 볼 수 없어요.

단어장

fumar 담배를 피다
separarse con ~와 헤어지다
el campo 시골
negarse a ~하는 것을 거부하다, 반대하다
Sudamérica 남미
por fin 결국

PARTE 6

회화에
맛을 더해주는
핵심패턴

UNIDAD 35. 쉬운 일상 표현

생활 속에서 '이 표현은 스페인어로 어떻게 표현하는 거지?'라는 궁금증을 해결해 줄 간
단하면서도, 정말 유용한 표현들을 모았습니다. 언제라도 입에서 술술 나오도록 반복해서
연습해 보세요. ¡Empezamos! 시작해 봅시다!

¡Feliz ~!

~를 축하해!

feliz는 원래 '행복한'이라는 뜻이지만, 생일이나 기념일 등을 축하하고 싶을 때 항상 쓰는 표현이 바로 ¡Feliz ~!랍니다.

PASO 1

1. 생일 축하해!   **¡Feliz cumpleaños!**
2. 크리스마스 축하해!   **¡Feliz Navidad!**
3. 새해 축하해!   **¡Feliz Año Nuevo!**
4. 결혼기념일 축하해!   **¡Feliz aniversario de bodas!**
5. 아기 탄생을 축하해!   **¡Feliz nacimiento!**

PASO 2

① 아기가 태어난 것을 축하할 때

H   Mi hermana dio a luz a una niña anteayer.
M   아기 태어난 것 축하해! ¿Tú viste al bebé?
H   Sí, esta mañana he visto al bebé. Es muy mona.
M   ¿Y cuándo vas a casarte?

② 새해를 맞이하며 12알의 포도 먹기

H   Queda un minuto para el Año Nuevo. ¡Date prisa!
M   ¡Espera! Ahora yo llevo las uvas.
H   Ya empiezan las doce campanadas de Sol.
M   ¡Tomamos doce uvas! 새해 축하해!

Tip

스페인의 새해맞이 풍습

스페인에서는 12월 31일을 La Nochevieja라고 부르는데요, 마드리드의 Sol 광장에 엄청난 인파가 모여 새해를 축하합니다. 축하 행사를 생방송으로 스페인 전역에서 볼 수 있고요. 1월 1일이 되기 바로 직전에 Sol 광장에서 12번의 종소리가 울리고, 그 소리에 맞춰서 미리 준비한 12알의 포도 알을 차례차례 먹으면서 새해의 행운과 평안을 기원한답니다.

---

① H : 우리 누나가 그저께 여자애를 낳았어.
  M : ¡Feliz nacimiento! 너 아기 봤어?
  H : 응. 오늘 아침에 아기 봤어. 굉장히 귀여워.
  M : 그런데, 넌 언제 결혼할 거니?

② H : 새해까지 1분 남았어. 서둘러!
  M : 기다려 봐! 지금 포도 가져가.
  H : 새해 12번의 종소리가 지금 시작됐어.
  M : 12알의 포도를 먹자! ¡Feliz Año Nuevo!

단어장

el nacimiento 탄생
cf. nacer 태어나다
dar a luz 아기를 낳다
mono/a 귀여운(어린 아이들이나 작은 동물들에게만 주로 쓰는 표현)
la campanada 종소리
la uva 포도

MODELO 199

¡Que tengas ~!

~보내, 잘 ~해

que tengas 앞에는 원래 Yo deseo(저는 기원합니다)라는 말을 넣어 줘야 하지만 생활 속에서 쓸 때는 주로 생략합니다. Que tengas 뒤에 buen viaje(좋은 여행), buen día(좋은 하루) 등을 넣어 상대방에 대한 기원이나 바람을 나타내는 표현입니다.

PASO 1

1. 좋은 하루 보내!   **¡Que tengas un buen día!**

2. 좋은 주말 보내!   **¡Que tengas un buen fin de semana!**

3. 좋은 일주일 보내!   **¡Que tengas una buena semana!**

4. 좋은 여행되길!   **¡Que tengas un buen viaje!**

5. 시험에서 행운이 가득하길!   **¡Que tengas suerte en el examen!**

PASO 2

1 시험 직전 긴장하는 친구를 격려할 때

H Me quedo en blanco. No recuerdo nada.

M ¡Tranquilo! ¡Respira hondo!

H Gracias, estoy mucho mejor.

M 시험 잘 봐! Todo te saldrá bien.

---

2 쿠바로 떠나는 친구를 배웅할 때

H En cuanto tú llegues a Habana, llámame.

M ¡No te preocupes! Solo diez días.

H ¡Cuídate mucho y 좋은 여행하길!

M Todos los días te llamaré, ¿vale?

---

1 H : 나 머릿속이 하얘. 아무것도 기억이 안 나.
    M : 진정해! 깊게 숨 쉬어 봐!
    H : 고마워, 훨씬 좋아졌어.
    M : ¡Que tengas suerte en el examen! 다 잘 풀릴 거야!

2 H : 하바나에 도착하자마자, 전화해.
    M : 걱정하지 마. 10일밖에 안 되는 걸.
    H : 정말 조심하고 ¡que tengas un buen viaje!
    M : 매일 매일 너에게 전화할게. 알았지?

¡Qué ~!

MODELO
200

정말 ~야!

스페인어에서 가장 많이 쓰는 감탄문은 ¡Qué + 명사/형용사!입니다. 영어 What a beautiful day!에서 what이 의문사가 아닌 감탄사로 쓰이는 것처럼 스페인어도 qué 뒤에 형용사나 명사를 붙여서 쉽게 감탄문을 만들 수 있습니다.

PASO 1

1. 정말 부러워!　　　　　¡Qué **envidia**!

2. 정말 우연이야!　　　　¡Qué **casualidad**!

3. 정말 운이 없어!　　　　¡Qué **mala suerte**!

4. 정말 부끄러워!　　　　¡Qué **vergüenza**!

5. 정말 맛있어!　　　　　¡Qué **rico**!

PASO 2

1 보고 싶은 결승전의 티켓이 모두 팔렸을 때

H　Ayer yo hice la cola para comprar la entrada de la semifinal.

M　¿Por fin conseguiste?

H　No, delante de mí las entradas se agotaron.

M　정말 운이 나쁘네!

2 오랜만에 거리에서 동창을 만났을 때

H　Julia, ¿por qué estás aquí? ¡Cuánto tiempo!

M　정말 우연이다!

H　¡Estás muy cambiada! ¿Tú vives en este barrio?

M　No, normalmente paso por aquí para ir al trabajo.

---

1 H : 어제 준결승전 입장권 사려고 줄 섰거든.
　　M : 결국 손에 넣었어?
　　H : 아니, 내 앞에서 입장권이 매진됐어.
　　M : ¡Qué mala suerte!

2 H : 훌리아, 네가 왜 여기에 있어? 얼마만이야!
　　M : ¡Qué casualidad!
　　H : 너 정말 달라졌다! 이 동네에 사니?
　　M : 아니, 보통 직장에 가려면 여기를 지나가거든.

Tip

스페인의 줄서기 문화

hacer la cola는 '줄을 서다'라는 표현으로 la cola는 원래 동물의 꼬리를 지칭합니다. 스페인의 줄서기 문화는 상당히 유명한데요, 공공장소에서 줄서기를 제대로 하지 않으면 많은 사람의 지탄을 받을 수 있으니 꼭 주의해야겠죠?

단어장

la suerte　운
la vergüenza　부끄러움
la semifinal　준결승전
agotarse　매진되다, 다 팔리다
estar cambiado/a　달라지다
pasar por　~를 지나가다, ~를 들르다

MODELO 201

¡Cuánto ~!

~가 정말 많아!

의문사 cuánto 역시 qué처럼 감탄문으로 쓸 수 있습니다. 보통 수량이 많을 때 쓰는데요. 친구 집에 책이 정말 많을 때, ¡Cuántos libros!라고 말할 수 있습니다. cuánto 뒤에는 명사가 나오는데, 명사에 따라 cuánto의 모양이 바뀌니 주의하세요.

PASO 1

1. 사람이 정말 많아!　　　　　　¡Cuánta gente!

2. 길에 개가 정말 많아!　　　　　¡Cuántos perros en la calle!

3. 시내에 외국 사람들이 정말 많아!　¡Cuántos extranjeros en el centro!

4. 옷장에 옷이 정말 많아!　　　　¡Cuánta ropa en el armario!

5. 냉장고에 맥주가 정말 많아!　　¡Cuántas cervezas en la nevera!

PASO 2

1 주말에 차가 많이 막힐 때

H 도로에 차가 정말 많네!

M Pues, hoy es sábado. Creo que toda la gente ha salido.

H Hay mucho tráfico.

M Entonces, dejamos el coche, damos un paseo.

2 일이 많이 남아있는 동료를 도울 때

H 서류들이 얼마나 많은 거야! Hoy no puedo volver a casa.

M ¡No te preocupes! Te ayudo.

H Gracias, pero mañana tú tienes cita con un cliente muy importante.

M No me importa. Hacemos juntos.

1 H : ¡Cuántos coches en la carretera!
　M : 음, 오늘 토요일이니까. 사람들이 전부 밖으로 나온 것 같다.
　H : 차 많이 막히네.
　M : 그럼, 우리 차 놔두고, 한 바퀴 돌자.

2 H : ¡Cuántos documentos! 오늘 집에 못 가겠는데.
　M : 걱정하지 마! 내가 도와줄게.
　H : 고마워, 그런데 내일 너 중요한 고객이랑 약속 있잖아.
　M : 상관없어. 우리 같이 하자.

단어장

el armario 옷장
el tráfico 교통, 교통량
la carretera 도로
dar un paseo 한 바퀴 돌다, 산책하다
el/la cliente 고객

291

MODELO 202

Gracias por ~

~해 줘서 고마워

상대방에게 고마움을 느낄 때 Gracias.라는 말로 마음을 표현할 수 있죠. 하지만 좀 더 구체적으로 감사함을 표현하고 싶다면 뒤에 por를 넣어서 '~해줘서 고마워'라고 얘기해 보세요.

PASO 1

1. 모든 것에 고마워.　　　　　　Gracias por **todo**.

2. 와줘서 고마워.　　　　　　　Gracias por **venir**.

3. 초대해 줘서 고마워.　　　　　Gracias por **invitar**.

4. 도와줘서 고마워.　　　　　　Gracias por **ayudar**.

5. 당신의 관심에 고마워요.　　　Gracias por **su atención**.

PASO 2

1 파티에 초대해 준 친구에게 고마움을 표시할 때

H　¡Bienvenida a la fiesta!

M　초대해 줘서 고마워. Este regalo es tuyo.

H　Muchas gracias. ¿Quieres beber algo?

M　Sí, gracias. Todavía no han venido los demás.

2 길을 알려 달라고 부탁할 때

H　¡Disculpe! ¿Dónde está el museo nacional?

M　Está un poco lejos de aquí. Mira. Está al lado de aquel edificio.

H　알려 주셔서 감사합니다. ¿Cuánto tiempo se tarda?

M　Se tarda más o menos quince minutos a pie.

1 H : 파티에 온 것을 환영해!
　M : Gracias por invitarme. 이 선물 네 거야.
　H : 정말 고마워. 뭐 좀 마실래?
　M : 응, 고마워. 다른 사람들은 아직 안 왔네.

2 H : 실례합니다! 국립 박물관이 어디에 있나요?
　M : 여기서 조금 멀어요. 보세요. 저 건물 옆에 있어요.
　H : Gracias por enseñar. 얼마나 걸릴까요?
　M : 걸어서 대략 15분 걸려요.

Tip

성과 수에 따라 바뀌는 Bienvenido

'환영해!'라고 말할 때 쓰는 ¡Bienvenido!의 경우, 상대의 성·수에 따라 모양이 바뀌니 주의해 주세요.

남자 바이어 한 명을 공항으로 마중나갔다면,¡Bienvenido a Corea!(한국에 오신 걸 환영합니다!)라는 피켓을 준비해 가면 좋겠죠?

여자친구들이 집에 놀러왔다면 ¡Bienvenidas a mi casa!(우리집에 온 걸 환영해!)라고 말해 보세요.

단어장

la atención 관심, 주목
bienvenido/a 환영해
el edificio 건물
tardarse 시간이 걸리다
a pie 걸어서

292

Muchas gracias pero ~

고맙지만 ~이에요

상대방의 호의는 고맙지만 그렇게 할 수 없을 때, 또는 예의 있게 거절할 경우에 쓸 수 있는 유용한 표현입니다. Muchas gracias pero no puedo.(고맙지만 사양할게요.)라고 정중하게 거절하는 법도 잘 익혀 두세요.

PASO 1

1. 고맙지만 이미 늦었어요.
Muchas gracias pero **ya es tarde.**

2. 고맙지만 저는 가야 해요.
Muchas gracias pero **yo tengo que ir.**

3. 고맙지만 제가 직접 할게요.
Muchas gracias pero **yo mismo/a lo haré.**

4. 고맙지만 저는 술을 마실 수 없어요.
Muchas gracias pero **yo no puedo beber.**

5. 고맙지만 저는 아직 일이 남았어요.
Muchas gracias pero **aún me queda el trabajo.**

PASO 2

1 친구와 헤어질 때

H Pues, ya me voy.

M ¿Ahora te vas? Solo son las nueve. Te invito la cena. ¡Quédate!

H 고맙지만 내일 일찍 일어나야 해.

M Bueno, otro día quedamos.

2 집에 데려다 주는 것을 거절할 때

H Te llevo a tu casa en mi coche. Mi coche está aparcado aquí cerca.

M 고맙지만 나는 사무실에 들러야 해.

H ¿A esta hora?

M Sí, yo he dejado unos documentos importantes.

---

1 H : 그럼, 나 갈게.
　　M : 지금 가려고? 9시밖에 안 됐는데. 저녁 사줄게. 남아있어!
　　H : Muchas gracias pero mañana tengo que madrugar.
　　M : 좋아, 그럼 다른 날 만나자.

2 H : 내 차로 너의 집까지 데려다 줄게. 내 차 이 근처에 주차되어 있어.
　　M : Muchas gracias pero yo tengo que pasar por la oficina.
　　H : 이 시간에?
　　M : 응, 중요한 서류들을 놓고 와서.

단어장

aún 아직
la cena 저녁식사
madrugar 일찍 일어나다
estar aparcado/a 주차되어 있다
otro día 다른 날
pasar por ~에 들르다

MODELO
204

Lo siento por ~

~해서 정말 미안해

약속 시간에 5분 정도 늦었을 때는 Perdón.이라고 말해도 자연스럽지만, 만약 1시간을 늦었다면 가볍게 Perdón.이라고만 끝내서는 안 되겠죠? 그때 쓰는 표현이 바로 Lo siento.랍니다. 정말 미안할 때 쓰는 표현입니다.

PASO 1

1. 많이 기다리게 해서 정말 미안해.   Lo siento por **hacerle esperar tanto.**

2. 끼어들어서 정말 죄송해요.   Lo siento por **interrumpir.**

3. 불편을 끼쳐서 정말 죄송해요.   Lo siento por **la molestia.**

4. 지각해서 정말 죄송해요.   Lo siento por **haber llegado tarde.**

5. 시간 안에 제출하지 못해 정말 죄송해요.   Lo siento por **no haber entregado a tiempo.**

PASO 2

1 오랫동안 연락하지 않은 친구에게 섭섭함을 표현할 때

H   Durante un año, tú me has escrito la carta solo dos veces.

M   편지 안 써서 정말 미안해. Pero la verdad es que el tiempo pasa volando.

H   Incluso no me has llamado nunca.

M   No te enojes conmigo, por favor. Ya estoy aquí.

2 보고서를 기한 내에 제출하지 못 했을 때

H   Ya ha pasado el plazo de entrega.

M   시간에 맞춰 보고서를 제출하지 못한 것 정말 죄송합니다.

H   Te doy un día. Para mañana, tú lo entregas.

M   Si es posible, ¿puede darme más tiempo?

---

1 H : 1년 동안, 너는 나에게 단 두 번밖에 편지 안 썼어.
　 M : Lo siento por no haberte escrito. 그런데 사실 시간이 정말 빨리 가더라고.
　 H : 심지어 너 나에게 전화도 전혀 안 했어.
　 M : 화내지 마, 부탁해. 내가 이제 여기에 있잖아.

2 H : 이미 제출 기한이 지났는데.
　 M : Lo siento por no haber entregado el informe a tiempo.
　 H : 하루만 더 주겠어. 내일까지 제출해.
　 M : 가능하시면, 시간을 좀 더 주시겠어요?

Tip

시간 관련 표현

El tiempo pasa volando. 에서 volar는 '날다'라는 뜻으로 '시간이 날아서 간다'라는 표현이에요. 비슷한 표현도 배워 보죠.

El tiempo es oro. 시간은 금이다.

El tiempo nunca regresa. 시간은 결코 돌아오지 않는다.

El tiempo no se vuelve atrás. 시간은 절대 뒤로 돌아보지 않는다.

단어장

interrumpir 끼어들다
la molestia 불편함, 거북함
entregar 제출하다
a tiempo 시간에 맞게, 제시간에
el plazo 기한, 기간
el informe 보고서

294

¡Vamos a ~!

~하자!

영어의 let's와 비슷한 의미를 가진 표현이 바로 〈vamos a + 동사원형〉이랍니다. '우리 밥 먹자!'
는 ¡Vamos a comer!가 되겠죠?

PASO 1

1. 집에 가자!　　　　　¡Vamos a **casa**!

2. 해변에 가자!　　　　¡Vamos a **la playa**!

3. 본론으로 들어가자!　¡Vamos al **grano**!

4. 세상을 바꾸자!　　　¡Vamos a **cambiar el mundo**!

5. 외식하자!　　　　　¡Vamos a **comer fuera**!

PASO 2

1 직장 상사에 대한 불만을 얘기할 때

H Siempre mi jefe no se enfoca en lo principal y habla de otras cosas
menos importantes en la reunión.

M 왜 그에게 본론으로 들어가자고 얘기 안 해?

H Es mi jefe. No me atrevo a decirle.

M Pues, ¡aguanta!

2 외식하러 가자고 할 때

H Todo se acabó. No hay nada en la nevera.

M Bueno, 우리 외식하자!

H Sí, pero algo barato. Es que no tenemos dinero.

M Desde mañana, vamos a apretar el cinturón.

1 H : 항상 내 상사는 회의에서 핵심을 못 맞추고, 덜 중요한 것
에 대해서 얘기해.
M : ¿Por qué no le dices que vamos al grano?
H : 내 상사인걸. 감히 말 못하지.
M : 그럼, 참아!

2 H : 음식이 다 떨어졌어. 냉장고에 아무것도 없어.
M : 좋아, ¡vamos a comer fuera!
H : 좋아, 그런데 좀 싼 것으로, 우리 돈이 없잖아.
M : 내일부터 우리 허리띠 졸라매자.

단어장

ir al grano 핵심(본론)으로
들어가다
comer fuera 외식하다
enfocarse 초점을 맞추다
lo principal 핵심적인 것
atreverse a ~ 감히 ~하다
apretar el cinturón
허리띠를 졸라매디(절약하다)

295

MODELO 206

Si ~

(만약) ~하면

'만약에'라는 뜻을 가진 si를 이용해 '만약에 ~하면'이라는 문장을 만들 수 있습니다. '네'라고 대답할 때의 sí는 강세를 가지고 있지만, 이 가정법의 si는 강세가 없다는 것, 주의하세요.

PASO 1

1. 시간 있으면, 나 좀 도와줄래?

Si tienes tiempo, ¿me ayudas?

2. 무슨 문제가 있으면, 나에게 얘기해 줄래?

Si tienes algún problema, ¿puedes decirme?

3. 가능하면, 나에게 그 사람 소개해 줄래?

Si puedes, ¿me presentas a esa persona?

4. 궁금한 것이 있으면, 나에게 물어봐.

Si tienes alguna duda, pregúntame.

5. 내가 필요하면, 언제든지 나에게 전화해.

Si me necesitas, llámame en cualquier momento.

PASO 2

1 회사에 아는 사람을 소개시켜 달라고 부탁할 때

H Si tienes algún conocido en esta compañía, ¿me lo presentas?

M De momento no. Pero yo preguntaré a mi padre.

H Gracias.

M 만약에 무슨 문제가 있으면, dímelo en cualquier momento.

2 친구에게 이사를 도와달라고 부탁할 때

H Este sábado yo cambio de casa.

M ¿Haces solo la mudanza? Eso es imposible.

H 시간 있으면, ¿me ayudas?

M Claro. ¿A qué hora?

1 H : 혹시 이 회사에 아는 사람 있으면 나에게 소개해 줄래?
　　M : 지금 현재는 없는데. 하지만 아빠에게 물어볼게.
　　H : 고마워.
　　M : Si tienes algún problema, 언제든지 얘기해 줘.

2 H : 이번 주 토요일에 이사해.
　　M : 너 혼자 이사하는 거야? 그건 불가능해.
　　H : Si tienes tiempo, 나 좀 도와줄래?
　　M : 물론이지. 몇 시에?

단어장

en cualquier momento 언제든지
la duda 궁금한 것, 의심
el/la conocido/a 아는 사람
De momento 지금 현재 로서는
la mudanza 이사
imposible 불가능한
↔ **posible** 가능한

si quieres ~

너만 좋다면 ~, 네가 원한다면 ~

생활 속에서 자주 쓰는 표현이 바로 '너만 좋다면 ~'이라는 말이죠. 특히 스페인어 권에서는 습관적으로 문장 끝에 이 말을 붙인답니다. Te presto este libro, si quieres.(너만 좋다면, 내가 이 책 빌려줄게.)처럼요.

PASO 1

1. 너만 좋다면, 퇴근하고 우리 만나자. **Quedamos después del trabajo, si quieres.**

2. 너만 좋다면, 내가 병원에 같이 가줄게. **Te acompaño al hospital, si quieres.**

3. 네가 원한다면, 내가 그를 공항에서 데려올게. **Recojo a él en el aeropuerto, si quieres.**

4. 네가 원한다면, 식당 예약할게. **Reservo el restaurante, si quieres.**

5. 네가 원한다면, 너에게 정보를 줄게. **Si quieres, te doy la información.**

PASO 2

1 비자에 문제가 있어서 대사관에 가야 할 때

H Creo que tengo algún problema con mi visado.

M 네가 원한다면, 대사관에 같이 가줄게.

H Gracias. ¿Mañana por la mañana tienes tiempo?

M Claro que sí. Mañana vamos juntos.

2 컴퓨터에 대해서 잘 모르는 친구를 도와줄 때

H No sé cómo funciona este programa.

M ¿Tienes algún problema?

H Además no sé cómo imprimir.

M 네가 원한다면, 내가 가르쳐 줄게.

1 H : 내 비자에 문제가 좀 있는 것 같아.
　　 M : Te acompaño a la embajada, si quieres.
　　 H : 고마워. 내일 오전에 시간 돼?
　　 M : 될 것 같은데. 내일 같이 가자.

2 H : 이 프로그램이 어떻게 작동하는지 모르겠어.
　　 M : 무슨 문제 있어?
　　 H : 게다가 어떻게 프린트 하는지도 모르겠어.
　　 M : Si quieres, te enseño.

Tip

컴퓨터 관련 표현

el ordenador portátil (스페인), la laptop (중남미)
노트북 컴퓨터
el ratón inalámbrico
무선 마우스
el programa antivirus
안티바이러스 프로그램
la carpeta 폴더
el archivo 파일
guardar 저장하다
descargar 다운받다
adjuntar 첨부하다
la impresora láser
레이저 프린트
el nombre de usuario
ID
la contraseña 비밀번호

단어장

recoger a ~를 픽업하다,
~를 데려오다
reservar 예약하다
el visado 비자
la embajada 대사관
mañana por la mañana
내일 오전
imprimir 인쇄하다

297

Si no ~

(만약) ~하지 않으면

'만약에 ~하지 않으면'이라는 표현은 si 뒤에 no를 넣어 아주 간단하게 말할 수 있습니다. '네가 원하지 않는다면, 이 일을 하지 마!'라고 말하고 싶다면, Si no quieres, ¡no hagas este trabajo!라고 표현할 수 있겠죠?

PASO 1

1. 원하지 않으면, 올 필요 없어.

Si no **quieres**, no hace falta venir.

2. 티켓을 예매하지 않으면, 매진될 거야.

Si no **reservas el billete**, se agotará.

3. 내일 비가 멈추지 않으면, 경기는 취소될 거야.

Si **mañana** no **para de llover**, se cancelará el partido.

4. 날씨가 좋지 않으면, 우리는 캠핑할 수 없어.

Si no **hace buen tiempo**, no podemos hacer *camping*.

5. 내가 시험에 합격하지 않으면, 우리 부모님은 실망할 거야.

Si no **apruebo el examen**, mis padres se decepcionarán.

PASO 2

1 비가 계속 와서 계획을 변경할 때

H Sigue lloviendo todo el día.

M 비가 멈추지 않으면, no podemos ir a la playa.

H En vez de ir al mar, vamos al cine.

M Bueno, creo que hoy no parará de llover.

2 회사에서 퇴근할 때

H ¿Puedo ir a casa?

M 일이 남아있지 않으면, no hace falta quedarte en la oficina.

H Yo he terminado todo.

M Bueno, ¡hasta mañana! No te olvides de venir temprano mañana.

---

1 H : 하루 종일 계속 비만 오네.

　M : Si no para de llover, 우리 해변에 갈 수 없는데.

　H : 바다에 가지 않는 대신에, 우리 극장 가자.

　M : 좋아, 오늘은 비가 멈추지 않을 것 같아.

2 H : 집에 가도 될까요?

　M : Si no te queda trabajo, 사무실에 머물러 있을 필요는 없어.

　H : 일을 다 끝냈어요.

　M : 좋아. 내일 봅시다! 내일 일찍 오는 것 잊지 마.

단어장

hacer *camping* 캠핑을 하다

decepcionarse 실망하다

en vez de ~하는 대신에

el mar 바다

parar de + 동사 ~하는 것을 멈추다

Si necesita ~

~가 필요하시면

호텔이나 식당에서 많이 듣는 표현이 '혹시 ~이 필요하시면'이라는 말이죠? 대답을 할 때는, La servilleta, por favor.(냅킨 부탁드려요.)처럼 문장 뒤에 예의 있게 por favor를 꼭 넣어서 답하는 것, 잊지 마세요.

PASO 1

1. 음식이 더 필요하시면, 저에게 말씀해 주세요.   Si necesita **más comida, dígame.**

2. 시간이 더 필요하시면, 저에게 알려 주세요.   Si necesita **más tiempo, avíseme.**

3. 담요 한 장이 더 필요하시면, 저를 찾아 주세요.   Si necesita **una manta más, búsqueme.**

4. 종이 한 장이 더 필요하시면, 손을 들어 주세요.   Si necesita **una hoja más, levante la mano.**

5. 무엇이든 필요한 것이 있으시면, 저를 찾아 주세요.   Si necesita **algo, búsqueme.**

PASO 2

1 레스토랑에서 점원과 대화하기

H Este menú, por favor.

M 음식이 더 필요하시면, búsqueme, por favor.

H Gracias, usted es muy amable.

M De nada.

---

2 서류를 작성할 때

H Rellene esta hoja que hay en el sobre.

M Ay, me equivoqué.

H 종이 한 장이 더 필요하시면, pregunte a la secretaria a la derecha.

M Gracias.

1 H : 이 메뉴 주세요.
　 M : Si necesita más comida, 저를 찾아 주세요.
　 H : 감사합니다. 당신은 정말 친절하시군요.
　 M : 천만에요.

2 H : 봉투 안에 있는 종이를 작성해 주세요.
　 M : 에고, 저 틀렸는데요.
　 H : Si necesita una hoja más, 오른쪽에 있는 비서 분에게 물어보세요.
　 M : 감사합니다.

Tip

스페인이나 중남미 현지에서 모르는 사람에게 도움을 받았을 때 꼭 쓰는 표현이 바로 Muchas gracias, usted es muy amable. (정말 감사합니다. 당신은 정말 친절하시군요.)입니다.

우리나라에서 평소에 쓰는 '감사합니다'라는 한마디 말보다는 조금 더 정감 있는 표현이죠? 여러분도 외워 두었다가 꼭 써 보세요.

단 어 장

avisar 알려 주다
la manta 담요
buscar 찾다
levantar la mano 손을 들다
la hoja 종이, 프린트, 서류, 나뭇잎
equivocarse 실수하다, 틀리다
a la derecha 오른쪽에

MODELO
210

Si no te/le importa ~

괜찮으면 ~, 괜찮으시다면 ~

상대방에게 양해를 구할 때 많이 쓰는 표현입니다. '너만 괜찮다면~'이라고 할 때는 동사 importar
로 표현하죠. 상대방이 '너'라면 Si no te importa가, 존칭이라면 Si no le importa가 됩니다.

PASO 1

1. 너만 괜찮다면, 창문을 닫고 싶어.

Si no te importa, **quiero cerrar la ventana.**

2. 너만 괜찮다면, 가능한 빨리 집에 돌아가고 싶어.

Si no te importa, **quiero volver a casa lo antes posible.**

3. 괜찮으시다면, 다음 달에 휴가 좀 내고 싶어요.

Si no le importa, **quiero pedir vacaciones el próximo mes.**

4. 괜찮으시다면, 몇 가지 묻고 싶어요.

Si no le importa, **quiero preguntar unas cosas.**

5. 괜찮으시다면, 이 프로젝트를 제가 맡고 싶어요.

Si no le importa, **quiero encargarme de este proyecto.**

PASO 2

1 방을 환기시키고 싶을 때

H ¿Aún estás en la cama? Ya es mediodía.

M ¿Cómo? He dormido demasiado.

H 너만 괜찮다면, 환기시키게 창문 좀 열고 싶은데.

M Por favor. ¡Ay! me duele todo el cuerpo.

2 아는 선배에게 직장에 관해 조언을 구하고 싶을 때

H Acabo de entrar a una compañía. Pero no sé si sigo.

M Dime qué problema tienes exactamente.

H 괜찮으시면, 조언 좀 구하고 싶어요.

M Vale, no hay problema.

---

1 H : 아직 침대에 누워 있는 거야? 벌써 정오야.
  M : 뭐라고? 잠 너무 많이 잤네.
  H : Si no te importa, quiero abrir la ventana
      para airear.
  M : 부탁해. 아이고! 온 몸이 아파.

2 H : 막 회사에 입사했어요. 그런데 계속 일할지 모르겠어요.
  M : 무슨 문제인지 정확하게 얘기해 봐.
  H : Si no le importa, quiero pedir a usted unos
      consejos.
  M : 알겠어. 문제없어.

단어장

lo antes posible 가능한
빨리
el próximo mes 다음 달
mediodía 정오
airear 환기시키다
el cuerpo 몸
exactamente 정확하게,
확실하게
el consejo 충고

UNIDAD 36. 현지인들이 쓰는 생생 표현

현지에 살면서 익히게 되는 원어민스러운 표현들을 배워 봅시다. '사실 말이야 ~'라는 표현부터 '하마터면'이라는 표현까지 다양한 패턴을 연습해 보세요.

Lo que pasa es que ~

~ 때문에 그렇게 됐어

Lo que pasa es que는 어떤 결과나 상황에 대한 이유를 말하거나, 변명을 할 때 주로 쓰는 표현입니다. 보통 조금 부정적인 느낌으로 '이러 이러한 이유로 못했어.'라고 설명할 때 활용해 보세요.

PASO 1

1. 나는 늦게 도착했어. 차가 많이 막혀서 그렇게 됐어.

   Yo llego tarde. Lo que pasa es que **hay atasco.**

2. 나 뛰어서 왔어. 시간이 충분히 없어서 그렇게 할 수밖에 없었어.

   Yo vine corriendo. Lo que pasa es que **yo no tenía suficiente tiempo.**

3. 그는 사업에서 실패했어. 돈이 조금밖에 없어서 그렇게 됐어.

   Él tuvo fracaso en el negocio. Lo que pasa es que **tenía poco dinero.**

4. 그는 여자애들에게 인기가 없어. 굉장히 소심하기 때문에 그렇게 됐어.

   Él no tiene éxito con las chicas. Lo que pasa es que **es muy tímido.**

5. 그는 실업자야. 사무실에서 졸다가 그렇게 됐어.

   Él está parado. Lo que pasa es que **se queda dormido en la oficina.**

PASO 2

1 회의에 참석하지 못한 이유에 대해 얘기할 때

H Estás de mal humor.

M No es nada.

H Dime qué pasa.

M Yo no pude asistir a la reunión. 비 때문에 버스가 제시간에 안 와서 그렇게 됐어.

2 잘생긴 남동생이 인기 없는 이유를 얘기할 때

H Tu hermano menor es muy guapo.

M Pero él no tiene éxito con las chicas. 게으르고 노력 안 하거든.

H No se ve así.

M Pero es verdad.

---

1 H : 너 기분 안 좋구나.

M : 아무것도 아니야.

H : 무슨 일인지 나에게 얘기해 봐.

M : 회의에 참석 못했어. Lo que pasa es que por la lluvia el autobús no vino a tiempo.

2 H : 네 남동생 정말 잘생겼어.

M : 그런데 여자들한테 인기 없어. Lo que pasa es que es vago.

H : 그렇게는 안 보이는데.

M : 그런데 사실이야.

Tip

시간에 맞춰서: a tiempo

Ella siempre llega a la clase a tiempo. 그녀는 항상 시간에 잘 맞춰서 수업에 온다.

시간을 잘 지키는 사람을 뜻하는 puntual도 기억해 두세요.

Yo soy una persona muy puntual. 나는 정말 시간을 잘 지키는 사람이야.

단 어 장

suficiente 충분한

la lluvia 비

tener éxito con las chicas 여자들에게 인기가 있다

tener éxito con los chicos 남자들에게 인기가 있다

vago/a 게으르고 노력 안 하는 사람

MODELO 212

La verdad es que ~

'사실'이라는 뜻의 verdad를 써서, 본인의 속마음을 고백하거나 솔직한 마음을 표현하고 싶을 때 쓰는 표현입니다. '사실은 너를 좋아해.'나 '사실은 스페인어 좋아.'처럼 여러분의 속마음을 말할 때 활용해 보세요.

PASO 1

1. 사실 말이야 너를 좋아해.

La verdad es que **te quiero.**

2. 사실 말이야 그는 충고를 듣는 것을 좋아하지 않아.

La verdad es que **a él no le gusta recibir consejos.**

3. 사실 말이야 나는 제안을 거절하고 싶어.

La verdad es que **yo quiero rechazar la propuesta.**

4. 사실 말이야 나는 별것도 아닌 것에 걱정을 하는 타입이야.

La verdad es que **yo me preocupo por cualquier cosa.**

5. 사실 말이야 그는 자기 나라로 돌아가는 것을 포기했어.

La verdad es que **él renunció a volver a su país.**

PASO 2

1 미국 친구와 소통하는 법

H ¿En qué idioma hablas con tu amigo americano?

M En inglés. Pero a veces no entiendo exactamente lo que él dice.

H Pero, bueno. Puedes practicar el inglés con él.

M 사실 말이야 나는 그 친구랑 한국어로 얘기하는 게 더 좋아.

2 사이좋은 친구와 싸웠을 때

H ¿Tú viste a Carlos en la fiesta de ayer?

M Claro, él me preguntó por ti.

H Hace un mes que no veo a Carlos. 사실은 나 걔랑 싸웠어.

M Te llevas muy bien con él. ¿No?

---

1 H : 네 미국 친구와 무슨 언어로 대화하니?
   M : 영어로. 그런데 가끔은 그 애가 얘기하는 게 정확하게는 이해가 안 돼.
   H : 그래도, 영어 연습할 수 있잖아.
   M : La verdad es que prefiero hablar con él en coreano.

2 H : 너 어제 파티에서 까를로스 봤어?
   M : 물론, 그 애가 너에 대해서 물어 봤어.
   H : 나는 한 달 째 까를로스 못 봤어. La verdad es que yo discutí con él.
   M : 너 걔랑 사이 정말 좋잖아. 안 그러니?

Tip

말싸움 & 몸싸움

discutir는 원래 '토론하다, 논쟁하다'의 뜻으로 많이 알려져 있지만, 말싸움할 때도 쓰는 표현이랍니다. '싸우다'라는 의미를 가진 pelear 동사엔 '몸싸움하다'라는 뜻이 담겨 있죠. 말싸움하는 경우와 몸싸움하는 경우의 동사, 헷갈리지 않도록 주의하세요.

단 어 장

rechazar 거절하다
la propuesta 제안
renunciar a ~하는 것을 포기하다
preferir 선호하다, 좋아하다
la propuesta 제안
llevarse bien con ~
~와 사이가 좋다

303

MODELO 213

Lo que quiero decirte es ~ 너에게 얘기하고 싶은 것은 ~이야

'~하는 것'이라는 뜻의 lo que와 '말하다'는 decir가 합쳐져 '너에게 얘기하고 싶은 것'이라는 표현이 됩니다. 친구에게 충고를 하거나, 솔직하게 얘기할 때 '너에게 얘기하고 싶은 것은 말이야 ~'라고 시작하겠죠? 여기에 해당하는 스페인어 표현이 바로 Lo que quiero decirte es ~입니다.

PASO 1

1. 너에게 얘기하고 싶은 것은 이것이야.

Lo que quiero decirte es **esto.**

2. 너에게 얘기하고 싶은 것은 모두 진실이야.

Lo que quiero decirte es **toda la verdad.**

3. 너에게 얘기하고 싶은 것은 운동을 하는 것은 중요하다는 거야.

Lo que quiero decirte es **hacer ejercicio es importante.**

4. 너에게 얘기하고 싶은 것은 쉬는 것도 역시 필요하다는 거야.

Lo que quiero decirte es **descansar también es necesario.**

5. 너에게 얘기하고 싶은 것은 네가 정말 그립다는 거야.

Lo que quiero decirte es **que te echo mucho de menos.**

Tip

스페인과 중남미 표현의 차이

echar de menos는 '그리워하다'라는 의미로 스페인에서 주로 씁니다. 중남미에서는 extrañar를 이용해 표현합니다.

나는 가족이 정말 그리워.
Yo echo mucho de menos a mi familia. (스페인)
Yo extraño mucho a mi familia. (중남미)

PASO 2

1 덤벙거리는 친구에게 한마디 할 때

H Ay, me torcí un pie al bajar la escalera.

M ¿Otra vez? 너에게 얘기하고 싶은 것은 넌 너무 덤벙거린다는 거야.

H Tienes razón.

M A ver. Déjame ver.

2 오랜 시간 일하고 있는 친구에게 휴식하라고 권할 때

H Hace cinco horas que trabajas.

M Todavía me queda mucho.

H 너에게 얘기하고 싶은 것은 쉬는 것도 역시 중요하다는 거야.

M Ya lo sé. Pero yo quiero ser una persona responsable.

1 H : 아이쿠, 나 계단 내려가다 한 쪽 발을 삐었어.
　　M : 또? Lo que quiero decirte es que tú eres demasiado despistado.
　　H : 일리가 있는 말이야.
　　M : 어디 봐봐. 좀 보여 줘.

2 H : 너 5시간째 일하고 있어.
　　M : 아직 일 많이 남았어.
　　H : Lo que quiero decirte es descansar también es importante.
　　M : 알고 있어. 그래도 나는 책임감 있는 사람이 되고 싶어.

단어장

echar de menos ~을 그리워하다
torcerse ~가 삐다, 골절되다
el pie 발
despistado/a 덤벙거리는
responsable 책임감 있는

Lo cierto es que ~

분명한 것은 ~라는 거야

cierto는 '확실한, 분명한'이라는 뜻이에요. Lo cierto es que를 쓴 다음, 그 뒤에는 '절'을 넣어 주는 건 기본이겠죠?

PASO 1

1. 분명한 것은 네가 잘못을 저질렀다는 거야.
   Lo cierto es que **tú has cometido un error.**

2. 분명한 것은 그들의 말에 일리가 있다는 거야.
   Lo cierto es que **ellos tienen razón.**

3. 분명한 것은 나는 아무런 잘못이 없다는 거야.
   Lo cierto es que **yo no tengo ninguna culpa.**

4. 분명한 것은 정부가 휘발유 가격을 올릴 거라는 거야.
   Lo cierto es que **el gobierno subirá el precio de la gasolina.**

5. 분명한 것은 정부가 세금을 올릴 거라는 거야.
   Lo cierto es que **el gobierno subirá los impuestos.**

PASO 2

1 회사 재계약을 앞두고

H Estos días estoy un poco nervioso.

M Ya se acerca el día de la renovación de contrato de trabajo.

H Si me despiden, ¿que hago?

M 확실한 건 적어도 1년 더 너를 채용할 거란 거야. Tú has trabajado muy bien en el proyecto.

---

2 물가 인상에 관해서

H ¿Has visto la noticia?

M Sí, Todos los precios suben, menos el sueldo.

H Es verdad. 분명한 건 이번에는 정부가 택시 가격을 올릴 거라는 거지.

M ¡Qué mala noticia!

---

1 H : 요즘 조금 긴장돼.
   M : 직장 재계약 날이 다가오네.
   H : 만약 나를 자르면, 나 뭐하지?
   M : Lo cierto es que te contratarán por lo menos un año más. 너는 프로젝트에서 정말 일을 잘했거든.

2 H : 뉴스 봤어?
   M : 응, 가격이 전부 오르네. 월급만 빼고.
   H : 진짜야. Lo cierto es que esta vez el gobierno sube el precio del taxi.
   M : 정말 나쁜 소식이야!

단어장

cometer un error 실수를 저지르다
el impuesto 세금
acercarse a ~에 가까이 접근하다
despedir 해고하다
menos ~를 빼고
la noticia 소식, 뉴스

MODELO 215

sobre todo ~

특히 ~

원래 sobre는 '~에 관해서, ~의 위에'라는 뜻의 전치사입니다. 하지만, 생활 속에서 sobre todo 는 '특히'라는 뜻으로 자주 쓰인답니다.

PASO 1

1. 나는 스포츠를 좋아해, 특히 수영을.
   Me gustan los deportes, sobre todo **la natación.**

2. 나는 고기 좋아해, 특히 닭고기를.
   Me gusta la carne, sobre todo **el pollo.**

3. 우리 아버지는 술 마시는 걸 정말 좋아하셔, 특히 맥주를.
   A mi padre le encanta beber, sobre todo **la cerveza.**

4. 나는 영화를 많이 봐, 특히 액션 영화를.
   Yo veo muchas películas, sobre todo **la película de acción.**

5. 그는 요리를 정말 잘해, 특히 이탈리아 요리를.
   Él cocina muy bien, sobre todo **la comida italiana.**

PASO 2

1 시댁 식구들이 마음에 안 들 때

H ¿Te pasa algo? Cuéntame qué te pasa.
M Yo fui a la casa de mis suegros para pasar la Navidad. Pero…
H ¿Y qué?
M No me cae bien la familia de mi marido. 특히 우리 시어머니.

2 스포츠를 하는 이유에 대해서 말할 때

H No me gusta nada hacer deporte. ¿Por qué la gente hace el deporte sudando?
M Para mantenerse en forma o acabar con el estrés.
H ¿Y te gusta hacer el deporte?
M Por supuesto. Me gusta todo tipo de deportes, 특히 농구.

1 H : 너 무슨 일 있어? 무슨 일인지 나에게 얘기해 봐.
M : 크리스마스를 보내려고 시부모님 댁에 갔는데, 그런데…
H : 그래서 뭔데?
M : 시댁 식구들이 마음에 안 들어. Sobre todo, mi suegra.

2 H : 나는 운동하는 걸 전혀 안 좋아해. 왜 사람들은 땀 흘리면서 운동하는 거지?
M : 몸매를 유지하기 위해서나 아니면 스트레스를 풀기 위해서.
H : 너는 운동하는 거 좋아해?
M : 물론이지. 나는 모든 종류의 운동은 다 좋아해, sobre todo el baloncesto.

단어장
la natación 수영
el pollo 닭고기
la película de acción 액션 영화
la Navidad 크리스마스
el suegro 시아버지, 장인
la suegra 시어머니, 장모
mantenerse en forma 몸매를 유지하다
acabar con el estrés 스트레스를 풀다

306

MODELO 216

Casi nunca ~

거의 ~하지 않아

casi는 '거의'라는 뜻으로 '결코'라는 부정어 nunca와 함께 쓰여 '거의 ~하지 않아'라는 표현이 됩니다. nunca에는 이미 부정의 의미가 들어 있기 때문에 no를 또 써줄 필요는 없겠죠?

PASO 1

1. 나는 거의 울지 않아.　　　　　　**Casi nunca lloro.**

2. 나는 거의 화장하지 않아.　　　　**Casi nunca me maquillo.**

3. 나는 주말에 거의 집에 있지 않아.　**Casi nunca estoy en casa durante el fin de semana.**

4. 나는 해산물을 거의 먹지 않아.　　**Casi nunca como marisco.**

5. 이 지역은 거의 비가 오지 않아.　　**Casi nunca llueve en esta región.**

PASO 2

1 결혼식 전에 옷을 사러 갈 때

H ¿Puedes acompañarme a comprar ropa?

M ¿Cómo? 너 거의 옷 안 사잖아. De repente…

H Este sábado tengo que ir a una boda.

M Bueno, te acompaño.

2 대학 개강을 앞두고 공부에 대한 열의를 나타낼 때

H Mira, mañana abren el plazo de la matrícula.

M Este semestre voy a sacar la beca. ¡Tú lo verás!

H ¡No me digas! 너 거의 공부 안 하잖아.

M Sí, estoy totalmente cambiada.

---

1 H : 옷 사는데 나랑 같이 가줄래?
　M : 뭐라고? Casi nunca compras ropa. 갑자기…
　H : 이번 토요일에 결혼식에 가야 하거든.
　M : 좋아, 같이 가줄게.

2 H : 봐봐, 내일부터 수강신청 기간이야.
　M : 이번 학기에는 나 장학금 탈 거야. 두고 봐!
　H : 말도 안 돼! Casi nunca estudias.
　M : 하거든, 나 완전히 바뀌었다고.

단어장

el marisco 해산물
la región 지역
el plazo de la matrícula
등록기간, 접수기간
sacar la beca 장학금을 타다

A veces ~

가끔씩 ~

'가끔씩'이라는 표현은 a veces가 됩니다. 만약 조금 더 횟수가 많아져서, '종종, 자주'라고 말하고 싶으면 a menudo라고 쓸 수 있어요. 아래 예문에서 a veces를 a menudo로 바꿔 말해 보세요.

PASO 1

1. 가끔씩 나는 너를 생각해.

A veces **yo pienso en ti.**

2. 가끔씩 네가 그리워.

A veces **yo te echo de menos.**

3. 가끔씩 외로워.

A veces **yo me siento solo/a.**

4. 가끔씩 그는 모든 것을 포기하려고 해.

A veces **él quiere abandonar todo.**

5. 가끔씩 걔들은 공부에 집중을 못 해.

A veces **ellos no pueden concentrarse en los estudios.**

PASO 2

1 거짓말을 한 여자친구에 대해 얘기할 때

H Por fin, mi novia ha confesado que me mintió.

M ¿Estás bien? ¿Ella te ha pedido disculpas?

H Pues, sí. Yo la perdonaré.

M 가끔씩 생각하는데, 너는 너무 관대한 것 같아.

2 완벽주의자 동료와 일할 때

H Ya estoy cansado, ¡dejamos esto para después!

M ¡Que no! Hoy lo terminamos.

H 가끔씩 네가 이해가 안 돼. ¡Tú eres demasiado perfeccionista!

M Más bien, yo soy una persona muy responsable.

1 H : 결국, 내 여자친구가 거짓말을 했다고 고백했어.
M : 너 괜찮아? 그 애가 너에게 용서를 빌었어?
H : 음, 빌었어. 나는 그 애를 용서할 거야.
M : A veces yo pienso que tú eres demasiado generoso.

2 H : 나 이미 너무 피곤해. 그러니까 이 일은 나중으로 미루자!
M : 안 된다니까! 오늘 이거 끝내자.
H : A veces no te entiendo. 너는 너무 완벽주의자야!
M : 더 좋게 말하자면, 나는 굉장히 책임감 있는 사람이라고.

Tip

성격, 특성 관련 표현

ser egoísta 이기주의자이다
ser introvertido/a 내성적이다
ser extrovertido/a 외향적이다
ser egocéntrico/a 자기중심적이다
ser romántico/a 낭만주의자이다
ser sensato/a 신중하다
ser despistado/a 덤벙거리다

단어장

por fin 결국
abandonar 버리다, 포기하다
concentrarse en ~에 집중하다
confesar 고백하다
el/la perfeccionista 완벽주의자

A lo mejor ~

어쩌면 ~

'혹시, 어쩌면'이라는 의미를 가진 a lo mejor는 보통 문장 제일 앞에 쓰는 경우가 많습니다. 뒤에는 미래형이 올 수 없고, 항상 현재형 동사를 넣어야 하죠.

PASO 1

1. 어쩌면 이 문제를 해결하는 것은 아주 어려울 수 있어.

A lo mejor **es muy difícil resolver este problema.**

2. 어쩌면 그의 말이 일리가 있을 수 있어.

A lo mejor **él tiene razón.**

3. 어쩌면 그녀는 시험에서 떨어질 수 있어.

A lo mejor **ella suspende el examen.**

4. 어쩌면 상사는 내가 얘기하는 것이 이해가 안 될 수 있어.

A lo mejor **el jefe no entiende lo que le digo.**

5. 어쩌면 그 커플은 헤어질 수도 있어.

A lo mejor **esa pareja se separa.**

PASO 2

1 비자를 연장하러 갈 때

H   Mi visado acaba este mes. Mañana voy a renovar el visado.

M   어쩌면 너 하루 종일 기다려야 할 거야.

H   ¿Por qué?

M   Ayer había mucha cola en la oficina de inmigración.

2 고장난 차를 고칠 때

H   ¿Cuánto tiempo se tarda en reparar el coche?

M   Parece que una semana.

H   Le voy a pagar más.

M   Entonces, 어쩌면 내일.

---

1 H : 비자가 이번 달에 끝나. 내일 비자 연장하러 갈 거야.
　 M : A lo mejor tienes que esperar todo el día.
　 H : 왜?
　 M : 어제 이민국에 줄이 엄청났거든.

2 H : 차 고치는 데 얼마나 걸리나요?
　 M : 일주일 정도 걸릴 것 같은데요.
　 H : 돈을 더 지불할게요.
　 M : 그럼, a lo mejor mañana.

단 어 장

la pareja 커플
separarse 헤어지다
acabar 끝나다
renovar el visado 비자를 연장하다
la oficina de inmigración 이민국

309

MODELO 219

En cambio ~

반면에 ~

어떤 것을 대조할 때 많이 쓰는 표현입니다. '형은 키가 크고, 반면에 동생은 키가 작다.'처럼 두 개의 문장이 완전히 대조적인 모습일 때 유용하게 사용할 수 있죠.

PASO 1

1. 내 형은 키가 커. 반면에 나는 키가 작아.

   Mi hermano es alto. En cambio, yo soy bajo.

2. 국어 시험은 쉬워. 반면에 수학 시험은 어려워.

   El examen de lengua es fácil. En cambio, el examen de matemáticas es difícil.

3. 북쪽 음식은 짜. 반면에 남쪽 음식은 싱거워.

   La comida del norte es salada. En cambio, la comida del sur es sosa.

4. 도시는 더워. 반면에 산은 추워.

   En la ciudad hace calor. En cambio, en la montaña hace frío.

5. 그의 아버지는 관대하셔. 반면에 그의 어머니는 엄격하셔.

   Su padre es generoso. En cambio, su madre es estricta.

Tip

맛 관련 표현

salado/a는 '짠', soso/a 는 '싱거운'이라는 뜻인데요. 그 외에 맛(el sabor)을 나타 내는 표현을 살펴 볼까요?

picante 매운
La comida coreana es picante. 한국 음식은 맵다.

dulce 달콤한
El chocolate es dulce. 초콜릿은 달콤하다.

amargo/a 쓴
Este café sabe amargo. 이 커피는 쓴 맛이 난다.

PASO 2

1 남자친구의 가족에 대해서 얘기할 때

H ¿Ya conoces a la familia de tu novio?

M Sí. Pero su familia es un poco rara.

H ¿Por qué?

M Su madre casi no habla. 반면에, 걔 아버지는 정말 수다쟁이셔.

2 스페인어 동사 변화의 어려움에 대해서 얘기할 때

H ¿Ya has preparado el examen de español?

M Sí. Pero estoy muy nerviosa.

H No te preocupes. Yo sé que tú eres perfeccionista.

M El vocabulario y la gramática son muy fáciles. 반면에, 동사 변화가 너무 어려워.

단어장

generoso/a 관대한
estricto/a 엄격한
raro/a 이상한, 특이한
el vocabulario 어휘
la gramática 문법
la conjugación verbal
동사 변화

1 H : 네 남자친구 가족 이미 만나봤지?
   M : 응. 그런데 그 애 가족은 조금 이상해.
   H : 왜?
   M : 그 애 어머니는 거의 말을 안 하셔. En cambio, su padre es muy hablador.

2 H : 스페인어 시험 다 준비했어?
   M : 응. 그런데 조금 긴장돼.
   H : 걱정하지 마! 나는 네가 완벽주의자라는 걸 알고 있거든.
   M : 어휘와 문법은 아주 쉬워. En cambio, la conjugación verbal es demasiado difícil.

MODELO 220

además ~

게다가 ~

여러 가지를 설명하다 한 가지를 더 강조해 말하고 싶을 때 유용한 표현이 바로 además랍니다.
'그녀는 예쁘고 상냥하고 게다가 부자야.'라고 말하고 싶다면 Ella es guapa y simpática,
además es rica.라고 할 수 있겠죠.

PASO 1

1. 이 일은 보수도 좋고, 게다가 근무시간도 자유로운 편이야.

Este trabajo está bien pagado, además tiene el horario flexible.

2. 이 노트북은 싸고, 게다가 작동도 잘 돼.

Este ordenador portátil es barato, además funciona muy bien.

3. 이 커피숍은 위치도 굉장히 좋고, 게다가 깨끗해.

Esta cafetería está bien comunicada, además es tranquila.

4. 이 헬스장은 프로그램들도 많고, 게다가 코치도 정말 친절해.

Este gimnasio tiene muchos programas, además el monitor es muy simpático.

5. 한국의 대중교통은 편리하고, 게다가 차비도 싸.

El transporte público de Corea es cómodo, además el pasaje es barato.

PASO 2

1 외국인 친구와 한국의 좋은 점에 대해서 얘기할 때

H ¿Qué te gusta más de Corea?

M Pues, me gusta más el transporte público. Sobre todo, el metro.

H ¿Por qué?

M 지하철역은 항상 좋은 위치에 있고, 게다가 차비도 싸니까.

2 친구에게 컴퓨터를 추천해 줄 때

H No sé por qué el ordenador no funciona.

M ¡Compra otro nuevo! Te recomiendo esta marca.

H ¿Qué ventajas tiene esta marca?

M 이 컴퓨터는 엄청 빠르고 게다가 기능들도 많아.

1 H : 한국에서 무엇이 가장 좋아?
　 M : 음, 대중교통이 가장 좋아. 특히, 지하철.
　 H : 왜?
　 M : La estación del metro siempre está bien comunicada además el pasaje es muy barato.

2 H : 왜 컴퓨터가 작동이 안 되는지 모르겠네.
　 M : 새 것 사라! 너에게 이 브랜드를 추천할게.
　 H : 이 브랜드는 무슨 장점이 있는데?
　 M : Este ordenador es muy rápido además tiene muchas funciones.

단어장

bien pagado/a 보수가 좋은, 돈을 많이 주는
el monitor/la monitora (스포츠 센터) 코치
el transporte público 대중교통
el pasaje 차비, 통행료
la marca 상표, 브랜드
la ventaja 장점

311

MODELO 221

¿En serio?, no me digas.

정말이야? 말도 안 돼.

갑작스러운 얘기나 믿을 수 없는 얘기를 듣게 되었을 때 '정말이야? 말도 안 돼.'라는 말을 자주 합니다.
그때 쓰는 표현이 바로 ¿En serio?, no me digas.이죠. 통으로 외워서 바로 써먹어 보세요.

PASO 1

1. 네가 외국에 간다고? 정말이야? 말도 안 돼.

   ¿Te vas al extranjero? ¿En serio?, no me digas.

2. 네가 아나와 사귄다고? 정말이야?
   말도 안 돼.

   ¿Sales con Ana? ¿En serio?, no me digas.

3. 네가 너의 상사를 설득했다고? 정말이야?
   말도 안 돼.

   ¿Tú convenciste a tu jefe? ¿En serio?, no me digas.

4. 그가 계속해서 일하기로 결심했다고?
   정말이야? 말도 안 돼.

   ¿Él decidió continuar el trabajo? ¿En serio?, no me digas.

5. 그녀가 너에게 고민을 상담했다고?
   정말이야? 말도 안 돼.

   ¿Ella consultó sobre un problema contigo? ¿En serio?, no me digas.

PASO 2

1 페루에 공부하러 간 아들에 대해서 얘기할 때

H ¿Tu hijo se fue a Perú a estudiar español? 정말이야? 말도 안 돼.

M Ayer se fue. En el aeropuerto, yo tenía ganas de llorar, contuve las lágrimas.

H ¿Cuánto tiempo estudiará?

M Quizás más de un año.

---

2 밀린 일을 도와달라고 친구에게 요청할 때

H No sé por dónde empezar.

M ¿Todavía no has empezado? 정말이야? 말도 안 돼.

H Por favor, ¿me ayudas? No terminaré a tiempo sin ayuda.

M Siempre pasa lo mismo.

---

1 H : 네 아들이 스페인어 공부하러 페루에 갔다고? ¿En
   serio?, no me digas.
   M : 어제 갔어. 공항에서 정말 울고 싶었는데. 눈물 참았잖아.
   H : 얼마 동안 공부할 건데?
   M : 아마 1년 이상.

2 H : 어디서부터 시작해야 할지 모르겠어.
   M : 아직 시작도 안 한 거야? ¿En serio?, no me
   digas.
   H : 부탁해. 나 좀 도와줄래? 도움 없이는 시간 안에 끝내지 못
   할 것 같아.
   M : 항상 똑같은 일이 반복되는 것 같아.

단어장

salir con ~와 사귀다
convencer 설득하다
continuar 계속하다
llorar 울다
contener 억누르다, 억제하다
la lágrima 눈물
pasar lo mismo (같은 일
이) 반복해서 일어나다

312

MODELO 222

sin duda ~

의심할 여지없이 ~, 망설임 없이 ~

'~없이'라는 뜻의 sin에 duda(의심)를 함께 쓰면, 어떤 것에 관해 '의심할 여지없이, 망설임 없이'라는 표현으로 쓸 수 있습니다.

PASO 1

1. 나는 의심할 여지없이 그를 신뢰하고 있어.

   Yo confío en él sin duda.

2. 나는 그가 최선을 다할 것이라고 믿어 의심치 않아.

   Yo confío sin duda en que ella lo hará lo mejor posible.

3. 그는 회복이 빠를 것이라는 것을 믿어 의심치 않아.

   Él cree sin duda que la recuperación será rápida.

4. 나는 망설임 없이 제안을 수락할 거야.

   Yo aceptaré la propuesta sin duda.

5. 그녀는 망설임 없이 일을 그만둘 거야.

   Ella dejará el trabajo sin duda.

> **Tip**
>
> **최선을 다하다**
>
> hacer lo mejor posible 는 '최선을 다하다'라는 뜻이에요. 스포츠 뉴스에서 자주 접할 수 있는 내용이죠.
>
> Si me toca jugar con la selección, lo haré lo mejor posible. 만약 대표팀에서 경기를 뛰는 기회가 나에게 온다면, 저는 최선을 다할 거예요.

PASO 2

1 병원에서 퇴원하고 싶을 때

H ¿Cómo se encuentra?

M Me encuentro muy bien. ¿Cuándo saldré del hospital?

H 일주일 안에 나갈 수 있다는 것을 믿어 의심치 않습니다.

M Gracias. Yo quiero volver pronto a mi casa.

2 며칠 동안 연락이 없는 친구에 대해서 얘기할 때

H ¿Sigues en contacto con Sara?

M Desde que ella se fue de viaje no sé nada de ella.

H Desde hace tres días ella no me llama por teléfono.

M ¡No te preocupes! 그 애가 오늘은 네게 전화할 거야, 의심할 여지없어.

---

1 H : 상태가 어떠십니까?

M : 정말 몸 상태가 좋아요. 언제 퇴원할 수 있을까요?

H : Yo creo que dentro de una semana sin duda.

M : 감사합니다. 빨리 집에 돌아가고 싶어요.

2 H : 너 사라와 연락하고 지내니?

M : 그 애가 여행을 떠난 뒤로 걔에 대한 소식을 통 못 들었어.

H : 삼 일 전부터 사라가 나에게 전화를 안 해.

M : 걱정하지 마! Seguro que ella te llamará hoy sin duda.

> **단어장**
>
> confiar en ~을 신뢰하다
> aceptar (제안을) 받아들이다
> salir del hospital 퇴원하다
> seguir en contacto 계속해서 연락하다

Poco a poco ~

조금씩 ~, 점점 ~

말 그대로 '조금씩 조금씩' 이라는 표현이 바로 poco a poco랍니다. '조금씩 조금씩 나는 너와 사랑에 빠지고 있어.'라고 말하고 싶다면, 바로 이 표현을 이용해 Poco a poco me enamoro de tí.라고 고백해 보세요.

PASO 1

1. 조금씩 이 생활에 적응하고 있어.

   Poco a poco me adapté a esta vida.

2. 조금씩 시간이 흘러가고 있어.

   Poco a poco va pasando el tiempo.

3. 조금씩 우리는 성장할 거야.

   Poco a poco nosotros creceremos.

4. 조금씩 우리는 서로를 더 잘 알게 될 거야.

   Poco a poco nos iremos conociendo mejor.

5. 조금씩 스페인어 수준이 올라가고 있어.

   Poco a poco el nivel de español irá mejorando.

PASO 2

1 한국 문화에 적응 중인 스페인 친구와 대화할 때

H ¿Cuánto tiempo llevas aquí?

M Llevo tres meses. 조금씩 한국 문화에 적응하고 있어.

H ¿Puedes comer la comida picante?

M Sí, me encanta.

2 스페인어 실력이 늘기를 바랄 때

H Creo que el español es un idioma muy difícil.

M Estoy de acuerdo. Por eso, todos los días estudio.

H 조금씩 네 스페인어 수준은 올라갈 거야.

M Yo lo espero.

1 H : 여기서 얼마나 됐어?
  M : 3개월 됐어. Poco a poco me adapto a la cultura coreana.
  H : 너 매운 음식 먹을 수 있어?
  M : 응, 엄청 좋아해.

2 H : 스페인어는 정말 어려운 언어인 것 같아.
  M : 그 말에 동의해. 그래서 나는 매일 매일 공부하는 걸.
  H : Poco a poco tu nivel de español mejorará.
  M : 나도 그렇게 되길 기대해.

단 어 장

el nivel 수준, 레벨
adaptarse a ~에 적응하다
crecer 성장하다
picante 매운
estar de acuerdo 동의하다
mejorar 나아지다, 좋아지다

314

MODELO 224

para siempre ~

영원히 ~

1992년 바르셀로나 올림픽 주제곡이 바로 Amigos para siempre였습니다. '영원한 친구'라는 뜻의 멋진 곡이었는데요. 스페인어(español)와 까딸란어(catalán) 그리고 영어(inglés) 이렇게 세 언어가 한 노래 안에 들어 있어서 더 인상적이었던 노래입니다. 한번 찾아서 들어보시길.

PASO 1

1. 나는 영원히 비밀을 지킬 거야.
Yo guardaré el secreto para siempre.

2. 나는 영원히 너를 따를 거야.
Yo te seguiré para siempre.

3. 나는 영원히 네 옆에 있고 싶어.
Yo quiero estar a tu lado para siempre.

4. 그들은 영원히 라이벌로 지낼 거야.
Ellos serán rivales para siempre.

5. 이 문제는 영원히 풀리지 않을 거야.
Este problema no se resolverá para siempre.

PASO 2

1 좋아하는 축구팀에 대해서 얘기할 때

H ¿Has visto la entrevista de los jugadores del Real Madrid?

M Sí. Me encanta el Real Madrid.

H Creo que dentro de poco te gustará otro equipo.

M No es cierto. 나는 영원히 레알 마드리드를 좋아할 거야.

2 영원한 사랑을 고백할 때

H Te amo.

M Yo también te amo.

H 나는 영원히 네 옆에 있을 거야.

M Yo también te lo prometo.

1 H : 너 레알 마드리드 선수들 인터뷰 봤어?
　　M : 응. 레알 마드리드 정말 좋아.
　　H : 너 얼마 안 가서 다른 팀 좋아할 것 같은데.
　　M : 그렇지 않아. Me gustará el Real Madrid para siempre.

2 H : 널 사랑해.
　　M : 나도 널 사랑해.
　　H : Yo estaré a tu lado para siempre.
　　M : 나도 그러겠다고 약속해.

단어장

guardar el secreto
비밀을 지키다
el jugador 선수
la entrevista 인터뷰
el equipo 팀
prometer 약속하다, 맹세
하다

315

MODELO 225

Por poco ~

하마터면 ~

사고 직전에 피하게 됐거나, 넘어질 뻔했는데 다행히 안 넘어졌을 때면 '하마터면' 어떻게 될 뻔했다는 식의 말을 하게 되죠? 이럴 때 스페인어로는 Por poco로 말을 시작하면 됩니다. 여러분의 아찔했던 순간을 떠올려 이 표현을 써서 말해 보세요.

PASO 1

1. 하마터면 나 넘어질 뻔했어.

   Por poco **yo me caigo.**

2. 하마터면 나 버스를 놓칠 뻔했어.

   Por poco **yo pierdo el autobús.**

3. 하마터면 나 뜨거운 물에 손가락을 데일 뻔했어.

   Por poco **yo me quemo el dedo con agua caliente.**

4. 하마터면 나 문 열어놓고 외출할 뻔했어.

   Por poco **yo salgo de casa con la puerta abierta.**

5. 하마터면 나 교통사고를 당할 뻔했어.

   Por poco **yo tengo un accidente de tráfico.**

PASO 2

1 하이힐을 신고 넘어질 뻔했을 때

H ¡Cuidado!

M 하마터면 넘어질 뻔했네. Es que hoy llevo los zapatos de tacón alto.

H ¿Estás bien?

M Sí, sí. No hay problema. Estoy acostumbrada a los zapatos de tacón.

2 선탠을 과도하게 했을 때

H ¿Cuántas horas has tomado el sol? Toda la piel está roja.

M Mientras tomaba el sol, me quedé dormida. 하마터면 온 몸에 화상을 입을 뻔했어.

H ¿No vas al hospital?

M No es para tanto.

---

1 H : 조심해!
　 M : Por poco me caigo. 오늘 하이힐을 신고 왔더니.
　 H : 괜찮아?
　 M : 응, 응, 문제없어. 나 굽 있는 신발에는 익숙해져 있거든.

2 H : 너 몇 시간 선탠한 거야? 피부 전체가 빨개.
　 M : 선탠하는 사이에, 잠이 들었어. Por poco me quemo todo el cuerpo.
　 H : 병원에 안 갈 거야?
　 M : 그 정도는 아니야.

Tip

다양한 신발 명칭 익히기

el tacón은 '(구두) 굽'이라는 뜻인데요. los zapatos de tacón은 '굽 있는 여성 신발'입니다. 여기에 alto를 넣어주면 하이힐이 되구요. 플랫슈즈는 plano/a(평평한)을 넣어서 los zapatos planos, 부츠는 las botas, 그리고 샌들은 las sandalias라는 것, 기억해 두세요.

단어장

caerse 넘어지다
perder el autobús 버스를 놓치다
quemarse 화상을 입다
el dedo 손가락, 발가락
estar acostumbrado/a ～이 습관이 되다, 익숙하다
el cuerpo 몸

Por lo visto ~

MODELO 226

보아하니 ~

어떤 상황을 직접 보고 판단을 하거나, 예상할 때 쓰는 표현입니다. 하루 종일 일이 풀리지 않을 때 하는 말이 있죠? '오늘은 나의 날이 아닌가봐~' 스페인어로는 Por lo visto, hoy no es mi día.(보아하니 오늘은 내 날이 아니야.)라고 말하면 되죠.

PASO 1

1. 보아하니 아니라고 말할 가능성이 있어.

   Por lo visto es posible decir no.

2. 보아하니 그녀는 그것을 하고 싶어 하지 않아.

   Por lo visto ella no quiere hacerlo.

3. 보아하니 우리는 운이 없는 것 같아.

   Por lo visto no tenemos suerte.

4. 보아하니 이 커피숍은 와이파이가 안 되는 것 같아.

   Por lo visto esta cafetería no tiene *wifi*.

5. 보아하니 상황이 금방 좋아질 것 같지 않아.

   Por lo visto la situación no mejorará pronto.

PASO 2

1 아버지가 피곤해 보이는 이유에 대해 말할 때

H 보니깐, 너희 아버지 정말 지쳐 보이셔.

M Por el trabajo.

H ¿Él no descansa?

M Sí, hoy va de pesca al mar para distraerse.

---

2 집에 형광등이 고장났을 때

H Aquí está muy oscuro. No se ve nada.

M 보아하니 형광등이 고장난 것 같아.

H Mañana llamamos a un electricista.

M Sí, es una buena idea.

---

1 H : Por lo visto tú padre se ve muy agotado.
   M : 일 때문에.
   H : 너희 아버지 쉬지 않으셔?
   M : 쉬셔. 오늘 기분 전환하러 바다에 낚시 가실 거야.

2 H : 여기 정말 어둡네. 아무것도 안 보여.
   M : Por lo visto la luz está estropeada.
   H : 내일 우리 전기 수리공을 부르자.
   M : 응. 좋은 생각이야.

단어장

distraerse 기분 전환을 하다
agotado/a 기진맥진한, 완전히 지친
oscuro/a 어두운
↔ luminoso/a 밝은
el/la electricista 전기 수리공

Desde luego, ~

어찌 됐든 간에 ~

'~로부터'라는 뜻의 desde와 '~한 후에'라는 뜻의 luego가 합쳐진 desde luego는 바로 '어찌 됐든 간에'라는 우리말로 표현할 수 있습니다. 앞서 여러 가지 상황이 있었지만, 결국 어떤 결과가 나온 것에 대해 얘기할 때 주로 쓰는 유용한 표현이랍니다.

PASO 1

1. 어찌 됐든 간에, 내 잘못이었어.　　Desde luego, **fue la culpa mía.**

2. 어찌 됐든 간에, 굉장한 경험이었어.　　Desde luego, **fue una experiencia estupenda.**

3. 어찌 됐든 간에, 환상적인 여행이었어.　　Desde luego, **fue un viaje marvilloso.**

4. 어찌 됐든 간에, 그녀의 건강이 많이 나아졌어.　　Desde luego, **ella se mejoró mucho.**

5. 어찌 됐든 간에, 그는 사업을 하기로 결심했어.　　Desde luego, **él decidió montar un negocio.**

PASO 2

1 무사히 졸업한 것을 축하할 때

H　Ya te has graduado. ¡Felicidades!

M　Gracias. 어찌 됐든 간에, 나 문제없이 졸업할 수 있었어.

H　Eres una estudiante muy trabajadora. No te has saltado ni una clase. Y has sido voluntaria en un hospital.

M　Creo que aprendí tanto fuera como dentro de las aulas.

2 접촉사고를 냈을 때

H　Esta mañana cuando aparcaba mi coche, yo le dí un pequeño golpe al otro coche.

M　¿Y luego?

H　Lo peor es que el conductor estaba dentro. Él salió pero me sonreía como si nada.

M　어찌 됐든 간에, 네가 잘못한 거잖아. ¿Tú le pediste disculpas?

> **Tip**
>
> **최악 & 최고**
>
> Lo peor es que는 peor가 '가장 나쁜'이라는 뜻을 가지고 있기에, '최악이었던 것은'이라는 표현이 됩니다. 반대로 '최고였던 것은'은 Lo mejor es que가 되겠죠?

> **단어장**
>
> marvilloso/a 환상적인
> graduarse 졸업하다
> el/la voluntario/a 자원봉사자
> el aula(복수형 las aulas) 교실
> sonreír 미소 짓다
> como si nada 마치 아무 일도 아닌 것처럼
> el conductor/la conductora 운전자

---

1 H : 이제 너 졸업도 했고, 축하해!
　M : 고마워. Desde luego, yo he podido graduarme sin problema.
　H : 너는 정말 성실한 학생이었어. 학교 수업을 단 한 번도 빠지지 않았어. 그리고 병원에서 자원 봉사도 했지.
　M : 교실 안에서뿐만 아니라 교실 밖에서도 많이 배웠던 것 같아.

2 H : 오늘 아침에 차를 주차할 때, 내가 다른 차를 살짝 박았어.
　M : 그리고 그 다음엔?
　H : 최악이었던 건 운전자가 안에 타고 있었어. 그 사람이 내렸는데, 나를 보고 마치 아무것도 아니라는 것처럼 계속 미소를 짓더라고.
　M : Desde luego, fue la culpa tuya. 그 사람한테 잘못했다고 했어?

en seguida ~

즉시 ~, 금방 ~

어떤 것을 '즉시, 금방' 할 때 쓰는 표현이 바로 en seguida입니다. 비슷한 표현으로는, '즉각적으로, 즉시'라는 의미를 가진 부사 inmediatamente가 있고요. 이 두 표현은 바꿔 써도 되니 아래 예문에서 en seguida를 inmediatamente로 바꿔 말해 보세요.

PASO 1

1. 나는 즉시 시작하고 싶어요. **En seguida yo quiero empezar.**

2. 그는 금방 서류들을 가지고 올 거야. **En seguida él trae los documentos.**

3. 그녀는 금방 잠이 들었어. **En seguida ella se quedó dormida.**

4. 집에 금방 들어와! **¡Vuelve a casa en seguida!**

5. 숙제를 즉시 끝내라! **¡Termina la tarea en seguida!**

PASO 2

1 근무 계약서에 서명할 때

H Vamos a firmar el contrato de trabajo.

M Sí, gracias.

H ¿En qué día puede empezar el trabajo?

M 즉시 일을 할 수 있습니다.

2 배고파서 야식을 먹을 때

H ¿Ya has cenado? Ahora me muero de hambre.

M Pero ya es tarde. No es bueno comer algo a estas horas.

H Pero, es que todo el día no he comido nada.

M Bueno, bueno. 내가 금방 상 차릴게.

---

1 H : 우리 근무 계약서에 사인합시다.
　M : 네, 감사합니다.
　H : 며칠부터 일을 시작하실 수 있으십니까?
　M : Puedo trabajar en seguida.

2 H : 이미 저녁 먹었어? 나 지금 배고파 죽겠어.
　M : 그런데 이미 너무 늦었어. 이 시간대에 뭔가 먹는 것은 좋지 않아.
　H : 그래도, 하루 종일 아무것도 안 먹었는데.
　M : 좋아, 알았어. Yo pongo la mesa en seguida.

단어장

traer 가지고 오다
quedarse dormido/a 잠이 들다
firmar 사인하다
el contrato 계약서
morirse de hambre 배고파 죽을 것 같다
poner la mesa 테이블을 세팅하다, 상을 차리다

MODELO 229

Nada más ~

~하자마자

어떤 일을 '하자마자'라는 표현이 바로 nada más인데요. 이 표현 뒤에는 항상 동사원형이 오는 것이 특징입니다. '수업이 끝나자마자'는 nada más terminar la clase, '회의가 끝나자마자'는 nada más terminar la reunión이라고 하면 되죠.

PASO 1

1. 집에 도착하자마자, 비가 오기 시작했어.

Nada más **llegar a casa, empezó a llover.**

2. 한국에 도착하자마자, 그들은 나에게 전화했어.

Nada más **llegar a Corea, ellos me llamaron por teléfono.**

3. 나가자마자, 그녀는 계단에서 넘어졌어.

Nada más **salir, ella se cayó en la escalera.**

4. 시험이 끝나자마자, 그는 교실에서 나갔어.

Nada más **terminar el examen, él salió del aula.**

5. 메달을 따자마자, 그 선수는 울음을 터뜨렸어.

Nada más **ganar la medalla, el jugador se echó a llorar.**

PASO 2

1 좋아하는 축구 선수가 골을 넣었을 때

H ¿Anoche viste el partido final?

M Por supuesto. TV를 켜자마자, 내가 제일 좋아하는 선수가 한 골을 넣었지.

H Por fin, nuestro equipo ganó.

M ¡Qué alegría! Hoy te invito todo lo que quieras.

2 우산이 없어서 비를 맞았을 때

H Estás empapada. ¿Ahora llueve?

M Llueve a cántaros.

H ¿No tienes paraguas?

M No, 사무실에서 나오자마자, 비가 오기 시작했어.

---

1 H : 어제 결승전 봤어?
   M : 물론이지. Nada más poner la televisión, mi jugador favorito marcó un gol.
   H : 결국, 우리 팀이 이겼어.
   M : 정말 기뻐! 오늘 네가 원하는 것 다 쏠게.

2 H : 너 흠뻑 젖었잖아. 지금 비 와?
   M : 비가 억수같이 와.
   H : 너 우산 없어?
   M : 없어, nada más salir de la oficina, empezó a llover.

단어장

llover 비가 오다
el aula 교실
la medalla 메달
echarse a llorar 울음을 터뜨리다
marcar un gol 골을 넣다
llover a cántaros 비가 억수같이 오다

Cada vez que ~

~ 할 때마다

노래 가사에 습관처럼 나오는, '너를 볼 때마다 ~'라는 표현은 스페인어로 Cada vez que te veo ~
입니다. '~ 할 때마다'라는 표현에는 항상 cada vez que가 따라 온다는 것 잊지 마세요.

PASO 1

1. 너를 볼 때마다, 내 심장은 빠르게 뛰어.

Cada vez que **te veo, mi corazón late deprisa.**

2. 나는 외국에 갈 때마다, 유스호스텔에서 숙박해.

Cada vez que **voy al extranjero, me alojo en el albergue juvenil.**

3. 나는 프레젠테이션을 할 때마다, 얼굴이 빨개져.

Cada vez que **hago una presentación, me pongo rojo/a.**

4. 그는 나를 볼 때마다, 나에게 인사를 해.

Cada vez que **él me ve, me saluda.**

5. 그녀가 집을 청소할 때마다, 아무도 그녀를 돕지 않아.

Cada vez que **ella limpia la casa, nadie le ayuda.**

> **Tip**
>
> **주어의 상태가 변화될 때는 ponerse 동사를 쓰자!**
>
> 스페인에서 estar는 주어의 상태를 나타내는 동사인데요. 주어의 상태에 변화가 일어나는 경우에는 ponerse를 사용합니다.
>
> Ella se pone roja. 그녀는 얼굴이 빨개진다.
>
> Mi jefe se puso pálido. 나의 상사는 얼굴이 창백해졌다.
>
> Él se puso enfermo. 그는 병이 났다.

PASO 2

1 드라마에 대해서 얘기할 때

H Me encantan las series que ponen después de comer.

M A mí no. Ese tipo de series no tienen mucha calidad.

H Pero las series me relajan mucho.

M ¡No me digas! 너는 드라마를 볼 때마다, 울잖아.

2 덤벙거리는 친구가 내 물건을 모르고 가져갔을 때

H Oye, ¿tienes mi agenda? Todo el día la estoy buscando.

M Sí, sí. Ayer me llevé tu agenda sin querer entre mis libros.

H 우리가 만날 때마다, 너는 내 물건을 가져가네.

M Perdona, hoy me paso por tú casa y te doy la agenda.

2 H : 나는 저녁식사 후에 방영해 주는 드라마들 정말 좋아해.
　　M : 나는 좋아하지 않아. 그런 종류의 드라마들은 작품성이 없잖아.
　　H : 그렇지만 나를 편하게 만들어 주거든.
　　M : 말도 마! Cada vez que ves la serie, lloras.

2 H : 야, 혹시 내 스케줄 수첩 가지고 있어? 하루 종일 찾고 있거든.
　　M : 응, 응. 어제 본의 아니게 내 책 사이에 네 다이어리가 있어서 내가 가져가 버렸어.
　　H : Cada vez que quedamos, tú te llevas mis cosas.
　　M : 미안해. 오늘 너희 집에 들러서 다이어리 전해 줄게.

> **단어장**
>
> el corazón 마음, 심장
> latir (심장이) 뛰다, 고동치다
> el albergue juvenil 유스호스텔
> relajar 긴장을 풀어 주다
> la agenda 스케줄 수첩, 일정
> sin querer 의도치 않게, 본의 아니게
> entre ~사이에

~ sin querer

나도 모르게 ~, 의도치 않게 ~

본인의 의지와 상관없이 어떤 일을 해버렸을 때 쓰는 표현이 바로 sin querer입니다. 실수로 다른 사람에게 피해를 주어서 사과할 때 주로 쓰는 표현이죠. Lo siento, fue sin querer.(죄송합니다. 고의가 아니었어요.)라는 표현은 꼭 기억해 두세요.

PASO 1

1. 나도 모르게 회의에 가는 것을 잊어 버렸어. **Se me olvidó ir a la reunión** sin querer.

2. 나도 모르게 진실을 얘기했어. **Yo dije la verdad** sin querer.

3. 나도 모르게 네 책을 가지고 와 버렸어. **Me llevé tu libro** sin querer.

4. 그녀는 엉겁결에 거짓말을 해 버렸어. **Ella mintió** sin querer.

5. 죄송합니다, 고의가 아니었습니다. **Lo siento, fue** sin querer.

PASO 2

1 친구가 직장 옮긴 사실을 의도치 않게 말해 버렸을 때

H Marta se enteró de que yo había cambiado de trabajo.

M Lo siento, 고의가 아니었어.

H ¿Tú le dijiste todo a Marta?

M Sí, yo le dije sin querer.

2 회의를 깜빡 잊었을 때

H Oye, Juana. Te busca el jefe.

M ¿Qué? ¡Ay! Tenía una reunión.

H ¿Se te ha olvidado la reunión?

M Sí, 그런데 나도 모르게 깜빡 잊어버린 거지.

1 H : 내가 직장을 옮긴 것을 마르따가 눈치채 버렸어.
　 M : 정말 미안해, fue sin querer.
　 H : 네가 마르따에게 전부 얘기한 거야?
　 M : 응, 나도 모르게 그녀에게 얘기해 버렸어.

2 H : 야, 후아나. 상사가 널 찾는데.
　 M : 뭐라고? 어이쿠! 나 회의가 하나 있었네.
　 H : 너 회의를 깜빡한 거야?
　 M : 응, pero se me olvida sin querer.

단 어 장
mentir 거짓말을 하다
enterarse de ~에 대해서 눈치를 채다
cambiar 바꾸다
la reunión 회의

MODELO 232

en total ~

모두 (합쳐서) ~, 총 ~

총액을 계산하거나, 인원을 셀 때 유용한 표현이 바로 en total입니다. 가격이 '모두 합쳐' 얼마인지, 사람이 '총' 몇 명인지 셀 때 써 보세요.

PASO 1

1. 모두 합쳐서 얼마예요?

¿Cuánto cuesta en total?

2. 총 몇 명의 사람들이 있습니까?

¿Cuántas personas hay en total?

3. 파티에 총 몇 명의 손님들이 왔습니까?

¿Cuántos invitados vinieron a la fiesta en total?

4. 손실은 총 100만원 가까이 됩니다.

La pérdida llega a un millón de wones en total.

5. 이 나라의 인구는 총 5천만 명이다.

La población de este país es cincuenta millones en total.

PASO 2

1 선물하려고 구입한 책의 포장을 부탁할 때

H ¿Puede envolver estos libros para regalo?

M Sí, ahora mismo.

H Gracias. 총 얼마인가요?

M Son diez mil wones.

2 은행에서 대출 승인이 되었을 때

H El banco acaba de llamarme y me ha dicho que nos han concedido el préstamo.

M ¿En serio? Me alegro. 우리는 총 얼마나 대출을 신청할 수 있는데?

H No sé exactamente. Mañana vamos al banco.

M Bueno.

1 H : 이 책들 선물할 건데 포장해 주시겠습니까?
M : 네, 지금 당장 해 드리겠습니다.
H : 감사합니다. ¿Cuántos son en total?
M : 만 원입니다.

2 H : 은행에서 방금 전화와서 대출이 승인됐다고 얘기했어.
M : 정말이야? 정말 기뻐. ¿Cuánto podemos pedir el préstamo en total?
H : 정확하게 모르겠어. 우리 내일 은행 가보자.
M : 좋아.

단어장

un millón 백만
cincuenta millones
오천만
diez mil 만
envolver 포장하다
acabar de 방금 ~하다
conceder el préstamo
대출을 승인하다

MODELO 233

Por último ~

마지막으로 ~

이 책의 마지막 패턴은 '마지막으로'라는 por último입니다. 대화의 끝에 정말 하고 싶은 얘기를 할 때, 또는 결론을 지을 때 쓸 수 있는 유용한 표현이죠. Por último, muchas gracias por su gran esfuerzo. 마지막으로, 여러분 그동안 정말 수고하셨습니다!

PASO 1

1. 마지막으로, 너의 목소리를 듣고 싶어. Por último, **quiero oír tu voz.**

2. 마지막으로, 하나만 충고하고 싶어. Por último, **quiero dar un consejo.**

3. 마지막으로, 모두에게 감사의 마음을 전하고 싶어요. Por último, **quiero agradecer a todos.**

4. 마지막으로, 너에게 하나만 얘기할게. Por último, **te digo una cosa.**

5. 마지막으로, 말씀하실 것 있으세요? ¿Por último, **usted quiere decir algo?**

PASO 2

1 스페인에서의 마지막 날, 뭐 할지를 정할 때

H Hoy es el último día en España. 마지막으로 뭐 하고 싶어?
M Yo quiero ir al parque de atracciones.
H Bueno, aunque tengo miedo a las atracciones hoy te acompaño.
M Gracias, tú eres mi mejor amigo.

2 출국하기 전 친구에게 마지막으로 전화할 때

H ¡Dígame! ¿Julia? ¿Estás en el aeropuerto?
M Sí, 마지막으로 네 목소리 듣고 싶어서 전화했어.
H ¿Cuándo coges el avión?
M Ahora, bueno. ¡Seguimos en contacto! ¡Hasta pronto!

1 H : 오늘이 스페인에서의 마지막 날이네. ¿Qué quieres hacer por último?
M : 나 놀이동산에 가고 싶어.
H : 좋아, 나 놀이기구 정말 무서워하지만, 오늘은 너랑 같이 갈게.
M : 고마워, 역시 너는 나의 베스트 프랜드야.

2 H : 여보세요! 훌리아? 너 공항이지?
M : 응, te llamo para oír tu voz por último.
H : 비행기 언제 타니?
M : 지금, 음. 우리 계속 연락하자! 또 봐!

단어장

agradecer 감사하다, 감사한 마음을 전하다
la voz 목소리
el parque de atracciones 놀이공원
el avión 비행기

규칙동사: –ar 동사

01 amar 사랑하다
현재분사 **amando** | 과거분사 **amado**

현재	불완료 과거	단순 과거	미래	긍정명령	부정명령
amo	amaba	amé	amaré	x	x
amas	amabas	amaste	amarás	ama	no ames
ama	amaba	amó	amará	ame	no ame
amamos	amábamos	amamos	amaremos	amemos	no amemos
amáis	amabais	amasteis	amaréis	amad	no améis
aman	amaban	amaron	amarán	amen	no amen

규칙동사: –er 동사

02 comer 먹다
현재분사 **comiendo** | 과거분사 **comido**

현재	불완료 과거	단순 과거	미래	긍정명령	부정명령
como	comía	comí	comeré	x	x
comes	comías	comiste	comerás	come	no comas
come	comía	comió	comerá	coma	no coma
comemos	comíamos	comimos	comeremos	comamos	no comamos
coméis	comíais	comisteis	comeréis	comed	no comáis
comen	comían	comieron	comerán	coman	no coman

규칙동사: –ir 동사

03 vivir 살다
현재분사 **viviendo** | 과거분사 **vivido**

현재	불완료 과거	단순 과거	미래	긍정명령	부정명령
vivo	vivía	viví	viviré	x	x
vives	vivías	viviste	vivirás	vive	no vivas
vive	vivía	vivió	vivirá	viva	no viva
vivimos	vivíamos	vivimos	viviremos	vivamos	no vivamos
vivís	vivíais	vivisteis	viviréis	vivid	no viváis
viven	vivían	vivieron	vivirán	vivan	no vivan

불규칙동사

04 caer 떨어지다
현재분사 **cayendo** | 과거분사 **caído**

현재	불완료 과거	단순 과거	미래	긍정명령	부정명령
caigo	caía	caí	caeré	x	x
caes	caías	caíste	caerás	cae	no caigas
cae	caía	cayó	caerá	caiga	no caiga
caemos	caíamos	caímos	caeremos	caigamos	no caigamos
caéis	caíais	caísteis	caeréis	caed	no caigáis
caen	caían	cayeron	caerán	caigan	no caigan

05 **cerrar** 닫다

현재분사 cerrando | 과거분사 cerrado

현재	불완료 과거	단순 과거	미래	긍정명령	부정명령
cierro	cerraba	cerré	cerraré	x	x
cierras	cerrabas	cerraste	cerrarás	cierra	no cierres
cierra	cerraba	cerró	cerrará	cierre	no cierre
cerramos	cerrábamos	cerramos	cerraremos	cerremos	no cerremos
cerráis	cerrabais	cerrasteis	cerraréis	cerrad	no cerréis
cierran	cerraban	cerraron	cerrarán	cierren	no cierren

06 **coger** 잡다

현재분사 cogiendo | 과거분사 cogido

현재	불완료 과거	단순 과거	미래	긍정명령	부정명령
cojo	cogía	cogí	cogeré	x	x
coges	cogías	cogiste	cogerás	coge	no cojas
coge	cogía	cogió	cogerá	coja	no coja
cogemos	cogíamos	cogimos	cogeremos	cojamos	no cojamos
cogéis	cogíais	cogisteis	cogeréis	coged	no cojáis
cogen	cogían	cogieron	cogerán	cojan	no cojan

07 **conducir** 운전하다

현재분사 conduciendo | 과거분사 conducido

현재	불완료 과거	단순 과거	미래	긍정명령	부정명령
conduzco	conducía	conduje	conduciré	x	x
conduces	conducías	condujiste	conducirás	conduce	no conduzcas
conduce	conducía	condujo	conducirá	conduzca	no conduzca
conducimos	conducíamos	condujimos	conduciremos	conduzcamos	no conduzcamos
conducís	conducíais	condujisteis	conduciréis	conducid	no conduzcáis
conducen	conducían	condujeron	conducirán	conduzcan	no conduzcan

08 **conocer** 알다

현재분사 conociendo | 과거분사 conocido

현재	불완료 과거	단순 과거	미래	긍정명령	부정명령
conozco	conocía	conocí	conoceré	x	x
conoces	conocías	conociste	conocerás	conoce	no conozcas
conoce	conocía	conoció	conocerá	conozca	no conozca
conocemos	conocíamos	conocimos	conoceremos	conozcamos	no conozcamos
conocéis	conocíais	conocisteis	conoceréis	conoced	no conozcáis
conocen	conocían	conocieron	conocerán	conozcan	no conozcan

09 **construir** 건설하다

현재분사 **construyendo** | 과거분사 **construido**

현재	불완료 과거	단순 과거	미래	긍정명령	부정명령
construyo	construía	construí	construiré	x	x
construyes	construías	construiste	construirás	construye	no construyas
construye	construía	construyó	construirá	construya	no construya
construimos	construíamos	construimos	construiremos	construyamos	no construyamos
construís	construíais	construisteis	construiréis	construid	no construyáis
construyen	construían	construyeron	construirán	construyan	no construyan

10 **contar** 이야기하다, (수를) 세다

현재분사 **contando** | 과거분사 **contado**

현재	불완료 과거	단순 과거	미래	긍정명령	부정명령
cuento	contaba	conté	contaré	x	x
cuentas	contabas	contaste	contarás	cuenta	no cuentes
cuenta	contaba	contó	contará	cuente	no cuente
contamos	contábamos	contamos	contaremos	contemos	no contemos
contáis	contabais	contasteis	contaréis	contad	no contéis
cuentan	contaban	contaron	contarán	cuenten	no cuenten

11 **creer** 믿다

현재분사 **creyendo** | 과거분사 **creído**

현재	불완료 과거	단순 과거	미래	긍정명령	부정명령
creo	creía	creí	creeré	x	x
crees	creías	creíste	creerás	cree	no creas
cree	creía	creyó	creerá	crea	no crea
creemos	creíamos	creímos	creeremos	creamos	no creamos
creéis	creíais	creísteis	creeréis	creed	no creáis
creen	creían	creyeron	creerán	crean	no crean

12 **dar** 주다

현재분사 **dando** | 과거분사 **dado**

현재	불완료 과거	단순 과거	미래	긍정명령	부정명령
doy	daba	di	daré	x	x
das	dabas	diste	darás	da	no des
da	daba	dio	dará	dé	no dé
damos	dábamos	dimos	daremos	demos	no demos
dais	dabais	disteis	daréis	dad	no deis
dan	daban	dieron	darán	den	no den

13 decir 말하다

현재분사 **diciendo** | 과거분사 **dicho**

현재	불완료 과거	단순 과거	미래	긍정명령	부정명령
digo	decía	dije	diré	x	x
dices	decías	dijiste	dirás	di	no digas
dice	decía	dijo	dirá	diga	no diga
decimos	decíamos	dijimos	diremos	digamos	no digamos
decís	decíais	dijisteis	diréis	decid	no digáis
dicen	decían	dijeron	dirán	digan	no digan

14 deber 해야 한다

현재분사 **debiendo** | 과거분사 **debido**

현재	불완료 과거	단순 과거	미래	긍정명령	부정명령
debo	debía	debí	deberé	x	x
debes	debías	debiste	deberás	debe	no debas
debe	debía	debió	deberá	deba	no deba
debemos	debíamos	debimos	deberemos	debamos	no debamos
debéis	debíais	debisteis	deberéis	debed	no debáis
deben	debían	debieron	deberán	deban	no deban

15 dormir 자다

현재분사 **durmiendo** | 과거분사 **dormido**

현재	불완료 과거	단순 과거	미래	긍정명령	부정명령
duermo	dormía	dormí	dormiré	x	x
duermes	dormías	dormiste	dormirás	duerme	no duermas
duerme	dormía	durmió	dormirá	duerma	no duerma
dormimos	dormíamos	dormimos	dormiremos	durmamos	no durmamos
dormís	dormíais	dormisteis	dormiréis	dormid	no durmáis
duermen	dormían	durmieron	dormirán	duerman	no duerman

16 empezar 시작하다

현재분사 **empezando** | 과거분사 **empezado**

현재	불완료 과거	단순 과거	미래	긍정명령	부정명령
empiezo	empezaba	empecé	empezaré	x	x
empiezas	empezabas	empezaste	empezarás	empieza	no empieces
empieza	empezaba	empezó	empezará	empiece	no empiece
empezamos	empezábamos	empezamos	empezaremos	empecemos	no empecemos
empezáis	empezabais	empezasteis	empezaréis	empezad	no empecéis
empiezan	empezaban	empezaron	empezarán	empiecen	no empiecen

17 encontrar 발견하다

현재분사 encontrando | 과거분사 encontrado

현재	불완료 과거	단순 과거	미래	긍정명령	부정명령
encuentro	encontraba	encontré	encontraré	x	x
encuentras	encontrabas	encontraste	encontrarás	encuentra	no encuentres
encuentra	encontraba	encontró	encontrará	encuentre	no encuentre
encontramos	encontrábamos	encontramos	encontraremos	encontremos	no encontremos
encontráis	encontrabais	encontrasteis	encontraréis	encontrad	no encontréis
encuentran	encontraban	encontraron	encontrarán	encuentren	no encuentren

18 entender 이해하다

현재분사 entendiendo | 과거분사 entendido

현재	불완료 과거	단순 과거	미래	긍정명령	부정명령
entiendo	entendía	entendí	entenderé	x	x
entiendes	entendías	entendiste	entenderás	entiende	no entiendas
entiende	entendía	entendió	entenderá	entienda	no entienda
entendemos	entendíamos	entendimos	entenderemos	entendamos	no entendamos
entendéis	entendíais	entendisteis	entenderéis	entended	no entendáis
entienden	entendían	entendieron	entenderán	entiendan	no entiendan

19 estar 있다

현재분사 estando | 과거분사 estado

현재	불완료 과거	단순 과거	미래	긍정명령	부정명령
estoy	estaba	estuve	estaré	x	x
estás	estabas	estuviste	estarás	está	no estés
está	estaba	estuvo	estará	esté	no esté
estamos	estábamos	estuvimos	estaremos	estemos	no estemos
estáis	estabais	estuvisteis	estaréis	estad	no estéis
están	estaban	estuvieron	estarán	estén	no estén

20 haber 있다

현재분사 habiendo | 과거분사 habido

현재	불완료 과거	단순 과거	미래	긍정명령	부정명령
he	había	hube	habré	x	x
has	habías	hubiste	habrás	habe	no hayas
ha,hay	había	hubo	habrá	haya	no haya
hemos	habíamos	hubimos	habremos	hayamos	no hayamos
habéis	habíais	hubisteis	habréis	habed	no hayáis
han	habían	hubieron	habrán	hayan	no hayan

21 **hacer** 하다

현재분사 haciendo | 과거분사 hecho

현재	불완료 과거	단순 과거	미래	긍정명령	부정명령
hago	hacía	hice	haré	x	x
haces	hacías	hiciste	harás	haz	no hagas
hace	hacía	hizo	hará	haga	no haga
hacemos	hacíamos	hicimos	haremos	hagamos	no hagamos
hacéis	hacíais	hicisteis	haréis	haced	no hagáis
hacen	hacían	hicieron	harán	hagan	no hagan

22 **ir** 가다

현재분사 yendo | 과거분사 ido

현재	불완료 과거	단순 과거	미래	긍정명령	부정명령
voy	iba	fui	iré	x	x
vas	ibas	fuiste	irás	ve	no vayas
va	iba	fue	irá	vaya	no vaya
vamos	íbamos	fuimos	iremos	vayamos	no vayamos
vais	ibais	fuisteis	iréis	id	no vayáis
van	iban	fueron	irán	vayan	no vayan

23 **jugar** 놀다

현재분사 jugando | 과거분사 jugado

현재	불완료 과거	단순 과거	미래	긍정명령	부정명령
juego	jugaba	jugué	jugaré	x	x
juegas	jugabas	jugaste	jugarás	juega	no juegues
juega	jugaba	jugó	jugará	juegue	no juegue
jugamos	jugábamos	jugamos	jugaremos	juguemos	no juguemos
jugáis	jugabais	jugasteis	jugaréis	jugad	no juguéis
juegan	jugaban	jugaron	jugarán	jueguen	no jueguen

24 **leer** 읽다

현재분사 leyendo | 과거분사 leído

현재	불완료 과거	단순 과거	미래	긍정명령	부정명령
leo	leía	leí	leeré	x	x
lees	leías	leíste	leerás	lee	no leas
lee	leía	leyó	leerá	lea	no lea
leemos	leíamos	leímos	leeremos	leamos	no leamos
leéis	leíais	leísteis	leeréis	leed	no leáis
leen	leían	leyeron	leerán	lean	no lean

25 llegar 도착하다

현재분사 **llegando** | 과거분사 **llegado**

현재	불완료 과거	단순 과거	미래	긍정명령	부정명령
llego	llegaba	llegué	llegaré	x	x
llegas	llegabas	llegaste	llegarás	llega	no llegues
llega	llegaba	llegó	llegará	llegue	no llegue
llegamos	llegábamos	llegamos	llegaremos	lleguemos	no lleguemos
llegáis	llegabais	llegasteis	llegaréis	llegad	no lleguéis
llegan	llegaban	llegaron	llegarán	lleguen	no lleguen

26 mentir 거짓말하다

현재분사 **mintiendo** | 과거분사 **mentido**

현재	불완료 과거	단순 과거	미래	긍정명령	부정명령
miento	mentía	mentí	mentiré	x	x
mientes	mentías	mentiste	mentirás	miente	no mientas
miente	mentía	mintió	mentirá	mienta	no mienta
mentimos	mentíamos	mentimos	mentiremos	mintamos	no mintamos
mentís	mentíais	mentisteis	mentiréis	mentid	no mintáis
mienten	mentían	mintieron	mentirán	mientan	no mientan

27 morir 죽다

현재분사 **muriendo** | 과거분사 **muerto**

현재	불완료 과거	단순 과거	미래	긍정명령	부정명령
muero	moría	morí	moriré	x	x
mueres	morías	moriste	morirás	muere	no mueras
muere	moría	murió	morirá	muera	no muera
morimos	moríamos	morimos	moriremos	muramos	no muramos
morís	moríais	moristeis	moriréis	morid	no muráis
mueren	morían	murieron	morirán	mueran	no mueran

28 oir 듣다

현재분사 **oyendo** | 과거분사 **oído**

현재	불완료 과거	단순 과거	미래	긍정명령	부정명령
oigo	oía	oí	oiré	x	x
oyes	oías	oíste	oirás	oye	no oigas
oye	oía	oyó	oirá	oiga	no oiga
oímos	oíamos	oímos	oiremos	oigamos	no oigamos
oís	oíais	oísteis	oiréis	oíd	no oigáis
oyen	oían	oyeron	oirán	oigan	no oigan

29 **oler** 냄새맡다

현재분사 **oliendo** | 과거분사 **olido**

현재	불완료 과거	단순 과거	미래	긍정명령	부정명령
huelo	olía	olí	oleré	x	x
hueles	olías	oliste	olerás	huele	no huelas
huele	olía	olió	olerá	huela	no huela
olemos	olíamos	olimos	oleremos	olamos	no olamos
oléis	olíais	olisteis	oleréis	oled	no oláis
huelen	olían	olieron	olerán	huelan	no huelan

30 **pagar** 지불하다

현재분사 **pagando** | 과거분사 **pagado**

현재	불완료 과거	단순 과거	미래	긍정명령	부정명령
pago	pagaba	pagué	pagaré	x	x
pagas	pagabas	pagaste	pagarás	paga	no pagues
paga	pagaba	pagó	pagará	pague	no pague
pagamos	pagábamos	pagamos	pagaremos	paguemos	no paguemos
pagáis	pagabais	pagasteis	pagaréis	pagad	no paguéis
pagan	pagaban	pagaron	pagarán	paguen	no paguen

31 **pedir** 요구하다

현재분사 **pidiendo** | 과거분사 **pedido**

현재	불완료 과거	단순 과거	미래	긍정명령	부정명령
pido	pedía	pedí	pediré	x	x
pides	pedías	pediste	pedirás	pide	no pidas
pide	pedía	pidió	pedirá	pida	no pida
pedimos	pedíamos	pedimos	pediremos	pidamos	no pidamos
pedís	pedíais	pedisteis	pediréis	pedid	no pidáis
piden	pedían	pidieron	pedirán	pidan	no pidan

32 **pensar** 생각하다

현재분사 **pensando** | 과거분사 **pensado**

현재	불완료 과거	단순 과거	미래	긍정명령	부정명령
pienso	pensaba	pensé	pensaré	x	x
piensas	pensabas	pensaste	pensarás	piensa	no pienses
piensa	pensaba	pensó	pensará	piense	no piense
pensamos	pensábamos	pensamos	pensaremos	pensemos	no pensemos
pensáis	pensabais	pensasteis	pensaréis	pensad	no penséis
piensan	pensaban	pensaron	pensarán	piensen	no piensen

33 perder 잃다

현재분사 **perdiendo** | 과거분사 **perdido**

현재	불완료 과거	단순 과거	미래	긍정명령	부정명령
pierdo	perdía	perdí	perderé	x	x
pierdes	perdías	perdiste	perderás	pierde	no pierdas
pierde	perdía	perdió	perderá	pierda	no pierda
perdemos	perdíamos	perdimos	perderemos	perdamos	no perdamos
perdéis	perdíais	perdisteis	perderéis	perded	no perdáis
pierden	perdían	perdieron	perderán	pierdan	no pierdan

34 poder 할 수 있다

현재분사 **podiendo** | 과거분사 **podido**

현재	불완료 과거	단순 과거	미래	긍정명령	부정명령
puedo	podía	pude	podré	x	x
puedes	podías	pudiste	podrás	puede	no puedas
puede	podía	pudo	podrá	pueda	no pueda
podemos	podíamos	pudimos	podremos	podamos	no podamos
podéis	podíais	pudisteis	podréis	poded	no podáis
pueden	podían	pudieron	podrán	puedan	no puedan

35 poner 놓다

현재분사 **poniendo** | 과거분사 **puesto**

현재	불완료 과거	단순 과거	미래	긍정명령	부정명령
pongo	ponía	puse	pondré	x	x
pones	ponías	pusiste	pondrás	pon	no pongas
pone	ponía	puso	pondrá	ponga	no ponga
ponemos	poníamos	pusimos	pondremos	pongamos	no pongamos
ponéis	poníais	pusisteis	pondréis	poned	no pongáis
ponen	ponían	pusieron	pondrán	pongan	no pongan

36 preferir 선호하다

현재분사 **prefiriendo** | 과거분사 **preferido**

현재	불완료 과거	단순 과거	미래	긍정명령	부정명령
prefiero	prefería	preferí	preferiré	x	x
prefieres	preferías	preferiste	preferirás	prefiere	no prefieras
prefiere	prefería	prefirió	preferirá	prefiera	no prefiera
preferimos	preferíamos	preferimos	preferiremos	prefiramos	no prefiramos
preferís	preferíais	preferisteis	preferiréis	preferid	no prefiráis
prefieren	preferían	prefirieron	preferirán	prefieran	no prefieran

37 **querer** 원하다

현재분사 **queriendo** | 과거분사 **querido**

현재	불완료 과거	단순 과거	미래	긍정명령	부정명령
quiero	quería	quise	querré	x	x
quieres	querías	quisiste	querrás	quiere	no quieras
quiere	quería	quiso	querrá	quiera	no quiera
queremos	queríamos	quisimos	querremos	queramos	no queramos
queréis	queríais	quisisteis	querréis	quered	no queráis
quieren	querían	quisieron	querrán	quieran	no quieran

38 **recordar** 기억하다

현재분사 **recordando** | 과거분사 **recordado**

현재	불완료 과거	단순 과거	미래	긍정명령	부정명령
recuerdo	recordaba	recordé	recordaré	x	x
recuerdas	recordabas	recordaste	recordarás	recuerda	no recuerdes
recuerda	recordaba	recordó	recordará	recuerde	no recuerde
recordamos	recordábamos	recordamos	recordaremos	recordemos	no recordemos
recordáis	recordabais	recordasteis	recordaréis	recordad	no recordéis
recuerdan	recordaban	recordaron	recordarán	recuerden	no recuerden

39 **reír** 웃다

현재분사 **riendo** | 과거분사 **reído**

현재	불완료 과거	단순 과거	미래	긍정명령	부정명령
río	reía	reí	reiré	x	x
ríes	reías	reíste	reirás	ríe	no rías
ríe	reía	rió	reirá	ría	no ría
reímos	reíamos	reímos	reiremos	riamos	no riamos
reís	reíais	reísteis	reiréis	reíd	no riáis
ríen	reían	rieron	reirán	rían	no rían

40 **saber** 알다

현재분사 **sabiendo** | 과거분사 **sabido**

현재	불완료 과거	단순 과거	미래	긍정명령	부정명령
sé	sabía	supe	sabré	x	x
sabes	sabías	supiste	sabrás	sabe	no sepas
sabe	sabía	supo	sabrá	sepa	no sepa
sabemos	sabíamos	supimos	sabremos	sepamos	no sepamos
sabéis	sabíais	supisteis	sabréis	sabed	no sepáis
saben	sabían	supieron	sabrán	sepan	no sepan

41 salir 나가다

현재분사 **saliendo** | 과거분사 **salido**

현재	불완료 과거	단순 과거	미래	긍정명령	부정명령
salgo	salía	salí	saldré	x	x
sales	salías	saliste	saldrás	sal	no salgas
sale	salía	salió	saldrá	salga	no salga
salimos	salíamos	salimos	saldremos	salgamos	no salgamos
salís	salíais	salisteis	saldréis	salid	no salgáis
salen	salían	salieron	saldrán	salgan	no salgan

42 seguir 따르다

현재분사 **siguiendo** | 과거분사 **seguido**

현재	불완료 과거	단순 과거	미래	긍정명령	부정명령
sigo	seguía	seguí	seguiré	x	x
sigues	seguías	seguiste	seguirás	sigue	no sigas
sigue	seguía	siguió	seguirá	siga	no siga
seguimos	seguíamos	seguimos	seguiremos	sigamos	no sigamos
seguís	seguíais	seguisteis	seguiréis	seguid	no sigáis
siguen	seguían	siguieron	seguirán	sigan	no sigan

43 sentar 앉히다

현재분사 **sentando** | 과거분사 **sentado**

현재	불완료 과거	단순 과거	미래	긍정명령	부정명령
siento	sentaba	senté	sentaré	x	x
sientas	sentabas	sentaste	sentarás	sienta	no sientes
sienta	sentaba	sentó	sentará	siente	no siente
sentamos	sentábamos	sentamos	sentaremos	sentemos	no sentemos
sentáis	sentabais	sentasteis	sentaréis	sentad	no sentéis
sientan	sentaban	sentaron	sentarán	sienten	no sienten

44 sentir 느끼다

현재분사 **sintiendo** | 과거분사 **sentido**

현재	불완료 과거	단순 과거	미래	긍정명령	부정명령
siento	sentía	sentí	sentiré	x	x
sientes	sentías	sentiste	sentirás	siente	no sientas
siente	sentía	sintió	sentirá	sienta	no sienta
sentimos	sentíamos	sentimos	sentiremos	sintamos	no sintamos
sentís	sentíais	sentisteis	sentiréis	sentid	no sintáis
sienten	sentían	sintieron	sentirán	sientan	no sientan

45 ser ~이다

현재	불완료 과거	단순 과거	미래	긍정명령	부정명령
soy	era	fui	seré	x	x
eres	eras	fuiste	serás	sé	no seas
es	era	fue	será	sea	no sea
somos	éramos	fuimos	seremos	seamos	no seamos
sois	erais	fuisteis	seréis	sed	no seáis
son	eran	fueron	serán	sean	no sean

46 servir 접대하다

현재	불완료 과거	단순 과거	미래	긍정명령	부정명령
sirvo	servía	serví	serviré	x	x
sirves	servías	serviste	servirás	sirve	no sirvas
sirve	servía	sirvió	servirá	sirva	no sirva
servimos	servíamos	servimos	serviremos	sirvamos	no sirvamos
servís	servíais	servisteis	serviréis	servid	no sirváis
sirven	servían	sirvieron	servirán	sirvan	no sirvan

47 tener 가지다

현재	불완료 과거	단순 과거	미래	긍정명령	부정명령
tengo	tenía	tuve	tendré	x	x
tienes	tenías	tuviste	tendrás	ten	no tengas
tiene	tenía	tuvo	tendrá	tenga	no tenga
tenemos	teníamos	tuvimos	tendremos	tengamos	no tengamos
tenéis	teníais	tuvisteis	tendréis	tened	no tengáis
tienen	tenían	tuvieron	tendrán	tengan	no tengan

48 tocar 연주하다

현재	불완료 과거	단순 과거	미래	긍정명령	부정명령
toco	tocaba	toqué	tocaré	x	x
tocas	tocabas	tocaste	tocarás	toca	no toques
toca	tocaba	tocó	tocará	toque	no toque
tocamos	tocábamos	tocamos	tocaremos	toquemos	no toquemos
tocáis	tocabais	tocasteis	tocaréis	tocad	no toquéis
tocan	tocaban	tocaron	tocarán	toquen	no toquen

49 **traer** 가져오다

현재분사 **trayendo** | 과거분사 **traído**

현재	불완료 과거	단순 과거	미래	긍정명령	부정명령
traigo	traía	traje	traeré	x	x
traes	traías	trajiste	traerás	trae	no traigas
trae	traía	trajo	traerá	traiga	no traiga
traemos	traíamos	trajimos	traeremos	traigamos	no traigamos
traéis	traíais	trajisteis	traeréis	traed	no traigáis
traen	traían	trajeron	traerán	traigan	no traigan

50 **venir** 오다

현재분사 **viniendo** | 과거분사 **venido**

현재	불완료 과거	단순 과거	미래	긍정명령	부정명령
vengo	venía	vine	vendré	x	x
vienes	venías	viniste	vendrás	ven	no vengas
viene	venía	vino	vendrá	venga	no venga
venimos	veníamos	vinimos	vendremos	vengamos	no vengamos
venís	veníais	vinisteis	vendréis	venid	no vengáis
vienen	venían	vinieron	vendrán	vengan	no vengan

51 **ver** 보다

현재분사 **viendo** | 과거분사 **visto**

현재	불완료 과거	단순 과거	미래	긍정명령	부정명령
veo	veía	vi	veré	x	x
ves	veías	viste	verás	ve	no veas
ve	veía	vio	verá	vea	no vea
vemos	veíamos	vimos	veremos	veamos	no veamos
veis	veíais	visteis	veréis	ved	no veáis
ven	veían	vieron	verán	vean	no vean

52 **volver** 돌아오다

현재분사 **volviendo** | 과거분사 **vuelto**

현재	불완료 과거	단순 과거	미래	긍정명령	부정명령
vuelvo	volvía	volví	volveré	x	x
vuelves	volvías	volviste	volverás	vuelve	no vuelvas
vuelve	volvía	volvió	volverá	vuelva	no vuelva
volvemos	volvíamos	volvimos	volveremos	volvamos	no volvamos
volvéis	volvíais	volvisteis	volveréis	volved	no volváis
vuelven	volvían	volvieron	volverán	vuelvan	no vuelvan

영어회화
무작정 따라하기

—

영어 초보도 100일이면 다시 태어난다!
25개 핵심동사로 영어 말문을 트고
75개의 핵심패턴으로 하고 싶은 말을
만든다!

오석태 저 | 352쪽 | 15,000원
부록: 저자 음성강의 및 영어 mp3 무료 제공,
　　　프리토킹 워크북

첫걸음 **초급** **중급** | 고급

50가지 영작공식만 따라하면
영어가 우리말처럼 술술 써진다!
박상준 저 | 264쪽 | 13,000원

첫걸음 **초급** **중급** | 고급

방구석에서 미국 20대가 쓰는
영어 표현을 익힌다!
라이언 강 저 | 404쪽 | 19,000원

첫걸음 **초급** | **중급** | 고급

단기 여행, 출장, 유학, 이민!
미국 갈 때 챙겨야 할 단 한 권!
이경훈 저 | 316쪽 | 15,000원

첫걸음 **초급** | 중급 | 고급

JPT 탄탄한 기본기 + JPT 실전 트레이닝
두 마리 토끼를 동시에 잡는다!

시험에 나오는 것만 공부한다!

시나공 JPT 독해

JPT초고수위원회 지음 | 496쪽 | 17,000원
부록: 휴대용 소책자

시험에 나오는 것만 공부한다!

시나공 JPT 청해

JPT초고수위원회 지음 | 484쪽 | 17,000원
부록: 휴대용 소책자, mp3 파일 무료 다운로드

상위 1% JPT 초고수들의 만점 비법을 공개한다!

파트별로 완벽하게 분석하고 비법으로 정리해 초보자도 쉽게 따라 할 수 있는 JPT 기본서!

난이도	첫걸음 | 초급 중급 고급	기간	7주
대상	JPT 수험자, 일본어 중급 학습자	목표	목표 점수까지 한 방에 통과하기

프랑스어 회화 핵심패턴 233

단어만 바꿔 넣으면 내가 하고 싶은 말이 된다!

프랑스어 회화

핵심패턴

박만규, Arnaud Duval 지음

233

일상생활에서 가장 많이 쓰는 패턴만 모았다!
패턴으로 동사변화와 문법까지 빠르게 해결한다!
훈련용 소책자와 mp3 파일로 언제 어디서나 학습한다!

부록
· 휴대용 소책자
· mp3 파일
무료 다운로드

박만규, Arnaud Duval 지음
336쪽 | 15,800원

단어만 바꿔 넣으면 내가 하고 싶은 말이 된다!

프랑스인들이 일상생활에서 가장 많이 쓰는 패턴만 모았다.
기본 패턴부터 섬세한 뉘앙스를 전하는 패턴까지 엄선해서 수록했다.

난이도	첫걸음	초급	중급	고급		기간	80일

대상	회화를 본격적으로 시작하려는 초급자	목표	내가 말하고 싶은 문장 자유자재로 만들기